复旦发展研究院智库丛书

治理、发展与安全
新时代背景下中国与全球经济治理

黄河 张芳 黄昊 等著

上海交通大学出版社
SHANGHAI JIAO TONG UNIVERSITY PRESS

内容提要

  本书由四个专题组成:"国际环境与安全""全球经济治理及其议题""发展与中国的参与""治理路径及新领域"。涉及美国对华战略及中国的战略选择、全球经济治理的议题及对中国的挑战、"一带一路"投资争端解决机制探析、国际知识产权与全球治理、区域性公共产品与澜湄流域的扶贫开发、中国企业基础设施建设投资风险、中国与中亚各国能源合作、跨国公司转移定价行为的治理等诸多社会热点问题。

图书在版编目(CIP)数据

治理、发展与安全:新时代背景下中国与全球经济
治理/ 黄河,张芳,黄昊等著. —上海:上海交通大
学出版社,2019
(复旦发展研究院智库丛书)
ISBN 978-7-313-21952-7

Ⅰ.①治… Ⅱ.①黄… ②张… ③黄… Ⅲ.①世界经
济-经济治理-关系-中国经济-研究 Ⅳ.①F113
②F12

中国版本图书馆 CIP 数据核字(2019)第 205793 号

治理、发展与安全——新时代背景下中国与全球经济治理

著　　者:黄　河　张　芳　黄　昊等
出版发行:上海交通大学出版社　　　　　　　　地　　址:上海市番禺路 951 号
邮政编码:200030　　　　　　　　　　　　　　电　　话:021-64071208
印　　制:江苏凤凰数码印务有限公司　　　　　经　　销:全国新华书店
开　　本:710 mm×1000 mm　1/16　　　　　　印　　张:19
字　　数:337 千字
版　　次:2019 年 10 月第 1 版　　　　　　　　印　　次:2019 年 10 月第 1 次印刷
书　　号:ISBN 978-7-313-21952-7/F
定　　价:78.00 元

本书由复旦发展研究院策划并资助出版，
部分内容收入"复旦智库报告"

目　录

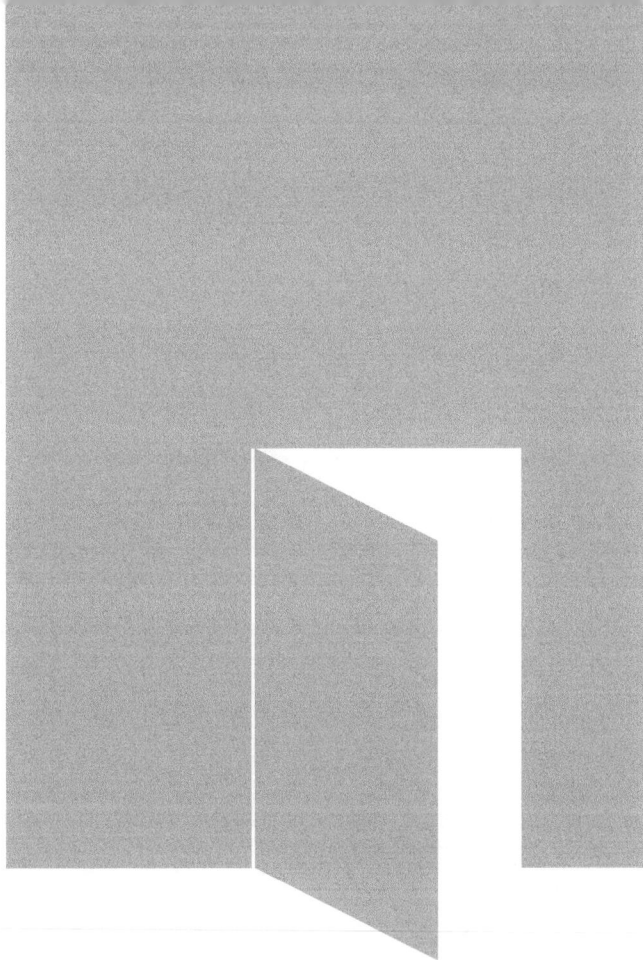

国际环境与安全

第一章　美国全球利益与军事战略

社会形态和战争形态的同步变迁需要我们重新认知战略的目的。在机械化战争之前的绝大多数战事中,占有成为战争的主要目的;而今,让战略对手晓之以自身的战略半径而不敢轻举妄动,凭借威慑和遏制就达成战略目标,实现对战略目标和战略半径的控制是一种普遍共识。就美国而言,其战略控制的半径就是地球球体的半径。实现全球控制,保证全球霸权是其从未改变过的战略目标。对于美国而言,一切都可以变化,但一切的变化都是围绕着"全世界美国说了算"这个问题上面。无论是特朗普政府于 2017 年年底发布的《美国国家安全战略报告》(以下简称《报告》),还是 2018 年年初国防部长马蒂斯签署的《国防战略报告》,特朗普政府在变化着的国际格局中与此前美国历届政府战略思维上的最大差别无非是:此前传统美国式战略思维传递的信息——你的是我的,我的就是我的,全世界都是我的;而特朗普政府战略思维表达出的是——美国过得不好,谁都别想过好,只有美国过得好,其他国家过得好不好都不重要。总之,最重要且唯一重要的是确保美国要好!

当然,如果我们回溯美国的发展历程就会发现,美国的军事战略并不是从甫一诞生时起就与其全球利益挂起钩来,但美国军事战略的快速成长却与其国家利益的不断拓展至全球息息相关。学界普遍认为,美国军事战略经历过五次大的调整:第一次调整从 1865 年南北战争结束至第二次世界大战(以下简称"二战")爆发,美国奉行"孤立主义"政策,这一时期美国还跟跑于欧洲盟国的战争谋划;第二次调整是在"二战"期间,美国开始全面介入国际事务,并利用战争成果建立全球联盟体系,这一时期,美国战略体系初现雏形,但无论是在理论上还是在实践上,美国还没有真正形成有自身特色的军事战略体系;第三次战略调整从"二战"结束至"9·11"事件爆发,美国重点应对苏联的威胁,在此期间,杜鲁门政府的遏制战略的出台标志着美国全球战略体系的正式确立,奠定了东西方冷战条件下美国军事战略的基础,而在此之后美国历届政府提出的战略,包括艾森豪威尔政府的"大规模报复"战略、肯尼迪政府的"灵活反应"战略、尼克松政府的

"现实威慑"战略、里根政府的"新灵活反应"战略都不过是遏制战略在不同历史条件下的不同表现而已;第四次调整是从"9·11"事件至 2012 年,伴随着小布什总统"先发制人"战略的提出,及其在阿富汗战争、伊拉克战争中的应用,美国军事战略进入了全球积极进攻的新时期。2012 年年初,美国国防部发布了《防务战略指南》,标志着美国军事战略的第五次重大调整。

尽管美国军事战略因不同时期的国家利益和安全威胁的判断而有所调整,但是美国军事战略变化之中有不变,其坚硬的战略内核使其自"二战"结束以来表现出了较之其他国家更强的稳定性——无论是在国家利益界定、威胁的判定,还是战略途径和手段选择,都有着较强的继承性和延续性。这些要素在当前的美国战略体系中亦有明显的体现。

第一节　美国全球战略的基本布局

美利坚合众国自 1776 年独立以来,以世界各国无出其右的飞快速度拓展了自己的陆地面积,确立了自己海上霸主的地位。从建国伊始,经济利益始终是美国战略思维的出发点。在现代,经济和安全是美国战略制定时同时考虑的问题,"经济是美国战略制定的出发点,安全是美国战略制定的具体内容"。[1]

一、美国维护其全球利益富有武力运用偏好

美国国家利益的拓展史无疑会给人留下具有武力偏好的深刻印象。除了美国独立前的 4 场战争是在美国本土发生的:第 1 次独立战争;4 年后的第 2 次独立战争;1846—1848 年的美墨战争;再之后的南北战争是美国内战。在此之后,美国再没有在本土打过仗。美国自建国后的境外战争却可罗列出一份长长的清单。研究美国社会形成的过程会发现,美国共经历了 4 种关乎生死存亡的竞争。其结果是,一个不怕竞争而怕没有竞争的社会诞生了。[2] 北美殖民地获得独立后的历史表明,一个"运用战争手段最熟练的社会",[3]往往都很难克制使用这些手段的冲动。根据美国国会研究局的统计,1798—2010 年,美国只有 8.9% 的年份中没有对外使用武力;相反,在 91% 以上的年份里都有对外使用武力的记录。其中,54.5% 的年份里使用武力两次以下;25.4% 的年份里使用武力 3～5

---

①　许嘉:《美国战略思维研究》,军事科学出版社 2003 年版,第 73 页。
②　王玮:《战争冲动:社会约束与武力的使用——美国的经历》,《美国研究》2014 年第 4 期。
③　[美] E. O. 威尔逊:《论人的天性》,林和生等译,贵州人民出版社 1987 年版,第 108 页。

次;9.4%的年份里使用武力 6～9 次;1.9%的年份里使用武力 10 次以上。美国使用武力的记录表明,好战因素在其民族化构成中占有很大成分。冷战结束后,美国主导并参加了 3 场局部战争,参战部队人数达到 347.5 万人。冷战结束后,虽然美国 4 大军种的人数规模在缩小,但基于为弹药使用提供的情报、目标获取和精确制导等方面的水平都在不断提高,高科技但小型化军队的战争能力也在大幅提高,因此,其为此而付出的成本也在提高,国防开支呈现出不断攀升之态。冷战后,美国的驻外部队只有在欧洲、拉丁美洲和东亚的人数有所下调,中东地区的驻军人数更是达到 20 万人以上,而其归入机动部分的驻外部队,更是比照 1995 年翻了一番,在 2010 年达到 10 万余人。

二、美国在全球划分的战区始终保持稳定

从美国全球范围内的力量部署来看,自 1947 年开始,美国是唯一一个在全球范围内划分战区并稳定保持至今的国家。美国 6 大战区中的太平洋司令部是对太平洋地区的美国部队实施作战指挥的联合司令部,其辖区为从美洲西海岸到非洲东海岸、从北极到南极 1 亿多平方英里的广大海域和部分陆上地区。总部驻夏威夷州瓦胡岛史密斯兵营。美国欧洲司令部是对驻欧洲战区的所有美国部队实施作战指挥的联合司令部,又为北大西洋公约组织欧洲盟军司令部所辖的二级司令部。辖区包括西欧各国、地中海、中东部分地区和非洲大部,涉及 77 个国家和 119 个外交机构。美国中央司令部在快速部署联合特遣部队的基础上组建,是对驻西南亚、中东和东非 19 个国家的美国部队实施作战指挥的联合司令部。美国南方司令部是对南美洲、中美洲(不含墨西哥)和巴拿马运河区的美国地面部队实施作战指挥的联合司令部。"9·11"后,美国突然意识到自己的本土也是需要防卫的,于是在 2002 年组建了美国北方司令部,负责保卫美国本土和为美国本土的民事机构提供军事援助,还负责与加拿大和墨西哥的安全合作与军事合作,其驻地在科罗拉多州彼得森空军基地。非洲司令部驻德国凯利兵营。

三、美国联盟体系遍布全球

美国全球军事部署的另一个特点是在全球建立有联盟体系。美苏冷战时期,苏联也曾拥有海外驻军、建有海外基地,但它主要是部署在东欧。世界上只有美国实现了全球驻军。其兵力遍布各大洲,并在全球建立有四大联盟体系,拥有 60 多个盟国。第一大联盟体系就是北约,目前北约已经有 29 个成员国;第二大联盟体系是中东——以色列、科威特、沙特阿拉伯、沙林、阿曼等国都是美国的盟国或伙伴;第三大联盟体系在太平洋地区,主要是美日、美韩、美澳、美菲、美泰

5 对联盟;第四个是拉美联盟体系。美国在海外驻军大部分是驻在它的盟国,当前的亚太地区已经是美国驻军最多的地方了:最多的是驻在日本,其次是韩国,再有就是菲律宾,澳大利亚也开始驻军。正是凭借着其强大的海外力量部署网络,1986 年 2 月,美国海军部雄心勃勃地制定并实施了控制世界上 16 个咽喉航道的战略计划。这 16 个咽喉航道北起格陵兰—冰岛—英吉利海峡,南至非洲以南航道,近起佛罗里达海峡和巴拿马运河,远至东南亚的望加锡海峡,包括巴拿马运河、朝鲜海峡、巽他海峡、马六甲海峡、直布罗陀海峡、苏伊士运河等,遍及太平洋、大西洋、印度洋和北冰洋,是世界上最有战略价值的海上通道。控制了它们,就控制了世界上连接各大洋的海上枢纽和海上交通线。这些交通线不但是环球贸易航线,也是军事补给通道和由海到陆的战略要道。对今天的美国来说,控制海洋始终是美国军事战略的重心所在,更是维护美国本土安全和海外利益的柱石。

四、美国的全球战略重心已经调整

冷战时期,美国对苏联的"遏制"战略的核心就是控制欧亚大陆,防止苏联的势力向欧亚大陆边缘扩张。为此,美国掌控着欧亚大陆的东西两端及南部边缘地带,其中西端的欧洲为主要方向,东端的亚太地区为次要方向,中东为重要方向。这一地缘战略部署得益于布热津斯基的《博弈计划》一书的战略理论指导。布热津斯基称:美苏争夺虽然是全球性的,但其重点是欧亚大陆。它是世界的中心大陆块,包含着世界大半人口、土地和财富。欧亚大陆是这场争夺的地缘战略焦点,也是地缘政治的争夺目标。争夺欧亚大陆的斗争是一场全面的斗争,它在远西、远东和西南亚这三条主要战略战线上展开。第一条主要战略路线——欧洲,具有极其重要的地缘政治意义,它是欧洲工业区的最重要部分,是出入大西洋的咽喉。第二条主要战略战线——远东,控制着进入太平洋的主要出口。第三条主要战略战线——西南亚,对另外两条战略战线有决定性的影响。特别是由于波斯湾的石油储藏量占世界已探明的石油储量的 56%,因此,这里是西方重大战略利益之所在。在这些理论中,布热津斯基首次把地缘政治与资源政治紧密结合在一起,大大扩展了斯派克曼地缘政治学说的内涵。

虽然特朗普政府放弃了亚太"再平衡"战略这一名称,但战略重心东移的趋势没有改变。冷战结束后,尽管苏联已经解体,但美国的地缘战略目标并没有根本变化,仍是防止在欧亚大陆出现足以挑战美国的大国,防止欧亚大陆出现两个国家或两个以上的国家结成针对美国的同盟,同时在欧亚大陆始终保持美国仲裁者的地位。此后,随着亚太地区政治、经济地位的上升,美国的地缘战略重心开始逐渐东移,此前"西重东轻"的战略布局慢慢开始向"东重西轻"转变。从克林顿政府到特朗普政府的战略判断中已经有了充分的表现。

第二节　特朗普政府国家安全
战略不变中的变化

美国对国家安全战略的界定是:为达到巩固国家安全目标而发展、运用和协调国力的各部分(包括外交、经济、军事和信息等)的艺术和科学。美国国家安全战略以美国的国家利益为出发点,根据对安全环境和威胁的判断,组织和配置战略资源,而形成总的指导国家安全构建国家安全态势。《国家安全战略》是美国居于最高等级的国家顶层战略,是美国政府的顶层战略规划文件,涉及军事、经济、外交等诸多领域的方方面面,对国家安全与发展的全局有着全面和长远的指导作用,对其下位战略的制定与执行起着统揽和支配的作用。美军制定的《国防战略》《军事战略》和《四年防务评估报告》等战略文件,作为美国国家安全战略的执行战略,其开篇均会主动与《国家安全战略》中确立的战略目标、途径和手段等要素的具体要求进行"对接",并首先阐明该战略与《国家安全战略》的逻辑关系和支撑作用。

1947年,美国国家安全委员会成立后不久,其出台的某些"国家安全委员会文件"就已经具备了国家安全战略性质,这些文件为美国最终赢得冷战发挥了奠基性的作用,如第20号系列文件、第68号系列文件、第73号系列战略文件等。冷战后期,美国政府意识到国际形势的变化明显提速,有必要对制定《美国国家安全战略》的相关制度进行健全。1986年制定的《戈德华特—尼科尔斯国防改组法》第603条规定:"总统每年应向国会提交一份有关美国国家安全战略的综合报告,报告提交时间是总统向国会提交下一财年预算的当日"。于是,在1987年,里根政府开始向国会提交第一份《美国国家安全战略》,截止2018年2月,共有5位总统、8届政府向国会提交了16份《美国国家安全战略》报告。[1]

一、国家安全战略不变的稳定内核

美国的国家利益始终是美国制定国家安全战略的出发点。

---

[1]　其中包括里根政府的两份(1987年、1988年);老布什政府的3份(1990年、1991年、1993年);克林顿政府的7份(1994年、1995年、1996年、1997年、1998年、1999年、2000年);小布什政府的两份(2002年、2006年);奥巴马政府的两份(2010年、2015年)和特朗普政府的1份(2017年)。

早在 1950 年 4 月美国国家安全委员会出台的 68 号文件第二部分中,就将美国的国家利益确定为:为了建立更为完备的联邦,树立正义,维护国内治安,建立公共国防,增进全民福利,并且保证我们自己和子孙后代所享有的自由和繁荣。指出"美国的宗旨就是保证建立在个人的尊严和价值基础上的自由社会的完整和活力"。美国军方认为,美国的国家利益和有限的军事力量资源要有选择地使用军事力量。美国军事力量的主要目的是"慑止和击败对美国有组织的暴力威胁"。

对于是否使用军事力量以及何时使用军事力量则取决于两个因素:一是美国的国家利益的受损程度;二是美国力量卷入的耗费和承担的风险如何。美国军方将美国的国家利益划分为三类:关键利益、重要利益、人道主义性质的事务。关键利益包括:① 保护美国的主权、领土和公民,防止和慑止对美国本土的威胁,包括核、生、化武器的攻击和恐怖主义行动;② 防止敌对的地区性联盟或霸权国家的出现;③ 保证海上航行自由和国际海上通道、空中航母和太空活动的安全;④ 保证连接关键市场、能源供应和战略资源的通道不受限制;⑤ 慑止并在必要时击败对美国的盟国和朋友的侵略。如果出现了对美国安全的巨大威胁,美国将采取一切手段予以反击,直到使用军事力量。所谓重要利益,是指出现对美国国家或世界形势有重要影响,但尚不影响美国生存的事件和危机。在这种情况下,美国军事使用将是有选择的和有限的。只有在对美国有利而且采用其他手段已不能达到目的时才会使用美国军事力量。

2017 年 12 月 18 日,特朗普总统发布了上台后的首份《报告》,其中提出"4个至关重要的国家利益":首先,保护美国人民、保护家园、保护美国人的生活方式;其次,促进美国的繁荣;再次,通过实力维护和平,重建军队使其保持优势,威慑对手,且在必要时进行战斗并取得胜利;最后,提高美国的影响力,因为一个支持美国和反映美国价值观的世界会让美国更加安全和繁荣。这 4 大支柱也是历届政府都会强调的美国国家安全战略的稳定内核。

(一)关于美国的国家安全

首先是保证美国国土、设施和民众免受任何国家和非国家行为体的威胁。如小布什政府在《报告》中所指出的:"保卫我们的国家不受敌人侵害,是联邦政府首要和基本的承诺。"奥巴马政府也强调:"本届政府最重要的责任就是确保美国人民的安全。"特朗普政府同样声称将美国公民的安全"放在第一位"。特朗普提出国家安全战略的 4 大支柱的首要任务是保护美国公民、美国领土和美国生活方式,声称"美国人民的利益是我们真正的'北极星'"。特朗普《报告》开篇就提出：“美国人民选择了我让美国再次变得强大。我承诺我领导的本届政府会把美国公民的安全、利益和福祉放在首位”。继而在分析了就任后面临的严峻形势后，他再一次明确提出国家安全的战略愿景——保护美国人民与维护我们的生活方式、促进美国繁荣、以实力维护和平、推进美国在全球的影响力。

（二）关于美国的持久繁荣

促进国家利益与经济繁荣是美国国家安全战略的重要目标之一。从小布什到特朗普，美国国家安全战略一直都强调促进美国国家利益与繁荣的重要性。“通过自由市场和自由贸易开创全球经济增长的新时代”是小布什政府执政时期美国国家安全战略的目标；奥巴马政府则将繁荣的美国经济视为美国领导地位的基础，“在一个开放和促进机会与繁荣的国际经济体系中，保持美国经济的强大、创新和增长”被定位为美国的持久利益。特朗普则罕见地将经济安全确立为国家战略，提出，国内经济繁荣对保持美国在海外的实力与影响力至关重要，美国将不再容忍“经济侵略”或不公平的贸易行为，要改变过去70多年来的对外经贸战略，对内重塑经济实力，对外维持“公平和互惠”的经济秩序，并与盟国发展“互惠关系”。这一方面显示出特朗普的商人思维；另一方面也表现出美国霸权的式微已然捉襟见肘，美国既没有奥巴马时期为“重振美国”而贴上的“在美国领导下，通过紧密合作建立促进和平、安全和机遇的国际秩序，以应对各种全球挑战”的意愿标签，更没有能力为国际社会提供公共安全产品。为此，《报告》一是强调提振美国的基础设施建设；二是倡导所谓的“公平贸易”原则。《报告》强调要“反对不公平的贸易行为”，追求所谓的“公平贸易”原则；三是重振美国对科技创新的制度保障。《报告》强调要“捍卫国家安全创新基础免受竞争者的挑战”，发挥学术共同体、国家实验室、私营企业和部门等对美国科技创新的网络效应和制度保障优势，强调制度和网络的重要性，以永保美国在全球科技创新领域的霸主地位，以科技创新促进美国经济发展和繁荣以及“让美国再次伟大”；四是特别强调能源安全与出口。事实上，特朗普自上台以来，就一改前任政府在能源政策上对清洁能源、新能源和可再生能源的倾向性投入，大幅放宽了对美传统化石能源出口和能源产业的扶持，表明特朗普将能源安全和能源出口作为美国经济安全和繁荣的重要支柱。此举必然会对中东、俄罗斯这样的能源出口大国和地区形成强大的冲击，继而引发国际力量对比的多米诺骨牌效应。

（三）关于美国的价值观

美国视自己为世界政治民主与经济自由的典范，是美国国家安全战略的又一核心内涵。小布什政府国家安全战略明确指出："自由的价值观对于每个社会的每一个人都是理所当然的,保护这些价值观不受敌人的侵犯,是全世界热爱自由的男女老少的共同愿望。"奥巴马政府更是将价值观视为关系持久国家利益、"美国国家安全最宝贵的财产",认为美国的长期安全与繁荣有赖于对普适价值的坚定支持。特朗普对价值观念并非特别热衷,但他也认为:"对世界上大多数人来说,美国的自由是鼓舞人心的,美国将永远与世界上那些追求自由的人站在一起,我们将依然是全世界自由的灯塔和机会。"①

(四)关于全球影响力

奥巴马政府提出国家安全战略应着眼于重振美国的领导地位,为此提出,"在美国,通过紧密合作建立促进和平、安全和机遇的国际秩序,以应对各种全球挑战"。特朗普政府的《报告》指出:拓展美国的全球影响力也是保证美国国家安全的支柱之一。与奥巴马不同,特朗普颇具匠心地从多元的视角提出如何扩展美国全球影响力。一是强调不再以意识形态划分敌友。《报告》提出:"我们不会将我们的价值观强加于他人。我们的同盟、伙伴和联合阵线都是建立在自由意志和共同利益基础之上的。"二是与他国的模式竞争是决定美国全球影响力成败的根本。随着以中国为代表的发展中国家和新兴市场经济体的群体性崛起,美国和西方传统发达资本主义国家感受到了来自前者的深刻冲击,甚至"威胁",这不仅是技术、资金、基础设施等物质层面的,更重要的是它们成功打破了西方国家对国家发展进步模式的垄断和神话。特朗普政府认为,决定美国的价值观、霸权、全球影响力在未来能否得以延续的根本,归根结底是美国的国家发展和治理模式能否成功,能否在与中国等新兴国家的竞争中"胜出"。三是重视国际领导权的掌控。《报告》明确表示:"我们将在多边机制中(同其他国家)展开竞争并实现领导,以捍卫美国的利益和原则",具体做法是:"美国将优先致力于维护和改革那些能够服务美国利益的国际机制,以确保它们能够得到有效加强,并能支持美国及其盟友和伙伴";同时,"美国绝不会向那些声称要将自己的权威凌驾于美国公民之上,以及那些与我们的宪政架构相冲突的国际组织和国际制度让渡我们的主权"。②

---

① "National Security Strategy of the United States of America," https://www. whitehouse. gov/wp-content/uploads/2017/12/NSS-Final - 12 - 18 - 2017 - 0905 - 2. pdf,December 2017.

② "National Security Strategy of the United States of America," https://www. whitehouse. gov/wp-content/uploads/2017/12/NSS-Final - 12 - 18 - 2017 - 0905 - 2. pdf,December 2017.

二、美国国家安全战略的变化

战略的基本要素由战略目标、战略途径和战略手段构成。美国战略内核基本稳定,发生调整的往往是战略途径和战略手段,并使其战略三要素保持整体上的动态平衡。而特朗普政府用变化的世界观、外交价值观、安全观实现了战略要素的这一动态平衡。

首先,美国的世界观发生了变化。《报告》的发布让我们注意到特朗普本人及其外交与安全团队看待世界和国际关系的视角发生了极为重大的转变。如果回溯冷战结束以来,美国历届政府的战略思维模式会发现,老布什的思维模式是现实主义的,克林顿是新自由主义的,小布什是现实主义的,奥巴马第一任期是新自由主义的,第二任期则向现实主义转变。特朗普将世界定义为竞争的世界,并提出美国将回应在全球范围内面临的日益增长的政治、经济和军事竞争。特朗普指出这一竞争主要来自中俄——中国和俄罗斯挑战美国的实力、影响和利益,企图侵蚀美国的安全和繁荣;来自"朝鲜民主主义人民共和国和伊朗伊斯兰共和国独裁政府"——他们企图破坏地区稳定,威胁美国人民和美国的盟友,并残害他们自己的人民;来自跨国威胁集团——从圣战恐怖主义分子到跨国犯罪组织,正在极力试图伤害美国人。

特朗普在《报告》中将国家行为体作为主要威胁并不值得讶异。因为在奥巴马的第二任期发布的《国家军事战略》中就已经提出国家行为体是主要威胁:"过去 10 年,我们的军事行动主要是打击暴力极端主义网络,但今天及在可预见的未来,我们必须对国家行为体造成的挑战给予更多的关注。"[1]同时,正是这篇报告还铺垫式地解释了"修正主义国家"的概念:试图修改国际秩序的关键领域,并且以某种方式威胁美国国家安全利益的国家。有所不同的是,奥巴马政府的这份《军事战略报告》提到修正主义大国时点名批评了俄罗斯、伊朗、朝鲜以及中国,而特朗普政府的这篇报告则在提到修正主义大国时将中国列在首位,通篇提到中国达到 33 次之多。显然,在对竞争对手的判断上奥巴马与特朗普存在显著不同。冷战后尤其是进入 21 世纪后,中国崛起成为一个突出的现象。中国没有像苏联那样对外扩张并自行组织国际体系,而是持续奉行向西方开放政策,融入现有的国际体系,并与西方国家在政治、经济、文化、科技等方面形成了密切联系,各方都在这种联系中获益良多。因此,美国对中国难以照搬对苏遏制(围堵)

---

① 2015 national military strategy. pdf. http://www.jcs.mil/portals/36/documents/publications/2015_national_military_strategy.pdf.

政策,实际上采取的是"接触加防范"政策。从美国的角度来看,"接触"是为了引导中国继续在现有国际体系内发展,"防范"的是中国以实力为后盾强行改变国际秩序与地区平衡,等等。

但新的《国家安全战略》对过去数十年来作为美国外交政策基石的"接触战略"进行了全盘否定,对美国在过去 40 多年来试图将新兴国家体纳入现有国际体系和秩序的努力也进行了全盘否定。《报告》中"竞争"一词频繁出现。"这些大大小小的竞争需要美国反思其过去 20 年的政策,这种政策建立在这样的假设基础之上,即与对手们的接触及将它们纳入国际体系和全球贸易之中,会促使它们转变为温和的行为体和值得信赖的伙伴。然而大部分来说,这种前提假设最终被证明是失败的。"①这段话反映了特朗普和他的外交和安全团队在美国对外政策的立场、战略思维和视角的转变。这一转变标示着美国对外政策总基调的转变。

其次,美国的外交价值观发生了变化。美国已经不加掩饰地用实实在在的利益主导美国的外交政策,"有原则的现实主义"成为对"美国优先"的外交概括。

其一,在全球经济秩序中,美国利益优先。《报告》用"美国利益"清晰阐释了"美国优先"的实质意义。"美国优先"国家安全战略基于美国的原则、对美国利益的清晰评估以及解决美国所面临挑战的决心。这一原则性现实主义战略,是以结果而不是意识形态为导向的。这有别于前几任美国总统执政时期多以意识形态主导外交政策的原则。1997 年以来,事实上所不断延续的"美国将与那些与我们的价值观念一致的国家紧密工作和合作,并将影响那些能影响美国繁荣的国家"②的原则划分出界线。特朗普提出在"大国地缘政治竞争回归"的时代里,"要在竞争的世界中捍卫美国国家利益"。这符合"美国优先"的原则,一切决策以美国为中心,服务于美国利益,其目的就是"让美国再次伟大"。即使对盟国也要发展"互惠关系",以维持"公平和互惠"的经济秩序。

其二,在全球政治秩序中,美国主导优先。无论世界游戏规则怎么变,"美国说了算"不能变。在《报告》发布之前,特朗普已经用实际行动告诉世界,多边机制可以存在,但要将美国说了算束缚在这个有约束力的多边机制中是不可能的。之前特朗普政府退出"跨太平洋战略伙伴关系协定""巴黎气候协定"和联合国教科文组织等就是对这一原则的行动宣言。《报告》也明确提出:美国不会加入具有约束性的多边组织;美国对多边主义的参与,仅限于像东盟地区论坛和亚太经

---

① "National Security Strategy of the United States of America," https://www. whitehouse. gov/wp-content/uploads/2017/12/NSS-Final-12-18-2017-0905-2. pdf, December 2017.

② dtic. mil/defenselink/1997.

合组织这样的不具有约束力的多边机制。各方只是讨论问题,而不产生需要强制执行的决议。

其三,在盟友和伙伴的合作方面,美国将增加力度。在维护地区和全球秩序上,美国将会让盟国和伙伴国发挥更大作用,尤其是印太地区的盟友和伙伴。

再次,美国的安全观发生了变化。特朗普把"以实力维护和平"作为其新安全战略的一大支柱,他在学说中更坦陈"无与伦比的实力是最可靠的防御手段",强调在与美国国家利益攸关的问题上,要敢于使用武力或以武力相威胁,只有向所有国家展示美国军事上的绝对优势,才能威慑其他国家。正是在这一思想指导下,特朗普就任总统的第一年就将军费预算提升到 7 000 亿美元的高位,成立了以军人占主导地位的政府。新战略更把军事手段当作解决经济问题、获取经济利益的工具。①

《报告》指出:"美国军队仍然是世界上最强大的。然而,随着对手国家的传统武力和核力量的现代化发展,美国的优势正在缩小。"②从美国的军事优势正在缩小从而影响到"美国优先",以此为出发点,《报告》评估"现在许多国家可以部署一大批先进的导弹,包括可以到达美国本土的导弹",与此同时,通过技术杠杆改变自身力量的朝鲜等国所拥有的武器可能威胁到美国。据此,《报告》强调加强以下方面的工作来实现"以实力促和平":一是重整军备,扩大规模。《报告》强调美国必须加大对军队建设的物质、财力、人员、技术等全方位投入,重振美国的竞争优势,尤其是强调要让美国的军事力量做好应对"主要战争"的准备,目标直指与大国之间的军事斗争和地缘政治较量;二是突出强调网络战的重要性。《报告》指出:互联网作为美国的发明创造,就应该反映美国持续改变各国未来和世界的价值观。"一个强大且防备优良的网络基础设施对促进经济增长、保卫我们的自由和增进我们的国家安全大有裨益";三是强调核武器的特殊作用及推进太空探索。在特朗普政府看来,在对手大国的军事现代化进程突飞猛进的情况下,美国必须重新强化其战略核力量,以维持乃至扩大其武力优势。同时,作为"新疆域"中的重要环节,太空也成为美国树立其绝对领先优势的区域。近年来,特朗普宣布将使美国重新成为太空探索的"领导者",并宣布了要在 3 年内将人类再次送往月球轨道,未来更要加紧登陆火星的雄心勃勃的太空探索计划。《报告》指出:由副总统执掌的新重建的美国国家太空委员会将全面审查与

---

① 丁原洪:"简评美国新安全战略言论",http://comment.cfisnet.com/2017/1229/1311097.html.最后访问时间:2018 年 1 月 20 日。

② "National Security Strategy of the United States of America,"https://www.whitehouse.gov/wp-content/uploads/2017/12/NSS-Final-12-18-2017-0905-2.pdf, December 2017.

评估美国的长期太空目标,并开发和制定能够整合所有太空领域和部门的宏观太空开发战略,以支持美国在太空探索领域的创新和领导地位。四是对恐怖分子绝不手软。《报告》阐明了特朗普政府应对恐怖主义威胁的指导思想——"面对危及我国土安全的各种形式的威胁,并无完美的防御可言,因此,美国同其盟友及伙伴必须对将目标锁定为我们的非国家暴力团体,时刻保持进攻态势。"[1]

美国似乎回到了 20 世纪 70 年代以"国家利益为基础"的思维模式,但同时又继续着"以能力为基础"的思维模式。这两种思维模式的混合增加了美国对外行为的危险系数,对世界安全局势将产生更多负面影响。从当前国际军事力量的对比来看,作为世界第一军事强国的美国不断强化武力建设和武力运用的意图和准备,将世界导向自己所定义的国家行为体之间的传统权力政治竞争之中;此外,美国强军备战的举动必然引发连锁效应,使得其他国家重新将武力视为对外政策的首要选项。

之后发布的《核态势评估报告》也进一步证实了这一点,相比奥巴马政府 8 年前发布的版本,特朗普政府的这份《核态势评估报告》,在核武政策上主要有两处调整:一是提议新建以低当量弹头为主的核战力;二是寻求放松核武器使用条件。问题在于,除了美国公开称作对手的国家以外,任何国家都可被算作其"伙伴"。而对于美方在何种情形下需动用核武器,该《报告》并没有给出明确界定,这无疑会降低使用核武器的门槛,可能促使低烈度冲突升级为核战争。[2] 另外,以"能力为基础"的思维模式,本身就具有挑起对抗、军备竞赛和国家冲突的可能,这一思维模式在战略性敌对目标上模糊不清,因而会出现美国对敌人确定的泛化倾向。[3] 有一点是可以预见的,那就是为了"确保美国的军事优势能够持久",美国必然会奉行军事优先原则,把更多的资源用于军事和国防领域。2017 年和 2018 年美国国防开支连续两个财政年度的高速增长已经说明了这一点。而这是否会从另一个侧面加速美国的衰落呢? 我们认为这种可能性是存在的。

第三节　确保美国优先的军事战略

2018 年 1 月 19 日,特朗普政府发表了其任期内的第一份《国防战略报告》。

---

[1] 刘畅:《特朗普〈国家安全战略报告〉评析》,《和平与发展》2018 年第 1 期 ,第 43—62 页。

[2] 赵小卓:《美新版〈核态势报告〉模糊核武使用条件或致冲突升级为核战争》,《解放军报》2018 年 3 月 1 日。

[3] 许嘉:《美国战略思维研究》,军事科学出版社 2003 年版,第 240 页。

至此,和《报告》《核态势评估报告》一道,三份《报告》勾勒出特朗普政府的对外安全政策。《国防战略报告》延续了《报告》将中俄定性为"修正主义国家"和首要安全威胁的判断,将中国视为最大的"战略竞争者",为下一步美国修订国家军事战略提供了指导。《国防战略报告》在"美国优先"原则下充分体现了特朗普政府"以实力求和平"的"军事优先"政策。公开的《报告》分为引言、战略环境、国防部目标、战略举措、结语 5 个部分,共 11 页,约占非公开版本 1/5 的内容。《报告》对当前的战略环境、战略目标和途径进行了全面论述。美国的国防战略与其上一级的国家安全战略充分对接,在战略环境的评估方面与安全战略保持一致,针对《报告》中提出的 4 大支柱性战略目标进行了国防层面的解构从而形成了国防战略目标,针对国家利益和威胁的判断提出了解决的战略途径。

一、对安全形势的判断

美国《国防战略报告》认为,美国正面临着日益复杂的全球安全环境,其特点是自由开放的国际秩序受到公然挑战,长期战略竞争在各国间重现。当前美国面临的威胁主要有四类:一类是《国家安全战略》中界定的"修正主义"大国重新挑起长期战略性竞争成为美国繁荣与安全的核心挑战。尽管自冷战结束以来,这一秩序发生了一些变化,但美国的联盟和伙伴关系网络仍然是全球安全的支柱。该报告指责中国和俄罗斯正一边从战后美国及其盟友和伙伴构建的国际秩序中攫取利益,一边削弱秩序和"发展原则",从体系内部破坏国际秩序。因此,特朗普政府从国家安全和军事安全层面都将中国与俄罗斯定性为"修正主义国家",视中国为最大的"战略竞争者"。特朗普政府则更加强调对中俄等国竞争与遏制的一面。第二类是朝鲜和伊朗等谋取核武器、支持恐怖主义的行径,正在破坏地区稳定。第三类是破坏性威胁,即美国国家安全环境也受到技术快速进步和战争性质变化的影响。新技术发展的动力长盛不衰,技术门槛的降低实现了技术向更多行为体的扩散,并以加速之势发展进步。美国传统的压倒性优势将面临被削弱的风险。为维持国防部的技术优势,需要变革产业文化,确保投资来源,保护国家安全创新基础。第四类是非常规威胁。日益先进的非国家行为体也对安全环境构成了威胁。恐怖分子、跨国犯罪组织、网络黑客和其他恶意的非国家行为体凭借其不断增强的大规模破坏能力,改变了全球事务。

但与此同时,美国也具有无可比拟的优势。首先,美国在各作战疆域都具有无可争议的或是主导性的优势。美国可以在所想之时部署军力、所需之处集结部队,按照意愿遂行作战。其次,美国对先进计算技术、"大数据"分析、人工智能、自动化、机器人、定向能技术、高超声速技术和生物技术的优势能确保美国在未来战争中参战并获胜。再次,美国的联盟和伙伴关系网络仍然是全球安全的支柱。安全威胁的多样化使得美国在维护安全方面的合作伙伴不再仅限于国家,也有了与多边组织、非政府组织、企业集团和有战略影响力的行为体合作的机会。

需要补充的是,美国对核安全态势做出新的判断。俄罗斯研发新的核弹头和发射装置,研发新型洲际弹道导弹、高超音速滑翔式飞行器及洲际水下自主核鱼雷"对美国战略防御体系构成威胁"。中国则"正在对其可观的核力量进行扩充和现代化升级","打算获得新的核能力,从而在西太平洋上挑战美国的利益"。《国防战略报告》对朝鲜和伊朗表示担忧,称朝鲜距离拥有可打击美国的核弹道导弹可能只有数月时间,而伊朗不仅有发展核武器的强烈愿望,还保留了必要时在 1 年内发展核武器所需的技术和能力。《国防战略报告》还对核恐怖主义表示了担心,认为拥有核武器或制造核武器的国家越多,恐怖分子获取核武器的潜在风险就越大。"考虑到恐怖主义血腥暴力的本性,可以肯定,一旦恐怖分子获得核武器,必然会使用"。另外,《国防战略报告》还指出,技术突破可能使美国核力量或指挥控制系统受到攻击,包括传统威胁、核生化威胁和太空网络威胁在内的混合威胁,进一步加大了这种可能性。显然,美国对核态势明显夸大的"危机感"是在为其扩大核武库寻找借口。与 8 年前的《核态势评估报告》中美国政府宣布裁减核武器库、不再发展新的核武器、停止核试验相比,8 年之后的《核态势评估报告》则"画风"突变,美国应研发更多种类的核武器,丰富核打击手段,提升美国的核威慑能力,称:"美国为降低核武器在国际事务中的作用做出了多方面的努力,但美国的主要潜在对手在各自的安全战略中都没有淡化核武器的作用,也没有减少核武器的数量。"特朗普也指责"其他拥核国增加了核储备,开发出威胁其他国家的新武器"。

二、战略目标与战略举措

《国防战略报告》明确了国防部 11 项战略目标和 3 大战略举措。

《国防战略报告》明确提出:为支持《国家安全战略》,国防部将准备好"保卫国土,保持美国世界领先军事大国地位,确保对美国有利的均势,推动国际秩序向最有利于美国安全与繁荣的方向发展"。具体目标包括:保卫美国本土免受攻击;在全球和关键地区维持联合部队的军事优势;慑止对手侵犯美国的关键利益;使美国的跨部门合作伙伴能够促进美国的影响力和利益;在印太、欧洲、中东和西半球保持有利的地区权力平衡;保护盟国免遭军事侵略,支持伙伴不受胁迫,并公平分担共同防御责任;劝阻、预防或慑止对手国家和非国家行为体获取、扩散或者使用大规模杀伤性武器；防止恐怖分子直接或支持其他行为体，向美国本土及公民、盟国和海外伙伴发动袭击；确保国际公域的开放和自由；变革国防部思维、文化和管理体系，不断提高创造业绩的速度和效益；建立 21 世纪"国家安全创新基础"，有效支持国防部的运行，维持安全和偿付能力。①

着眼于战略目标的实现，基于美国国防部对美国面临的威胁的判断：以"修正主义国家"为主，同时还要面对暴力极端组织。有学者将这一威胁归为"4＋1"的混合冲突。美军首次提出"混合冲突"的概念还是在 2015 年的《美国军事战略报告》中，其概括了 3 种美国未来可能面临的冲突样式，即"国家间冲突""非国家间冲突"以及"混合冲突"。国家间的冲突往往横跨多个作战领域，伴随大规模兵力运用和先进军事技术应用，将会使用"反介入、区域拒止"系统等能力手段。非国家间冲突，主要指暴力极端组织所造成的冲突，它们一般利用小规模网络活动达到削弱政府、控制人民的目的。而混合冲突则兼具国家间冲突与非国家间冲突的特质，是综合使用传统与非传统的力量来搅乱局面、谋求主动以及瘫痪对手的一种对抗模式。② 对此，为了能够在长期战略竞争取得优势，需要综合运用外交、信息、经济、金融、情报、执法与军事等多种国力要素，拓展战略竞争空间。在扩大竞争空间的同时，美国将继续向竞争者和对手开放合作机遇，但前提是要从实力出发，并且符合美国国家利益。对于整个战略态势，美国要处于绝对掌控的有利位置，要在战略上可以预判，而在行动上令敌人难以捉摸。美国将通过实力以及与盟友和伙伴的合作来展示战略意志以实现战略遏制，置对手于不利境地，但美国动态兵力运用、军事姿态和作战行动必须让对手难以捉摸。在拓展战略空间的同时，美国将采取 3 大战略举措：建设杀伤力更强的联合部队，重整军备；加强同盟关系，吸引新的伙伴；改革国防部管理，以提高业绩和效益。

（一）加强同盟关系，吸引新的伙伴，将"印太"作为国防战略重点

《国防战略报告》中，特朗普政府正式将"印太"纳入国家安全战略和国防战略，提出要将"印太"地区盟友伙伴"发展成为一个安全网络，以慑止侵略、维护稳定、确保全球公域的自由进入权"。特朗普上任之初就提出亚太稳定计划，本质上与奥巴马政府时期的"亚太再平衡"没有根本区别。就亚太安全的基本态势而言，在美国眼里，亚太形势并没有较之奥巴马时期发生根本性的变化。在特朗普

---

① Summary of the 2018 National Defense Strategy. https://www. defense. gov/Portals/1/Documents/pubs/2018‐National-Defense-Strategy-Summary. pdf.

② 许嘉、张衡：《新版美国〈国家军事战略〉中政府认知的变化》，《现代军事》2016 年第 1 期，第 49—52 页。

政府看来,朝鲜拥核打破了半岛平衡、钓鱼岛争端打破了中日之间的平衡、中国不断发展的军事力量打破了两岸之间的军事平衡、中国在南海的设施建设打破了南海地区原有的平衡、中国国力的不断发展打破了西太地区的地区战略平衡。对此,特朗普从其就任伊始就已经开始践行直到今天才表述为文字的国防战略,这充分地体现在两个优先:一是亚太部署优先。美国在亚太再平衡战略实施以来,不断增加亚太驻军数量,使亚太成为美国海外常驻兵力规模最大、海外军事基地最多的地区。最终目标是实现 3 个 60%,即到 2020 年将全部海军力量的 60%部署到亚太地区;海外空军力量 60%部署到亚太地区;太平洋舰队所辖部队的 60%部署到西太平洋地区。二是盟友优先。特朗普上任后先访问英国,后是日本,再是以色列访美,再与加拿大总统通电话。这些都是特朗普要用的资源,而其所有的优先和措施都是刻意把中国边缘化。

当前,美国已经在 45 个国家部署了约有 600 个军事基地。目前,美正积极推动美、日、澳、印形成四边安全网,从"亚太"拓展到"印太",以期在更大范围、更大空间筹划战略布局。《国防战略报告》还提出:要加强跨大西洋的北约同盟以慑止俄罗斯的冒险行为;在中东地区建立持久联盟,打击恐怖分子,抵消伊朗的力量,确保能源通道安全;保持在西半球的优势,维护西半球的和平稳定以减少美本土威胁;发展伙伴关系以应对非洲的恐怖主义威胁等。虽然《报告》称将"印太"作为国防战略重点,但美军此前的战力部署,以及其今后战略设计上打算积极推动的部分都表明其实质上更为聚焦于西太。

(二)重整军备,建设杀伤力更强的联合部队

《国防战略报告》指出:美国军事优势"在每一个战备领域——空、陆、海、太空和网络空间被侵蚀,并且正在继续被侵蚀"。美国防部长马蒂斯说:"我们不能指望运用昨天的武器装备在明天的冲突中赢取胜利。"

美国国防部事实上的优先运作要早于这份《国防战略报告》。这部分体现出以下几个优先:

一是,经费优先、军费增加。2016 年 2 月 25 日,美国防部长卡特参加了 2017 财年军费预算申请的听证会,一份总额 5 827 亿美元的预算。但在 2016 年 12 月 23 日,奥巴马签署的 2017 年度国防授权法案中确定了 2017 年军队薪资增加 2.1%和未来数年的军事医疗改革。年度预算法案包括国防开支的优先次序和 2017 财年的指导方针。法案中还包括美台军事交流等针对中国的内容。2016 年 12 月初,美国国会批准了 2.1%的加薪。这是军队自 2010 年以来最大幅度的涨薪。从 2017 年 1 月 1 日开始生效的加薪意味着,每名入伍新兵每年能

够多得到 550 美元,中层职业军官每年多得到 1 800 美元,总计为 6 190 亿美元,比奥巴马原本的预算高出了 32 亿美元。

2017 年 2 月,美国总统特朗普宣布:在向国会提交的首份财政预算中增加 540 亿美元国防预算,较上年度增长 9%。这标志着特朗普要兑现竞选承诺,不遗余力地加强军队建设。上次美国军费大幅增长还是 10 年前的事。2007 年国防预算增加 12%,2008 年增加 10%,当时美国还是一个"处于战争状态的国家",小布什总统命令向伊拉克增兵两万。奥巴马执政 8 年,对美军来说,是最不景气的 8 年,两场战争结束、金融危机及随后的"财政悬崖"使美国军费增长步伐戛然而止。共和党历来强调军队建设,从里根时期到小布什时期,美军建设都掀起了小高潮。当前共和党在白宫和国会两院都处于全面强势时期,种种迹象显示,美军建设的钟摆开始回调。

二是,规模优先。国会计划大幅度提高军队服役人员的数量。根据授权法案显示:美国陆军 2017 年拥有 47.6 万名士兵,比白宫要求的员额多出 1.6 万人。海军陆战队将增加到 18.5 万人,比原本的要求增加 3 000 人。空军将达到 32.1 万人,超过原本奥巴马政府要求的 4 000 人。海军将保持在 32.4 万人,总计要多出好几万人,美军计划在未来打造一支以应对"混合战争"威胁为指导的陆军;均衡海军发展,加快推进新老装备的更替,2014 财年将舰艇总数保持在 308 艘左右;建设一支高端空军,在维持当前规模基础上,重点发展太空、网空等高端作战能力;构建一支"远征型"陆战队,以亚太地区为重心,重点发展"陆战队空地特遣部队"等快速反应部队,以提升部队全谱战备水平。

三是,装备优先。在 2017 财年预算中,美国希望以抵消战略为蓝图,全面拓展技术"代差"优势。美国认为其他国家在精确制导弹药、隐形技术、网络和太空等领域的进步,大大削弱了美军传统的技术优势。为此,预算在新技术研发应用方面给予大量倾斜。在 714 亿美元的技术研发和 1 025 亿美元的武器采办经费中,重点是贯彻落实第三次"抵消"战略的基本目标,重点研发民水下作战、太空战、网络战、电子战、无人作战、"情—侦—监"、特种作战以及核力量等可适用全谱军事行动,能在全球范围灵活切换的"通用化"作战能力。同时,以"战略能力办公室"为核心,不断加大军民融合力度,推进民用技术的军事转化进程,特别是优先发展微电子导航系统、"蜂群式"无人作战平台、母舰式"武库机"和"电磁轨道炮"等新概念武器。

四是,技术优先。正如《国防战略报告》所说:"成功不再属于首先开发新技术的国家,而是属于能更好地集成新技术,并将之用于优化作战方式的国家"。美国的动作主要是实施第 3 次"抵销"战略,引领下一次军事革命。重点发展太空、网空等信息化作战力量;定向能技术和电磁轨道炮等低成本、高效率新概念武器系统;无人作战系统、水下作战系统、新型隐形轰炸机和远程精确打击等新型作战力量。譬如,目前,世界范围内的主战无人机约有 84 种,其中,美军就有 75 种,美军共有 1 万余架无人机,包括"弹簧刀""大乌鸦""影子—200""灰鹰""捕食者""全球鹰"等。

五是,能力优先。《国防战略报告》围绕应对国家间大规模高端常规战争,五角大楼提出将对美军的"关键战力"进行现代化改造,以建设"更有杀伤力、适应力和快速创新的一体化武装部队"。这些"关键战力"包括:推进核"三位一体"的现代化;加强太空和网络空间作战能力、C4ISR、导弹防御力量建设;提升在竞争环境中的联合杀伤能力、前沿部队机动能力和态势复原能力;重点投资先进的自动化系统;强化灵活快速的后勤保障等。同时,为了适应"多能"要求,美军作战编组从相对固定向"模块化"部队转变。陆军模块化部队是"旅战斗队"组成的部队;海军模块化部队是"航母打击大队";空军模块化部队是"航空航天远征部队",由此以随机组合方式实现多样化军事能力。《报告》指出:将一体统筹应对高中低端威胁挑战,特别是在平时也积极运用联合部队以慑止来自印太、欧洲和中东三个重点地区的侵略;降低恐怖主义和大规模杀伤性武器威胁;在低于武装冲突门槛的挑战中捍卫美国利益。对此,美将通过更具杀伤力、灵活性、恢复力强的兵力态势和运用模式以及技术创新、作战理论创新、人员素质提高等途径,来应对未来更加复杂多元的威胁挑战。

(三)改革国防部管理,以提高国防管理效益

美国认为,当前美国防部各级领导"风险最小化"的官僚主义作风严重影响了工作效率,甚至美军的战斗力,提出要树立绩效导向的管理文化,建立一个管理体系以确保纳税人的钱得到有效管理。《国防战略报告》要求不断创新国防部的管理结构和工作流程,通过不断创新的组织行动为联合部队作战提供有效支持;敢于承担风险,精简相关审批程序,提高对军事需求的反应速度;削减冗余机构和人员并提升财务管理效率;优化装备从研发到实战应用的过程,实现作战能力的快速更迭;依托健全、稳固的"国家安全创新基础",联合国内外企业加快发展关键前沿技术,以维持美军技术优势。

美国防战略的调整,一方面,是着眼抵消中俄不断上升的军事实力,特别是中国的快速发展,从而确保美国长期的全球领导地位;另一方面,特朗普的"军事优先"政策无疑受到军方和军工集团的政治支持。铁的事实是:特朗普胜选后的第一个早晨,包括洛克希德·马丁、雷神、诺斯罗普·格鲁曼、通用动力等公司在内的美国国防公司的股票上涨了 5%～7%,随着特朗普与共和党同时控制了白宫和参众两院,预示着美国军工复合体的繁荣时代已然到来。美国称这份《国防战略报告》将为 2019—2023 财年的国防预算提供基础性框架,最终以军费的实际投入来实现美国防战略目标。[①]

特朗普奉行的基本上是美国共和党保守势力的一贯政策,"回归"到小布什总统执政时期占主导地位的新保守主义思维模式。特朗普政府的国防战略,充分体现了其在《国家安全战略》中所提出的"以实力维护和平"的新安全战略支柱,体现出其冷战思维烙印下的霸权逻辑。正如我国外交部发言人所指出的:美方报告充满冷战思维和"零和"博弈过时观念,蓄意歪曲中国国防和外交政策,渲染大国战略竞争,犯了根本性的错误。

---

① 童真:"美《国防战略报告》——美国的冷战老调几时休",http://military. people. com. cn/n1/2018/0125/c1011－29786046. html. 最后访问时间:2018 年 3 月 10 日。

第二章　美国对华战略及中国的战略选择

　　21世纪的世界舞台上，美国和中国都在世界大国的追光灯下发生着不可思议而又势所必然的重大变化，其不可思议之处在于其变化的速度之快、在于一些变化就在量变到质变的轻轻一跃之间；无论是两国在国际政治、经济、文化等领域，还是在国际地位、与世界关系的深刻变化，以及中美两国在变化之下看待世界的视角和观念的深刻改变。

　　特朗普政府新《美国国家安全战略报告》（以下简称《报告》）向世人展示了他们眼中这个充满丛林法则、零和博弈和权力争夺的世界。与奥巴马相比，特朗普政府对华遏制的这一战略目标不会发生变化，手段和策略的变化也只是围绕着"遏制"这一目标的实现而做出的富有特氏风格的调整而已。据统计，在这份被白宫称作新时代的全新《报告》中，共计33次提到中国，比过去多位美国总统任内的《国家安全战略》提及的都多。此外，其对华论调很不友善，称中国为"战略竞争者"和"利益挑战者"，同时将中国称作"国际秩序的修正主义国家"。中国外交部发言人一直"敦促美方停止故意歪曲中方战略意图，摒弃冷战思维和'零和'博弈等过时观念，否则，只会损人害己。"[1]中国驻美使馆发言人也就该报告表示："将本国利益凌驾于他国和国际社会共同利益之上，是彻头彻尾的利己主义，势必走向自我孤立……把中国放在对立面，是自相矛盾的，不仅不符合中美两国利益交融、相互依存的现实，与双方在双边和国际领域开展合作的努力也背道而驰。"[2]国防部新闻发言人表示：美国政府"罔顾事实，渲染炒作中国国防现代化建设，质疑中国军力发展意图，与和平与发展的时代主题和中美两国关系发展大

---

　　① "2017年12月19日外交部发言人华春莹主持例行记者会"，外交部网站，http://www.fmprc.gov.cn/web/fyrbt_673021/jzhsl_673025/t1520714.shtml，最后访问时间：2018年1月5日。
　　② "中国驻美国使馆发言人关于美《国家安全战略报告》涉华内容的谈话"，中华人民共和国驻美利坚合众国大使馆网站，http://www.china-embassy.org/chn/zmgx/t1520592.htm.最后访问时间：2018年1月5日。

势背道而驰"。^①该《报告》在中国引起舆论哗然，美国在中国民众的心中再次坐实干涉主义和强权政治的形象，从政策界到学术圈，从知识精英到普通民众，都对报告所表现出来的对华强硬乃至敌视态度深感不满与不安。

特朗普政府的这份《报告》，连同美国国防部颁布的《美国国防战略概要》及新的《核态势报告》，共同赋予了未来对华关系以"长期战略竞争"的主色调，且将这种战略竞争几乎覆盖了所有的领域。尽管《报告》在强硬措辞之后也强调中美之间同时存在合作的一面，但这一自相矛盾、欲盖弥彰的做法除了难掩实力式微的窘态之外，并无实质战略意涵。在奥巴马的"亚太再平衡"战略基础之上，特朗普以极为幼稚的方式将自己带到了离中美两个大国合作机会窗口更远的地方。有学者曾经指出：今天的中美又站在了世纪的十字路口。此话差矣，又站在十字路口的是美国，而非中国。此前的历史中，中国无从选择，因而无所谓十字路口；而今天的中国因为坚定地沿着和平发展的道路向前挺进，因而也无所谓十字路口。

第一节　美国对华战略

对于特朗普的《报告》，有人批评这是回归冷战思维。这一说法并不贴切，因为美国即使赢得了对苏冷战，也并未因此而改变思维。"邓小平当年就曾明确地指出，美苏冷战虽告结束，美国对社会主义国家和第三世界国家又开始了新的冷战。这20多年来发生在不少发展中国家的形形色色的所谓'颜色革命'，不正是美国冷战思维促成的嘛?!"^②所以，这场21世纪的"战略竞争"实则早已被处心积虑的美国拉开帷幕，并非阳光下的新鲜事。

一、美国对中国的战略定位

美国新安全战略表达出的世界观和总基调对中美关系产生了直接的不良影响，但也反映出美国近些年来对中国的战略定位已从幕后转移到了台前。与奥巴马政府对中国的战略定位不同，甚至与冷战以来的多种战略定位都有所不同。老布什政府时期对中国的定位是"保持接触与对话的对象"，克林顿在第一任期

---

① "国防部新闻发言人任国强就美《国家安全战略报告》涉华涉军内容发表谈话"，中华人民共和国国防部网站，http://www.mod.gov.cn/info/2017-12/20/content_4800427.htm，最后访问时间：2018年1月5日。

② 丁原洪："简评美国新安全战略言论"，http://comment.cfisnet.com/2017/1229/1311097.html.最后访问时间：2018年1月20日。

里将中国定位为"问题中国",第二任期则定位为"建设性的合作伙伴";小布什执政初期将中国定位为"战略竞争者但也是贸易伙伴",到了其中后期则将中国定位为"利益攸关方";奥巴马时期将中国定位为美国的"合作伙伴与竞争对手",强调中美关系中既有竞争的一面,也有相互合作的一面。而特朗普政府的《报告》则给了中国3个定位:一是"战略竞争者";二是"战略对手";三是称中国为"修正主义国家",认为中国是能在全球范围内对美国的优势地位形成长远挑战和威胁的大国。《报告》称过去几十年来对中国的"接触战略"的结果被证明是事与愿违,强调中国现在所展现出来的是对美国的全方位威胁——从经济、军事,到外交、文化,再到政治制度和发展模式——正是这种"接触战略"种下的恶果。① 这种论调无疑迎合了过去两三年来美国保守派智库的意见和观点,譬如,美国普林斯顿大学的阿龙·弗里德伯格教授所持观点:在美国人看来,中国大陆政权将威权统治和市场导向的经济学结合起来所取得的成功是对西方文明的一种侮辱。美国帮助中国进行经济现代化,市场经济是西方经济建立资本主义最成功的通向资本主义自由世界的通道被中国拿去后,一直希望能给中国带来自由民主的资本主义世界。但现在看来,不对,市场经济被用来焕发社会主义的青春。……60年前,美国在整个苏东剧变中摧毁了那些社会主义国家,以声明自己是资本主义世界,西方文明的胜利,那么,反过来,不就被重新否定了吗?《百年马拉松》的作者白邦瑞甚至诋毁中国长期执行"欺骗"战略,致力于获取西方技术,发展强盛的国民经济,最终取代美国成为"世界霸主"。他们认为中国参与到"主流"国际体系中的动力越来越弱,大国冲突的危险性越来越高,因此,他们强烈呼吁美国应"修正对华的大战略",由对华包容和妥协转为更多的"制衡"。

2013年,美国的智库、战略家们要求美国政府修订对华大战略,核心理念是调集美国一切实力,以保持东亚的主导地位。智库们分析认为,以国家实力指数对若干重大文明进行的评估结果表明:在非西方文明中对美国现实威胁最大的是俄罗斯,日本的现实威胁为0,中国的现实威胁为0.3;就长远威胁来看,俄罗斯为0.5,日本则正在国家正常化过程中逐步恢复自己的军事实力,因此,其威胁程度上升到0.6,而中国的长远威胁则是1,在所有文明中居于最高位。同时,智库们对这些国家的核心竞争力做出进一步分析认为,俄罗斯徒有军事力,但俄军事力必然会因为经济、科技竞争力的下降而逐步下降。日本军事力的恢复再加上其不可低估的工业制造力将在未来对美国构成威胁。但最大的威胁还是来

① "National Security Strategy of the United States of America," https://www. whitehouse. gov/wp-content/uploads/2017/12/NSS-Final-12-18-2017-0905-2. pdf,December 2017.

自中国——中国不仅拥有强大的文化力、资源力,还拥有潜在的创造力。21 世纪,只有俄罗斯、未来的中国,还有潜在的日本才拥有扩张的基础。他们共同的特点是可以在 1 年以内的时间里承受一场常规战争,与世界上最强大的国家进行一场作战;同时,这个国家不仅要有令人生畏的常规力量,还要有能够承受其他国家核打击的核威慑力量。

智库们认为,美国一定要汲取 2008 年和 2010 年之间的教训——中国没有动手,但美国已经失去太平了:2008 年中国的奥运会获得了成功,也恰在这一年美国爆发了金融危机;2009 年鸠山由纪夫政府作为民主党上台,欲排除美国搞东亚经济体计划,同时要求美军撤离冲绳;韩国提出美韩司令部分家,要建立独立的韩军的司令部;2010 年中国宣示南海是其国家核心利益——这些都极大地动摇了美国在太平洋的领导权和美国的盟友们对美国领导地位的认同。这些导致美中关系的保守派、自由派和知华派们在"中国威胁论"上取得了高度一致。2014 年,中国国际问题研究所对美国知华派调查,对其中 158 名中国问题专家在 2003 年至 2013 年的 10 年期间关于中国战略问题、中国军力问题、中美经贸问题和海洋争端问题、全球治理问题,共 13 个议题中的观点统一进行了整理和统计。评估后发现,有 6 成的专家认为,中美之间已经不可能再有一个和谐的局面了。他们一致认为,中国威胁美国已经成为既定的事实。

对于中国的军事实力,美国也做出了预判。在习近平主席访美之前,美国著名军事智库兰德公司推出一份新的中美军力对比报告,反映了对未来中美军力对抗的新认知。这份名为《中美军事记分牌:军力、地理和发展的力量平衡》的报告在对比了 1996 年、2003 年、2010 年和 2017 年 4 个不同时期的中美军事能力对比后,得出的结论是:在接下来的 5—15 年,如果中美军力仍按现在的轨迹发展,亚洲将见证美国前沿存在的力量衰减。中国军队将越来越有可能夺取短期内冲突中战区内的空中和海上优势,这将使得中国有能力在无需彻底打败美军的情况下也能实现其有限目的。不过,尽管美国可能在 2017 年后的冲突中面临中短期内受挫的现实,却仍将在一场长期化的军事对抗中依靠深厚积累以及在赛博战、太空战等领域的变招扭转局势。《报告》给出的政策建议是:接下来,美军相关建设中最优先的应当是强调基地的抗打击冗余度和生存性;装备更多的远程武器、隐身战斗机和轰炸机、改进型潜艇和反潜战能力,制定抗打击能力更强的太空系统和太空战计划。而与之相反的是,美国军队应当迅速削减传统的战斗力量,并降低对大型航空母舰的重视程度。

在这些预判的基础之上,美国做出了战略反应。在 2015 年奥巴马政府发布的第二份《国家军事战略》报告中,就已经删除了 2011 年版的美国《国家军事战略》报告中"在相互依存的世界里,美国的持久利益正在与世界其他国家和非国家行为体的利益联系日益紧密"的看法。取而代之的是,在威胁对手上,美国面临两类并行威胁:"修正主义国家"和暴力极端组织。正是在这份报告中,对所谓的"修正主义国家"做出了定义:"试图修改国际秩序的关键领域""以某种方式威胁美国国家安全利益"的国家。报告指明4个"修正主义国家"分别是俄罗斯、伊朗、朝鲜、中国。也正是在这份报告中,奥巴马政府已然将"修正主义国家"对美国的威胁排到了暴力极端组织之前。这是冷战结束后,美国第一次提出同时面对两种威胁的认知。从时间轴上看,所谓的"逢奥必反"并不真实客观,战略威胁判断作为界定战略目标的重要前提,特朗普政府继承并延续了奥巴马政府后期的战略判断,无论这个战略叫什么名字,也无非是换个"马甲"而已。

美国对中国的发展形势的研判每天都在进行——美国的机遇在于将中国阻遏在中等收入陷阱,这就是美国对中国新冷战的战略定位。美国深知,中国一旦跨过中等收入陷阱,其现代化进程就将无法阻挡,必然超过美国。对美国而言——这就是威胁。

二、已运作的军事战略

在特朗普政府宣称"战略竞争"之前,美国对中国实质性战略遏制就已经开始运作。其战略运作分为两大阶段:

(一)海上围堵

海上围堵的战略实质就是把在放大所谓"中国威胁论"的同时加大亚太地区的不安全动荡,由此既阻遏中国的现代化进程,也同样阻遏亚太地区的现代化进程。从军事部署看,美军日益强化在太平洋的三线部署态势。

一是优化驻日、韩美军前沿配置,扩大东南亚军事存在,提升一线应急作战能力。美国从2012年开始实行亚太再平衡战略以来,其在西太平洋的东亚战略部署就在发生变化。第一岛链,即从日本到菲律宾、琉球群岛,再到新加坡。8年前美国在日本驻军有约5万人,韩国近3万人。但到2015年,美国租用了菲律宾的4个空军基地、1个陆军基地。美国在新加坡设置的联合后勤支援中心同样给美国的导弹驱逐舰和濒海战斗舰提供补给支持。这些基地和补给形式为美国在南海提供了一种现实的军事存在,使其不仅控制了南海的南端,而且控制了马六甲海峡的东端。

二是扩建关岛基地,打造战略枢纽,提升二线力量投送能力。美军的二线部署主要是指从关岛到澳大利亚的弧形地带。目前,关岛已被美军打造成美国干预亚太的重要基地。达尔文港是澳大利亚通往东南亚及南海的门户,地处交通要冲,且军事设施相对完善,海军驻泊条件和基地面积得天独厚。2010 年之前,作为美国盟友的澳大利亚从未让美军驻军,但自 2011 年起情况发生变化——美澳达成为期 25 年的军事协议,美国使用达尔文港对海军陆战队进行轮训。尽管在 2017 年年初,美国总统特朗普在与澳大利亚总理特恩布尔通电话时,对奥巴马执政时期与澳大利亚达成的难民接收承诺大发雷霆,并直接挂断电话,引发美澳外交风波。此外,2017 年 1 月 30 日特朗普退出 TPP 的决定也让澳大利亚深感不满,但这些并没有影响美澳军事协作的深化。据美国广播公司新闻网 2017 年 2 月 12 日报道:部署在达尔文港的美国海军陆战队员在接下来数年将会翻倍,到 2020 年之前将会达到 2 500 人。①

三是建设夏威夷和阿拉斯加的联合基地,部署后备力量,提升三线立体支援能力。美军提出了 3 个 60%,即到 2020 年,将海军力量的 60%、海外空军力量的 60%部署到亚太地区,将太平洋舰队所辖部队的 60%部署到东亚/西太平洋地区。美军最终的计划是把 11 艘航母中的 6 艘,73 艘核动力潜艇中的 42 艘,以及空军海外力量的 60%,包括全部 185 架 F - 22 型战斗机中的 1/3 都部署到亚太地区。

同时,美推动同盟实心化、网络化的步伐一刻也不曾停止,努力构建以美为主导的亚太安全体系。一方面,巩固与日本、韩国、澳大利亚、菲律宾、泰国的传统军事同盟体系,除泰国外,其余 4 国均已建立了"2+2"对话机制。除巩固双边军事关系之外,美国在双边基础上还进一步扩大关系联络。为此,美国积极运筹"美日+1"机制,寻求亚太同盟的网络化。美日澳、美日韩三边对话机制稳步推进,三边联合军演趋于常态化、机制化;另一方面,提升与新加坡、越南、印度等国的伙伴关系,加紧对缅甸、老挝等国的渗透。

美国让日本在亚太安全事务中发挥更大作用,充当印太战略"北锚"的角色,将日本打造成太平洋地区的干预中心;让澳大利亚充当战略"南锚"角色,力图将达尔文市打造成为第二个"关岛";在韩国部署"萨德",无限期推迟战时作战指挥,即战时美国对韩国军队的指挥权;让菲律宾充当亚太"再平衡"战略的马前卒;让泰国通过"金色眼镜蛇"演习发挥更大作用。新加坡作为美国的战略伙伴,为美军提供航母编队停靠、补给和维修的便利。根据《美印防务合作框架协议》和《后勤保障协议》,美国将帮助印度发展航母和飞机发动机。尤其是 2017 年签

---

① "美澳政治疏离军事紧密:F - 22 进入达尔文港,继续重返亚太",http://www.thepaper.cn/newsDetail_forward_1618952. 最后访问时间:2018 年 1 月 5 日。

署的中印《后勤保障协议》,允许使用对方的军事基地进行补给,而在此之前,只有盟国才会这么做。同时,美国与越南也建立有情报合作和军事合作。

(二)海上封锁和打击

美国提出空海一体战、网络战和太空战等理论。美军此前提出过的"空地一体战"理论是1982年针对苏联提出来的。在华约与北约对峙的历史背景下,由于华约有着苏联的战略纵深,苏联坦克是北约的3倍,北约担心发动攻势会招架不住,美国经过试验后提出充分利用美军的空中资源,瞄准苏联坦克洪流,打造新的作战能力,建立信息化作战体系。但将这一理论付诸实践则是在海湾战争中。"二战"后美军首次以中国人民解放军为主要对手、以西太平洋为主要战场推出"空海一体战"理论。2015年1月,美军将"空海一体战"更名为"全球公域进入与机动联合概念"。"空海一体战"整合海、空、陆、天、网资源,应对西太平洋"反进入/区域拒止",牵引新一代武器装备发展。同时对中国的太空战争也进行了史蒂夫演习,空军太空司令部组织了对中国卫星系统、卫星发射、卫星转让、网络干扰电子战进行系统地攻击演示。

目前美军又提出了"第三次抵消"战略,主要是针对美军控制公域能力不足提出来的。美军前参联会主席邓普西说:"抵消"战略的原因、理由是永远不要将美国的军人派遣到一场对称的战争中,美军是要发展"第三次抵消"战略以保持对中国非对称的军事优势。"抵消战略"是美冷战时期为遏制和拖垮苏联而专门提出的发展计划。第一轮"抵消"战略出台于1953年艾森豪威尔时期的"新面貌"国防改革,核心就是通过优先发展核武器和相关投送系统,来抵消苏军的人力数量优势;第二轮"抵消"战略始于20世纪70年代中后期,主要是利用美微电子技术和信息技术等一系列尖端技术优势,运用"空地一体战"的战法来抵消苏军的常规数量优势。两轮"抵消"战略都取得了成功。当前,美军认为第二轮"抵消"战略的核心技术,如态势感知、精确制导和隐形技术已在全球范围内大幅扩散,全球进入了新一轮"精确制导僵局",这严重削弱了美军力量投送和行动自由等所谓传统作战优势,因此,需要推行新一轮"抵消"战略,重点研发以定向能技术为核心的一系列"能够改变游戏规则"的颠覆性技术,以重振其技术"代差"优势。

与此同时,美国还着手于包括金融战争、颜色革命等非常规战争。所谓非常规战争是指不通过全面的、军事的高强度打击发生战争,而是通过监视、遏制和诱导、破坏行动从而激发内部矛盾,引发从边疆地区到主流地区的社会的动荡,从而将中国迟滞在中等收入的陷阱中。自2009年开始,美国五角大楼把华尔街的期货分析师、基金的经理等人组织起来,模拟一次全球经济体可能进行的金融大战,主要是应对俄罗斯、中国脱离美元体系带来的冲击。演习地点在海德堡军事基地。演习唯一允许的手段就是金融,包括货币、股票、债券、期货和各类衍生工具,没有任何军事工具;美国外交部也组织了针对中国超限战基础上的金融反应行动。

三、美国对华政策的新变化

(一)逐步升级的贸易制裁

2018年2月28日,白宫公布了总统贸易议程年度报告,宣称将捍卫美国国家利益,并开始着手于不断升级的贸易制裁举措,全面落实特朗普在《报告》中提出的"美国优先"。事实上,白宫在2017年就已经开始挑起了一系列贸易摩擦。

2017年4月,美国商务部分别对进口钢铁和铝产品是否损害美国国家安全启动了"232调查",并于2018年1月向特朗普提交了调查报告。美国商务部调查认定,进口钢铁和铝产品的数量及情况有损美国国家安全。美国商务部据此向特朗普总统提出建议,对进口钢铁和铝产品实施关税、配额等进口限制措施。为限制钢铁进口,美国商务部向特朗普提出3项贸易保护建议:对从所有经济体进口的钢铁征收至少24%的关税;或对从巴西、韩国等12个主要对美钢铁出口经济体征收至少53%的关税,并对其余经济体设定相当于其2017年对美出口量的进口配额;或对所有经济体设定相当于其2017年对美出口量63%的进口配额。美国商务部数据显示:2016年1—10月,对美出口钢铁最多的6大经济体依次是:加拿大、巴西、韩国、墨西哥、土耳其和日本,来自中国的钢铁仅占美进口钢铁总量约3%。为限制铝产品进口,美国商务部也向特朗普提出3项贸易保护建议:对从所有经济体进口的铝征收至少7.7%的关税;或对从中国及香港地区、俄罗斯、委内瑞拉和越南进口的产品征收23.6%的关税,并对其余经济体设定相当于其2017年对美出口量的进口配额;或对所有经济体设定最高相当于其2017年对美出口量86.7%的进口配额。值得注意的是,2017年6月,在美国商务部针对进口铝产品"232调查"举行的听证会上,来自中国、俄罗斯、欧盟、阿联酋等多个国家和地区的政府和行业协会代表认为,进口铝产品并不损害美国国家安全,以国家安全为由限制进口并不能提升美国铝业的竞争力。[①]

2017年8月14日,美国总统特朗普在白宫签署"行政备忘录",指示美国贸

---

① "美国或对进口钢、铝实施限制 中方应回:调查结论与事实完全不符",凤凰财经,http://finance.ifeng.com/a/20180218/15990001_0.shtml.最后访问时间:2018年1月10日。

易代表莱特希泽针对所谓"中国不公平贸易行为"发起调查,以确保美国的知识产权和技术得到保护。美国在301调查令中提出了4项调查目标,前3项分别是中国政府强制美国企业转让技术和知识产权;中国政府指令并协助中国企业战略性并购美国高科技资产;中国通过互联网窃取美国企业的商业信息,主要是技术秘密。

2018年3月8日,美国总统特朗普正式签署了自竞选以来就提出的高额关税——对进口钢铁和铝产品分别征收25%和10%关税的命令。关税将在15天内开征,同时给予加拿大和墨西哥两国豁免权。美国以外所有国家都获得谈判邀请,可能通过谈判豁免这一关税。一时间,关于美国此举将引发贸易战的推测不绝于耳。

特朗普政府单边主义的行为无疑进一步冲击了全球自由贸易秩序,尤其是对将经济作为两国关系"压舱石"的中美双边关系也将产生负面影响。

特朗普发动的301调查、232调查,拒绝在反倾销调查中停止将中国认定为非市场经济国家,以及否决了一系列重要的中国对美投资等一系列行为,这与2017年中美元首外交建立的友好气氛形成鲜明反差。2017年3月,中美元首在海湖庄园会晤后,双方宣布建立外交安全对话、全面经济对话、执法及网络安全对话、社会和人文对话4个高级别对话机制,中美经济互动就进入到一个良性发展的对话季;2017年5月12日,经过多轮磋商,中美共同发布《中美经济合作百日计划早期收获》;中美领导人海湖庄园会晤之后,中美双方积极推动了"百日计划",并取得重要进展;同年7月,两国又举行中美全面经济对话,商讨"一年计划"等。2017年11月8日,美国总统唐纳德·特朗普访华受到"国事访问+"的超高规格接待,美方随团企业与中国公司签署2 530亿美元的巨额大单,创下世界纪录。总体来看,中美两国正走在"构建总体稳定、均衡发展的大国伙伴关系构架"的道路上。然而,从目前的情况看中国对美的坦诚相待所换来的却是美国对华逐步升级的贸易制裁。当然,受这一决定影响的绝非中国一家,尽管如此,中国仍需谨慎前行,避免掉入美国设置的恶性竞争的陷阱。

从国家战略视角来分析,比照特朗普发布的《报告》,我们可以清晰地看到,美国战略层面的认知与决策一旦形成就会立刻贯彻落地,此次高额关税的决定就是特朗普强调美国优先,将经济看作国家安全的首要内容的具体体现。《报告》指责中国侵犯美国知识产权,在贸易等方面存在不公平行为。不仅指责中国经济行为具有挑战性,亦指责中国政府在经济中发挥重要作用的这一经济模式。这与2017年10月美国商务部发布备忘录时所解释的不承认中国市场经济地位时论调相呼应。

从美国国内反应分析，这一决定在美国国内也引起了反弹，认为特朗普此举只满足了钢铁和铝制造商的诉求，但对于需要大量进口用钢的汽车企业而言无疑会对其产业产生不利影响。

从个人因素分析，一方面，特朗普有努力兑现其竞选承诺的考虑，2018年11月，美国进行中期选举，打出贸易牌以达成政治目的做法有其必然性；另一方面，则是特朗普危险的加强版的"现实主义安全观"使然，体现在经济领域则表现单边主义、贸易霸权思维，即倾向于放弃多边体制的国际秩序而以美国标准来解决问题。《国家安全战略》将世界划分为"自由社会"与"压制政权"，并称要与价值观相似的国家加强合作，意谓要以此来应对"压制阵营"，其话语充满深厚而危险的冷战色彩。

"历史的经验教训证明，打贸易战从来都不是解决问题的正确途径。尤其在全球化的今天，选择贸易战更是抓错了药方，结果只会损人害己，中方必将做出正当和必要的反应。"①中美分别是全球最大的出口国和进口国，美中双边贸易逆差占美国全部贸易逆差的近一半。基于这一现实，中国始终保持着战略冷静，在特朗普政府变化的危险策略中"主动限制竞争的性质和烈度，努力拓展交往的深度和广度"。② 2018年3月20日，国务院总理李克强在十三届全国人大一次会议记者会上针对美国记者提出的美国对华打贸易战的问题进指出：去年中美贸易的规模已经达到5 800多亿美元，中美之间的贸易摩擦对双方而言都没有赢家，贸易就是要通过协商、谈判、对话来解决争端，中国将继续推进扩大开放的具体措施。因为，"中美关系稳定发展对两国、对世界都是好事"。③

（二）特朗普政府打出"台湾牌"

摩根索认为，国家利益基本的一条是本国的生存和安全，一国所追求的利益应同其实力相称。国家不应超出本国力量所能达到的范围进行对外干涉，也不应企图按照本国的形象去塑造世界。如果那样做，只能反过来损害自己的安全，从而违背国家利益。在美国政府染指台湾问题时，他就曾指出：这是"永久介入中国内战"，因小失大，构成了对华关系中的主要障碍。显然，美国政府并没有将这话听进去，自1979年以来，美国对华政策的基本框架就已经相对稳定，无论是

---

①　"外交部长王毅两会答记者问"，新浪新闻，http://news. sina. com. cn/china/xlxw/2018 - 03 - 08/doc-ifxpwyhv8805419. shtml. 最后访问时间：2018年3月10日。

②　达巍："不能低估下阶段中美关系的困难"，环球网，http://opinion. huanqiu. com/hqpl/2017 - 12/11474925. html. 最后访问时间：2018年3月10日。

③　"李克强总理会见采访两会的中外记者并回答提问"，光明网，http://news. gmw. cn/2018 - 03/21/content_28049187. htm. 最后访问时间：2018年3月30日。

民主党还是共和党执政,美国对华基本政策已经是两党共识的产物,对台政策也不例外。

美国维护其霸权地位的战略目标始终不变,其对华政策的执行也具有惊人的连贯性。奥巴马执政期间所坚持的仍是一手持"三个公报",一手持"对台关系法"在两岸获利的陀螺政策。从本质上说,台湾问题是中国的内政,但不可回避的现实是台湾问题已经成为中美关系中无可回避的议题,也是中美军事外交中的"试金石","静"可稳定局势,"动"则影响全局。将台湾问题放到美国印太战略来看,美国、中国以及中国台湾地区三方的所谓"军力平衡"是其地区大平衡中的"小平衡"。一直以来,美国政府虽然一再表示不支持台湾地区独立,但其与我国台湾地区各种形式的军事合作与交往频仍依旧,成为影响中美军事关系发展的最大障碍。其具体表现主要集中在对台军事关系、对台军售。2017年年底,特朗普签署的"国防授权法"和2018年年初签署的"与台湾交往法"则成为其加大用台湾问题与中国进行战略博弈的又一筹码,对中美关系产生了极为恶劣的影响。

2018年3月16日,特朗普签署了美国参众两院通过的鼓励"美台所有层级官员互访"的"台湾交往法案"。法案于当日生效。该法案包含多项内容,主要有允许台湾高层官员包括台湾地区领导人以正式身份而非仅仅以"过境"形式访问美国,并与美国国务院及国防部官员会面,允许"驻美国台北经济文化代表处"及任何台湾地区在美国成立的机构在美国进行正式活动,美国国会成员、联邦及各州政府官员、台湾高层官员也可以参与其中,而不再受到限制。"台湾交往法案"包藏的祸心显而易见,就是要恢复美国与台湾地区的官方交流,打破1979年美台"断交"以来的相关限制,而这显然是与美国"一中政策"相互抵触的。根据中美"三个联合公报"规定:"美国承认只有一个中国,台湾是中国的一部分","美国人民将同台湾人民保持文化、商务和其他非官方关系"。2001年,美国国务院公布"对台交往相关细则",设有六项禁令,其中,就包括"办公室主任以上的国防部和国务院官员不得以官方身份前往台湾"等具体内容。1995年,台湾地区领导人李登辉仅以个人身份赴美国康奈尔大学发表演讲,就已经引起中美关系轩然大波。尽管美方辩称:"与台湾交往法"有关条款没有法律约束力;美国政府的涉台立场不会因此而发生实质性的改变;是否落实以及以何种方式执行"法案"的相关内容属于总统和政府的自由裁量范畴。但是,如果我们再回溯特朗普2017年签署的"国防授权法"中涉及的美台军舰在对方港口停靠等内容,意欲强化美台军事联系、突破自1979年以来的美台"非官方关系",美国准备打"台湾牌"以期与中国政府讨价还价的真实面目昭然若揭。

事实上,美国众议院抛出"与台湾交往法案"既是美国国会对中国打"台湾牌"意欲牵制中国的战略意图,也和蔡英文当局与美国国会以"台湾连线"为代表的亲台议员里应外合息息相关。蔡英文上台后,面对特朗普在对台政策上的变化性和不确定性,加大了对美国会的攻关力度,以邀请"亲台"议员访台及免费高规格接待等方式极力拉拢美国国会"亲台"议员,其主要目的就是想利用美国国会向行政部门施压,以进一步提升美台关系。2017 年年底,"台湾连线"发起人之一、共和党众议员史蒂夫·夏波特再度提交"与台湾交往法案"后,迅速获得国会两党 80 多位议员联署,试图打破美台交流性质的限制。

美方此举严重违反了一个中国原则和中美"三个联合公报"规定。中方对此强烈不满和坚决反对,向美方提出了严正交涉。中方敦促美方停止美台官方往来和提升实质关系。① 中国外交部发言人陆慷表示:"一个中国原则是中美关系的政治基础。我们敦促美方信守奉行一个中国政策、遵守中美三个联合公报原则的承诺,停止美台官方往来和提升实质关系,慎重、妥善处理涉台问题,以免给中美合作造成严重干扰和损害。"② 2018 年 3 月 17 日,中国国防部发言人吴谦就美"与台湾交往法案"发表谈话,称该法案严重违反一个中国原则和中美三个联合公报规定,干涉中国内政,损害了中美两国两军关系的发展氛围,中国军队对此坚决反对。中方要求美方信守承诺、改正错误,不得实施上述法案有关条款,停止美台官方往来,停止美台军事联系,停止对台售武,以免对中美两国两军关系和台海和平稳定造成严重损害。③

显然,自美国通过《报告》和《国防战略概要》对外宣示了对华政策的"战略竞争对手"的战略定位后,特朗普政府签署的"与台湾交往法案"则开始落实对华政策的实质性调整。特朗普是一个擅长将政治议题捆绑经济议题的总统,他曾于 2016 年 12 月接受美国福克斯新闻网时就表示:"如果我们不在其他问题上做交易,这包括贸易,我不知道为何我们就得受制于'一个中国'政策。"对于美方而言,对台军售、对台军事关系的工具性作用不会削减,还有什么被特朗普放进了自己对华博弈的工具箱似乎是一个可以想见的问题。作为一个处于由大向强发展关键阶段的大国,中国愈是向强发展,美国的战略疑虑就会不断上升,其急欲出牌的动作就会频繁。然而,中国的发展是不可遏制的,中国维护国家主权统一、领土完整的意志是不容低估的,而美国手里的牌终有出尽之时。

---

①② "美政府尚未决定签署'与台湾交往法案'中方回应",中新网,https://www.chinanews.com/gn/2018/03 - 16/8469570. shtml. 最后访问时间:2018 年 4 月 10 日。

③ "发言人吴谦就美'与台湾交往法案'发表谈话",中华人民共和国国防部,http://www.mod.gov.cn/topnews/2018 - 03/17/content_4807060. htm. 最后访问时间:2018 年 4 月 10 日。

第二节　中国的战略选择

一、坚持走和平发展道路,积极构建人类命运共同体

每个民族都获得独立自主、和平已成为国际原则、道德与正义至高无上的准则——这是马克思和恩格斯在他们的时代以哲学家的目光对未来国际关系的眺望。文明、和平、道义的国际关系理念正是新中国领导集体一直追求并倡导的政策指导思想。这一理念既是对中华传统战略文化的传承,也与马克思主义的国际关系思想精髓相契合,尤其是在国家与国家间相互依存程度不断加剧,摩擦与竞争也与日俱增的全球化时代更是如此。中国作为一个致力于构建人类命运共同体的发展中国家,作为一个反对霸权主义、反对强权政治的社会主义大国,如何以和平的方式运用军事力量实现维护国家利益与维护世界和平的统一,实现民族复兴与建构人类命运共同体的统一? 这是在霸权主义和战争威胁依然存在的今天,中国坚持和平发展战略所面临的一个极为重大而紧迫的现实问题。

毛泽东主席说过:"一个民族能在世界上很长的时间内保存下来,是有理由的,就是因为有其长处及特点。"[①]五千多年能存下来并一直保持大国版图的资源丰富的国家,世界上没有几个,而靠自己力量保存其大国版图的国家,世界上大概只有中国了。中国传统文化是支撑中华民族在世界上长期保存下来的最重要的因素,这种传统文化就是"和而不同"、包容多元,就是习近平主席在联合国教科文组织总部演讲中一语道破的:"只要秉持包容精神,就不存在什么'文明冲突',就可以实现文明和谐。这就是中国人常说的:'萝卜青菜,各有所爱。'"所以,习近平主席特别提出:"积极发掘中华文化中积极的处世之道和治理理念同当今时代的共鸣点。继续丰富打造人类命运共同体等主张,弘扬共商共建共享的全球治理理念。"

新形势下,中国要在摩擦和竞争与日竞争的后全球化时代努力建构人类命运共同体,不仅要在理论自信、道路自信、制度自信的基础上具备强大的综合实力,同时更强调形成强有力的国际影响力,拥有响亮的国际政治话语权,有效回应美国等西方国家对中国政治、经济、外交模式的指责,充分地说明自己的政策,将"人类命运共同体""新型国际关系"等宏观理念进行有效的国际传播,实现硬实力与软实力的统一。当然,我们也应该认识到,由于基本价值观的取向不同,

---

① 《毛泽东西藏工作文选》,中央文献出版社、中国藏学出版社 2001 年版,第 113 页。

我们在西方国家推行软实力的空间有限。相对于西方世界已经难以"容声"的话语态势,发展中国家才是更友善的受众市场——而建立一个公平、公正、平等、民主的世界秩序是中国团结发展中国家共同努力的目标。软实力建立在可信的硬实力基础上,正如美国总统西奥多·罗斯福所言:"手持大棒、说话和气"。要寻找到软硬实力最好的结合点。在坚持外交底线的基础上,继续推行倾听、协调和共赢的立场,深化命运共同体理念,增强吸引力。不仅以身示范,遵守国际法规,也秉承文明和平道义的国际价值观,创新国际机制,维护国际正义,以国力和道义建立国际关系信誉,从一个负责任大国向有影响力、号召力、塑造力的大国转变。

党的十八大以来,习近平总书记强调中国对和平共处五项原则的坚持,在柏林发表重要演讲时阐述中国和平发展道路和独立自主的和平外交时强调:中国的发展绝不以牺牲别国利益为代价,中国绝不做损人利己、以邻为壑的事情。我们将从世界和平与发展的大义出发,贡献中国智慧、中国方案。为此,中国军队在承担联合国维和任务中一如既往,在索马里海域中的护航任务一如既往,中国军队在处理与个别国家的领土、领海权益争端中始终保持克制和理性,将战略指导重心向前推进,更加注重通过军事力量的和平运用实现安全环境的塑造。但与此同时,和平发展道路又是辩证的、相互联系、相互作用的过程。由于大国的和平意愿有时会被周边国家错误认知,从而导致大国战略威慑力的逐渐降低,或当周边国家认识到大国和平意愿的真实性后而借通过机会主义行为对大国进行利益蚕食。因此,党中央为这一和平发展手段划清战略底线,"任何外国不要指望我们会拿自己的核心利益做交易,不要指望我们会吞下损害我国主权、安全、发展利益的苦果"。中国人民军队是这一战略底线的坚定维护者,更是忠实的践行者。我国在钓鱼岛争端上实现攻防易位、南海争端有理有利有节、边界争端中有效管控分歧、化解危机,无不是在底线思维引领下对"和平发展"理念的全面演绎。

面向世界、面向未来,中国致力于构建人类命运共同体这一总目标。2014年3月28日,习近平总书记应德国科伯尔基金会邀请,在柏林发表重要演讲时就中国和平发展道路和独立自主的和平外交时强调:"中国不认同'国强必霸'的陈旧逻辑","中国反对各种形式的霸权主义和强权政治,不干涉别国内政,永远不称霸,永远不搞扩张。我们在政策上是这样规定的,制度上是这样设计的,在实践中更是一直这样做的"。① 同时强调:"一个国家要谋求自身发展,必须也让

① "习近平在德国科尔伯基金会的演讲(全文)",中华人民共和国中央人民政府门户网站,http://www.gov.cn/xinwen/2014-03/29/content_2649512.htm.最后访问时间:2018年3月30日。

别人发展；要谋求自身安全，必须也让别人安全；要谋求自身过得好，必须也让别人过得好。"①这里体现的正是中国作为世界大国兼顾自身利益和世界整体利益的合作共赢理念。党十八大以来，中国持续不懈地致力于建立平等的全球伙伴网络，包括共建中美"新型大国关系"、中俄和中欧的战略伙伴关系、亲诚惠容的中国周边关系，构建以友谊合作为主题的中非关系与中拉关系，构建以务实合为核心的中国与中东关系。

正如基辛格博士在其《论世界秩序》一书中谈到国际秩序的重塑问题时认为，这是"对当代政治家的终极考验"。国际社会需要在世界各国对秩序存在认知差异的情势下，考虑如何构建一个更宏大和更具包容性的"全球秩序"构架，如同一把更大的伞，让国际社会的所有成员都能在其中找到自己的位置和话语权。而中国所坚持的共建人类命运体的先进理念，所一贯强调的公平、公正、开放、平等的国际秩序恰好与这一未来的"全球秩序"相契合。

二、建立稳定健康的中美关系——中美可以有竞争，不必做对手，更需当伙伴

早在二十世纪六七十年代，西方学者已经开始关注中国发展道路问题，随后有关中国发展模式的探讨日益增多。随着中国和平发展所取得的成就，世界各国，尤其是发展中国家意识到，除了美国模式外，还存在着不同于美国模式的发展可以取得进步。现象背后的本质因素是指导决策者选择不同发展道路的理念。新理念产生新的道路，理念差异实实在在地造就了世界对发展模式的分野。

理念模式的分野充分体现在对世界秩序的理解上。美国作为冷战结束以来一超独霸主导全球事务的习惯性思维，无法接纳中国所认知的联合国主导下的各国共同参与共同管理的命运共生模式下的世界秩序。因此，作为建构在未来世界秩序中的中美关系，其未来的发展命运在本质上取决于美国对于世界各国命运的关照，而非仅关注于自身领导权力光环的照耀，取决于美国对公平、公正、开放、平等的国际秩序的实质性的接纳。

在讨论未来的世界秩序之前，我们先看一下孔华润主编的《剑桥美国对外关系史》中所述及的一个历史片断。

1938年年底，罗斯福总统决定向英国和法国出售军用飞机，由于欧洲并未处于战争状态，因此，该交易并没有违反中立法，但罗斯福的这一决定显示了他

---

① "习近平在'世界和平论坛'开幕式上的致辞（全文）"，http://www.gov.cn/ldhd/2012 - 07/07/content_2178506.htm. 最后访问时间：2018 年 3 月 30 日。

对战争终究来临的悲观看法以及他的决心：如果发生战争，美国必须在加强民主国家方面发挥作用。对于同一时期的亚洲，美国变得更为果断。由于中日战争不适用中立法，这就使得中国能够在美国购置军火。当然，日本也能够从美国购买军火，整个 20 世纪 30 年代一向如此。仅 1938 年美国军火交易的数量就已达到 910 万美元，但这种交易在美国也受到越来越多的公开批评，人们不安地认识到自己的国家正在向日本提供飞机、坦克和弹药，而后者正在使用它们对中国进行侵略战争。这种日益发展的公众性抗议也反映到了官方政策之中，它们也越来越倾向于批评日本。美国国务院宣布对日本实施飞机的道德禁运，尽管不受法律约束，但它却发出了一个清晰信号：日本在中国的战争中不能再依靠美国的武器了。接着，当日本声明建立东亚新秩序时，国务卿赫尔当即对之发出公开指责，否认日本有权自行创建新秩序，声明美国坚决反对日本的单边主义，除非通过协商与合作的方式，否则，美国不会接受对地区现状作出任何形式的变动。这种反对成为战争爆发前美日关系的主要特点。[1]

步入 21 世纪，美国若回顾历史，是否会发现当初自己反对日本单边主义行径，强调要通过协商与合作的方式来解决国际冲突的主张，而今天这种主张正出自中国，规劝的对象正是美国。如果再回顾美国国父们的光荣与梦想，他们所引以为豪的"美国与敌人实现了和解，而不是战胜了敌人"[2]的品质已相去甚远。因为方向错了，走得越远错得越远——今天的美国是不是正在偏离这个国家诞生意义的路上越走越远？变化是绝对的，不变是相对的。

中美双方都需要适应变化，而非抵制或者是抑制变化。"美国的思维方式没有变，还是冷战刚结束时的那套想法，这就是美国'不适应'的根源。"如兰普顿所说，美国有必要重新审视世界力量格局，在此基础上反思自己的对外战略。

对于未来的世界秩序，中美联合工作小组曾经给出这样的三种"前景"：漂移和侵蚀的世界，即当前世界的轨迹，在全球化潮流中各国政府将逐渐内顾，每个国家寻求自我保护的做法将快速改变并腐蚀国际秩序；零和世界，即严重的资源限制将引起经济危机、国内不稳定及国家间对抗和地缘政治冲突；振兴与合作的世界，为避免漂移或零和竞争的危险，最可能遭受损失的国家的领导人应共同努力，管理并利用全球挑战和大趋势。中国学者朱云汉则将其概括为人类社会同时面临的两种可能的历史发展前景：一是国际秩序进入一个较长的崩溃与重组期，全球层面的公共治理或出现巨大真空，一定程度的失序与混乱在所难免；

---

① ［美］孔华润（沃伦·I. 科恩）主编：《剑桥美国对外关系史》（下），新华出版社 2004 年版，第 149—150 页。

② ［美］亨利·基辛格：《世界秩序》，胡利平、林华、曹爱菊译，中信出版集团 2015 年版，第Ⅶ页。

二是更公正的国际秩序正在降临——一个更符合对等与互惠原则的国际经济模式,一个更尊重多元性的全球公共领域,一个更能统筹绝大多数国家可持续发展需求、更能体现"休戚与共"及"和而不同"理念的全球秩序。

仔细分析,这两种预见并无悖逆之处,世界历史浩浩荡荡,分久必合,合久必分,从无序到有序,从旧规则被打破到新规则的确立,世界历史的发展遵循着螺旋式上升的路径。学者朱云汉给出的是未来世界秩序的两种可能状态,而中美联合工作小组给出的则是达到这种状态的三种可能路径。一直以来,中国都始终坚定地支持以联合国为基础的国际秩序,并以切实行动的推动联合国宗旨和原则的贯彻实施;和平发展是中国未来很长历史时期都将坚定不移执行的外交战略;中国的发展本就与世界和平力量的发展同步,提出中美新型军事关系的建构亦是出于和平发展的美好愿望。美国需要反省对华政策的历史路径,回到协商与合作的行事方式中去,检讨单边主义做法,改变唯我独尊的傲慢和居高临下的心态——真实清醒地认识到世界是全球各国的世界,而非美国一国的世界,应给包括中国在内的他国让渡出他们所应当享有的正当、合理的权益。

一些变化已经发生,另一些变化正在或者是必然将会发生。在全球治理体制变革已是大势所趋的历史潮流下,中美双方都应更多着眼在变化的环境中不断调适自身战略定位和固有观点,以实现合作共赢。譬如,美国对未来国际秩序焦虑感的上升主要源于一些变化的发生以及对于这些变化中美两国对其掌控的不确定性。一方面,金融危机以来的世界发展表明,以西方为中心的民主路径并不适合当代新兴国家,国际社会应高度重视中国发展模式及中国崛起的深远影响,未来世界竞争的主轴将取决于各国的自身治理能力。因此,西方国家应抛弃二元对立观,改革现有国际机制,接纳中国的和平发展。另一方面,中国尊重现有国际秩序的合理性,从行动和心态上呈现出"不称霸"的一贯政策,对国际治理体系主张改革,体现出共商、共建、共享的包容精神。

三、始终坚持斗争与合作

(一)冷静决策,清醒认知美国及其战略目的

客观评价美国。要避免夸大美国的衰落,避免低估美国的国际领导力,以至于出现对美国未来趋势的错误判断,过早改变邓小平制定的"韬光养晦、有所作为"的务实战略方针。对于美国国家实力,我们需要一个理性而全面的认知和判断,不能过高估计,但也不能低估。高估美国,我们的国家利益会受损,而低估美国国家实力和意志力的人,动辄鼓吹对抗性的对美安全战略也必将误导中国领导人,使中国的国家利益付出代价。同时,也要看到美国自身所具有的强大的自

我修复能力。美国一直有其两面性：消极的一面和发展的一面。就经济成长而言，除了爆发全球金融危机的 2008 年，美国 21 世纪以来仍在逐年增长，它的经济规模在过去 15 年中提升了 75％，其增量大约相当于 4 年前我国的全部经济产出。美国的军费开支仍居于高位，至少是我国军费开支的 4 倍。当今世界具有这样全球投送能力的只有美国。不清醒地认识到美国的韧性，就无法理解当前世界的复杂。

美国借由"印太"战略实现对亚太地区经济整合进程的反设计——实现"制造并维持可控的紧张"——利用亚太地区缺少安全框架的设计制造矛盾争端，阻断亚洲的合作进程，同时也阻断这一地区的经济整合进程。一方面，美国通过在印太地区的投兵布阵，渲染中国威胁论，增加中国周边对中国的安全压力，继而加强军备建设，跟美国走；而周边国家增加军备的举动和跟美国走的态势反过来又使中国感受到了威胁压力，中国不得不增加军备。无论是中国周边国家加大对军备的投入，还是中国自身加大对军备的投入，都无形中会在加强国防投入的同时也就必须得要减少经济建设的投入，这实际上会迟滞中国经济的发展。可以说，美国渲染"中国威胁论"，在亚太地区推行过去的"亚太再平衡"战略和现在的"印太"战略可谓是一石二鸟。美国战略东移的态势将是一个长期趋势。

"中国威胁论"的实质是通过渲染威胁来制造紧张，通过制造可控紧张来阻遏中国的发展。对于中国，美国非常清楚只有使用制和分化，而不可能试图用战争消灭掉。然而，这些年来，随着中国的持续发展，宣称"中国崩溃论"的国家自己先崩溃了，变成了一个国际笑柄。中国致力于围绕"命运共同体"这一理念建构互利共赢的新型国际关系，中国始终是世界和平的建设者、全球发展的贡献者、国际秩序的维护者。中国作为全球经济的主要贡献者，为世界经济安全做出的贡献有目共睹，如今，特朗普政府又为"中国威胁论"提供了一个新的翻版，但却更加不得人心。正如王毅外长所指出的："事实胜于雄辩。中国是全球经济增长的主要贡献者，年均贡献率达到 30％以上，超过了美国、日本以及欧元区国家的总和；中国是全球减贫事业的主要贡献者，贡献率超过了 70％，创造了人类历史上的奇迹；中国还是维护世界和平的主要贡献者，我们成为联合国安理会五个常任理事国当中派出维和人员最多的国家，维和经费出资居世界第二位。此外，在过去五年中，中国还通过提出共建'一带一路'等重大倡议，成为参与全球治理、维护贸易自由化和开放型世界经济的主要贡献者。"①

---

① "外交部长王毅两会答记者问"，新浪新闻，http://news. sina. com. cn/china/xlxw/2018 - 03 - 08/doc-ifxpwyhv8805419. shtml. 最后访问时间：2018 年 3 月 10 日。

（二）坚定不移地推进中国既定的发展战略

当年，邓小平在强调美国的重要性的同时，也提醒美国要正确认识中国的国际地位。1981 年，他说："对中国在世界政治中的地位发生错误判断的人，起码不会有一个正确的国际战略。"这句话今天对美国人仍然适用。那些低估了中国意志力的美国决策者一旦在战略误判后做出错误的对华决策，最终要付出国家利益的代价。抗美援朝就是历史提供的最鲜活的例子。用邓小平的话来说，抗美援朝，"实际上是中国和美国打了一仗"。"美国是一个庞然大物，力量对比起来，中国很弱，特别是装备差得多。但是，正义取得了胜利，美国只得坐下来同我们在板门店谈判。"

中国当前的目标是以自身的发展促进世界各国的发展，通过建构新型国际关系和合作共赢实现全球命运共同体。全球命运共同体理念中内在地包含着国际大家庭不分国别、不分大小强弱一律平等的地位和多极视阈下的全球伙伴网络。中国的这一战略意向实为顺势而为，是世界民心所向，体现的是国际政治的公平正义，超越的恰恰是美国政府所表现出的零和博弈和冷战思维。中国致力于力所能及地对世界事务的贡献，而不是树立一个与美国竞争全球权力的新兴大国。

从中国国内来看，矛盾分析方法的核心是善于抓住主要矛盾和矛盾的主要方面，这是解决各种矛盾的关键所在。应当看到，虽然我国发展取得了举世瞩目的成就，从生产力到生产关系，从经济基础到上层建设都发生了重大变化，我国的总任务是"实现社会主义现代化和中华民族伟大复兴，在全面建成小康社会的基础上，分两步走在本世纪中叶建成富强民主文明和谐美丽的社会主义现代化强国"；"新时代我国社会主要矛盾是人民日益增长的美好生活需要和不平衡不充分的发展之间的矛盾，必须坚持以人民为中心的发展思想，不断促进人的全面发展、全体人民共同富裕；发展仍是解决我国一切问题的基础和关键"。[①] 所以，今天中国战略目标的实现的主要矛盾还是在国内，解决好国内影响中国发展崛起的主要问题是第一要务。中国沿海发达地区 5—6 亿人口，消费水平、消费能力已经相当于中等发达国家水平。如果我们把 13 亿人的大市场开发好，这是世界上最大的统一的单一市场。13 亿人的市场相当于什么，比一个 3 亿的美国市场加一个 5 亿人的欧洲市场人口总和还多。如果再加上俄罗斯和中亚，包括阿拉伯地区，还有印度、巴基斯坦、孟加拉国，这样同处亚欧大陆合作网络完全可以

[①] 习近平：《决胜全面建成小康社会 夺取新时代中国特色社会主义伟大胜利》，2017 年 10 月 18 日在中国共产党第十九次全国代表大会报告。

开创一个新时代的来临。13亿人的大市场就是中国的核心竞争力。中国要有清醒的自我定位,"两个百年目标"还没有实现,正如习近平总书记所说:"中国还处在一个由大向强的关键性阶段",中国仍应坚持邓小平提出的"韬光养晦,有所作为"的理念,先把自身搞强大。

当然,在坚持和发展中国特色社会主义的同时,还面临着坚持总体国家安全观,如何统筹好发展和安全、统筹好外部安全和内部安全、国土安全和国民安全、传统安全和非传统安全、自身安全和共同安全的问题。这就需要中国军队在推进国防和现代化进程中主动作为,尤其是加大颠覆性军事技术创新的步伐。颠覆性军事技术创新和应用是大国博弈的战略抓手,是先进装备的发展引擎,是军民融合的主要途径,目前已成为世界军事强国高度关注、全力突破的重点领域。2015年1月,美国《国家防务》杂志列出了近年来美军大力发展激光通信、3D打印、再生能源、大数据处理、新生物医学、超强自主无人系统、高超声速武器、对抗群艇威胁的船体设计、无人"母舰"、全息技术这十大颠覆性技术。伴随着研发进程,这些颠覆性技术将逐步物化为新概念武器装备,支撑网络中心战、"作战云"等作战理念,改变作战样式与军队体制和编成,从而对大国博弈和军事竞争带来影响。

我国在国防科技方面不断取得了创新突破,譬如,"两弹一星"、"蛟龙"探秘深海、"天河一号"攀登世界超级计算机巅峰,攻克了第四代核电核心技术,还有以"神舟"飞船、"嫦娥"工程、北斗导航为代表的航天技术跻身世界先行行列,激光和高超声速飞行器试验取得重大突破。同时,我国国防技术成果向武器转化在加快,例如,99式主战坦克、"辽宁"号航空母舰、"中华神盾"驱逐舰、新型战略核潜艇、歼—10战斗机、新型无人机、新型战略导弹、远程巡航导弹、新型防空导弹以及联合作战一休化指挥平台、电子战装备等为代表的一大批高新技术装备部队并形成体系作战能力,使我军武器装备信息化与作战能力跃进上一个新台阶。但我们也应当清醒认识到,我国颠覆性军事技术创新能力与发达国家相比还有较大差距,一些关键技术和核心技术还没有突破,这都需要我们以颠覆性军事技术创新为突破口,在战略性技术领域加速发展。

(三)坚持斗争与合作的两手准备

改革开放以来,中国并没有随着自身国力的提升而大幅度地增强自身的军事实力。毛主席当年谈统一战线时讲到:以斗争求合作则合作存,以退让求合作则合作亡。从现实情况来看,中美之间如果我们以退让求合作就没有合作;以博弈求合作,合作可能会存在。

今天,中国最宏大的战略手笔就是"一带一路"倡议。这一战略大手笔的神来之处还在于智慧地演绎了《孙子兵法》中"以能击其不能""避实击虚"的战略部署——这一西进战略非常巧妙地化解了美国的战略东移,穿过美国的战略真空勾勒出中国崛起大战略。发展与安全是一个国家的一体两面,在全球化时代,中国的安全战略,一方面要守住国家的安全边界,保证生存;同时对可能的经济利益圈要有所拓展。然而,这注定不是一条战略坦途,"人间正道是沧桑"——无论是对当前我国的周边关系还是沿"一带一路"国家间的合作关系都需要较长时期的深度经营。在"一带一路"倡议的推进中还需要我国努力实现硬实力与软实力的平衡,实现国际话语权与公共安全产品供给力的平衡。更多展示软实力,逐步消除部分邻国安全上靠美国的根基,从根本上改变"经济上靠中国,安全上靠美国"的局面。我国与美国的竞争,既是硬实力的竞争,更是软实力的竞争,当前更多地表现为对我国邻国的争夺、对人心的争取。我国与美国的差距,也更多地表现在软实力上。当前,我国对外软实力展示的还不够,此一阶段应让别国对中国有较为全面的认知,战略心理上具有确定性。

大国博弈需要军事实力为后盾。党的十九大报告指出:适应世界新军事革命发展趋势和国家安全需求,提高建设质量和效益,确保到 2020 年基本实现机械化,信息化建设取得重大进展,战略能力有大的提升。同国家现代化进程相一致,全面推进军事理论现代化、军队组织形态现代化、军事人员现代化、武器装备现代化,力争到 2035 年基本实现国防和军队现代化,到 21 世纪中叶把人民军队全面建成世界一流军队。什么是世界一流军队?世界上是否曾经有过世界一流军队?从硬实力上来说,世界一流军队并非必须是世界第一强大军队,但世界一流军队首先需要具有维护国家领土安全和主权完整的能力,具有与强敌对奕的能力,将强敌拒于岛链之外,具有保护海外国家利益安全的能力。从软实力上看,习近平总书记所说的这个世界一流军队在人类历史上未曾出现,在当下的各个国家也未曾建立。因为,这个世界一流军队拥有引领世界爱好和平国家的和平观、安全观以及由此而积淀出的深厚的道义感召力,从这个意义上来看,世界一流军队并非只是单纯强调军事实力强大,它必须有着努力带着爱好和平的人们走出丛林法则的强大理念和行动影响,这个历史性任务必然地要由一个先进的政党来领导军队来完成。

国家关系中,实力决定地位,国家安全和发展需要力量保障,要求我们要以颠覆性军事技术创新为突破口,加大战略性技术的发展。一方面,我们要汲取苏联的历史教训,避免"盲目跟风"。从本质上看,美军的抵消战略具有浓厚的战略诱导意图,里根时期高调推出的"星球大战计划"就诱使苏联与其进行太空军备竞赛,最终苏联因承受不起重大的战争成本而单方面退出军备竞赛,进而放弃了战略博弈的主导权。这一举动产生了巨大的"涟漪"效应,引起军事—经济—政治的全面联动,进而成为摧垮苏联的第一颗"多米诺骨牌"。当前美军所提出的一系列颠覆性军事技术,其制胜机理跟当年一样,虚实并存,既有前瞻性的主导技术,也暗含类似当年"星球大战计划"的战略陷阱。这一教训值得我们引以为鉴。另一方面,我们又要紧盯新军事变革发展趋势,形成适应未来战争的新质战斗力。党的十八大以来,我军完成了一直以来想改但一直未实际完成的军事体制的整体性变革,努力构建中国特色现代军事力量体系。现代军事力量就是按照现代战争规律,依靠现代科学技术特别是信息技术,通过军队人员和武器装备高效融合,从而形成具有战斗力的有机整体。形成基于任务、基于目标、基于能力、基于威胁的四位一体的发展模式。这是一次划时代的力量重塑。如果说,此前"强大脑"的领导指挥体制改革是"改棋盘",那么,"壮筋骨"的"脖子以下"的改革就是"动棋子",而且同样是全局性的动、大范围的动。改革之后的人民军队规模更加精干,结构更加优化,编成更加科学,迈出了由数量规模型向质量效能型、人力密集型向科技密集型转变的一大步,以精锐作战力量为主体的联合作战力量体系正在形成。

　　大国地位由实力决定。作为国之利器的军事力量是中国坚定不移地走和平发展道路的力量保证。中国不追求军事优势,但要有杀手锏,它使斗争的一手更有力量,合作的一手才变得更有可能。

第三章 "选择性遏制"与 "印太战略"

2017 年 11 月,特朗普在 APEC 的会议上提出了新的亚洲政策构想——"印太战略"("Indo-Pacific" strategy),即"自由、开放的印度洋—太平洋战略"。从表面上看,"印太战略"的重点在于强调美国优先主义和加强与地区国家的双边关系,但印度政府与学界相关人士对特朗普使用的"印度洋—太平洋"这一措辞表示了欢迎。早在 2013 年,日本首相安倍晋三就通过世界报业辛迪加发表评论文章,呼吁澳大利亚、印度、日本和美国共同组成"民主安全菱形"(Democratic Security Diamond),与实力日渐增强的中国抗衡,特别强调了印度的重要性。① 2017 年 9 月 14 日,卡内基国际和平基金会发布报告,阐述了中国崛起给印度带来了诸多挑战,而印度应对这些挑战的最佳途径是与美国建立更深层次的伙伴关系。在美日印加强联系的背景下,民族主义情结很深的莫迪在适当的时候继续通过军事手段寻找出路可能会成为其选项之一。因此,我们需要对"印太战略"的内涵进行解读,并做出提前的安排与防范。

第一节 美国的地缘政治战略与遏制思维

19 世纪至 20 世纪,伴随着工业时代通讯和交通技术的发展,地理获得了越来越多的关注,这些关注集中在人口和资源的分布、国家的战略地理位置,以及国家的投放能力上,地缘政治学关注的焦点是国家权力和领土控制,那些有较远距离投放能力的政治实体将在工业时代占据支配地位。现实主义者通常认为,国家的地理位置即使不是最终决定,也在很大程度上影响着他们的政治行为。

---

① "安倍晋三钓鱼岛局势最新态度 预建'民主安全菱形' 强调印度忽略韩国",http://www.kankanews.com/a/2013-01-13/0012193125.shtml,最后访问时间:2017 年 11 月 30 日。

国家处在地理和其他各种环境之中,国家行为体的政治行为在很大程度上是包括地理环境在内的各种环境的产物。因此,地理和权力之间的关系(地缘政治)就体现在这样一种能力上。①

"地缘政治"(Geopolitics)的概念由瑞典地理学家鲁道夫·契伦(Rudolf Kjellen)首创,并随着国际政治学科发展得到丰富和深化。随着经典地缘政治理论的建立,阿尔弗雷德·T. 马汉(Alfred T. Mahan)的"陆权论"、哈尔福德·J. 麦德金(Halford J. Mackinder)的"海权论"以及尼古拉斯·J. 斯皮克曼(Nicholas J. Spykman)的"边缘地带论"被相继提出,深刻阐释了国家利益与地区影响力之间在经济和技术催化下所演变出的复杂关系。② 在这些理论基础上,国际的政治精英们为实现各种形式的国家利益制定出不同的地缘战略。美国战略学家约翰·柯林斯(John Collins)认为地理环境是国家战略成功的首要条件,"战略大师们关于巧妙利用自然环境,趋利避害,既承受起制约,又尽量使大自然为自己服务"。③ 塞缪尔·P. 亨廷顿(Samuel P. Huntington)指出:地缘政治是理解国际政治、进而实施国家战略的必要因素。

认识地缘政治战略变化的本质必须站在物质层面,从地理环境与人类政治相互作用所形成的现实关系去探究。剖析地缘政治战略变化的实质与规律,会发现它具有鲜明的空间性和竞争性本质,它是主要地缘政治政治行为体通过对地理环境的控制和利用,来实现以权力、利益、安全为核心的特定权利,并借助地理环境展开相互竞争的过程及其形成的空间关系。④ 地缘政治战略分析框架如图 3-1 所示。

英国地理学家麦金德于 1904 年发表了题为《历史地理的枢纽》的论文,提出了地缘政治战略中"遏制"(Containment)的思想理念。他的这篇论文以 19 世纪英俄两国在欧亚大陆进行争夺为背景,揭示了地理与政治的复杂关系,提出了"中枢地区"概念。麦金德的"中枢地区"理论原本就包含了"遏制"的思想,麦金德也因此被后来的美国学者称为"遏制政策之鼻祖"。⑤ 麦金德认为在欧亚大陆之间,从东欧平原一直延伸到西伯利亚的广阔地域,是国际政治的"中枢地区"(麦金德把这个中枢区域称为大陆心脏),"占据了战略中心位置"并拥有"非常丰

---

① [美]詹姆斯·多尔蒂、小罗伯特·普法尔茨格拉夫:《争论中的国际关系理论》,阎学通、陈寒溪等译,世界知识出版社 2003 年版,第 166—167 页。

② 孙向东:《地缘政治学:思想史上的不同视角》,中共中央党校出版社 2004 年版,第 39 页。

③ [美]约翰·柯林斯:《大战略》,中国人民解放军军事科学院 1978 年版。

④ 胡志丁、陆大道:《基于批判地缘政治学视角解读经典地缘政治理论》,《地理学报》2015 年第 6 期,第 854 页。

⑤ 侯典芹:《传统地缘政治学对美国"遏制"战略的影响及其现实意义》,《苏州大学学报》2017 年第 4 期,第 174 页。

```
┌─────────────────────────────────────┐
│          地缘政治战略分析框架          │
└─────────────────────────────────────┘
        ┌──────────┴──────────┐
┌ ─ ─ ─ ─┴─ ─ ─ ─ ┐  ┌ ─ ─ ─ ─┴─ ─ ─ ─ ┐
│    空间视角     │  │    权力视角     │
└ ─ ─ ─ ─ ─ ─ ─ ─ ┘  └ ─ ─ ─ ─ ─ ─ ─ ─ ┘
                 ⇕
        ┌─────────────────┐
        │   主要国家地缘体   │
        └─────────────────┘
```

政治行为体 → 地理环境 → 地缘冲突·实力变迁 → 权力·利益·安全

主要地缘政治行为体通过对地理环境的控制和利用,来实现以权力、
利益、安全为核心的特定权利,并借助地理环境展开相互竞争的过程
及其形成的空间关系

国内外国情 → 国家实力地位 → 国家战略目标

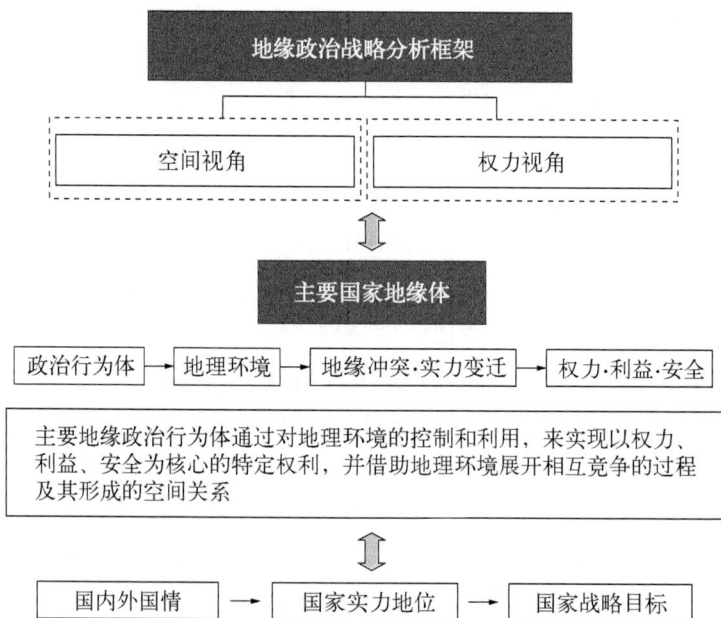

图 3-1　地缘政治战略分析框架

来源:胡志丁、陆大道:《基于批判地缘政治学视角解读经典地缘政治理论》,《地
理学报》2015 年第 6 期,第 855 页。

富"的资源。而且,这个区域被"内新月"地区包围,即包括欧亚大陆边缘的那些
国家,如德国、土耳其、印度和中国。"内新月"地区反过来又被"外新月"地区包
围,包括英国、南非和日本等国家。麦金德提出:"谁统治东欧,谁就能控制大陆
心脏;谁统治大陆心脏,谁就能控制世界岛(欧亚大陆);谁控制世界岛,谁就能统
治世界。"[1]

　　地缘政治战略理论是美国制定外交政策及全球战略的理论基础。1943 年,
美国著名地缘政治学家斯皮克曼发表《和平地理学》,批判性地继承和发展了麦
金德的理论学说,并在此基础上提出了"边缘地带"理论。在斯皮克曼的视野中,
"围绕着大陆心脏地带由水陆两便的国家所形成的内新月区"就是"边缘地带"。
这个"边缘地带"包括三部分:"欧洲沿海地区、阿拉伯中东沙漠地区和亚洲季风
地区。"而"亚洲季风地区"与大陆心脏地带完全隔绝起来,而起到这种隔绝作用
的是从喜马拉雅山和西藏一直延展到新疆和蒙古的广阔沙漠和山岳带的一条屏
障。可见,这两种理论有着一定的历史继承性。[2]

---

　　①　章毅君:《美国的地缘政治战略及二战后的美土关系》,《历史教学》2003 年第 3 期,第 24 页。
　　②　侯典芹:《传统地缘政治学对美国"遏制"战略的影响及其现实意义》,《苏州大学学报》2017 年第
4 期,第 176 页。

从"二战"一直到苏联解体,争夺欧亚大陆的"边缘地带",防止一个敌对的国家统治欧亚大陆始终是美国外交政策的主要目标。[①] 需要指出的是,在地缘政治战略问题上,乔治·F. 凯南(George Frost Kennan)的观点经常独树一帜。他提出的遏制战略在各种理论中脱颖而出,成为美国几代冷战决策者和分析家的政策试金石。[②] 亨利·基辛格(Henry Kissinger)对他的评价为:"没有其他哪位外交官对美国外交政策及关于美国在全球地位的讨论产生如此重大的影响。这始于凯南撰写的'长电报'(1946年)和'X文章'(1947年)。那时,美国尚不清楚对手的转化与演变之间有何分别。而凯南认为,地缘战略的转化需要让对手以行动或姿态与过去决裂,而地缘战略的演变则是一个渐进的过程,是在一个需要耐心等待的阶段寻求最终的外交政策目标的意愿。"[③]

在凯南看来,因为能力有限,"遏制"必须确定目标的轻重缓急次序,相机抉择。他在1949年年末的一次不寻常的公开演讲中详细阐述了这一点:"这个世界的麻烦比我们许多人认识到的更深刻、更棘手、更顽固。我国或者任何其他一国以其能量和物质产出当中经得起投入外部事务的富余部分所能成就的(事情)是有限的,比我们往往倾向于记住的更有限。因此,我们绝对必须节省我们有限的资源,绝对必须把它们用在我们觉得它们会起到最佳作用的地方。"[④]因此,在有重大地缘政治和地缘经济价值的地区实行"选择性遏制",[⑤]并交替使用政治、经济与军事手段的效果要优于所谓的"全球性遏制"。因为,现代国家实力的核心是其经济能力,只要将潜在对手遏制在一个地缘经济的范围内,就可以维护美国的战略利益。[⑥]

第二节 "选择性遏制"与美国地缘战略的演变

1949年年初,刚接任乔治·C. 马歇尔(George C. Marshall)国务卿职务的

① 姬高升:《美国的地缘战略》,《国际观察》2000年第4期,第9页。
② [美]乔治·F. 凯南著,弗兰克·科斯蒂廖拉编:《凯南日记》,曹明玉译,中信出版社集团2016年版,第2页。
③ [美]亨利·基辛格:"被遗忘的冷战之父——乔治·F. 凯南",http://nationalinterest. org/blog/jacob-heilbrunn/the-wisdom-henry-kissinger-george-f-kennan-6156,最后访问时间:2017年11月30日。
④ 参见[美]约翰·加迪斯:《遏制战略:战后美国国家安全政策评析》,时殷弘等译,世界知识出版社2005年版,第30页。
⑤ [美]威廉·内斯特:《国际关系:21世纪的政治与经济》,姚远、汪恒译,北京大学出版社2005年版,第121页。
⑥ 张曙光:《美国遏制战略与冷战起源再探》,上海外语教育出版社2007年版,第4—7页。

迪安·艾奇逊(Dean Acheson)曾对蒋介石政权面临垮台表示忧虑,凯南则对艾奇逊解释说:蒋介石政权是一种悲剧,但不会是一场灾难。中国资源短缺,在相当长一段时间里不会变成对美国构成威胁的强国。但如果中国庞大的人力资源与丰富的自然资源相结合将会构成对美国的直接威胁。①

美国的 NSC41 号文件表述得更加清楚,强调经济是美国对付中国的最有效武器。该文件指出应在盟国的帮助下建立对华出口管制制度。该制度将"包括全面禁止对华出口可直接用于军事的所有物资,在终极用途基础上,仔细审查经严格挑选的重要工业、运输和通信物资和设备的出口"。② NSC48 号文件规定了更为严厉的贸易管制措施,强调美国"应尽一切努力"阻止中国从苏联以外的地方获得直接用于军事目的的物资和设备(1A 级);针对 1B 级物资,应继续限制"在正常的民用数量范围和予以限制性控制的条件下"。美国还强调不应鼓励在中国进行私人投资。美国对华选择性经济遏制政策最终确立。③

至此,"选择性遏制"的思维贯穿于整个冷战过程。例如,美国总统理查德·米尔豪斯·尼克松(Richard Milhous Nixon)曾把 1969 年 7 月 25 日在关岛就亚洲政策的谈话称为"尼克松主义"。尼克松主义是一种以战略态势的收缩为基本标志的策略性变化,是尼克松政府为解决美国在海外过度扩张,对盟友承担过多义务的策略性调整,以使美国的能力与所承担的义务之间重新达到平衡。从结果来看,尼克松政府实现了从越南的撤军,把战略重点转到抗衡苏联上来,促进了具有深远意义的国际力量的改组,改善了美国的国际地位。应该说,追求称霸和保持美国的战略目标和其拥有的战略资源之间的平衡,确实是尼克松"缓和"战略的一个重要方面。④

1998 年 5 月 2 日,被贴上"进攻现实主义"标签的美国国际政治学者约翰·J. 米尔斯海默(John J. Mearsheimer),在 2014 年出版的《大国政治的悲剧》的第十章"中国能不能和平崛起"的内容中,以"迅速联合,制衡中国"为小标题写道:"回顾历史,就清楚知道中国一旦试图支配亚洲,美国的政策制定者将怎样反应。美国会竭尽全力遏制中国,用一切手段使中国不能称雄亚洲。"他认为,印度、日本、俄罗斯以及新加坡、韩国、越南担忧中国崛起,已设法遏制中国,最后他们都

① Foreign Relations of the United States (1948). 1973. Vol. 9. *The Far East: China*. Washington: United States Government Printing Office. 16 vols. pp. 826 - 834.

② 陶文钊主编:《美国对华政策文件集》(1949—1972)第一卷(上),世界知识出版社 2003 年版,第 104—105 页。

③ 姜彦名、王传辉:《浅析冷战初期美国对华经济政策》,《法制与社会》2008 年第 33 期,第 371 页。

④ 周建明:《遏制战略中的"相对安全"目标》,《国际观察》2007 年第 6 期,第 71 页。

会加入美国领导的制衡联盟来阻止中国崛起。①

2001年,美国国防部发布《四年防务审查报告》,再次强调了来自亚太国家和中国的挑战。该报告指出:"亚洲正逐渐成为最可能出现对美国构成大规模军事挑战的地区,在从中东到东北亚的广阔的不稳定之弧中,尤其是从孟加拉湾到日本以南海域的东亚沿海地区,存在着针对美国的特殊挑战,可能出现拥有可观资源基础的军事竞争者。"②其矛头直指中国。这种观念导致美国政府开始从遏制角度构建反华地缘战略包围圈。"9·11"事件的发生,对于美国政府来说,继续推行其上述战略显然已经不合时宜了。美国随后将战略重心转移到反恐以及在中东地区扩张美国的势力。

2009年奥巴马上台后,美国发现其全球领导地位为欧亚大陆悄然出现的多极格局所侵蚀。在美国看来,应从东北亚、东南亚、南亚等各方向加强对中国的战略遏制。③为此,奥巴马2014年在G20峰会上进一步提出了"亚洲版北约"战略,希望通过东扩后的北约和亚洲版的北约控制新的"后雅尔塔"安全格局,使自己的"单极世界"尽可能地长久。2016年,美国开始推动重返亚洲的战略。④重返亚洲体现了美国在亚洲继续存在的"冷战思维"。华盛顿主导的遏制中国联盟(Chinese Containment Coalition,即CCC,3C联盟)开始形成,3C联盟的主导思想即为"选择性遏制"。⑤"选择性遏制"不等于直接对抗,更不意味着美国以及其亚洲同盟要立即联合起来针对中国发动战争。"遏制"在英文中的名词是Containment,动词是Contain,其主要含义是牵制、遏制、容纳、克制,而Container是货柜和容器之含义。美国遏制中国的目的是把中国国力增强所带来的挑战,牢牢限制在美国主导下的亚洲安全框架之内。换言之,美国要把中国的崛起,中国国力和军力的增长所带来的新的国际战略,装在美国定义的战略安全的"容器"之中。米尔斯海默写道:理论和现实都清晰地告诉我们,美国对竞争对手毫不留情,美国会花大力气限制中国的实力增长,美国会像当年阻止日本、德国还有苏联统治欧洲和亚洲一样,阻止中国"统治"亚洲。⑥

---

① [美]约翰·米尔斯海默:《大国政治的悲剧》,王义桅、唐小松译,上海人民出版社2014年版,第406—407页。

② 陆俊元:《美国对华地缘战略与中国和平发展》,《人文地理》2006年第1期,第121页。

③ 门洪华:《中国对美国的主流战略认知》,《国际观察》2014年第1期,第16页。

④ 吴佩环:《2016中国周边国家军事形势综述》,《坦克装甲车辆·新军事》2017年第2期,第34页。

⑤ ASEAN's Geopolitical Arrangement Vis-à-vis The Chinese Containment Coalition, https://orientalreview.org/2015/03/28/aseans-geopolitical-arrangement-vis-a-vis-the-chinese-containment-coalition/. 最后访问时间:2017年12月1日。

⑥ [美]约翰·米尔斯海默:《大国政治的悲剧》,王义桅、唐小松译,上海人民出版社2014年版,第439页。

第三节 "印太战略"的推出及其目标

根据一些学者的研究,早在二十世纪六七十年代,澳大利亚学者就从国际安全及战略角度提出了"印太"(Indo-Pacific)概念,认为维持印度洋和太平洋之间的战略平衡将有助于确保澳大利亚的国家安全。但长期以来,这一概念一直没有得到学界和决策圈太多的关注。随着中国和印度在亚洲崛起的同时以及全球经济及地缘政治重心由大西洋向"印太"地区的历史性转移,"印太"地区作为一个整体开始受到美国、澳大利亚、日本等国政府日益增长的关注。[①]

从地缘战略位置上看,"印太"地区涵盖的区域是一个弧形,而"印太战略"是一个将"西太平洋和东印度洋视为一个战略弧"的体系。传统观念中,太平洋和印度洋各自独立,但地区局势新的发展开始激发一种将太平洋与印度洋看作整体的战略视角。该战略的地缘政治核心就在西太平洋和东印度洋,该地区的交界处是比较敏感的南海。美国前国务卿希拉里•克林顿、澳大利亚前国防部长斯蒂芬•史密斯和印度前总理曼莫汉•幸格均多次提到"印太"一词。[②]

《日本经济新闻》指出:安倍2016年就提出了名为"自由开放的印度洋太平洋战略"的新海洋战略,这与莫迪倡导的重视东亚的"东进"(Act East)战略产生共鸣,双方希望能够加强合作。[③] 2017年6月至8月,美国《国家利益》双月刊网站分别发表了迈克尔•利德(Michael Lind)与伯蒂尔•林特纳(Bertil Lintner)的文章,题目分别为《印度洋"新冷战"》与《"新冷战"是不可避免的》,他们认为,从全球角度来看,美国正在酝酿一场新冷战(New Cold War)。在印度洋,一方是美国、印度、澳大利亚和日本组成的非正式联盟,另一方是中国。虽然印度洋的紧张态势在程度上尚不及存在严重纷争的南中国海,但在这个利益攸关的战略区域爆发冲突的可能性明显在不断增加。[④]

2017年11月,特朗普在APEC的会议上正式提出了新的亚洲政策构想——"印太战略",即"自由、开放的印度洋—太平洋战略"。从表面上看,"印太

---

① 韦宗友:《美国在印太地区的战略调整及其地缘战略影响》,《世界经济与政治》2013年第10期,第141页。

② 吴兆礼:"'亚太'的缘起与多国战略博弈",中共中央编译局网站,http://www.cctb.net/llyj/lldt/qqzl/201408/t20140804_311318.htm.最后访问时间:2017年12月2日。

③ 李佩:"安倍抵卬被莫迪'熊抱',将签众多协议完成日印首次军备采购",澎湃新闻网,http://www.thepaper.cn/newsDetail_forward_1793800,最后访问时间:2017年12月15日。

④ The "New Cold War" was never inevitable, http://nationalinterest.org/feature/the-new-cold-war-was-never-inevitable-22023.最后访问时间:2017年12月2日。

战略"似乎推翻了奥巴马的"亚太再平衡"战略,其重点在于强调美国优先主义和加强与地区国家的双边关系,但"印太"战略与奥巴马"重返亚太"的遏制内涵是一脉相承的,不是短期内平衡中国影响力的权宜之计,而是具有长期规划的战略考量。对于美国而言,强化与印度的战略伙伴关系,一是有助于美国腾挪精力解决中东问题;二是将以较低的成本向亚太地区盟友传达美国继续参与地区事务的意愿,弥补特朗普此前退出《跨太平洋伙伴关系协定》(TPP)所引发的担忧。美国"印太战略"要达成以下三方面的目标。

(1)特朗普政府调整外交政策的需要。特朗普在亚太地区迟迟没有确定其行动的重点。其幕僚们认为,美国的外交政策原则需要一些转变,即认为指导美国最高国家利益的原则第一是地缘政治,第二才是民主(所谓颜色革命),后者只是为前者服务的手段,因此,特朗普政府需要在亚太地区提出一个"构想",当未来地缘政治冲突发生或受到威胁时,可以迅速赋予某个构想以实质性内容。

(2)应对中国"一带一路"倡议可能带来的巨大压力。美国一些智库认为,促进中国获取自然资源,特别能源是"一带一路"倡议的一大显著驱动力,"一带一路"倡议已经确定的 6 个经济走廊中的大多数都涉及重要的、与能源相关的基础设施建设和投资,包括通向俄罗斯、中亚和印度洋的管道。美国一些人士认为,目前美国在亚太地区面临的一个重大"挑战"是其《跨太平洋伙伴关系协定》留下的空白都被中国在该地区发起的"一带一路"倡议所填补,"一带一路"倡议未来将重塑印度洋—太平洋地区。美国针对"一带一路"倡议的一个应对性的选择将是在其有重大地缘政治和地缘经济价值的西太平洋和东印度洋地区实行"选择性的遏制",并寻找"志同道合"的伙伴,逐步形成一条遏制链,以便将中国的富余资源消耗在中亚、中东、非洲的动荡地区。因为在美国看来,近年来在欧亚大陆由东向西已逐渐形成一个"社会政治动荡风险弧",包括中亚、中东、西亚及北非,在地缘上与中国"一带一路"倡议及多个中国海外投资重点地区重合,这个"社会政治动荡风险弧"可以起到消耗中国资源的作用。

(3)美国实行"诱导性"战术需要一个载体。特朗普总统上台后,提出"美国优先"战略,奉行"实力促和平"的安全理念,在基本延续奥巴马全球战略的同时,更多考虑逐步从全球事务中抽身,以便把有限战略资源用在最重要的方面。特朗普政府多次表示:美国的地区盟友和伙伴必须多承担安全保障责任,不能指望美国继续无条件提供安全保障。[①] 目前,"印太战略"尽管只是个构想,但美国、日本对"印太战略"具有强烈的动机,澳大利益采取的是追随政策,印度犹豫

---

① 荣鹰:《从"马拉巴尔"军演看大国印太战略互动新态势》,《和平与发展》2017 年第 5 期,第 52 页。

不决。因此，美国能否成功"诱导"印度加入，将取决于未来中印关系的发展。特朗普团队认为，构想能否实现需要等待时机，美国要做的就是等待时机。正如约瑟夫·奈指出的："每当中国和邻国发生领土纠纷时，其实中国就在遏制自己的发展。美国需要做的，就是在南亚、东南亚发出经济发展倡议，提出新的安全性构架，继续巩固与日本、澳大利亚的同盟关系，同时继续发展与印度的关系。"①

澳大利亚和日本是美国"首要安全网络"(The Principled Security Network)的最重要的构成部分，2017 年 12 月 6 日，日本政府已基本决定在 2018 年春季修订的新一期《海洋基本法》计划中，写入"自由、开放的印度洋—太平洋战略"。同时，将重点放在确保日本海上通道安全以及保护边境离岛上。日媒称：此举意在着重强调日本的安全保障领域，并对中国予以抗衡。② 此外，为了实施"印太战略"战略，美国在印度洋—太平洋地区还发展了另外 6 个战略伙伴关系：印度、印度尼西亚、马来西亚、新西兰、新加坡和越南。"首要安全网络"的目的是在亚太地区建立起一个复杂的双边、三边和多边关系网络的快捷方式，它提倡共同的价值观，促进更大的责任分担。在过去的两年中，主要的双边联盟已经成型，成为该网络进程中的重要组成部分。美国前国防部长阿什顿·卡特(Ashton Carter)声称建立"首要安全网络不针对任何特定国家"，罗伯特·D. 卡普兰(Robert D. Kaplan)的看法与此相反，他在《季风》(Monsoon)一书中表示：这种联盟是"变相的长城"和"组织有序的美国盟友战线"，就像沿着中国的太平洋海岸设立了一圈"警戒塔"。③

目前，华盛顿官方已经正式宣布重新启动曾在 2007 年中止的美印日澳四国机制，四国机制将是"印太"区域协调机制之基础，美国认为可以通过"四国＋"的方式，扩大合作范围，与印度尼西亚、马来西亚、新西兰、新加坡和越南、韩国、新加坡、斯里兰卡、新西兰、菲律宾、中国台湾等国家和地区展开共同对话。美国希望通过在政治、经济、军事和外交等多个方面加大对"印太"地区的投入，联合并扩大盟友，维护美国的全球霸权，遏制中国的崛起和不断扩大的影响。④

---

① "The 'New Cold War' was never inevitable", http://nationalinterest.org/feature/the-new-cold-war-was-never-inevitable-22023. 最后访问时间：2017 年 12 月 2 日。

② "日本拟将印太战略写入海洋政策意在抗衡中国"，澎湃新闻网，http://mil. news. sina. com. cn/2017-12-06/doc-ifyphtze4838766. shtml. 最后访问时间：2017 年 12 月 7 日。

③ ［澳］丹尼斯·拉姆莱：《印度洋—太平洋地区的"新"冷战?》，刘鹏译，《印度洋经济体研究》2017 年第 1 期，第 133—134 页。

④ 李敦球：《"新冷战"或已爆发》，《理论与当代》2016 年第 9 期，第 55 页。

第四节 在中美印"战略三角"中
寻找中印利益契合点

"印太"涉及的区域从东亚经中国南海、马六甲延伸至印度洋,是"亚太"的升级版,也是第一岛链的拓展版,其遏制中国的战略意图已经十分明显。从安全上看,如果美国"印太"战略形成,中国地缘安全形势将比奥巴马时期更为严峻,东海、南海、台海"三海"问题都在"印太"包围圈上。中国未来进入大洋的战略突破口仅剩下中巴经济走廊,中印关系将更加微妙,南亚形势将更趋复杂。未来中美两国在"印太"一线围堵与突破的战略博弈将更加激烈。[1]

遏制战略思维为我们提供了一个较为全面、深刻剖析和理解"印太战略"的视角和理论框架。需要指出的是,处在中美印"战略三角"格局中的中印两国存在一定的合作潜质。中印在印度洋上的安全合作对于两国来说是双赢的策略,但是,如何推动两国大步迈向合作,目前来说是一个难题。[2] 因为从新德里的角度来看,中国海军船只日益频繁地驶经印度洋,印度在陆上和海上感到了压力。如果2018年中国继续在双方认为敏感的边界地区修建让印度感到"担忧"的基础设施,鉴于对中国的发展壮大感到了压力,新德里极有可能会强硬对待。如果中印之间在漫长的边境地区任何一点爆发冲突,美国很可能就会利用这个时机。纳伦德拉·莫迪(Narendra Modi)对华心态更是复杂而敏感,印度将南亚次大陆和印度洋地区作为自己的势力范围,排斥中国进入该地区。印度还对中国在缅甸修建深水港疑虑重重,认为这有可能成为中国海军在印度洋的潜在后勤补给线。民族主义已经成了莫迪外交政策的核心要素,这必然将增添在中印发生危机时期控制情绪的难度。

印度外交的传统做法是注重眼前利益,而不善于从大的战略视野和格局看待中印关系大局。因此,中印两国高层互动和机制化沟通是双边关系稳定发展的重要保障。[3] 在互相信任和尊重的基础上建立稳定和持久的友谊符合两国的利益。而如何实现这一点是中印两国都必须接受的外交和战略挑战。目前,需避免在爆发一系列的危机之后,中国与印度才同意接受形势已经发生变化这一

---

① 梅冠群:《从特朗普亚洲行看中美关系的六个"之争"》,《中国发展观察》2017年第22期,第30页。

② 王晓文:《中印在印度洋上的战略冲突与合作潜质》,《世界经济与政治论坛》2017年第1期,第61页。

③ 林民旺:《中印关系的新趋势与新挑战》,《国际问题研究》2017年第4期,第125页。

事实,要形成两国避免发生误判的机制。

印度是南亚—印度洋地区逐步形成的反华遏华圈中最薄弱的一环。目前,印度还在强调其"战略独立",尚无迹象表明希望与美国结盟。^① 未来中印关系的发展最大的不确定因素来自美国。特朗普如何与俄罗斯、中国、日本、巴基斯坦等国打交道,都会对印度有着重要影响。美国全球战略的变化不仅会促使印度相应地做出政策调整,甚至会使其重新设计自己的国家战略。^② 因此,我们需要进一步寻找中印两国在国际事务中存在的利益契合点,加快我国周边合作组织的建立,并发挥实际作用。例如,发挥吸引性外交权力的作用,扭转中印两国关系的下滑趋势,实现新的发展。吸引性经济权力是指使用激励的方式,通过利用其他国际行为体对本国的经济依赖,以及通过允诺或实际给予其增量经济利益或者撤回利益允诺来发挥影响力的一种权力形式。相对于强制性经济权力,吸引性经济权力更符合中国和平与发展的外交理念,既能促进中印两国的国际合作又能维护国家利益。^③ 我国可在经济合作领域方面,创新贸易合作模式,强化经济合作的金融支持,以嵌入价值链的方式开展中印产能合作和经济技术合作,为吸引性外交权力的发挥提供机制性保障。同时,依托上海合作组织、金砖国家峰会、二十国集团峰会和东亚峰会等多边对话机制,携手推进陆上和海上丝绸之路联动发展,推动中印双方在贸易、投资、海军交流等领域的务实合作,为建设安全、和谐的海洋而共同努力。

---

① "中印喜马拉雅对峙是中国要印度接受变化的现实",环球网,http://www.ccnovel.com/bolan/2017 - 07 - 19/109861_2.html,最后访问时间:2017 年 12 月 9 日。

② 林民旺:《中印关系的新趋势与新挑战》,《国际问题研究》2017 年第 4 期,第 126—135 页。

③ 常璐璐、陈志敏:《吸引性经济权力在中国外交中的运用》,《外交评论》2014 年第 3 期,第 1 页。

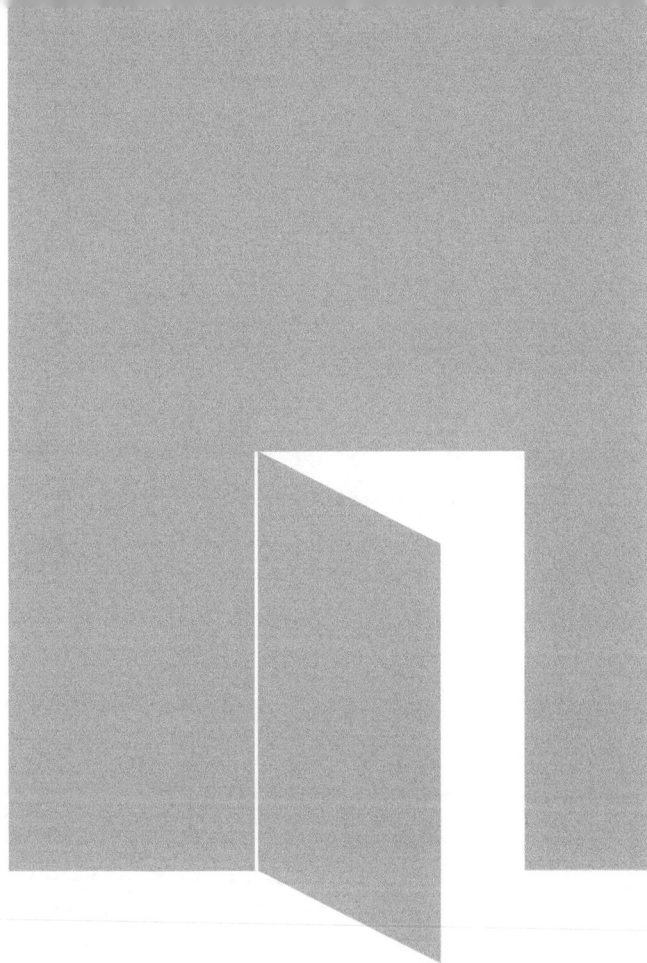

全球经济治理及其议题

第四章　全球经济治理的议题及
对中国的挑战

全球经济治理是指国际社会通过协商合作、建立共识、确定规则、确保实施等方式,建设公正高效的国际政治经济规则秩序,并对全球经济事务与经济政策进行协调、指导、管理和干预,以实现经济的稳定与增长。2008年国际金融危机的爆发,使世界经济中的深层矛盾暴露出来。发展中国家在全球经济的影响力增强,但其在全球经济治理结构中却被边缘化;全球经济网络化导致经济互动增强,但同时全球治理结构却由发达国家单独控制,即在国际层面世界格局的变化和世界经济治理结构不匹配导致的矛盾。

第一节　从 G20 看全球经济治理的议题

一、全球经济治理正在进行深度调整与变革

在经济全球化大趋势下(尽管贸易保护主义有所抬头),当下及未来的很长时间,全球经济治理结构和内容将经历巨大转型。一方面,随着一些新兴领域的全球性问题不断涌现,全球经济治理的内涵和外延不断拓展,内容和形式日益丰富,经济增长、金融稳定与金融体制改革已成为全球经济治理的三大主要目标;另一方面,随着全球经济格局的发展演进,当联合国、国际货币基金组织(IMF)等不再能满足新兴经济体对全球经济治理改革的愿望之后,G20、APEC、BRICS等非正式国际多边机制成为全球经济治理的重要平台。

全球金融危机后,随着经济实力对比的变化,新兴经济体对全球经济治理的参与意愿和影响力明显增加。政府间合作机制的作用方面,金融危机后新兴全球经济治理机制涌现并发挥重要作用,其中,G20 的作用尤其突出。同时,金砖国家合作机制成为新兴市场与发展中国家参与全球经济治理的重要依托平台。

但同时,保护主义在西方发达国家抬头,逆全球化风险伴随。这主要表现

为：一些国家更加积极地支持开放的全球经济，另一些国家的内顾倾向却日益加重。在 G20 等全球经济治理平台上，中国等经济全球化的支持者积极倡导开放、包容、合作、共赢的治理理念，而一些国家国内保护主义思潮蔓延失控，多边经贸合作和经济全球化政策倒退。这其中，作为全球最大的经济体，美国内顾倾向的政策调整使全球经济治理面临巨大挑战。在经贸领域，美国政府在对外经济合作中的立场趋于强硬，对于从中国、德国等美国逆差对象国进口的商品设置各种形式的贸易壁垒，对一些特定商品征收惩罚性关税。美国政府的对外贸易政策，不仅可能直接诱发贸易战，而且还将增加金融市场的不确定性。

二、G20 成为全球经济合作的首要论坛

随着全球公共问题的涌现，多边主义成为各国寻求问题解决的主要途径。当联合国、IMF 等不再能满足新兴经济体对全球经济治理改革的愿望之后，G20、APEC、BRICS 等非正式国际多边机制成为全球经济治理的重要平台。G20 成员国是世界经济中具有系统重要性的国家，能够对全球金融稳定做出重要贡献。G8 到 G20 的转变，反映出全球经济格局的深刻变化；而 G20 从央行与财政部长会议升级为国家领导人峰会，使得 G20 从一个纯粹的协调工具变为一个"软决策机构"。G20 在全球经济治理上的地位逐渐增强，成为全球经济合作的首要论坛(Primer Forum)。

（一）前 G20 时代(1944—1997 年)

G20 的形成经历了长达半个多世纪的时间。1944 年，布雷顿森林体系建立，同时建立了两大国际金融机构国际货币基金(IMF)和世界银行(WB)。布雷顿森林体系是一种美元与黄金挂钩的固定汇率体系。1 盎司黄金相当于 35 美元，IMF 会员国货币与美元保持固定汇率。在这种安排下，美元就各国的储备货币，美国的国内黄金储备需要满足各国以美元兑换黄金的需求，当美国国内的黄金储备无法满足各国对美元的需求时，就会出现资不抵债的问题，从而引发美元危机。1960 年出现第一次美元危机，1971 年美国完全丧失承担美元对外兑换黄金的能力，进而导致了 1973 年更严重的经济危机。

1973—1974 年，由于石油危机和美元贬值，西方世界出现了"二战"后最严重的经济衰退，通胀加剧、失业加剧、贸易保护主义抬头。1975—1976 年，西方国家组成的"富人俱乐部"G7 集团应运而生。当时，G7 在全球经济总量的占比曾达 80％以上，当时 G7 是有能力进行全球经济治理的，成为当时多国之间协调宏观经济、货币金融等方面政策最重要的机制。1997 年俄罗斯加入演变为 G8，但当时俄罗斯的 GDP 仅占世界的 1％。

G7 集团、IMF 和世界银行组成的全球治理体系,突出特点是代表着西方主要大国对全球治理的看法和行为方式。

(二)G20 初始阶段(1997—2008 年)

从 G7/G8 到 G20 的过渡主要基于两方面的原因:一是 21 世纪初,以金砖五国为代表的新兴经济体崛起,使得 G7/G8 机制治理全球经济越来越力不从心;二是 1997 年的亚洲金融危机,席卷了泰国、马来西亚、新加坡、日本、韩国、中国等国家和地区。G8 意识到需要建立一个包括新兴经济体国家在内的全球共同行动小组在国际社会推广 G7 达成的共识。G20 在 1999 年"财长和央行行长会议公报"中宣称:成立"G20 是为了在布雷顿森林体系框架内提供一个新的非正式对话机制;扩大系统重要性经济体之间对经济和金融政策关键的讨论;促进合作以实现世界经济稳定与可持续增长,并使成果惠及所有人"。但由于 G20 会议之初仅限于各国财长和央行参加,每年一次,议题也主要关注财政、金融、经济领域,所以,G20 并不太受关注,这一阶段持续了将近 10 年。

(三)G20 发展阶段(2008 年至今)

发展中国家和新兴市场经济国家的崛起,世界对一个覆盖面更广、代表性更强的全球治理机制的需求日益迫切。2008 年的全球金融危机和欧洲主权债务危机冲击了所有的西方国家,迫使西方不得不寻求发展中国家和新兴市场国家的支持以应对危机。2008 年 11 月 15 日,G20 在美国华盛顿举行了首届领导人金融市场和世界经济峰会,讨论全球金融与经济问题。2009 年,G20 决定自 2011 年后的 G20 峰会要成为年度、制度化的讨论全球经济议题的论坛。2012 年,作为洛斯卡沃斯峰会的主办国,墨西哥将 G20 的特征总结为:"有关在国际经济和金融领域最重要议题的首要国际合作论坛,汇聚世界主要发达经济体和发展中国家经济体。"并将 G20 的目标总结为:① 成员之间进行政策协调以实现全球经济稳定和可持续增长;② 促进金融监管规章的出台以减少金融风险和预防金融危机;③ 创建一个新的国际金融架构。2017 年,G20 主办国德国将 G20 定义为:"金融和经济议题方面的国际合作核心论坛"。

综上可知 G20 由七国集团财长会议于 1999 年倡议成立,由阿根廷、澳大利亚、巴西、加拿大、中国、法国、德国、印度、印度尼西亚、意大利、日本、韩国、墨西哥、俄罗斯、沙特阿拉伯、南非、土耳其、英国、美国以及欧盟等 20 国组成。2008 年国际金融危机爆发前,G20 仅举行财长和央行行长会议,就国际金融货币政策、国际金融体系改革、世界经济发展等问题交换看法。国际金融危机爆发后,在美国倡议下,G20 提升为领导人峰会。2009 年 9 月举行的匹兹堡峰会将 G20 确定为国际经济合作的首要论坛,标志着全球经济治理改革取得重要进展。目前,G20 机制已形成以峰会为引领、协调人和财金渠道"双轨机制"为支撑、部长级会议和工作组为辅助的架构。G20 迄今已举行 12 次峰会,第十一次峰会曾于 2016 年 9 月 3 日至 4 日在中国举行。

G20 成员国必须是世界经济中具有系统重要性的国家,能够对全球金融稳定作出重要贡献,成员国构成必须反映世界经济格局的新变化以及地区代表性的均衡,同时还必须确保新机制成员国数量规模较小,以确保各成员之间能开展坦率地、非正式地交流。

同七国集团和八国集团相比,G20 具有以下特点:① 代表性。G20 的构成兼顾了发达国家和发展中国家以及不同地域平衡,人口占全球的 2/3,国土面积占全球的 60%,国内生产总值占全球的 90%,贸易额占全球的 80%;② 平等性。G20 采用协商一致的原则运作,新兴市场国家同发达国家在相对平等的地位上就国际经济金融事务交换看法;③ 实效性。G20 峰会通过一系列重要决定,为应对金融危机、促进世界经济复苏、推动国际金融货币体系改革发挥了重要作用。

三、G20 机制研究

从学理角度来看,G20 也引起了学界对非正式国际机制如何促进全球经济治理的研究探讨。克莱勒斯认为国际机制是"一系列隐含的或明确的原则、规范、规则以及决策程序,行为者对某个既定国际关系领域(问题)的预期围绕着他们而汇聚在一起"。唐纳德·普查拉和雷蒙德·霍普金斯进一步将国际机制分为正式国际机制和非正式国际机制,认为"正式国际机制是指由国际组织通过法律条约的方式来建立,通过理事会、大会及其他实体的方式来维持并由国际官僚机构来保障协议实施的国际机制,如联合国、国际货币基金组织、世界银行等;而非正式国际机制是指成员国依据彼此所追求目标之间能够达成的共识来建立,并根据彼此共同利益或'君子协定'以及相互之间的监督来保障协议实施的国际论坛,如 APEC、G8、BRICS 等"。

中国学者刘宏松也给出了类似的定义,认为正式国际机制有法律约束力,而非正式国际机制只有道德上的约束力。正式国际机制与非正式国际机制的本质区别在于:前者具有正式的国际法律地位,其成员国之间建立了契约型的合作关系;后者不具有正式的国际法律地位,其成员国之间建立的是保证型的合作关系。①

---

① 刘宏松:《正式与非正式国际机制的概念辨析》,《欧洲研究》2009 年第 3 期,第 91—106 页。

G20 自成立之时就定位为"布雷顿森林体系内对话的新机制"。G20 成员国在会议上作出的国际承诺只是一种保证型的政治承诺,而非契约型的法律承诺。因此,G20 是一项非正式国际机制。[①] 在全球金融治理方面,布雷顿森林体系的三大支柱:国际货币基金组织、世界银行和世界贸易组织仍然具有不可替代的作用。但是,这些正式的国际组织也渐渐暴露出了很多的问题,如规则具有滞后性、反应的灵活性和协调性不足、新兴发展中国家代表性不足等。因此,长期以来,有关布雷顿森林体系机构的改革都是 G20 的关切重点;而与此同时,像 IMF 等机构也在 G20 中扮演着重要对话者、顾问和监督机构的角色。而从 G20 的几次重大转变都出现在金融危机的时刻可以发现,G20 在应对全球金融危机方面发挥了比正式国际金融机制更为有效的作用。

除此之外,非正式国际机制拥有议题灵活性、开放性等许多独特优势。对此,扬·乌特斯指出:非正式性可以创造一种相互信任而非相互怀疑的氛围,在此氛围中各国可以坦诚交流观点而不必担心被法律承诺束缚。[②] 还有一些学者认为,非正式性是 G20 在特定的背景环境下做出的最佳选择。例如,奈瑞·伍兹认为,非正式机制松散的组织结构、灵活的议事日程、共识性软约束在全球治理中具有比较优势,顺应了冷战后全球化背景下全球治理多元化的趋势。[③]

然而,非正式性也带来了一些缺陷。由于缺乏常设机构和法律约束力,G20 协议的执行面临许多困难。G20 常常被形容为"清谈俱乐部"(Talking Shop)。甚至有批评家指责 G20 领导人错误判断了金融危机并拒绝承担责任,也未能提供在部长级会议上许诺的公共物品,从而导致会议未能实现预期目标。[④] 对于 G20 治理能力的怀疑也一直存在。[⑤]

四、G20 重点议题研究

作为"国际经济合作的首要论坛",G20 经过近 20 年的发展,议题主要包括:① 国际金融体系改革;② 涉及发展的几大议题:粮食安全、基础设施、普惠金融、

① 朱杰进:《非正式性与 G20 机制未来发展》,《现代国际关系》2011 年第 2 期,第 42 页。

② Jan Wouters and Dylan Geraets: "The G20 and Informal International Lawmaking", in Working paper of Leuven Centre for Global Governance Studies, No. 86, March 2012, p. 31.

③ Ngaire Woods, "The G20 Leaders and Global Governance", paper presented at the G20 Seoul International Symposium: "Toward the Consolidation of G20 Summits: From Crisis Committee to Global Steering Committee", September 27 - 29, 2010, pp. 3 - 10.

④ Mask Lander, "World Leaders Vow Joint Push to Aid Economy: Big Decisions Delayed", in New York Times, November 16, 2008, p. 1.

⑤ Paul Donovan, "What is the G20 Really Fighting For?", in Jakarta Post, October 19, 2009; Nicholas Winning and Joe Parkinson, "G20 Fin Mins Come Up Short on Climate Change", in Dow Jones, November 7, 2009.

人力资源开发;③ 贸易;④ 投资问题;⑤ 基础设施建设(见表 4-1,表 4-2)。

表 4-1 1999—2007 年 G20 会议议题及会议地点

时　间	地　点	内　　容
1999 年 12 月	德国柏林	探讨全球区域经济和金融形势、国际金融体制改革方向等议题
2000 年 10 月	加拿大蒙特利尔	探讨如何应对全球化挑战和金融危机等问题
2001 年 11 月	加拿大渥太华	探讨"9·11"事件对全球经济的影响,以及 G20 在打击恐怖融资活动方面的作用
2002 年 11 月	印度新德里	探讨如何防范与应对金融危机、打击恐怖主义融资、保持经济增长以及全球化等问题
2003 年 10 月	墨西哥莫雷利亚	继续探讨上一次会议议题,并围绕发展融资以及打击恐怖融资,全球化与国际发展、全球化与经济发展、金融机构建设等议题进行讨论
2004 年 11 月	德国柏林	探讨当前宏观经济形势、金融部门机构建设、打击滥用国际金融体系、老龄化的挑战与移民、主权债务重组、布雷顿森林机构 60 周年回顾、全球化背景下促进稳定与增长以及区域一体化等议题
2005 年 10 月	中国北京	探讨加强全球合作、实现世界经济的平衡有序发展、布雷顿森林机构改革、发展融资、发展理念创新等议题
2006 年 11 月	澳大利亚墨尔本	围绕"建设和维持繁荣"的主题,重点探讨当前世界经济形势和发展问题、能源和矿产、布雷顿森林机构改革等议题
2007 年 11 月	南非开普敦	探讨如何稳定国际金融市场、如何改革 IMF 和 WB 等问题

资料来源: 笔者根据相关资料整理。

表 4-2 2008—2015 年 G20 会议议题及会议地点

时　间	地　点	内　　容
2008 年 11 月	美国华盛顿	探讨金融危机的原因,提出加强合作、反对贸易保护
2009 年 4 月	英国伦敦	同意向 IMF 和世界银行等机构提供 1.1 亿美元资金;要求加强全球金融监管,对不合作"避税天堂"实施惩罚;成立金融稳定理事会(FSB)取代之前金融稳定论坛
2009 年 9 月	美国匹兹堡	向发展中国家分别转移 5% 和 3% 的 IMF 份额和世界银行份额;确保经济持续复苏,推动全球经济再平衡;抵制贸易保护主义;金融监管改革,限制金融高管薪酬;IMF 改革与增资;汇率和储备货币问题

续　表

时　间	地　点	内　　容
2010 年 6 月	加拿大多伦多	要求发达经济体削减财政赤字;推动金融监管改革;提出"强劲、可持续和平衡的增长框架"
2010 年 11 月	韩国首尔	确认 IMF 份额改革方案;建立全球金融安全网;在各国发展能力和全球发展之间建立良性循环体制
2011 年 11 月	法国戛纳	欧洲国家主权债务问题;重振经济增长;创造就业;维护金融稳定;促进社会融合和令全球化为人类需求服务
2012 年 6 月	墨西哥洛斯卡沃斯	创造高质量就业;向 IMF 增资 4 500 亿美元;改善金融市场运作,打破主权债务和银行债务之间的恶性循环;促进金融包容性;反对各种形式的贸易保护主义;加强粮食安全,控制商品价格波动;消除贫困,实现强劲、可持续、平衡的经济增长;加大反腐力度等
2013 年 9 月	俄罗斯圣彼得堡	扩大投资和刺激全球经济复苏;经济"去海外化"和协调行动打击逃税;确保对基础设施和中小企业进行长期投资;尽快落实 2010 年 IMF 份额和治理改革方案;加强在能源领域的合作,确保能源市场信息更加准确和公开;保护环境、应对气候变化
2014 年 11 月	澳大利亚布里斯班	到 2018 年前使 G20 整体 GDP 额外增长 2% 以上;制定"全面增长战略";提出"全球基础设施倡议",成立为期四年的全球基础设施中心,成立全球基础设施基金;降低青年失业率
2015 年 11 月	土耳其安塔利亚	包容和可持续发展;确保包容性增长,创造就业并使全社会共享增长红利;到 2025 年实现将 G20 各成员中最有可能被劳动力市场永久抛弃的年轻人比例降低 15% 的目标;为中小企业提供支持,促进知识共享;提出公共和社会资本合作(PPP)模式指南
2016 年 8 月	中国北京	传递二十国集团成员共促全球经济增长的积极信号,提振市场信心,维护全球金融市场稳定。通过《二十国集团创新增长蓝图》《二十国集团全球贸易增长战略》《二十国集团支持非洲和最不发达国家工业化倡议》,发起《全球基础设施互联互通联盟倡议》,中美两国在会议上为落实气候变化《巴黎协定》发挥表率作用

资料来源:作者根据相关资料整理。

　　尽管近些年 G20 发生了议题扩展和泛化的现象,但其仍然是一个探讨经济治理相关的论坛,通过梳理自 2008—2016 年 11 届 G20 峰会的《公报》可以发现,在 1 836 个协议条目中共计 18 个分类。讨论"宏观经济"等议题有 402 个;以"发展"做核心关键词的有 193 个;与"国际金融机制改革"相关的条目共有 120 个。尽管议题有所扩展泛化,包括能源、气候变化等议题也逐渐成为 G20 的讨论热点,但不可否认,经济增长与金融机制改革依旧是 G20 关注的重点,新兴经济体展现出强大动力。

(一) 经济增长

根据 IMF 报告,全球经济活动的复苏预计将完全由新兴市场和发展中经济体驱动,但实现这一前景的前提是:2016—2017 年面临压力或增长率大大低于潜在水平的国家和地区(如尼日利亚、俄罗斯、南非、拉丁美洲以及中东一些国家)的增长速度实现正常化;中国继续向基于消费和服务业的增长模式转型;其他国家继续保持经济韧性。这一预测还反映了增长速度远远高于世界平均水平的大型新兴市场经济体(如中国和印度)在世界经济中的比重不断上升。对于世界增长的预期加快,这两个因素起主要作用。发达经济体的经济活动步伐预计仍将缓慢。

(二) 国际金融机构改革

在金融危机前,发达国家,无论是在 IMF 还是在世界银行都在份额和投票权上占主导地位,少数发达国家对 IMF 的决策有决定性作用,发展中国家的代表性却不足。但金融危机后,G20 会议为新兴经济体和发达国家就国际金融机制改革进行沟通协调提供了新路径。2009 年,G20 匹兹堡峰会确定的国际货币基金组织份额改革就是为解决这种不合理而进行的初步改革。紧接着,世界银行发展委员会于 2010 年 4 月 25 日通过了世行新一阶段投票权改革方案,中国在世界银行的投票权从 2.77% 提高到 4.57%,成为世界银行第三大股东国,仅次于美国和日本。而根据 IMF 于 2015 年发布的《董事会改革修正案》,约 6% 的份额将向有活力的新兴市场和发展中国家转移,中国份额占比将从 3.996% 升至 6.394%,排名从第六位跃居第三,仅次于美国和日本。中国、巴西、印度和俄罗斯 4 个新兴经济体跻身 IMF 股东行列前十名。该方案生效后,IMF 的 SDR 货币储备规模也从原来的 2 385 亿美元翻番至 4 770 亿美元。《修正案》增加了 IMF 的核心资源,扩大了 IMF 帮助成员国应对危机和提供援助的能力,更好地反映出新兴市场国家在全球经济中的影响力,使得 IMF 的合法性和有效性得到显著提高,也意味着新兴经济体话语权的提升。

总之,全球经济治理正处于深度调整与变革的进程之中,是中国等新兴经济体参与全球经济治理的重要时代背景。尽管这些调整与变革面临巨大的阻力和不确定性,但它仍为新兴国家进一步参与全球经济治理提供了新的契机。

第二节　全球经济治理对中国的挑战

一、中国参与全球经济治理的进程

约瑟夫·奈认为"建立于己有利、主导国际政治活动的一整套规则和制度的能力是软权力的重要来源……如果一个国家可以通过建立和主导国际规范及国际制度,左右世界政治的议事日程,那么就可以通过影响他国偏好和对本国国家利益的认识获取软权力"。[①] 国际制度由两部分组成:一是国际组织;二是国家之间在某一方面或某一领域建立起来的一系列规则,也被称为"国际机制"。[②] 中国可以通过积极参与国际机制建设,提高国际影响力与塑造国际议题的能力。

中国参与国际经济治理的过程经历了抵制(1949—1971 年)、初步接触(1971—1979 年)、全面接触(1979—1989 年)、全面融入(1989—2002 年)和主动塑造(2003 年至今)五个阶段。[③] 对于国际组织的态度"从拒绝到承认,从扮演一般性角色到争取重要位置,从比较注重国内需求到更加兼顾国际形象"。[④] 中华人民共和国成立之初,中国坚持革命外交,认为国际组织是资本主义国家维护其霸权压迫地位的工具,扮演国际制度的破坏者与反对者的角色。随着核心利益和外交观念的转变,中国逐渐成为国际制度的维护者和建设者,制度软权力不断增强,取得一系列成就。

21 世纪的中国经济实力不断提升,对于国际组织的参与度也不断加强,中国通过双边和多边的国际会谈已经积攒了相当的经验。中国也正努力以最大发展中国家的身份积极参与全球治理,代表发展中国家发出诉求,提出解决方法。

自从加入 WTO 以来,中国经济的增速是全世界无法想象的,但是,中国的经济也存在着很大的问题:过多依赖出口和外国投资、内需拉动不够、部分高污染高消耗的产业还是面临着升级转型的压力、经济增长的可持续性经受着一些考验。经济问题是中国目前非常关注的重点,这也是中国希望能够为其他发展中国家提供帮助的一个重要领域。中国希望在国际场合起到负责任的大国作

---

① Joseph S. Nye, *Bounds to Lead: The Changing Nature of American Power*, New York: Basic Books, 1990, pp. 33 - 34.

② 许嘉:《国际制度与中国的选择》,《国际政治研究》2007 年第 4 期,第 134—135 页。

③ 孙德刚:《中国在国际组织中的规范塑造评析》,《国际展望》2016 年第 4 期,第 100 页。

④ 王逸舟:《中国与国际组织关系研究:理论解释及现实难题的一种探究》,《世纪周刊》2001 年第 2 期,第 3 页。

用,代表和维护广大发展中国家的利益,使得全球金融治理体系能够更公正、更有效。中国加入世界银行、IMF、G20、金砖国家、APEC 等重要的多边经济合作组织,发挥越来越重要的作用。在议程设置中,中国主张各国经济和金融改革实施渐进式改革模式,同时避免国际经济问题的政治化,提出建立"超级主权"全球货币特别提款权、①人民币结算试点,推动 IMF 的份额改革。在世界贸易组织等多边经济机构中,中国积极主张发展中国家的合法权益,例如,中国要求发达国家削减对本国农产品的巨额补贴,实现国际公平贸易。② 中国在金砖国家机制中发挥主导作用,着重发展与新兴国家之间的关系,以"金砖国家"集体身份在国际制度中发声,增强中国的国际话语权。

从上面的分析中,我们可以发现中国在全球经济治理的影响力和话语权不断增加,成为全球治理中不可忽视的重要力量。同时中国建立较好的国际声誉,塑造了负责任的国际形象。但是,中国在全球治理制度领域的软权力建设仍然有一些问题,其中最重要的问题是人才问题,表现在两个方面:一是公务员国际化程度较低。联合国的国际职员有 15 万,职员人数超过 1 000 人的国家有 9 个,截至 2011 年 12 月,中国在联合国及其专门机构工作的国际职员共有 1 095 人,在人数上并没有明显的优势;二是高级人才非常短缺。中国在联合国的国际公务员主要集中在 P 级(Professional,业务类官员)和 G 级(General Service,多是秘书、服务和安全人员),截至 2015 年 6 月 30 日,供职于联合国秘书处的非语言类中国籍专业人员共 71 名,低于联合国列出的 119—161 人的恰当幅度,被列为任职人员偏低国家;担任高级职员人数较低,D 级人员(Director,高级管理人员)仅 11 位,远远低于美国的 48 人。③

虽然中国在国际制度建设中发挥的作用不断增强,但是欧美在国际制度中的主导地位仍未改变,中国在全球制度建设中的被动局面也尚未得到根本改变,议程设置能力较弱,利用规则能力也较弱。④ 美国利用其在原有国际制度中的优势地位继续维持霸权地位,抑制中国的国际制度软权力建设。例如,在 IMF 中美国的投票份额是 16.7%,而任何一项协议的达成需要达到 85% 的份额,因此,美国在 IMF 中具有"一票否决权";2016 年 12 月 21 日,联合国关于设立独立

---

① Nina Hachigian, Winny Chen, and Christopher Beddor, "China's New Engagement in the International System," *Center for American Progress*, November 2009, p. 26.

② 刘玉安:《中国在全球事务中的责任》,《国外理论动态》2007 年第 6 期,第 40 页。

③ 徐惊奇、檀淑君:《高校国际公务员人才培养现状及发展趋势分析》,《学理论》2016 年第 11 期,第 187 页。

④ 苏长和:《发现中国新外交——多边国际制度与中国外交新思维》,《世界经济与政治》2005 年第 4 期,第 13 页。

机制追究叙利亚境内犯战争罪等严重罪行者责任的相关草案表决中,虽然中国投反对票,但是最终草案以绝对多数通过,说明中国在国际制度中软权力和影响力建设仍需进一步提高。

二、中国与 G20

近年来,中国在国际经济治理方面做出了不懈的努力,如人民币用于跨境贸易支付并逐步实现可兑换;进入 SDR 货币篮子;亚洲基础设施投资银行、金砖国家银行及丝路基金的建立等。

当前 G20 进程有部分是与中国国内经济的关注相吻合的,2016 年中国 G20 成功把握主场优势。例如,在基础设施建设领域,G20 成员国达成协议,推动全球基础设施建设,为中小企业的基础设施项目提供金融和投资便利。鉴于中小型企业将在中国的新增长战略中扮演关键角色,这一倡议契合中国利益。

G20 峰会还可以帮助中国推进重要的地缘政治目标——改革国际货币基金组织的投票权。如果中国利用主席国身份推动改革,这不仅将有助于其在 IMF 获得更多权力,而且还会受到其他新兴经济体的欢迎。在中国及其他新兴大国的共同努力下,国际金融组织改革议题被纳入 G20 议程。中国和其他新兴大国一道,在国际金融组织改革议题上按照其偏好塑造了 G20 议程。提高新兴大国和发展中国家在国际货币基金组织、世界银行等国际金融机构中代表性和发言权成为 G20 成员的政治共识。具体表现为:2009 年 9 月,各成员在 G20 匹兹堡峰会上承诺将新兴市场国家和发展中国家在国际货币基金组织的份额提高 5% 以上;发展中国家和转型经济体在世界银行至少增加 3% 的投票权。2010 年 6 月,多伦多峰会确定:增加新兴市场国家官员和学者担任世界银行、国际货币基金组织以及其他国际金融机构高管的比例。2010 年,首尔峰会进一步细化匹兹堡峰会承诺:宣布国际货币基金组织份额由发达国家向新兴市场进行调整。基于 G20 峰会共识,国际货币基金组织理事会于 2010 年 12 月 15 日通过了份额和执行董事会的改革方案。依据这一改革方案,超过 6% 的国际货币基金组织份额将从代表性过度的国家转向代表性不足的国家。改革生效后,中国的份额将从 4% 升至 6.39%,投票权也将从 3.81% 升至 6.07%,成为国际货币基金组织的第三大份额持有国。印度、俄罗斯和巴西的份额也进入前十位,新兴大国在国际货币基金组织的代表性和发言权显著增强。中国还有可能就此取得另外一个美欧主导领域的领导角色——全球金融体系。外界批评美元的主导地位导致全球金融陷入不必要的动荡,而中国则可以利用 G20 要求在 IMF 特别提款权中发挥更重要的作用。

2016 年 G20 峰会的四个主题,即希望推动各方"共同创建创新、活力、联动、包容的世界经济"。习近平主席从四个方面推进:一是创新增长方式,重点推进改革创新,开辟和抓住新机遇,提升世界经济增长潜力;二是完善全球经济金融治理,增强新兴市场国家和发展中国家的代表性和发言权,提高世界经济抗风险能力;三是构建开放型世界经济,促进国际贸易和投资,发挥其对增长的推动作用;四是推动包容、联动式发展,落实 2030 年可持续发展议程,消除贫困,实现共同发展。从这些议题的设计可以看出,反映了国内结构性改革的关切,也反映了作为新兴市场国家和发展中国家的代表提升话语权的关切。与 2030 年可持续发展议程相结合,也体现了其"人类命运共同体"理念的优越性。

三、中国参与全球经济治理建设的前景与建议

由于中国的不断崛起,对现有国际秩序中的不相称、不协调、不平等问题的改变诉求更加突出。2009 年,20 国集团匹兹堡峰会确定的国际货币基金组织份额改革就是为解决这种不合理而进行的初步改革。2013 年 9 月和 10 月,中国国家主席习近平在出访中亚和东南亚国家期间,先后提出共建"丝绸之路经济带"和"21 世纪海上丝绸之路"的重大倡议,得到国际社会高度关注;2015 年 3 月,为推进实施"一带一路"建设,中国政府特制定并发布《推动共建丝绸之路经济带和 21 世纪海丝绸之路的愿景与行动》;同年 5 月,习近平访问哈萨克斯坦被视为"一带一路"的落实之旅。"一带一路"倡议已在世界各地生根发芽。中国学者黄河教授认为:作为金砖国家重要成员之一,中国还将推动设立类似于世界银行与国际货币公共产品供应的新格局,为沿线国家大大促进了区域合作。[1]具有基金组织功能的金砖国家开发银行总部也设在上海。作为发起国,中国于 2015 年成立亚洲基础设施投资银行(AIIB),其创始会员国涵盖了除美日加拿大以外的主要西方国家,以及亚欧区域的大部分国家,成员遍及五大洲。

中国参与全球经济治理可以分为两种情况:一是中国在现有制度中的积极作为;二是中国积极建立与参与新的国际制度。在原有国际机制中,中国可以从议程设置、[2]政治动员[3]和提高信誉[4]三个角度进行软权力建设。G20 是美国为

---

[1] 黄河:《公共产品视角下的"一带一路"》,《世界经济与政治》2015 年第 6 期,第 138—155 页。
[2] 议程设置主要包括主权国家讨论的具体议题和议题的讨论顺序、审议规则等,通过掌握议程的主动权可以用自身的需求和偏好主导国际组织的活动。
[3] 从提出动议到动议表决,议题主导为了获得广泛性的支持而在多边国际制度中所开展的政治动员和结盟活动。
[4] 国家声誉是国家在相互交往过程中表现出来的一贯的行为特征,作为一种公共信息或交往信息,声誉可以被用来预测国家的行为;声誉是国家的一种"非物质诉求",是外交战略的目标之一。

应对 2008 年金融危机而成立的非正式性国际机制,也是发达国家与发展中国家对话的重要平台,但是,G20 在很大程度上沿袭了 G7 的机制设计,发达国家在制度方面占据优势。中国虽然并非主导国和创建国,但在 G20 机制中发挥着重要的作用。在议程设置中,中国主办的 G20 杭州峰会确立了"创新增长方式""更高效全球经济金融治理""强劲的国际贸易和投资""包容和联动式发展"四大议题,体现中国在议题设置领域中的软权力建设;在政治动员层面,中国在 G20 机制中注重与发展中国家和金砖国家之间的团结合作,使中国的政策主张得到大多数国家的支持;在声誉方面,虽然 G20 并没有强制落实措施与监督机制,但中国仍然积极落实 G20 的共识与承诺,例如,中国公布石油库存数据以落实习近平在 G20 布里斯班峰会上的承诺,提出减排目标以落实 2030 年可持续发展目标。在 G20 杭州峰会之后,中国在 G20 机制建设中发挥着更大的作用。由于 G20 议程对全球经济治理改革具有重要影响,因此,对于中国而言,在 G20 机制中积极参与议程塑造有助于增进国家利益的战略选择。

随着 G20 机制从临时性危机管理机制向长效治理机制转型,G20 议题扩展到更加广泛的范围。这意味着,中国需要在更多的议题上影响 G20 议程,议程塑造能力的重要性更加凸显。为进一步提升议程塑造能力,中国既需要加强与其他新兴大国的协作,也需要争取在特定议题上偏好相近的发达国家的支持。在多边谈判或对话进程中,国家可以借助正式或非正式集团的集体力量来增强其对议程的影响力。在 G20 进程中,中国主要借助金砖国家机制来增强自身对 G20 议程的影响力。通过在金砖国家机制这一合作平台上与其他新兴大国协调立场,进而在 G20 峰会上发起共同倡议,中国获得了更强的议程塑造能力。中国与其他新兴大国在议程塑造行动上的协作为其在国际金融组织改革议题上成功塑造 G20 议程创造了条件。要在塑造 G20 议程的未来行动中有更大的影响力,中国需要加强金砖国家机制建设,利用这一机制进一步提升与其他新兴大国在全球经济治理改革各项议题上的协作水平。

在积极参与现有国际制度、承担国际责任的同时,中国还应该做国际制度的倡导者与建立者,尝试提供国际和区域公共产品。与制度参与相比,制度创建会使得中国拥有更多的制度软权力,除上述的议程设置、政治动员和信誉三个层次之外,制度建设本身是更加重要的层次,可以有效克服原有制度对中国造成的刚性与压力。[①] 在实施"一带一路"倡议过程中,中国应积极推动建立亚洲基础设

---

① 苏长和:《中国的软权力:以国际制度与中国的关系为例》,《国际观察》2007 年第 2 期,第 31—32 页。

施投资银行、金砖国家开发银行、丝路基金和上海合作组织开发银行,形成最为系统的经济制度安排。[①] 通过上述新制度安排,一方面,中国将自身的国家利益诉求容纳其中,增强制度软权力;另一方面,秉承共商、共建、共享原则,维护参与国的共同利益,推动区域治理和全球治理质量的提高。

推动建立亚洲基础设施投资银行,首先,是因为基础设施建设是亚洲经济保持持续发展的最大潜力。亚洲各国市场需求巨大,基础设施普遍落后,但是,发展面临资金缺口。以东盟为例,新加坡基础设施最优,泰国、马来西亚次之,其余国家则相对落后。无论是交通网络、通信设施普及率,或是互联网使用率、电力设施、人均 GDP 等亚洲各国平均水平基本均在世界平均水平之下。[②] 亚洲各国需要加强基础设施建设却缺乏资金技术支持,而亚投行恰好为其发展提供良好的条件。其次,作为一家新的多边融资平台,AIIB 的"游戏规则"与现有的国际金融体系有很大的区别。一方面,AIIB 充分借鉴了现有的金融机构的好的经验和做法,同时也寻求更好的标准,避免国际金融体系走过的弯路,并且其股份分配中体现了新兴经济体的优势。根据协定,亚投行法定股本为 1000 亿美元,域内外成员认缴股本比例为 75∶25,以 GDP 为依据进行分配,优先突出了发展中国家携手推进亚洲区域发展的新局面。与 IMF 与 WB 相比,亚投行提供的援助更加纯粹且不附带政治条款,可以从实际上为受援助国家提供更多的帮助。需要特别注意的是,亚投行是一家国际金融机构,中国虽然在亚投行的建制过程中扮演了主导地位,但始终注意平衡中国与其他成员国之间的关系。2015 年12 月,亚投行行长金立群在北京发表讲话,公布了关于亚投行筹备的重要信息。金立群称:亚投行不会成为一家中国的银行,而是所有愿意加入国家共同拥有的银行;并且他还表示有 30 个国家等待加入亚投行,50 位申请人竞争亚投行副行长职位,金立群鼓励欧洲专业人士到亚投行工作,诚聘欧洲精英加盟。[③] 中国在亚投行创建与设计中表现出来的谨慎性与公益性给其他成果国释放了一个安全信号,使得加入 AIIB 的损益比更具有说服力。

最重要的是,愈发靠近世界舞台中心的中国,正在探索如何成为国际领导,如何重新定义国际秩序,如何在物质实力、思想、制度设计层面像第二次世界大战后的美国那样发挥作用,担当国际责任。

中国在积极参与全球经济治理结构重塑过程中需要注意以下着力点:

---

① 王明国:《"一带一路"倡议的国际制度基础》,《东北亚论坛》2015 年第 6 期,第 86 页。

② 孙立鹏:《创建亚投行意义重大前景光明——专访中国现代国际关系研究院世界经济研究所原所长陈凤英》,《领导文萃》2015 年第 9 期,第 13—14 页。

③ "亚投行本月正式成立 50 人竞争副行长职位",凤凰财经网,http://finance.ifeng.com/a/20151201/14101676_0.shtml.最后访问时间:2018 年 3 月 5 日。

第一,加强国际公务员人才建设,培养国际法和国际政治相关专业的人才队伍,建立预备人才库,实施鼓励和补贴政策,切实解决国际公务员待遇等实际问题,提高国际公务员的数量和质量。

第二,注重在原有国际制度中的参与策略,提高议程设置能力与制度性话语权,维持与发展中国家的良好关系,深化对国际制度的认识,合理利用国际规则维护国际权益。由于原有制度的设计偏向于美国等传统霸权国,中国在提高制度软权力时必然会面临美国制度霸权的制约。因而,中国更应该积极承担国际责任,建立新型国际制度,将其作为强化国际制度软权力的重点努力方向。在建立新制度的过程中,中国应该注重与原有制度的协调,避免制度的碎片化倾向,着力建立公正、开放、包容的国际制度,增强制度运行的有效性。同时也要增强国际制度的合法性,提高公共产品的提供能力和制度的认同度,①促进国际制度的良性运行。

四、有效应对各种挑战

在 2017 年年底特朗普政府发表的《报告》中,充满着对中国在印太及全球范围内"取代美国"的担心。在安全问题上,对中国扩充军备、扩大领土主张、挑战美国的航行自由行动、向敏感的西方网络发起网络攻击以及将南海岛礁军事化的批评。② 在经济问题上,特朗普说:"中国和俄国挑战美国的实力、影响和利益,试图侵蚀美国的安全和繁荣,中俄两国也同时在挑战国际经济秩序,让经济变得不那么自由和公平。"党的十九大报告中,习近平总书记宣布"中国进入了一个'新时代',到本世纪中叶,中国将以社会主义现代化强国的昂扬姿态屹立于世界民族之林。"③

后冷战时代,美国在亚太地区始终都具有强大的军事存在和独特的影响力,从未停止平衡中国在亚太地区力量的增长,只是各届政府对亚太安全战略进行了不同程度的调整。老布什政府鉴于冷战的终结,使美国的亚太安全战略态势从"遏制加威慑"转向了"均势加威慑"。克林顿政府则针对新的地区安全环境,以"预防性防御"取代了"均势加威慑"。小布什执政初期,新保守主义和传统现实主义思维使其将"预防性遏制"作为亚太安全战略的主旨,从"空海一体战"到

---

① 赵洋:《中美制度竞争分析——以"一带一路"为例》,《当代亚太》2016 年第 2 期,第 54 页。

② Donald Trump, National Security Strategy of the United States of America, December 2017. https://www.whitehouse.gov/wp-content/uploads/2017/12/NSS-Final-12-18-2017-0905.pdf.

③ 习近平:"决胜全面建成小康社会,夺取新时代中国特色社会主义伟大胜利——在中国共产党第十九次全国代表大会上的报告",中国政府网,http://www.gov.cn/zhuanti/2017-10/27/content_5234876.htm. 最后访问时间:2018 年 3 月 10 日。

"第三次抵消战略",美国将更大比例的空军和海军部队转移到亚太地区,用五角大楼的话说,就是美国要成为"地区性平衡器和最终安全的保证者"。① 2010—2011 年前后,美国战略界达成共识:中国是今后数十年中对美国全球地位的主要挑战者。奥巴马政府的应对之策是实行"亚太再平衡"战略,重返亚太,平衡中国的崛起无疑是这个战略的主要目的之一。为此,奥巴马政府加强亚太地区的同盟体系,尤其是美日关系;打着"航行自由"的旗号在南海挑起争端,在争议声中在朝鲜部署"萨德"系统。这些"战略部署"都使中国的周边环境更加复杂,给中国的"一带一路"倡议及为周边提供公共产品的道路带来羁绊。②

美国对亚投行的态度经历了三个变化:从强力压制到缓和再到现在的"只谈合作,不谈加入"阶段。笔者认为,特朗普政府将会继续前任政府的战略对中国采取"平衡战略",并且可能将更加偏向经济层面。一是,特朗普对中国"一带一路"倡议将会持机会主义立场,并不执拗反对,相反会认为如果这一倡议能够为美国经济或安全利益加分,那么,不排除合作的可能,而其商人出身的身份特征,也会使他从交易角度看待"一带一路"倡议,通过部分参与合作,换取中国在其他问题上的让步。二是,使用印太战略,平衡中国。对于印太战略究竟是"一带一路"的"竞争对手"还是"替代选择"仍然属性不明,但是,从这一战略应对的部署也可以发现,中国成功地用"一带一路"倡议塑造了这些国家的外交行为,而这些国家也开始跟着中国重视基建这样的共同发展议程。三是,特朗普的"美国优先",其外交战略的首要目标是保护美国经济和安全,所以,在经济和安全上趋向保守主义的他,肯定会与中国在经贸往来上有更多的竞争面,以此来回应国内政治的需求。无论美国如何回应中国的挑战,其政策必将植根于现实。如何防止崛起大国重建东亚秩序,以及在全球范围内潜在的挑战美国利益的可能,将会成为对美国国家治理和全球领导力的决定性挑战。因此,在亚投行的战略部署过程中,一定会受到美国及其盟友的"明里或暗里"的反对。

而由于中日长期固有的历史因素和地缘政治原因,日本的态度一直较为消极。先是不加入表态,企图寻求其他国家的合作一起抵制亚投行,后来安倍内阁又匆匆推出 1 100 亿美元的亚洲基建投资项目欲与中国竞争。日本在"一带一路"倡议中的尴尬身份和地位,日本企业的海外利益投资利益也受到了极大的损害,国内商界人士也对日本政府施加以很大压力。由于历史因素长期没有改变,

---

① U. S. Department of Defense, A strategic Framework for the Asian Pacific Rim: Looking Toward the 21st Century, April 1990.

② Kurt Campbell, "The Pivot: The Future of American Statecraft in Asia", 2016, p. 121, pp. 145 - 146.

日本的反应也将是具有可预见性的,作为以贸易立国的国家,日本一方面通过高规格、高技术性的产品、技术和标准来规制中国;[①]另一方面又通过发达的国际多边组织的运营协调经验来压制中国,通过 TPP 和亚洲开发银行作为长期制衡的抓手,[②]并大力推动所谓美日印澳四国联手的印太战略。安倍的地球仪外交战略,尽显与中国全面抗衡的战略心态。

　　总之,全球经济治理的新变化既为中国的参与带来了新机遇,也增加了风险与挑战。机遇主要来自全球治理理念的多元化、治理规则的新发展和新兴国家影响力的总体增强。与此同时,阻碍性力量有所加大、支撑性平台作用有限、不确定性因素日益增多等使中国参与全球经济治理的制度性约束增加。为了更有效地参与全球经济治理,提升中国"共商、共建、共享"治理理念的影响力,中国要有效提升议题设置能力及专业性国际公务员的培养,以此实现自己"立于民族之林"的中国梦。

---

① 黄凤志、刘瑞:《日本对"一带一路"的认知与应对》,《现代国际关系》2015 年第 11 期,第 43—62 页。

② 王广涛:《当 TPP 遭遇"一带一路":日本的战略困境与政策选择》,《国际关系研究》2017 年第 3 期,第 129—157 页。

第五章　特朗普政府美国对外贸易政策：理念、措施及影响

　　特朗普政府时期美国对外贸易政策方向将会发生较大的转变,或将成为国际经贸体系发展的转折点。在美国贸易政策制定组织框架体系内,总统具有较大的决策权,但鉴于美国国内局势,特朗普的贸易政策决定面临诸多制约因素。总体而言,特朗普倡导以追求贸易平衡和美国国家利益优先的"公平贸易"理念,将推出更多的双边贸易协定来取代多边贸易机制,加强贸易救济工具和"汇率操纵国"等措施的应用为美国谋求更大的经济利益,从而导致世界贸易组织(WTO)主导的多边贸易体制以及国际贸易体系面临更大的挑战。面对特朗普政府贸易政策转向给中国带来的挑战与机遇,中国还需积极应对。

第一节　美国对外贸易政策制定的组织框架

　　2016 年,特朗普在美国总统竞选中胜出成为国际社会最大的"黑天鹅事件"。从国际社会的反应来看,无论是从国际政治的角度,还是从国际经济的视角,特朗普执政美国必将成为国际体系发展的转折点。就国际经贸体系而言,特朗普上台后,将奥巴马政府的贸易政策遗产全部废除。2017 年 1 月 23 日,特朗普签署政令,宣布美国退出《跨太平洋伙伴关系协定》(TPP);同年 1 月底,白宫国家贸易委员会主任彼得·纳瓦罗在接受英国《金融时报》采访时表示:"欧元就像一种'隐性的德国马克',其偏低的币值使德国相对于主要贸易伙伴具有优势。"此前特朗普曾经指责默克尔的移民政策,并威胁将对德国进口车辆征收35％的边境税。由此可以看出,奥巴马政府时期力推的 TTIP 谈判已经事实上终止。另外,特朗普还推动重新谈判 NAFTA,通过"推特(Twitter)治国"的方式迫使福特、丰田、本田等大型跨国公司停止在墨西哥扩张投资的计划,并计划向墨西哥征收 20％进口税用于修建美墨边境墙。在竞选美国总统期间,特朗普

还曾扬言要考虑退出 WTO。这一系列的迹象表明，特朗普执政期间美国贸易政策将会发生重大转变。中美双方互为彼此最大贸易合作伙伴，而且中国是美国的最大贸易逆差来源国。根据美国商务部 2018 年 2 月 6 日公布的 2017 年贸易统计数据（通关）显示：美国商品和服务贸易逆差同比上涨了 12.1%，达到 5 660 亿美元。中国政府应高度重视美国对外贸易政策的转变，并采取相应的策略。

在具体探讨特朗普政府的贸易政策取向之前，必须了解其出台贸易政策的重要约束条件——贸易政策制定的组织框架。对此，学术界的研究较为充分。金灿荣集中探讨了美国国会的决策功能，包括国会贸易决策权的构成、国会在整个美国贸易决策体系中的地位及其历史演变，以及国会贸易决策权在冷战后的新特点。[①] 孙哲、李巍通过分析美国贸易代表办公室在 1962、1974 和 1988 年三个标志性阶段的角色转变，对美国贸易代表办公室最初设立的动因、美国总统和国会在贸易问题上所展开的政治博弈对美国贸易代表办公室的地位和权限影响以及府会关系的变化如何影响美国贸易代表办公室的国际谈判行为及其自身的演变等问题进行探讨，进而分析美国府会关系的变化对美国国际贸易制度及政策的影响。[②] 屠新泉从历史变迁的角度，分析了党派政治在美国贸易政策制定中的作用，认为贸易政策取向始终具有鲜明的党派性，不同政党对政府或国会的控制权直接影响到美国贸易政策的性质和具体措施，但两党对不同贸易政策的选择并不是出于纯粹的意识形态偏好，而是与其政治基础密切相关。[③] 李淑俊分析了公众贸易偏好如何成功地转化为美国贸易政策组成元素的路径，核心观点是美国公众通过政府贸易决策过程影响了政府最终贸易政策的输出。[④] 仇朝兵用美国政府文件、学界研究成果和相关网络资料，通过回顾和分析"贸易促进权"的历史发展过程，厘清各方的关注和诉求对"贸易促进权"法案立法过程的影响，进而探究美国国内政治影响美国贸易政策的方式，阐明其对美国参与贸易协定谈判及完成协定批约的重要意义。[⑤]

现有的研究表明，美国对外贸易政策的决策框架大致如下：

美国对外贸易政策制定主要涉及国会、总统代表的行政机构、美国贸易代表

---

①　金灿荣：《国会与美国贸易政策的制定——历史和现实的考察》，《美国研究》2000 年第 2 期，第 8—30 页。

②　孙哲、李巍：《美国贸易代表办公室与美国国际贸易政策》，《美国研究》2007 年第 1 期，第 86—106 页。

③　屠新泉：《党派政治与美国贸易政策的变迁》，《美国研究》2007 年第 4 期，第 68—80 页。

④　李淑俊：《公众与美国政府贸易政策制定——以美国对华贸易政策为例》，《世界经济与政治》2009 年第 8 期，第 60—68 页。

⑤　仇朝兵：《"贸易促进权"之争及其对美国贸易政策的影响》，《美国研究》2016 年第 2 期，第 60—70 页。

办公室三大部门。

美国《宪法》明确把管理对外贸易的权力授予了国会。美国《宪法》第一条第八款明确规定：国会有权"管制同外国的、各州之间的和同印第安部落的商业"。国会可以决定外贸机构的增减，可以通过针对某个贸易问题的法律，批准总统任命的贸易官员。相比之下，总统的贸易决策权不如国会那么清楚，其规定主要包括：《宪法》第2条第1款：总统拥有行政的权力。贸易政策要由总统来执行；第2条第2款：总统有与外国缔结条约的权力。与外国签订商务条约或贸易协定当然属于这一范畴。

20世纪30年代，由于国会所涉及的利益集团众多，国际局势发生重大变化，在府会关系博弈的背景下，《1934年互惠贸易协定法》出台。该法案的出台标志着在贸易政策制定方面，总统与国会共享决策权。该法案出台至今，在贸易政策方面，总统与国会的关系几经博弈，但以总统为中心的行政体系和以国会为中心的立法体系是美国在国际贸易政策领域的两个决策中心，但必须要指出的是，总统的贸易政策权力来自国会授权。国会之所以会授权给总统，其目的在于使得贸易谈判过程最大限度地隔离于选民的压力，国会对来自国内社会的诸如利益集团、公众舆论和选民的压力更为敏感，而总统能从整个国际体系环境和国家利益角度全面考虑贸易政策。

国会授权总统的主要权力包括：其一，制定细部关税（规定某种进口商品的关税比例）的权力，总统可以自行决定而不经国会批准就可以把任何一项美国关税最大限度地降低50%；其二，自行决定进行非关税壁垒谈判，但谈判结果须由国会批准；其三，国会对非关税壁垒国际协议的审议不能附加修正案，只能表示同意或不同意，而且审议过程有时间限制。所谓的"贸易促进权"也成为"快车道程序。"其四，美国总统直接领导的美国际贸易委员会与商务部共同负责美对外反倾销和反补贴调查工作。商务部负责判定被控的倾销或补贴是否存在，以及程度如何。国际贸易委员会则判定美国国内行业部门是否因外国倾销或补贴行为而受到损害。

在国会与总统之间还有一个重要的贸易政策制定机构——美国贸易代表办公室。作为美国国际贸易政策主要制定者和执行者，贸易代表办公室负责制定和协调所有政府部门的总体贸易政策。从机构设置上来讲，美国贸易代表办公室是政府的内阁成员，是美国白宫总统办公室的一部分，充当总统的贸易问题顾问、谈判代表和发言人。但在某种意义上，其又是国会安插在总统办公室中的代言人。美国贸易代表办公室的谈判活动在很大程度上也受制于美国国会，在一些重大问题上必须向国会汇报，甚至必须得到国会的批准。劳动标准、环保条款、农业问题是国会给美国贸易代表办公室套上的三根锁链。美国贸易代表办公室职责和功能主要包括三个方面：其一，利益协调职能。美国贸易代表办公室听取总统在贸易政策上的战略性考虑以及行政体系内部各个部门的意见、听取来自国会的多重声音、听取各个利益团体和不同产业之间的政策诉求；其二，政策制定功能。美国贸易代表办公室整合了以前国务院、商务部、财政部等行政部门所拥有的贸易政策制定权，集中负责美国国际贸易以及与贸易有关的投资、服务等政策的制定和调整；其三，国际谈判功能。美国贸易代表办公室作为总统在贸易领域唯一合法的谈判代表，负责美国与其他国家的多边和双边谈判事务。

美国总统在美国对外贸易政策制定中具有非常重要的作用，特别是"贸易促进权"的发展赋予美国总统在贸易政策制定方面拥有较大的决策权。但特朗普上台颁布"禁穆令"所遭遇的尴尬境况表明：总统的决策将受制于各州以及司法系统的制约。而且，根据美国《宪法》的规定，贸易政策的最终决定权在于美国国会。美国国会目前由共和党全面控制，但从目前来看，在国际战略方面，特朗普与共和党资深人士之间还存在很大的分歧，不排除国会加大对贸易政策干预的可能性。正如著名学者张宇燕教授指出的那样：特朗普的政策决定将受制于制度、官僚体系、利益集团以及民众等四大制约因素。[1]

第二节　特朗普的"公平贸易"理念

改变以往的"不公平贸易"是特朗普的主要竞选理念之一，也是特朗普能够竞选获胜的关键筹码。理解特朗普眼中的"公平贸易"是掌握美国未来对外贸易政策关键所在。回顾世界贸易与美国历史，"公平贸易"理念一直就是美国政府对外交往的重要基石，因此，要充分掌握特朗普的"公平贸易"理念，有必要回顾该理念的历史演变。

根据美国对外政策文件（FURS）记录，"公平贸易"最早作为一种指导精神来处理美国对外贸易关系。[2]"公平贸易"这个词第一次出现于1821年12月门罗总统（James Monroe）的第五个年度国情咨文中。在谈及法国和西班牙商船在圣玛丽河（St. Marys）流域港口从事贸易活动时需遵守公平贸易的原则，在固

---

① 张宇燕：《特朗普要推行美国标准的公平贸易》，《华夏时报》2017年1月28日，http://www. chinatimes.cc/article/64136.html.最后访问时间：2018年2月5日。

② 席桂桂、陈水胜：《精致的公平？奥巴马公平贸易观与对华贸易政策》，《美国问题研究》2012年第2期，第18页。

定港口使用所在国船只并缴纳税金。[①] 1886 年,美国国务院向参议院提交的一份行政文件中指出:瑞典保护性关税行为实际上是一种公平贸易精神(A Spirit of Fair Trade)。1894 年,美国国会通过《威尔逊法案》,规定对经原产国补贴的所有货物征收反补贴税。

20 世纪以来,随着经济危机的不断发生,尽管英国倡导在世界范围内实行自由贸易,但事实上,贸易保护主义盛行。美国《1930 年关税法》(Tariff Act of 1930)对进口贸易中的不公平行为做了详细的说明,同时美国国会要求对不公平的进口行为进行调查,并采取制裁措施。但笔者认为,与其说倡导公平贸易,不如说是贸易保护。尤其是臭名昭著的《斯姆特-霍利关税法》的出台,拉开了世界范围内高强度贸易保护主义的序幕。直至 20 世纪 60 年代,随着世界范围内贸易谈判的不断进行,约翰逊总统执政美国之后,"公平贸易"开始重新开始成为美国对外贸易政策的重心。此时"公平贸易"的核心思想是自由贸易,美国政府认为消除贸易壁垒既符合美国的利益,也符合贸易伙伴的利益。

面对自由贸易体系下美国贸易逆差的不断扩大,1985 年 8 月 31 日,里根进行了一场题为"自由和公平贸易"的广播讲话,他指出:"自由贸易也意味着公平贸易。我们将积极反对不公平贸易行为,利用每一条法律条款确保美国制造商在国内和国际上有公平的份额。"1988 年 8 月,美国国会通过《1988 年美国贸易和竞争综合法案》,该《法案》标志着美国从其一向奉行的自由贸易政策转向了所谓的公平贸易政策。根据该《法案》的规定,"倾销"和"补贴"是典型的不公平贸易行为,还授权总统对贸易对手的不合理或不公平的贸易措施,可单方面暂时停止或终止美国对该国所给予的优惠,或对该国课以额外关税及采取其他进口限制,以减少国内产业所遭受的压力。1994 年,历时七年的"乌拉圭回合"谈判结束,为维护国际贸易中的公平竞争,实现和保持多边贸易自由化,制定了一系列的公平贸易政策:其一,把互惠和促进公平竞争原则作为多边贸易体制基本原则的重要组成部分;其二,实现多边贸易自由化;其三,维护旨在促进公平竞争的反倾销规则和反补贴规则。[②]

克林顿政府是"乌拉圭回合"谈判的主要推动者,美国的公平贸易政策也在这一时期进入高潮。1993 年 2 月,克林顿在美利坚大学就贸易政策发表演讲,正式将"公平贸易"作为美国贸易政策的基本原则,并在演讲中对公平贸易政策

---

① James Monroe: "Fifth Annual Message," December 3, 1821. Online by Gerhard Peters and John T. Woolley, The American Presidency Project. http://www.presidency.ucsb.edu/ws/? pid=29463,最后访问时间:2017 年 12 月 28 日。

② 刘力:《重新认识公平贸易政策的性质与意义》,《国际贸易问题》1999 年第 3 期,第 60—67 页。

做了解释："我们将继续欢迎外国产品和劳务进入我们的市场，然而我们坚持认为，我们的产品和劳务也应该能够在同等条件下进入他们的市场。"[①]然而，需要指出的是，克林顿并不是依靠多边贸易谈判进入外国市场，而是依托"301 条款"，强行推行美国的贸易法，甚至采取单方面的行动制裁、报复有"不公平"做法的贸易伙伴。在美国《1996 年贸易政策议程和 1995 年总统关于贸易协议方案》年度报告中，克林顿将其贸易政策目标确立为四个方面：打开外国市场、坚持"平等竞技"、实行激进的贸易促进战略、贸易政策与全球经济战略相结合。[②] 至此，美国贸易政策完成了从自由贸易到公平贸易的根本性转变。总而言之，克林顿对公平贸易的界定抛弃了自由贸易的内涵，强调政府主导对公平的界定，实施战略性贸易政策，具体表现为政府运用税收优惠和融资补贴方式，支持本国发展高新技术产业，提升本国企业国际竞争力，通过扩大出口带动美国经济增长，增加就业机会，进而增强本国福利。就世界范围来说，公平贸易成为国际贸易的主导思想，其主要特征就是发达国家要求欠发达国家严格遵守国际贸易投资规则，中国加入 WTO 是个标志性事件。

小布什政府时期主要推动区域贸易和双边贸易的自由化，同时通过征收附加关税、反倾销、反补贴等方式，试图减少美国的对外贸易逆差，改变美国在国际贸易中所遭受的"不公平"待遇。奥巴马执政之后，开始推行"自由与公平贸易"议程。与克林顿的公平贸易理念不同，奥巴马对公平贸易规则的强调是建立在自由贸易的基础之上，认为公平、透明、规则的自由市场体系有助于贸易双方福利水平的提高。与"二战"后的自由贸易理念不同，由于在原贸易投资规则体系下美国贸易逆差不断扩大，于是，奥巴马政府企图通过修改或设立新贸易投资规则来保障自身利益并制约新兴经济体的竞争，即强调贸易对象国需要达到一定的劳工标准、环境标准、安全标准以及其他的社会性条款。TPP 或 TTIP 谈判即是例证。张宇燕教授称之为"基于规则的贸易"阶段。[③]

目前，特朗普团队尚未就其"公平贸易"的内涵做出详细的解读，不过从其对贸易事务的表态来看，或许可以了解一二。

首先，2017 年 1 月 23 日，特朗普在签署退出 TPP 的总统令后再次对与日本之间的贸易失衡表达了不满。特朗普强调："要求公平的贸易。日本让美国车无

---

① 张健：《九十年代美国贸易政策趋向》，《美国研究》1993 年第 3 期，第 33—49 页。

② F. Buelens, After the Presidential Elections: Will the US "Open Door" Trade Strategy Continue? Intereconomics, Jan/ Feb, 1997, Vol. 32, p. 47.

③ 张宇燕："特朗普要推行美国标准的公平贸易"，华夏时报网，2017 年 1 月 28 日，http://www. chinatimes. cc/article/64136. html，最后访问时间：2017 年 5 月 28 日。

法在日本市场销售,但日本车却大量进入美国市场。必须谈一谈。这很不公平。"①特朗普对于日本的批评,引起日本官方的不满。2017 年 1 月 24 日,日本内阁官房长官菅义伟公开反驳称:"虽然特朗普声称日本设置了重重障碍,阻碍了美国汽车在日的销售。但事实上,日本一直实施零关税政策,如今欧洲汽车在日本就十分畅销。"②日本学者也发表文章指出:自 1978 年起,日本就将进口汽车的关税降为零,目前也不存在歧视外国汽车的非关税壁垒。与此相反,美国对从日本进口的轿车依然要征收 2.5% 的关税,对从日本进口的卡车则征收高达25% 的关税。因此,日本汽车制造商只好加大在美国投资建厂力度,减少对美出口。另外,自 20 世纪 80 年代日美汽车贸易摩擦爆发以来,为缓解矛盾,日本政府还实施"自愿出口限制",从每年 250 万辆下降至目前的 160 万辆;在美国生产的日本汽车则从不足 20 万辆增至 380 万辆。③ 由此可以看出,特朗普公平贸易的逻辑之一在于贸易是否平衡,而不是关税以及非关税贸易壁垒是否存在。

其次,特朗普在竞选过程中以及就职后多次公开表态,批评当前国际贸易的利益分配"不公平"。2016 年 8 月 8 日,当时作为美国共和党总统候选人的特朗普在底特律经济俱乐部发表演讲,指责"中国参与了出口补贴、操控汇率以及窃取知识产权等问题";援引美国国际贸易委员会的数据称:"提高美国在华知识产权保护措施,可以给美国带来超过 200 万的就业岗位,算上对汇率操控和产品倾销的惩罚措施,可以给美国带来数万亿美元的新财富和薪水";强调"其并不反对贸易,贸易可以带来利益,孤立并非是美国的选择,美国需要的是可以带来更多就业岗位和更高工资水平的贸易";并驳斥希拉里,指出"与韩国的贸易计划让美国损失了近 10 万个就业机会,而不是之前宣传的创造 7 万个工作岗位"。④ 2017年 1 月 20 日,特朗普在就职演说中指出:"长久以来,我们首都中的一小批人享用着利益的果实,而民众却要承受代价。华府欣欣向荣,却未和人民公诸同好。政客贪位慕禄,而工作渐渐流逝,工厂一一关闭。建制派自顾利禄,而忘记人民应该被保护。""我们助他国致富,而我国的财富、力量和信心已经渐渐消逝在地

---

① "特朗普对日本'开炮'"?,日经中文网,2017 年 1 月 24 日,http://cn. nikkei. com/politicsaeconomy/politicsasociety/23448 - 2017 - 01 - 24 - 11 - 03 - 00. html,最后访问时间:2017 年 5 月28 日。

② "菅义伟驳特朗普:日本坚持贸易自由 并未阻碍美国汽车在日销售",环球网,2017 年 1 月 25日,http://world. huanqiu. com/exclusive/2017 - 01/10019469. html,最后访问时间:2017 年 5 月 28 日。

③ 邢方青:"特朗普的公平贸易逻辑让日本很困惑",FT 中文网,2017 年 2 月 14 日,http://www.ftchinese. com/story/001071350? full=y,最后访问时间:2017 年 7 月 28 日。

④ "特朗普声称:中国是'工作偷窃犯'将视贸易为战争",凤凰资讯,2016 年 12 月 8 日,http://news. ifeng. com/a/20161208/50385238_0. shtml,最后访问时间:2017 年 7 月 28 日。

平线上。工厂一个个关停,搬往他处,将成百上千万的美国工人丢在脑后。财富从我们的中产阶级的手中流逝,却被分配到了世界各地。""每一个贸易、税收、移民和外交的决定都将以美国劳工和美国家庭的福祉为第一考虑。我们必须保护我们的边界免受他国蹂躏,他们生产我们的商品,偷走我们的公司,破坏我们的工作机会。""我们将遵循两个简单的原则:买美国货,雇美国人!"①另外,白宫网站公布的特朗普政府的对外政策是:"长久以来,美国人民被迫接受了很多贸易协议,局内人以及华盛顿的精英们获益良多,而与辛勤工作的普通大众无关。最终,大量工厂关闭,待遇优厚的工作机会流失,贸易赤字不断高企,制造业基地日渐萧条";"通过棘手而公平的贸易协定,国际贸易将促进国民经济增长,创造数百万的工作机会";"尽管很艰难,但我们将争取公平的贸易协定,以此创造更多的就业机会、提升工资收入、支撑制造业的发展。"②由此可知,特朗普的"公平贸易"逻辑之二就是贸易协定可以惠及每个美国人,尤其是普通民众,促进美国经济增长,增加美国的就业机会,推动美国社会福利的提升,即贸易政策应以美国国家利益优先(Put America First)的原则。

综上所述,"公平贸易"一直是美国历届政府的对外政策理念,但其内涵各有不同。特朗普的"公平贸易"理念大致可以归纳为两个方面:逻辑之一为追求贸易平衡,逻辑之二为美国国家利益优先。总的来讲,特朗普的"公平贸易"理念与克林顿政府的"贸易理念"较为相似,但由于面临的国情以及时代背景不同,因此,其贸易政策与克林顿时期的贸易政策取向将会存在较大差异。

第三节　特朗普政府的贸易政策取向分析

特朗普竞选总统及就职以来在具体贸易政策方面不断发声。表5-1是特朗普在竞选过程中宣称以及在竞选获胜后确认的相关贸易政策,目前正式就职后的特朗普已经签署总统令退出 TPP 谈判,并正式提出重新谈判 NAFTA,其他政策正在酝酿之中。根据特朗普"公平贸易"的理念以及当前的政策导向,笔者认为,特朗普政府未来的贸易政策大致如下。

---

① "特朗普就任美国第 45 任总统 发表就职演说",观察者网,2017 年 1 月 21 日,http://www.guancha.cn/america/2017_01_21_390488.shtml,最后访问时间:2017 年 7 月 28 日。

② "America First Foreign Policy",https://www.whitehouse.gov/america-first-foreign-policy,最后访问时间:2017 年 7 月 28 日。

表 5-1　特朗普的贸易相关政策

排　序	直接和间接的贸易政策	竞选期间宣称的政策	竞选获胜后确认的政策
1	反对和退出 TPP	√	√
2	重新谈判 NAFTA 以及其他双边协定	√	√
3	退出 WTO	√	?
4	对中国和墨西哥进口产品征收高额关税	√	?
5	降低公司所得税	√	√
6	能源市场改革	√	√
7	留住美国公司	√	√

注："√"表示确认；"?"表示尚未确认。

资料来源：宋泓：《特朗普上台后美国贸易及相关政策的变化和影响》，《国际经济评论》2017 年第 1 期，第 103 页。

第一，用更多的双边贸易协议取代多边贸易协议。传统理论认为，多边贸易体制的显著优势在于成员国之间可以彼此适用最惠国待遇、国民待遇原则，促进贸易自由化的发展，有利于贸易水平的提升；但其劣势在谈判过程较为复杂，即使达成协议，多边贸易体制忽略了各国经济发展水平的差异，容易成为发达国家攫取发展中国家利益的工具，总体有利于发达国家。因此，在克林顿执政期间，由于美国的经济发展水平，尤其是制造业总体竞争水平明显优于其竞争对手，因此，其积极推动多边贸易体制的发展。然而，经过 20 年的发展，日德等传统竞争对手的制造业水平稳步发展，以中国为代表的新兴工业国家制造业水平显著提高，导致美国的制造业竞争优势不断萎缩。根据德勤有限公司（德勤全球）和美国竞争力委员会（委员会）联合发布的《2016 全球制造业竞争力指数》显示：与之前 2010 年和 2013 年全球制造业竞争力指数研究一样，2016 年中国再次被列为最具竞争力的制造业国家。未来五年内，马来西亚、印度、泰国、印度尼西亚和越南等五个亚太国家预计将进入前十五强。而美国在 2010 年的报告中仅仅位列第四位，近些年，由于日本和欧洲受金融危机的冲击较大，在本次报告中回升至第二位。但总的来说，美国的制造业整体优势已经丧失。笔者认为，奥巴马积极推动 TPP 谈判的重要目的之一在于试图通过环境保护、劳动标准、知识产权保护等高标准重塑美国制造业的优势地位，然而由于美国的物质基础设施有待改善、人力成本较高、人才优势有所减弱，因此，特朗普担心更为自由的多边贸易协定会加剧美国制造业外流、加剧美国贸易失衡和国内失业水平，有悖于其"公平贸易"的理念，因此，决定退出 TPP 谈判，也在事实上终止了 TTIP 谈判。多边贸易体制更有利于一国比较优势的发挥,具有比较优势的产业会进一步扩张,劣势产业会遭到抑制乃至淘汰,从而导致就业结构的变化。[1] 就美国而言,高端制造业以及服务业的就业机会将增加,而低端的劳动密集型产业将进一步萎缩,总体就业机会或将进一步减少。

就双边贸易协议而言,美国目前生效并实施的双边协议只有 12 个,分别为:澳大利亚、巴林岛、智利、哥伦比亚、以色列、约旦、韩国、摩洛哥、阿曼、巴拿马、秘鲁、新加坡。此外,还有两个区域贸易协议——《北美自由贸易协定》和《中美洲自由贸易协定》,共涉及 22 个经济体。然而,在美国的十大出口对象和十大进口对象共计 13 个经济体中,美国目前签订的《自由贸易协议》仅仅覆盖了加拿大、墨西哥、韩国等三个国家,与主要贸易伙伴——中国、日本、英国、德国、荷兰、中国香港地区、比利时、法国、印度、爱尔兰等国家或地区均未有任何形式的贸易协定。其中,中国、日本、德国、爱尔兰、印度是其贸易逆差主要来源地,中国香港地区、荷兰、比利时是其贸易顺差主要来源地。过去几年,奥巴马政府通过 TPP 和 TTIP 等形式与上述多数国家或地区都进行过自由贸易谈判接触,唯独没有与中国进行过类似的谈判。下一步,美国将在与其传统盟友日本和英国开启自由贸易谈判的同时,谋求与中国、德国等主要伙伴展开相关磋商,旨在通过双边协定的方式为美国谋取更大的利益。

第二,运用贸易救济、汇率操纵国等手段,加剧与贸易逆差主要来源国的贸易摩擦。通过特朗普竞选期间所宣言的贸易政策取向以及竞选胜出后所提名的贸易政策团队人员,国际社会普遍预计特朗普政府会更加积极地采取贸易救济措施来保护美国国内产业,具体包括反倾销、反补贴调查、保障措施等工具,从而与其他国家爆发更多贸易摩擦,尤其是贸易逆差主要来源国。特朗普执政以来,美国国际贸易委员会已经裁决多起涉及中国产品的贸易救济案件,例如,华非晶织物、普碳与合金钢板、硫酸铵、卡客车轮胎、不锈钢板带材等。尽管这些案件发生时间是在 2016 年,并非特朗普执政以后,但往常的终裁税率往往低于初裁税率,但此次案件的裁定结果表明终裁税率与初裁税率并无差别。相关学者认为,这与特朗普的贸易保护主义倾向有密切关系。[2] 在未来几年内,特朗普政府将加大贸易救济力度,尤其是在机电、钢铁、化工、纺织品、家具、玩具以及其他劳动密集型产品等领域。

---

[1]　宋泓:《特朗普上台后美国贸易及相关政策的变化和影响》,《国际经济评论》2017 年第 1 期,第 113 页。

[2]　"特朗普美国优先政策推波助澜对华反倾销案件税率畸高",新浪财经,2017 年 2 月 12 日,http://finance.eastmoney.com/news/1351,20170212710098361.html,最后访问时间:2017 年 4 月 2 日。

除加强使用惯常的贸易救济手段外,将贸易对象国列为"汇率操纵国"也将是特朗普政府使用的重要工具。特朗普在大选期间辩论会时就曾指责"中国是这个星球上的最大的汇率操纵国",并声称当选后将命令财政部长宣布中国为"汇率操纵国"。执政后,特朗普不仅继续针对中国,还公开指责日本、德国。根据媒体报道:2017 年 1 月 31 日,特朗普在出席与美国几家大型制药企业负责人的见面会提道:"纵观这几年的日本,就是在搞货币贬值""其他国家通过本币贬值让美国企业无法在美国国内生产药品""面对这些货币贬值的局面,美国什么都不做,呆坐着像个傻瓜"。① 随后,白宫国家贸易委员会主席纳瓦罗在接受金融时报采访时,又将"炮火"指向德国,批评柏林当局通过"非常明显地被低估了的欧元""剥削"欧盟其他国家和美国,从而使自己的对外出口处于优势竞争地位。② 对此,2017 年 2 月 15 日,特朗特过渡团队(曾任)经济顾问朱蒂・谢尔顿在《华尔街日报》发表题为《货币操纵确实是个问题》的文章指出:"由于相关国家长期操纵汇率,导致美国无法开展公平竞争,很多美国人和企业不再相信自由贸易理念",并认为"汇率操纵问题是当前全球贸易体系面临的最大挑战",最后建议特朗普政府"应该创建一套基于货币主权和秩序的通用规则,并让各国自愿加入那种不允许汇率操纵行为的贸易协定"。③

另外,需要提出的是,美国财政部于 2016 年 4 月首次设立汇率政策监测名单,认定"汇率操纵国"的标准有三条,即与美国贸易顺差超过 200 亿美元;该经济体的经常账户顺差占其国内生产总值(GDP)的比重超过 3%;该经济体持续单边干预汇率市场。如果一个经济体满足上述三条标准,那么,美国将会与该经济体进行商谈,并可能推出报复性措施。而在 2016 年 10 月 14 日发布的半年度《美国主要贸易伙伴外汇政策》报告中,美国财政部对其 6 个主要贸易伙伴半年来的汇率政策做出评估,结果显示没有证据表明任何一个主要贸易伙伴符合"汇率操纵国"的法律定义,但是,将德国、中国及其台湾地区、日本、韩国和瑞士一道列入汇率观察名单。④ 2017 年 4 月份,特朗普政府发布新一期《美国主要贸易伙

---

① "特朗普指责日本操纵汇率 日本财务省反驳",中评网,2017 年 2 月 2 日,http://mag. crntt. com/doc/1045/6/2/2/104562250. html? coluid=7&kindid=0&docid=104562250,最后访问时间:2017 年 4 月 2 日。

② "特朗普政府批他国操纵汇率:德国'剥削'朋友",欧洲时报网,2017 年 2 月 2 日,http://www. oushinet. com/international/guojinews/20170202/253921. html,最后访问时间:2017 年 4 月 2 日。

③ "经济顾问建议特朗普采取大胆措施,应对中日货币操纵问题",中国商务部网站,2017 年 2 月 18 日,http://www. mofcom. gov. cn/article/i/jyjl/m/201702/20170202518334. shtml,最后访问时间:2017 年 4 月 2 日。

④ "害怕特朗普'见人就咬'? 德国也担心被贴上'汇率操纵国'标签"! 和讯网,2017 年 1 月 25 日,http://forex. hexun. com/2017-01-25/187939072. html,最后访问时间:2017 年 4 月 2 日。

伴外汇政策》报告，中国、日本、德国、韩国都面临很大的风险。从历史经验来看，如果被列为"汇率操纵国"，美国财政部将与对象国就币值、汇率制度以及资本管制等问题展开谈判。如果谈判无果，美国将会采取以下手段：限制该国在海外的融资、从美国政府采购清单中剔除、采取更高的 IMF 监管标准、征收惩罚性关税等。由此可以预见，汇率手段也将是特朗普政府实施贸易政策的重要工具。

上述两点对外贸易政策取向将会导致国际贸易体系的变化，WTO 主导下的多边贸易体制将面临进一步被边缘化的风险。之所以说是有进一步被边缘化的风险，其原因在于这一风险并非始于特朗普时期，而是在奥巴马执政时期已经日益凸显。"多哈回合"谈判停滞，美国无法通过 WTO 条件下的多边贸易安排为其对外贸易拓展新的空间，因此，在 2008 年国际金融危机之后，美国先后发起 TPP 和 TTIP 谈判，由此希望在 WTO 框架之外与全球主要经济体建立新的国际经贸规则。在美国战略变化的带动下，区域合作成为全球贸易体系的主旋律。特朗普执政以来，停止 TPP 和 TTIP 谈判并非意味着 WTO 体制的回归，而是在进一步试图边缘化 WTO 多边体制的基础上，放弃区域性多边主义体制，或许进而不再为国际贸易发展提供制度性公共产品。"二战"以来，美国一直是世界各类公共产品的主要提供者，如果美国放弃这一角色，势必意味着国际贸易体系的巨大变革，世界贸易体制将步入碎片化的阶段。

第四节　美国对外贸易政策转变对中国的影响

特朗普的贸易政策取向将会对中国国际贸易发展带来较大的影响，总体而言，风险与机遇并存。

就风险而言，第一，中国是美国贸易逆差的最大来源国，特朗普政府会加强对中国产品运用贸易救济手段的力度，中美贸易摩擦加剧；第二，在所谓"汇率操纵国"方面大做文章，意图迫使中国在汇率政策、资本管制以及贸易与投资合作方面做出让步；第三，通过降低公司所得税等策略吸引投资，外资流出中国有可能加剧，中国作为世界工厂的地位受到挑战，中国对美国贸易顺差将会减小；第四，中国是 WTO 主导下多边贸易体系的受益者，特朗普政府的贸易政策取向将会使该体系面临很大不确定性，从而导致中国的对外贸易发展存在一定的不确定性。

就机遇而言，第一，由于美国的国际战略相对收缩，全球治理的领导者地位出现不确定性,为中国补缺提供了难得的机遇。2017 年 1 月 17 日,习近平总书记出席世界经济论坛 2017 年年会开幕式,并发表题为"共担时代责任共促全球发展"的主旨演讲,充分肯定经济全球化在世界经济发展中的作用,中国将会打造开放共赢的合作模式,充分维护多边贸易体制的权威性和有效性。① 国际主流媒体对习近平的演讲给予充分的肯定。CNN 发表文章称:当西方国家,尤其是美国质疑全球化的时候,中国已经表现出领导者的姿态。② 第二,特朗普政府退出 TPP 和 TTIP 谈判,有利于中国版亚太自贸协定——区域全面经济伙伴关系协定(RCEP)尽早达成以及中国与欧盟之间的经贸合作。

综上所述,特朗普时期美国对外贸易政策方向将会发生较大的转变,倡导以追求贸易平衡和美国国家利益优先的"公平贸易"理念。具体表现为:美国将推出更多的双边贸易协定来取代多边贸易机制,加强贸易救济工具和"汇率操纵国"等措施的应用为美国谋求更大的经济利益,从而使 WTO 主导的多边贸易体制以及国际贸易体系面临更大的挑战。

面对特朗普政府贸易政策转向给中国带来的挑战与机遇,首先,中国政府要切实贯彻习近平总书记在达沃斯论坛开幕式演讲中所提出的方案,积极推动RECP 谈判,并在关键制造业和服务业领域中开展有序有效的改革和开放试点,切实打造合作共赢的开放发展模式;其次,仔细观察和密切关注美国所推动的双边贸易化趋势,加强与特朗普政府的贸易投资磋商谈判,力图与美国谋求合作共赢,避免贸易战;最后,强化对 WTO 有关贸易救济等相关规则的理解,坚决支持多边贸易体制,对外联合欧盟、金砖国家等合作伙伴,对内打造一支熟谙国际经贸法规的专家队伍,为应对特朗普政府可能的推出的极端贸易保护主义政策做好充分的准备。

---

① "习近平达沃斯演讲:这是最好的时代也是最坏的时代",中国网,2017 年 1 月 18 日,http://news. china. com/domestic/945/20170118/30184904_all. html # page_2,最后访问时间:2018 年 2 月 2 日。

② "习近平达沃斯演讲引热议国际舆论点赞'中国担当'",中国网,2017 年 1 月 18 日,http://www. china. com. cn/news/world/2017 - 01/18/content_40130863. htm,最后访问时间:2018 年 2 月 2 日。

第六章 特朗普政府"美国优先能源计划"的背景及其对全球能源经济的影响

　　2017 年 1 月特朗普正式成为美国总统,他上台后不久便发布了"美国优先能源计划",该计划的内容包括废除"有害且无用"的政策。例如,奥巴马政府的"清洁能源法案"等;大力推动页岩革命,增加国内就业机会;振兴传统能源行业;推动能源独立等。与奥巴马政府不同,特朗普政府的能源政策显得尤为保守,利用了本土能源优势的"实用主义"政策。[①]"美国优先能源计划"及相关能源新政的核心内容便是一系列振兴传统能源行业的政策,这些政策旨在追求本国利益最大化,是由当前美国能源状况与共和党保守派当政等诸多因素共同造成的,这些政策的实施目前在美国确实产生了一定的积极作用,主要体现在实体经济和国内就业方面,但这种影响仍然是有限的,并且该政策对未来国内和国际能源市场也有一定的不确定性。

第一节 "美国优先能源计划"的政策内容

　　特朗普上台后就能源资源方面推出了"美国优先能源计划",目标是最大化地利用美国本土能源,摆脱对进口能源的依赖,同时增加国内就业机会,促进国内实体经济发展。该计划在实践过程中的核心理念之一便是对传统的化石能源,如石油、天然气、煤炭等进行大力扶植。尽管当前特朗普政府在传统能源行业领域的政策并不明确也不健全,但他在施政过程中表现出来的政策倾向相对来说已比较清晰。这些政策单纯就能源经济而言确实能起到一定的积极作用,但它们或以牺牲环境为代价而不为地方政府和民间所接受,或不具有很强的可

---

① 王震、赵林、张宇擎:《特朗普时代美国能源政策展望》,《国际石油经济》2017 年第 2 期,第 5 页。

持续性,在正式实施过程当中不一定能得到很好地落实,因此,特朗普政府的"美国优先能源计划"在未来是否能够实现具有不确定性。"美国优先能源计划"包含了诸多领域的政策倾向和理念,重点则是化石能源领域。

一、煤炭行业政策

在煤炭产业,特朗普为了积极履行自己在竞选时的承诺,"让煤炭产业东山再起""让伟大的矿工和钢铁工人重返工作岗位",采取了一系列措施来振兴煤炭工业。

第一,支持清洁煤技术,重振美国煤炭工业。清洁煤技术作为美国应对气候变化的重要措施是从小布什政府开始提出并实行的。清洁煤技术主要是碳捕捉与封存技术(CCS)的研究与应用,将煤炭生产过程中产生出的碳埋藏在地下,阻止其流向大气,减缓温室效应。但是,在实际操作层面,清洁煤技术面临着很多问题。美国政府曾经推行的密西西比清洁煤项目、伊利诺斯州清洁煤计划等都是因为预算的超标而不得不停止。截至目前,唯一成功的是 NRG 能源公司的休斯敦清洁煤项目,但是 NRG 能源公司表示:他们今后不会再使用此类装置,这将是他们的最后一个清洁煤项目。[①] 由此可见,清洁煤技术的经济成本问题将成为这个计划能否顺利实施的重要制约因素,而特朗普目前只能通过一系列的财政税收政策来鼓励这项技术的发展。然而美国财政赤字一直也比较严重,政府的财政补助对于清洁煤技术的补贴可能只是杯水车薪。

第二,取消联邦土地新开煤矿禁令。土地新开矿禁令是前任总统奥巴马签署的一项总统令,奥巴马政府认为联邦政府租赁方案价格过低,损害了纳税人利益的同时也贴补了煤炭产业,不利于环境保护,因此,于 2016 年签署的关于禁止新的联邦土地煤炭开采租赁项目。特朗普政府认为前总统奥巴马的绿色法规阻碍了钻井和采矿行业,上任后立即命令美国内政部解除禁令。

第三,废除《清洁电力计划》和《气候行动计划》。《清洁电力计划》和《气候行动计划》是前任总统奥巴马在任期内推行的。目的是在进一步严格限制发电、煤炭行业的碳排放水平,提出到 2030 年发电厂碳排放目标将在 2005 年基础上减少 32%。该计划如果实行将对传统的煤炭行业造成巨大的冲击,因此,该计划一颁布便遭到以西弗吉尼亚州为代表的多数州的反对。2016 年年初,美国最高法院便裁定暂停实施该计划,因此,该计划并没有得到实践。特朗普的叫停在实

---

① "特朗普能源政策梳理",全景网,http://www.p5w.net/weyt/201703/t20170315_1738504.htm,最后访问时间:2017 年 11 月 26 日。

际操作层面上并没有太大的意义,只是从理论层面上将其废除。

特朗普重振煤炭行业的一系列政策一经颁布,美国的煤炭行业的股票跟风大涨,一些煤炭大公司抓紧发行债券和股票,煤炭产业仿佛即将"重生"。但是,美国煤炭行业的生产规模由于边际成本的增加而在最近 10 年一直处于下降状态。根据 BP 公司的《统计年鉴》显示:2016 年美国煤炭产量下降 19%,减少了 8 500 万吨油当量。煤炭消费降幅为 8.8%,是全球消费降幅最大的国家,减少了 3 300 万吨油当量。[①] 从特朗普重振煤炭行业的政策颁布截止目前,美国的燃煤电厂依旧接二连三地关门,美国的液化天然气凭借低廉的成本和较小的污染等优势,已经在美国的能源消费中占领了市场,煤炭产业自身的竞争力才是其能否"东山再起"的关键因素。美国能源信息署(EIA)的大多数专家预计,尽管 2017 年美国的煤炭产量和销售量将超过 2016 年,但是 2018 年将出现下降趋势。

根据美国劳动统计局数据显示,1979 年美国有 25 万个煤炭采矿工作,2016 年时下降到不足 5.4 万个。特朗普在竞选时提出:"让伟大的矿工和钢铁工人重返工作岗位"的口号,但是目前来看,这个目标根本不可能实现。在利润的驱动下,煤炭生产商已经放弃了高投入低产出的老旧煤矿开采区(大部分位于阿巴拉契亚地区),将新的煤矿开采区转移到生产成本较低的伊利诺伊盆地和怀俄明州的粉河盆地。这些新的生产地区大部分是露天煤矿,开采难度小,而且随着劳动生产率的提高,需要的煤炭工人越来越少,煤炭工人的减少是生产力发展的必然趋势,让煤矿工人回到岗位上几乎是不可能实现的目标。标普公司煤炭分析师维塔(Vitta)说:"即便煤炭产业在政府的支持下有所好转,也不会提供更多的就业机会。生产效率将会越来越高,而这意味着煤矿需要的工人将会越来越少。"

二、石油行业政策

在石油方面,特朗普多次强调:"石油是美国能源独立的核心,政府应当停止监管,加大对油气资源的开采力度。"为此,他采取一系列措施来清除前任总统奥巴马对石油开采所颁布的限制条例,实现石油的自给自足。

第一,颁布"执行美国优先离岸能源战略"的行政令。要求美国内政部重新评估并修改奥巴马政府制定的 2017—2022 年外大陆架油气发展计划,包括取消奥巴马离任前颁布的《外大陆架土地法案》——对大西洋和北极部分地区永久性禁止油气钻探的禁令。美国商务部则将停止设立或扩大海洋保护区,并重新评

---

① "2017 年 BP 世界能源统计年鉴",http://www.bp.com/content/dam/bp-country/zh_cn/Publications/StatsReview2017/pdf.最后访问时间:2017 年 11 月 26 日。

估过去 10 年设立或扩大的海洋保护区。2010 年,奥巴马政府曾宣布部分取消美国近海开采油气的禁令;2014 年,又批准了石油公司对大西洋海域石油资源进行勘测的计划。但是,这些措施引起环保组织和当地居民的强烈反对,2016年,奥巴马政府不得不宣布削减大西洋海上钻井计划。从奥巴马政府的"前车之鉴"中可以看出,特朗普海上石油的再次开采势必会再次引发环保组织和当地民众的不满和抗议,在不久的将来该项政策的推进会有阻碍。

第二,批准拱顶石项目(Keystone XL)和达科他管道(Dakota Access)项目的建设。2017 年 1 月 24 日,特朗普为兑现自己在竞选时创造更多蓝领就业机会的承诺,签署两份单独的行政命令,推动耗资数十亿美元的 Keystone XL 项目和 Dakota Access 项目。Keystone XL 项目是美国当前最受争议的石油管道项目。该项目就是在加拿大和美国之间建立一条全长约 1 900 公里的管道,将加拿大的原油直接输送到美国,减少美国对中东石油的依赖。由于担心环境污染问题,经过了 7 年的斗争,奥巴马政府在 2015 年巴黎气候大会前夕将该项目进行否决。Dakota Access 项目是将北达科他和伊利诺伊州连接起来,建立一个全长 1 886 公里的石油管道。由于水污染问题,这一项目引发美国原住民的抗议,长期受阻。Keystone XL 项目可以将加拿大产的原油直接输送到美国,很大程度上将减少美国对中东地区的石油依赖,实现"能源独立"。同时,美国产的原油和精炼油可以通过该管道进入加拿大的东部地区,也为美国的石油行业带来利润,促进了美国石油产业的发展。Dakota Access 项目是将巴肯地区的原油以更经济的方式在美国内部运输,降低美国产石油的成本。但是目前巴肯地区的原油钻井已经停滞,产油量持续下降,这条管道的再次启用也将失去意义,此外,当地的原住民也可能再次抗议该项目,该项目的顺利推进还是需要一些时间的。

三、天然气行业政策

天然气在美国能源供应和实现国家经济和环境目标方面起着至关重要的作用,天然气行业政策主要包括液化天然气(LNG)政策以及页岩气政策。一方面,美国增加进口液化天然气以确保美国消费者对未来有充足的天然气供应;另一方面,扩大液化天然气出口实现经济增收也是天然气行业政策的宗旨之一。相比液化天然气,页岩气则是美国实现一个平衡的、可持续的国家能源战略的重要组成部分。2016 年 9 月 22 日,特朗普在匹兹堡召开的页岩行业洞察会议(Shale Insight Conference)上表示:美国当前尚未开发的页岩油气资源价值估计高达 50 万亿,而他将进一步放开能源行业限制,以促进这些油气资源的开发。特朗普正式上台后,从出口和开采等方面均做出了相应的调整以达成这一目标。

第一,主张继续页岩革命,加强天然气的出口。特朗普政府将出口天然气作为一项重要的贸易政策,并且力推液化天然气的出口,将中国和欧洲作为重要的天然气出口地区,并与中国的高层达成协议,承诺给予中国不低于自由贸易协定国家的贸易优惠待遇。截至 2017 年 5 月,美国向中国输出的液化天然气已在 2016 年全年水平上翻倍,达到 40 万吨左右。美国在全球液化天然气出口国的榜单上也已上升至第七位。[①] 天然气生产和出口的背后需要大量的基础设施进行支撑,加大了对天然气基础设施的投入,必然会创造出大量的就业岗位和内部需求,也会增强美国的贸易顺差,非常符合特朗普政府"美国第一"的宗旨。此外,天然气的大量出口也使美国更加容易获得全球天然气的定价权,更好地实现美国的能源独立。

第二,推荐水力压裂法,用于页岩气勘探。水力压裂法是开采页岩气的一项方法,但是,这项方法会在开采过程中浪费大量的水并且会产生有害气体,2014年,该项技术被奥巴马政府全面限制使用。特朗普政府为了发展天然气,降低开采成本,极力支持水力压裂法。然而,目前美国各州基本都存在联邦级、州级和地方政府级的使用禁令。由于该技术具有污染风险,在实施过程中必然会遇到民间甚至部分地方政府的阻挠。

第二节　振兴传统能源行业的动因

特朗普振兴传统能源行业主要有四个方面的动因:一是"能源独立"与能源"不可能三角"之下的权衡,特朗普政府与奥巴马政府显然选择了两条不同的发展美国能源领域的道路;二是"美国优先"与"经济优先"在能源领域的实践,这也是特朗普对其竞选宣言的履行;三是"最富有内阁"下的官僚决策结果,本届内阁中不乏毫无从政经验的亿万富翁和极为保守的政要,由他们组成的政策制定团体不免会导致政策实施不确定性因素的出现;四是共和党保守政见及院外利益集团,主要是石油利益集团的影响,这与美国长久以来的政治传统和特点密不可分。

一、"能源独立"与能源"不可能三角"

自 20 世纪 70 年代以来,能源一直都是美国政府极为重视的领域之一,在多

---

① 国际燃气网,http://field.10jqka.com.cn/20170519/c598639139.shtml,最后访问时间:2017年 7 月 26 日。

次总统选举的电视辩论中都将其作为一个重要环节,而美国政界的这一做法产生于 1973 年第一次石油危机之后。受第一次石油危机的影响,美国在 1973 年 12 月—1975 年 5 月爆发了一次经济危机。在这短短一年半的时间内,美国国民生产总值(GNP)下降 5.7%,工业产值、固定资本投资、企业设备投资分别降低了 15.1%、23.6%、48%。仅 1974 年一年之中,美国国内失业人口上升至 825 万人,失业率高达 9.1%。通货膨胀也在这一次经济危机中进一步加剧,1974 年与 1975 年的 CPI(居民消费价格指数)分别高达 11.4% 和 11%。[①] 也正是在这次经济危机之后,尼克松于 1973 年正式提出了"能源独立"的口号,[②] 自此之后,历届美国政府都制定了一系列的法规政策来达成这一目标。包括尼克松政府的《独立运动计划》(1974 年);福特政府的《能源独立法案》(1975 年);卡特政府的《国家能源法》(1978 年);里根政府的《能源安全报告》(1987 年);老布什政府的《国家能源战略》(1991 年);克林顿政府的《联邦政府为迎接 21 世纪挑战的能源研发报告》(1997 年);小布什政府的《国家能源政策报告》(2001 年);奥巴马政府的《能源安全未来蓝图》(2011 年);等等。特朗普上台之后,同样也致力于践行美国政府历来的"能源独立计划",因此,振兴国内能源行业也就成了他治国理政的一个重要方向,而传统能源行业则是他达成该目标的切入点。

2009 年是美国能源行业的一个重要转折点,因为页岩气革命让美国在当年成为世界第一大天然气出口国,[③] 页岩油也在这一时期蓬勃发展,可以说,美国的能源革命在 2009 年之后进入了一个高潮期,据美国信息能源署(EIA)预测:美国在 2030 年之前便能成为能源净出口国。[④] 但是,在能源革命中存在着"满足能源需求—维持价格低廉—使用清洁能源"这三者之间的冲突,即能源"不可能三角"。[⑤] 之所以被称作是"不可能三角",是因为在多数情况下三者只能择其二,因此,就出现了三种策略:一是使用清洁能源并保持国内低廉的能源价格,但这就意味着当前的清洁能源量以及价格无法满足美国国内需求,与"能源独立"相违背,因此,这是美国政府无法接受的政策;二是满足国内能源需求的前提下使用清洁能源,但市场能源价格会因为清洁能源的开发成本较高而上涨,这也是奥巴马政府所主张的能源政策;三是满足国内能源需求的前提下维持能源市

---

① [美]龙多·卡梅伦、拉里·尼尔:《世界经济简史》,潘宁等译,上海译文出版社 2009 年版,第 362 页。

② 赵宏图:《美国"能源独立"辨析》,《现代国际关系》2012 年第 6 期,第 29 页。

③ 张经明、梁晓霏:《"页岩气革命"对美国和世界的影响》,《石油化工技术与经济》2013 年第 1 期,第 8 页。

④ 晓华:《未来 15 年内美国将成为能源净出口国》,《中国石油石化》2015 年第 10 期,第 9 页。

⑤ 郑新业:《突破"不可能三角":中国能源革命的缘起、目标与实现路径》,科学出版社 2016 年版,第 108 页。

场的低价销售,由于低价能源多是传统能源,包括煤炭、传统天然气等,因此,高价的清洁能源会被挤出市场。而特朗普上台后,振兴传统能源行业的政策正是在能源"不可能三角"中抛弃了"使用清洁能源"这一维度的结果,因为在他看来,当前美国的国内经济状况不足以大规模推行清洁能源,奥巴马政府的《清洁能源法案》也在特朗普上台后不久便被废除。

二、"美国优先"与"经济优先"

2008 年全球金融危机后,美国经济受创,尽管奥巴马的救市计划阻止了经济状况的进一步下滑,但在他的第二任期内经济恢复速度明显放缓。此外,美国GDP(国内生产总值)占世界 GDP 总额的比重也在 2001 年之后逐步下滑,从2001 年的 31.80%下降到 2016 年的 24.32%,2011 年更是跌至 21.72%,[1]这也是"美国优先"和"经济优先"受到选民支持的原因之一。特朗普在参与竞选时曾说美国在 2008—2016 年间的美国的"劳动参与度[2]达到了自 20 世纪 70 年代以来的最低水平",[3]而"撤销对美国能源的各种限制,可在未来 7 年内使美国每年多创造 1 000 亿美元的 GDP,创造 50 万个工作岗位,增加工人工资收入达 300亿美元"。[4] 特朗普践行"美国优先"与"经济优先"的一个重要方面就是通过恢复和发展美国国内的实体经济,尤其是能源行业的实体经济,来刺激美国的制造业发展,在促进经济增长的同时创造更多的国内就业机会。2014 年欧佩克宣布不减产后,美国国内的能源行业受到巨大冲击,2015 年上半年页岩油钻井平台减少了 52%,从 1 859 台下降至 889 台,2015 年 7 月日均开采页岩油减少近 100万桶。[5] 2015 年 2 月,美国国内爆发了自 1980 年以来规模最大的炼油业罢工事件;2015 年 3 月各大石油公司开始裁员,裁员比例高达 10%以上;部分独立石油生产商声称他们在 2015 年损失了 140 亿美元。到了 2016 年年底,美国能源公

① 根据美国经济分析局数据整理而成。U. S. Bureau of Economic Analysis (BEA), "National Economic Accounts, Gross Domestic Product" (GDP), https://www. bea. gov/national/index. htm # gdp,最后访问时间: 2017 年 11 月 13 日。
② 劳动参与度是指经济活动人口(包括就业者和失业者)占劳动年龄人口的比率,是用来衡量人们参与经济活动状况的指标。它反映了潜在劳动者个人对于工作收入与闲暇的选择偏好,一方面,受到个人保留工资、家庭收入规模,以及性别、年龄等个人人口学特征的影响;另一方面,受到社会保障的覆盖率和水平、劳动力市场状况等社会宏观经济环境的影响。
③ Economy, "Donald J. Trump's Vision". https://www. donaldjtrump. com/policies/economy,最后访问时间: 2017 年 11 月 13 日。
④ Full text: Donald Trump's Detroit speech on his economic plan. 2016 - 08 - 08. http://www. politico. com/story/2016/08/full-text-donald-trumps-detroit-speech-on-the-ecnomic-plan - 226793. 转引自王震、赵林、张宇擎:《特朗普时代美国能源政策展望》,《国际石油经济》2017 年第 2 期,第 4 页。
⑤ IEA. Oil Medium-Term Market Report 2015 (2015 - 02 - 10). http://www. oecdilibrary. org/energy/medium-term-oil-market-report - 2015_oilmar - 2015 - en,最后访问时间: 2016 年 11 月 2 日。

司面临的不良债权已高达 1 200 多亿美元,坏账率已攀升至两位数。① 面对如此大的能源经济损失,特朗普政府上台后的主要应对措施之一便是解除奥巴马时期设立的多项能源限制,振兴传统能源行业,大力开采煤炭和海上油气,以期促使美国经济和国内就业的双重繁荣。

三、最"富有"的内阁

特朗普上台后联合各界"权力精英"组成了美国"史上最富有"的内阁,他先后任命了前得克萨斯州州长里克·佩里为美国能源部部长,任命前蒙大拿州国会众议员瑞恩·津凯为美国内政部部长。这两人曾与前俄克拉荷马州总检察长斯科特·普鲁伊特(现被任命为美国环境保护署署长)、特朗普一道公开反对气候变化理论,质疑全球变暖数据造假,并且大力支持发展传统能源。另外,特朗普政府的国务卿雷克斯·蒂勒森为埃克森美孚石油公司前任董事长兼首席执行官,内阁中其他成员中也多为高盛系高管和亿万富翁。据估计,当前 23 位内阁成员总身价已超过 147 亿美元,而 2015 年津巴布韦 GDP 总量为 144.19 亿美元。② 这些内阁成员均是奥巴马政策的强烈批评者,国防部长詹姆斯·马蒂斯曾公开反对奥巴马的伊朗政策;住房部长本·卡森强烈谴责奥巴马的《医改法案》;中情局局长迈克·蓬佩奥也曾公开指责奥巴马政府。特朗普内阁成员以共和党保守派为主,其中不乏马蒂斯、蓬佩奥这样的鹰派成员,这也导致了特朗普内阁成为美国长久以来最保守的内阁之一,政策右倾化明显。在"去奥巴马化"的过程当中,"美国优先能源计划"成了特朗普内阁大力支持的决策之一,引发了学界的质疑和担忧,这反映出主要由商界大佬组成的最"富有"的特朗普内阁在政策制定上缺乏经验,大大增加了国内政策的不确定性。但总体而言,保守派内阁成员在能源领域以支持回归传统能源为主,这也是特朗普上台后大力推行振兴传统能源行业政策的原因之一。

四、保守政见与利益集团

共和党与民主党在能源方面的政见差异显著,共和党作为美国政治的保守派得益于传统能源贸易,而清洁能源和新能源作为高成本领域被摈弃,并且共和党长久以来打压各项环保政策;而民主党作为美国政治的自由派尤其重视资源利用过程中的环境保护,主要致力于清洁能源和新能源在能源领域的开发和利

---

① 王震、赵林、张宇擎:《特朗普时代美国能源政策展望》,《国际石油经济》2017 年第 2 期,第 4 页。

② "揭秘全球最富的政府:美国政府内阁",腾讯财经,2017 年 2 月 6 日,http://mp.weixin.qq.com/s/AnGTh20Vk2vlsRLlg_EoyA,最后访问时间:2017 年 11 月 13 日。

用。自尼克松提出"能源独立"之后,除特朗普外,美国共有3任民主党总统(卡特、克林顿、奥巴马)和6任共和党总统(尼克松、福特、里根、老布什、小布什)。其中,卡特主张发展可再生能源、减少石油进口;克林顿主张维持能源供应、保护环境、促进可持续发展;奥巴马主张发展新能源、实现能源经济转型。相比之下,尼克松主张解除石油进口限制、提高能效;福特主张建立石油战略储备并且放开国内石油价格限制;里根主张提高石油产量、促进能源市场化;[①]老布什主张加强国内能源安全;小布什主张增加国内能源供给,促使能源供应多元化。不难看出,两党的能源主张截然不同,而特朗普同样作为共和党总统在能源领域也持保守政见,因此,制定振兴传统能源行业的政策也并不意外。

军火利益集团、石油利益集团、犹太人利益集团作为美国三大利益集团对国会和白宫的影响不容小觑。蒂勒森出任美国国务卿也反映出了特朗普与共和党建制派中的石油利益集团的相互妥协。尤其是蒂勒森此前供职的埃克森美孚石油公司,更是美国当前美国化石能源行业的代表。埃克森美孚曾因在奥巴马任期内质疑碳排放对气候变化的影响而被指责"政治不正确",但特朗普上台后迎来了一线转机,尤其是蒂勒森出任国务卿更是使传统能源行业的地位上升,尽管此前没有任何政治经验,但蒂勒森在从政过程中无疑会为石油利益集团发声,而石油利益集团也会通过蒂勒森及其他渠道影响特朗普政府。此次特朗普提出的振兴传统能源行业的政策从某种程度上来说也是特朗普拉拢石油利益集团的结果。

第三节 对全球能源经济的影响

特朗普振兴传统能源行业政策的未来影响主要包含两个方面:对国内经济和能源市场的影响,这之中既有经济收益,也有局限性;对国际能源市场的影响,在短期内无法见效,更多的是对国际能源市场潜在的长期影响。

一、对国内经济和能源市场的影响

特朗普振兴传统能源行业政策最直接的受益者便是美国国内的传统实体工业,尤其是化石能源工业,这既体现在化石能源行业及其下游产业链整体的经济

---

① [美]维托·斯泰格利埃诺:《美国能源政策:历史过程与博弈》,郑世高等译,石油工业出版社2008年版。

收益及发展前景上,也同样体现在该政策为化石能源行业所创造的就业机会上。以石油管线的重新建设为例。特朗普在 2017 年 1 月宣布恢复建设 Keystone XL 和 Dakota Access 两个石油管道项目,并宣称这两个项目能为美国带来大约 4.2 万个就业机会。达科塔输油管线(Dakota Access)项目建成后,两地原油运力大约为 47 万桶/日,相比原先的铁路运输,该管线所节省的运输成本高达 5 美元/桶,而当前的国际油价大约为 46 美元/桶。也就是说,达科塔输油管线建成后,西德克萨斯地区的石油行业运输成本至少降低 200 万美元/日,这将大大增强石油行业的市场竞争力,创造更多的盈利空间。同样,其下游产业也将受益于该管线带来的成本降低,对于美国国内实体经济的发展和繁荣具有重要作用。另外,Keystone XL 项目在 2017 年 3 月获得施工许可,①大约能带来 2.8 万个就业机会,而美国的失业率从 2017 年 1 月的 4.8% 降低至 5 月的 4.4%,②与该项目正式投入建设有一定的关系。

从短期收益来看,这些政策都能对美国国内经济和能源市场产生一定的积极影响,但这些影响始终都是有限的。从就业方面看,不管是石油管线项目,还是其他传统能源行业项目,他们所创造的就业机会并不是长期而稳定的,这些项目正式建成并投入使用后,只会保留一部分管理人员,而其他的蓝领工人将面临新一次的失业。此外,尽管这些项目政策能带来大量的就业机会,但企业与政府都无法保证这些岗位将全部投入国内市场,国外劳工同样能够获得就业机会,因此,特朗普振兴传统能源行业的政策在劳动力市场的影响具有不确定性。从国内能源市场来讲,特朗普振兴传统能源行业的政策多是恢复此前政府所搁置及叫停的建设项目,或是解除此前政府对传统能源行业的限制,这就意味着美国的传统能源行业建设仍是停留在本国此前原有的能源资源基础之上,并没有开发出新的领域,因此,经济收益始终有限。与此同时,部分传统能源行业项目建设或是会破坏环境并影响气候,或是会直接破坏北美原住民遗迹,这都将遭到来自民间的重重反对和抵制,同样会增加这些项目经济收益的不确定性。

二、对国际能源市场的影响

特朗普振兴传统能源行业的政策对国际能源市场将产生一定影响,包括国际石油市场、国际天然气市场等。

---

① 中华人民共和国驻休斯敦总领事馆经济商务室:"特朗普政府批准备受争议的 Keystone XL 输油管道项目",http://houston.mofcom.gov.cn/article/jmxw/201703/20170302540648.shtml.最后访问时间:2017 年 11 月 14 日。

② 东方财富网数据中心:"美国失业率",http://data.eastmoney.com/cjsj/foreign_0_4.html.最后访问时间:2017 年 7 月 14 日。

2015 年 12 月 18 日,美国国会宣布解除实行了长达 40 年的石油出口禁令,这种政策主要出于两方面的考虑:一是 2015 年国际油价持续走低使美国石油行业受挫严重,政府希望通过解除禁令来适当恢复国内石油行业;二是伊核协议达成后,美国不想看到伊朗原油重新进入国际石油市场后获益。而特朗普的政策无疑会增加美国的石油产量及出口量,长此以往可能会挤占其他石油输出国,尤其是俄罗斯等开采成本较大的石油输出国的市场份额,但这种影响在短期内可能性不大。在特朗普任期内,美国的页岩油技术会随着他振兴传统能源行业的政策不断成熟与进步,这将使页岩油等边缘化石油(即非常规石油)在国际石油市场上的地位逐步提高,未来美国可能会成为页岩油成品油和页岩油技术同步出口国家,这将给国际石油市场带来结构性的变化,使国际石油市场从"中东时代"逐步转变为"美国时代",但这在短期内同样无法实现。总的来说,特朗普振兴传统能源行业的政策对国际石油市场最主要的影响在于使美国的石油对外依存度进一步降低,但从近期看无法改变国际石油市场的结构和原油流向。

相比国际石油市场,未来特朗普振兴传统能源行业的政策对国际天然气市场产生的影响要明显得多。自 2015 年年中开始,美国就加大力度开采天然气并增加液化天然气(LNG)出口。根据普氏能源资讯所公布的数据,2016 年 11 月,美国月平均出口 LNG2.1 亿立方米/日,进口 1.98 亿立方米/日,时隔六十年再次成为天然气净出口国。[①] 而特朗普上台后,其振兴传统能源行业的政策进一步加大了天然气的开采与贸易,这无疑将对国际天然气市场产生一定的冲击。一方面,美国成为天然气净出口国极有可能改变国际天然气市场的供应结构和贸易流向,墨西哥、加拿大等美洲国家从美国进口天然气的概率远远大于从其他地区进口,各国对中东天然气的依存度会有所下降,甚至部分欧洲国家也倾向于与美国而不是与中东及俄罗斯展开天然气合作与贸易。这就意味着国际天然气市场的竞争会变得越发激烈,供应结构也会发生相应的变化。另一方面,美国天然气大量进入国际天然气市场会加速北美、欧洲、亚太三大天然气定价中心的定价机制成熟与变革,从而起到平衡全球天然气价格的作用。当前亚太地区的天然气定价机制以油价联动定价模式为主,北美地区采取气对气定价模式,欧洲则处于从油价联动定价模式向气对气定价模式转变的过程当中。所谓油价联动定价模式是指将天然气价格与反映外部市场环境变化的原油价格挂钩,使得天然

---

① Platts: *Gas Market Report*, https://www.platts.cn/products/gas-market-report,最后访问时间:2017 年 11 月 15 日。

气价格可以随着外部市场环境变化而对应调整,在实际交易过程中,通过长期合同进行交易。[①] 这种交易模式往往使天然气市场受到石油行业垄断及政治因素的影响,从而导致价格偏高。而气对气定价模式则是指通过实行管道第三方准入,建立天然气生产者与消费者的直接联系,构建完全开放的市场,在实际交易过程中,主要通过短期合同进行现货交易,[②] 这种定价机制下的天然气价格相比油价联动定价模式更低。而美国天然气大量进入国际天然气市场势必导致北美地区天然气供应大大增加,凭借其相对低廉的价格和较强的市场竞争力能够迅速进入其他市场,从而迫使欧洲和亚太地区的定价机制发生改变,最终起到平衡全球天然气价格的作用,而在这过程中收益最大的恰恰是亚太地区,尤其是中、日、韩、印等天然气需求量极大的国家和地区。

除了对国内经济和国际能源市场的影响之外,特朗普振兴传统能源行业的政策对美国"能源独立"建设具有一定的作用。尤其是大力开发海上油气和清洁煤炭的政策主张对推动"能源独立"能起到不小的作用,这一点直接体现在降低能源对外依存度上,但这些政策多以牺牲环境为代价,并且主要依靠美国原有的能源资源和行业状况,实际收效仍具有一定的不确定性。加之特朗普能源新政其他各项政策对气候环境并不友好,这些政策能否顺利实施也同样具有一定的不确定性。

---

①② 张前荣:"国内外天然气定价机制分析及经验启示",国家信息中心经济预测部,2017 年 1 月 20 日,http://www.sic.gov.cn/News/466/7444.htm,最后访问时间:2017 年 7 月 15 日。

第七章　发展与融合：ISDS
机制的脉络与限度

——"一带一路"投资争端解决机制探析

投资者——东道国争端解决机制（简称 ISDS 机制）的政治经济驱动因素包含三大部分：国际层面，"新新合流"（即新现实主义与新自由主义）视角下，体现出国际体系格局中国家规则制定权的竞争；从社会建构主义视角看，伴随身份变迁的发展中国家要求加入并接受 ISDS 进而维护其投资利益；从行为体层面看，ISDS 机制的形成离不开国家的对外经济策略和以跨国公司为代表的利益集团的推动使然。现存的 ISDS 机制在"一带一路"倡议下的适用性较低，克服现存机制的问题，在亚投行的框架下，构建"一带一路"区域投资争端解决机制势在必行。

第一节　投资者——东道国争端解决
机制(ISDS)概述及发展

伴随国际投资与贸易的迅猛发展，海量的资本、商品、服务跨越领土边界，在不同的国家与地区之间流动穿梭。国家与国家之间、国家与跨国企业之间的投资贸易纠纷争端也层出不穷。历史现实的发展倒逼国际社会着手建立协调经贸往来的争端解决机制。欧洲学者皮特斯曼指出：所有文明有一个共同特征，都需要有一套解释规则、和平解决争端的规范和程序，这是国际、国内法律制度的共同经验。①

---

① Ernst-Ulrich Petersmann: The Dispute Settlement Sytem of the World Trade Organization and the Evolution of The GATT Dispute Settlement System Since 1948, *Common Mar ker law Review* 1994, p. 1157. 转引自赵维田：《论 GATT/WTO 的争端解决机制》，《法学研究》1997 年第 5 期，第 53 页。

一、ISDS 机制概述

"投资者——东道国争端解决机制"(Investor-State Dispute Settlement,简称 ISDS)一直处于风口浪尖,成为各国备受关注也极具争议的协定内容之一。在 ISDS 中,外国投资者与东道国这两个在国际法上地位不均衡的主体在同一仲裁程序中以双方当事人名义主张自身权利时,涉及"促进投资自由化"与"维护国家经济主权"这两大敏感利益的角逐,仲裁庭须谨慎平衡对外资的保护和对东道国主权的维护。[①]

1966 年,国际复兴开发银行主导的《解决国家与他国国民间投资争端公约》生效,标志着全球首个"投资者——国家争端仲裁机制"的确立。该机制允许投资者以国际法基本准则为依据保护其投资权益。一旦因为东道国的原因,投资者认为保护其权益的上述基本标准受到侵害时,可就相关争端诉诸联合国"解决投资争端国际中心"寻求解决。该公约将公法主体和私法主体统一在一个框架内,确立了全新的国际投资仲裁机制。此后发展起来的多双边及区域投资协定也多参照该公约的框架,以国际仲裁作为投资者——国家投资争端解决的方式,如《北美自由贸易协定》、经合组织的《多边投资协议》草案、《能源宪章条约》及《美式双边投资协定》等。

一般来说,投资者与东道国争端解决机制允许投资者直接对东道国政府起诉,争端由独立于东道国司法机构的仲裁机构裁决案件,大多由解决投资争端国际中心裁决案件。以美国为例,《北美自由贸易协定》第 11 章就比较典型的规定了投资者与东道国的争端解决机制,并成为美国签订自贸协定和双边投资条约的标准条款。为了吸引外国投资,各国普遍在自贸协定、双边投资条约中纳入该条款,但由于利益不同,不同国家的实践存在较大差异。[②]

二、投资者与东道国争端解决机制的发展逻辑

研判"投资者——东道国争端解决机制"生成及发展演变的驱动因素和影响,有必要首先厘清"投资者——东道国争端解决机制"的发展演变逻辑。而争端解决机制是国际贸易与投资规则的一部分。商务部国际贸易经济合作研究院研究员聂平香总结了国际投资规则的三个发展阶段。[③] 我们可从争端解决机制

---

① 石静霞、马兰:《〈跨太平洋伙伴关系协定〉投资章节核心规则解析》,《国家行政学院学报》2016年第 1 期,第 81 页。

② 叶波、梁咏:《投资者与东道国争端解决机制的新发展及其启示》,《国际商务研究》2015 年第 9期,第 61 页。

③ 聂平香:《国际投资规则的演变及趋势》,《国际经济合作》2014年第 7 期,第 16—20 页。

发展演变的历史脉络及发展逻辑中获得有益地启发。

1. 第一阶段：20 世纪 50—70 年代末，国际投资规则纳入国家间争端解决机制

第二次世界大战后，面对全球投资的迅速发展，一些欧洲国家开始对外缔结专门的双边投资条约（BIT）。1959 年，德国和巴基斯坦签订了世界上第一个《双边投资保护协定》，随后，英国、法国、荷兰、比利时和卢森堡等国纷纷在 20 世纪 70 年代效仿德国，缔结了大量《双边投资保护协定》。在此阶段，国际投资规则中纳入国家与国家之间争端解决机制，只涉及缔约国与缔约国之间因投资条约产生争议，并没有涉及投资者与缔约国之间的投资争议。此时，当涉及投资者与东道国之间的争端时，一般由东道国处理。

这一时期之所以设置"国家与国家间争端解决机制"，很大程度上是由当时的国际结构及国家政治经济发展需要所驱动的。从国际层面上看，"二战"以后，欧洲百废待兴，国际权力分配较为均衡；在国家层面，发展中国家刚刚独立，注重民族经济发展，同时对于本国经济主权的独立地位格外敏感。因此，在这一阶段，发展中国家基本上要求对外资企业有绝对的管辖权；而发达国家有经济发展、本国资本向外扩张的需求，但是由于发展中国家刚刚独立，政治风险较大，因此，资本输出国的发达国家最关心本国资本在发展中国家的安全保护。

第一代投资规则在争端解决机制的设定上，充分尊重东道国司法和行政程序在投资争议解决中应有的地位，为东道国解决与投资者之间的争议保留了更多的权力。

2. 第二阶段：20 世纪 80 年代——21 世纪初，国际投资规则引进"投资者——国家争端解决机制"

20 世纪 80 年代，随着投资全球化的不断发展，出现了以美式 BIT 为代表的、更加自由化的第二代国际投资规则。1992 年，美国、加拿大和墨西哥签署了《北美自由贸易协定》。其中，引进了投资者与国家的争端解决机制。它将投资争议分为两类：一类是缔约国与缔约国之间的投资争议；另一类是投资者与国家之间的投资争议。投资者与国家的争端解决机制是允许投资者在条约规定的情形下，不必首先求助于东道国当地法院救济，可以直接选择国际仲裁机构，对东道国提出有约束力的仲裁程序。[①]

在这一阶段的国际投资规则中引进投资者与国家的争端解决机制，主要是受

---

① 姚铃：《欧盟解决投资争端新思路》，《经济参考报》2014 年 3 月 11 日，http://jjckb. xinhuanet. com/2014-03/11/content_494868. htm，最后访问时间：2017 年 12 月 20 日。

国际体系结构和国家层面不同经济发展诉求的影响。20 世纪 80 年代,发展中国家政治和经济趋于稳定,伴随着发展开始强化对外资的保护和促进。与此同时,发达国家对外投资的需求愈发强烈,已不满足仅仅以保护为核心的国际投资规则。

在第二代国际投资规则中,发达国家对投资者与国家争端解决机制的引入有强烈需求,明显弱化了东道国对外资的管辖权限,从而进一步保障了外资的权益。

3. 第三阶段:2008 年至今,在投资者与国家争端解决机制上进行了限制

全球金融危机爆发后,发达国家与发展中国家围绕国际投资规则的制定加大了竞争,国际投资规则逐渐出现了新的发展趋势和特点。在投资者与国家争端解决机制上进行了限制,对其引进也更加谨慎。在第三代国际投资规则中,发达国家更多地体现了对本国敏感部门和公共部门的利益的保护。由于该机制存在一些明显缺陷,如仲裁庭对国家投资协定关键条款缺乏透明度,东道国的外资管辖权受到较大制约。发达国家已经开始不再使用或者限制使用该机制。例如,澳大利亚在贸易政策中宣布:在未来的投资协定中,将不再引进投资者与东道国的争端解决机制;[①]美国、加拿大等国开始修改 BIT 范本,限制国际仲裁庭的解释范围,以保持更大对外资管制空间;2011 年,欧洲议会就欧盟与加拿大的贸易关系(包括投资关系)通过的一项决议中明确表明:鉴于加拿大和欧盟高度发达的司法制度,国家之间的争端解决机制以及使用当地司法救济是更合适处理投资的争端方法。

在这一阶段,之所以产生对"投资者——东道国争端解决机制"的限制,源于国际政治经济格局变迁下发达国家和发展中国家对外经济政策调整。金融危机后,新兴经济体群体性崛起,发达国家在全球的地位相对下降。发达国家为继续保持其在世界经济中的主导地位,加大了对发展中国家的防范,积极推进高标准的第三代国际投资规则的制定,通过国际协定中各种例外条款和以国家安全为由赋予东道国更多的对外资进行管理规制的权利。发展中国家逐渐成为主要的资本输入国和重要的资本输出国,因而,在此阶段出现了比较奇特的现象:发达国家加大了对投资者——东道国争端解决机制的限制,而发展中国家却提高了对该制度的兴趣。

综上所述,ISDS 演进至今的三代变迁,体现出了国际政治经济驱动下的运作逻辑。区域权力结构在一定程度上会影响争端解决机制的建立。同时国家基于本国经济发展现状而采取相应的对外经济政策以及在贸易协定谈判中的策略。

---

① Gillard Government Trade Policy Statement, Trading Our Way to More Jobs and Prosperity, http://blogs.usyd.edu.au/japaneselaw/2011_Gillard%20Govt%20Trade%20Policy%20Statement.pdf,最后访问时间:2017 年 12 月 20 日。

围绕"投资者——东道国争端解决机制"的争论,在各国政府、学界、媒体形成了支持和批评两种鲜明对立的观点。批评者认为:"投资者——东道国争端解决机制",外国企业可将国家政府控上国际仲裁庭,导致相关国家面对庞大的索赔诉求。从联合国贸易和发展会议公布的数据来看,近几年,企业向政府发起的诉讼案正逐年增多。从 1987—2014 年的 608 起已知诉讼当中,逾 1/4 发生在最近 3 年。支持者则认为:"投资者——东道国争端解决机制"偏向维护企业利益的说法被夸大了。澳大利亚贸易专家奥克斯指出:诉诸国际仲裁是解决争端的有效途径,因为外国投资者有权在无需相关政府批准的前提下提出上诉。[①]

学界现有的关于"投资者——东道国争端解决机制"的研究,主要是法律学者的相关学术论文,站在法律专业的角度,从协定中的相关条款着手分析,包括实体规则和程序规则(程序规则又包括适用范围、磋商与谈判、提交仲裁的条件、仲裁的程序规则、适用法律等)。在法条研判的基础上,对争端解决机制的法律影响进行分析。这些著作填补了"投资者——东道国争端解决机制"领域的研究空白,为相关研究的进一步分析打下了基础,也对投资者与东道国的争端解决实践具有指导意义。但是,法律形式本身并不能完全决定政治进程,法律和政治的交互作用才决定了争端解决机制的决策及其有效性。[②] 同时,"一带一路"倡议是习近平主席提出的区域性共同发展倡议,虽然现存部分区域性合作机制,但如何创设投资争端解决机制尚待深入探究。

第二节　ISDS 机制的限度:"一带一路" 区域投资争端解决机制初探

推动 ISDS 机制形成的要素,主要在于国际体系、国家身份认同、国家内部三部分。

一、权力结构与制度合作是推动 ISDS 形成的根本因素

自由贸易协定浪潮的出现及其对全球经济体系的影响有赖于所处的国际政

---

① "TPP 解决争端机制被指偏袒跨国企业",新华网国际频道,2015 年 7 月 28 日,http://news.xinhuanet.com/world/2015-07/28/c_128067252.htm,最后访问时间:2017 年 12 月 21 日。

② Robert O. Keohane, Andrew Moravcsik, Anne-Marie Slaughter, "Legalized Dispute Resolution: Interstate and Transnational," *International Organization*, Vol. 54, No. 3, Legalization and World Politics, Summer, 2000, pp. 457-488. 转引自贺平:《贸易政治学研究》,上海人民出版社 2013 年版,第 405 页。

治经济环境。① 以美国经济史学家查尔斯·金德尔伯格(Charles P. Kindleberger)、斯坦福大学教授斯蒂芬·克拉斯纳(Stephen D. Krasner)、普林斯顿大学教授罗伯特·吉尔平(Robert Gilpin)为代表的霸权稳定论者认为：一个自由开放的世界经济体系的维持需要一个强大的霸权国提供公共产品，这个国家能够利用本国的资源和影响去建立和管理以自由贸易、货币稳定和资本流动自由为基础的国际经济。② 基于对北美自由贸易区(NAFTA)的经验研究，李巍提出"区域霸权"的解释，他认为，国际权力结构的变化以及全球行为能力的下降，使美国开始通过地区主义的道路来实现全球战略；而在区域内拥有绝对优势的美国有能力和意愿为区域提供公共产品。③ 区域体系权力结构的变迁会对区域合作和自由贸易协定的产生与发展带来一定影响。

自由制度主义理论提供了有益的补充完善。樊勇明认为，当前的全球性国际机制越来越难以满足各国的需要，例如，世界贸易组织不平等的决策程序会损害到发展中国家的利益，因此，规模较小、成员较少的自由贸易协定提供了一个比全球机制更为有效的工具，国家必须履行承诺维护自由开放的贸易体系，自由贸易协定成员国可以通过合作设计一套安排、机制或制度以实现共同的利益和需求，并为之分摊成本，最大限度地维持区域内自由贸易体系。④

二、身份变迁是推动 ISDS 形成的重要因素

斯坦福大学朱迪斯·戈德斯坦(Judith Goldstein)对自由贸易协定的理性主义解释模式提出批评，认为虽然国家利益是对外经济政策的基础，但是，这些利益自动地转化为政治决策，政治行为体的基本观念才是决定利益如何被转化为政策的重要因素。⑤ 根据戈德斯坦的分析，行为体对国际经济政策的基本观念

① Helen V. Milner and Edward D. Mansfileld, "The New Wave of Regionalism", *International Organization*, Vol. 53, No. 3, Summer, 1999, p. 593.
② 关于"霸权稳定论"，参见[美]罗伯特·吉尔平：《全球政治经济学：解读国际经济秩序》，杨宇光等译，上海人民出版社 2006 年版，第 86 页；Robert Gilpin, The Political Economy of International Relations, New Jersey: Princeton University Press, 1987, pp. 72 - 80, 86 - 92; Steven Krasner, "State Power and the Structure of Interna-tional Trade," World Politics, Vol. 28, No. 2, 1976, pp. 317 - 347; Charles P. Kindleberger, "Dominance and Leadership in the International Economy: Exploitation, Public Goods, and Free Rides," International Studies Quarterly, Vol. 25, No. 2, 1981, pp. 242 - 254.
③ 李巍：《区域霸权与地区公共产品：对北美地区主义的一种解释》，《复旦国际关系评论》2009 年第 6 辑，第 148 页。
④ 樊勇明：《区域性国际公共产品：解析区域合作的另一个理论视点》，《世界经济与政治》2008 年第 1 期，第 7 页。
⑤ Judith Goldstein, Ideas, Interests, and American Trade Policy, Ithaca: Cornell University Press, 1993; Judith Goldstein and Robert O. Keohane, Ideas and Foreign Policy: Beliefs, Institutions, and Political Change, Cornell University Press, 1993.

决定利益如何转化为政策。加州大学教授维诺德·K. 阿加沃尔（Vinod K. Aggarwal）等学者认为：国际环境的变化促使国家领导人重新思考现有战略的有效性，对外部环境观念的转换促使政策制定者更加关注自由贸易协定战略，以下三个因素发挥了重要作用：防御动机、将自由贸易协定战略与本国国内改革联系起来、对自由贸易协定有了新的认知。[①]

全球金融危机后，发展中国家成为国际资本的重要来源，他们不再是以往单纯的资本输入国，而是兼具资本输出国与输入国的双重身份，过去为吸引外国投资而接受的投资协议，如今发展中国家也开始运用投资协定来保障本国的对外投资。自由贸易协定的扩展有一定程度的竞争性，国家担心不加入自由贸易协定则会在国际贸易体系中处于竞争劣势地位，因此，积极谋求加入自由贸易协定，一些国家领导人也试图利用自由贸易协定作为一种防范国内贸易保护主义的机制，同时更好地推动国内经济改革。

因此，随着身份变迁，行为体对自由贸易协定观念的转变促使更多国家将自由贸易协定战略作为本国对外贸易的重要政策之一。同时伴随着自身身份的变迁，尤其从封闭落后的身份状态转变为对外开放，从本国企业发展落后到以企业发展为本国经济之本，从资本净流入国转变为资本流出国，这都将推动相关国家接受 ISDS 机制。

三、国内政治经济博弈与跨国公司

（一）ISDS 机制

通过授予外国投资者更大的权力来倒逼本国政府保持公正性，即投资者可以绕过东道国的法律程序直接将争端诉诸第三方程序和国际仲裁。例如，ISDS 机制条款会考虑跨国公司和中小企业利益，限制政府对国有企业的特殊扶持。

（二）跨国公司的超强实力使 ISDS 的运作成为可能

跨国公司改变了权力构成和运行过程。跨国公司位居新一轮国际分工的强势地位，主导生产网络，使国际贸易和国际投资活动越趋紧密，超越了传统的生产网络和企业内部的控制关系，加深了国际投资的复杂性。由于跨国公司在国际投资领域发挥着举足轻重的作用，许多国际投资争端也往往与之有关。当跨国公司与东道国在公共利益相关的问题上出现分歧时，大多是通过投资人与东

---

① Vinod K. Aggarwal and Seungjoo Lee, eds. , Trade Policy In the Asia-Pacific: The Role of Ideas, Interests, and Domestic Institutions, Springer, 2011, p. 19.

道国之间争端解决机制向国际仲裁机构对东道国提出法律控告。

根据黄河教授对跨国公司结构性权力的分析,跨国公司在国际生产结构中所具有的结构性权力大致表现在以下几个方面:一是在生产领域,跨国公司在建立全球生产网络的过程中逐步建立了公司内国际分工体系,形成了相对封闭的公司内国际市场;二是在技术领域,跨国公司作为全球先进技术的研发基地和前沿技术的主要创新者,占据了全球技术的垄断地位和技术扩散的主导地位,是国际技术转移的主要推动者和全球技术发展的重要驱动力量;三是在资本方面,跨国公司为克服国际市场上存在的缺陷,必然依靠较大的垄断优势来获得更强的本土化经营能力。跨国公司在全球范围内配置资源,在成本最低的地方借款,在预期收益最高的地方投资。① 因此,以跨国公司利益为基础而形成的利益集团不仅有意,而且更有能力推动 ISDS 机制的形成,以此维护自身企业发展利益。

ISDS 机制是纵横交错的复杂体系,存在于双边投资条约、区域贸易协定和多边条约体系中;同时已在全球层面建立了国际投资争端解决中心(简称ICSID)和 WTO 框架下的投资争端解决机制。在这一体系中,从历史脉络和权力结构的层次看,发达国家占据了绝对主导地位。然而,随着中国国际地位和实力的上升,以及发展中国家对发达国家及发展中国家之间的投资量的不断增多,对新型投资争端解决机制的需求和呼声不断加大。同时,伴随中国 2013 年提出的"一带一路"倡议,解决投资争端的现实问题常常出现。

"一带一路"沿线国家的投资争端解决机制主要分布于两大领域:一是双边投资条约、区域性贸易协定的机制;二是多边条约机制下的机制。不可否认,已有的投资争端解决机制为区域的经济发展形成重要的推动作用,但随着世界经济发展的局势变化,话语权、规则受益方与当前的情形已不再完全匹配。

1. 双边投资条约、区域性贸易协定下投资争端解决机制的问题

在双边投资条约及区域性贸易协定中,存在标准不一的通病。各大双边投资协定关于争端解决的具体内容存在差异性,这直接影响缔约方及相关投资者之间的协同一致。诸多区域性的多边条约如中国—东盟自由贸易区、上海合作组织等,虽然对区域内的投资发展发挥着积极作用,但不同的多边经济条约中成员国各自目标并非一致。双边以及跨区域投资协定的签署,在增加缔约成本的同时,将进一步加剧区域投资法律体系包括争端解决制度的碎片化。

---

① 黄河:《结构性权力视野下的跨国公司与国际公共产品》,《深圳大学学报》(人文社会科学版)2010 年第 1 期,第 53—59 页。

2. 在全球性的多边条约体系中，存在适用率低的通病

第一，在世界银行平台下设立的国际投资争端解决中心体系下，共有 10 个国家（老挝、越南、缅甸、不丹、印度、伊朗、马尔代夫、波兰、巴勒斯坦、塔吉克斯坦等）没有签署 ICSID 公约。并且，在 ICSID 缔约国中，共有 9 个国家（阿富汗、巴林、白俄罗斯、不丹、文莱、伊拉克、尼泊尔、叙利亚、泰国等）未利用过 ICSID 争端解决机制解决投资争端。[①] ICSID 还存在倾向于发达国家，价格昂贵的问题。ICSID 机制中，仲裁员多数来自发达国家。[②] 仲裁员通常偏向保护投资者利益，体现欧洲、美国为主的发达国家的意志。另外，ICSID 仲裁费用过高，ICSID 平均每个案件的仲裁费用约为 50 万美元，使"一带一路"沿线低收入国家难以负担。其听证会通常在华盛顿、伦敦、巴黎等高消费城市举行，这些位置方便了富有的投资者，但不利于"一带一路"沿线的发展中国家。[③] 第二，在 WTO 体系下，共有 15 个国家不是成员方，有 23 个成员国虽为 WTO 成员方，[④]但从未诉诸WTO 争端解决机制。

在双边、区域性和全球性的体系下，投资争端解决机制目前已与"一带一路"沿线国家的发展现状不再适应，这种不适应犹如美国对中国崛起的不适应一样，在制度上延续着现存制度，但新的体系和制度尚在襁褓之中。"一带一路"沿线国家总体而言发展水平较低，而现有的投资争端解决机制偏重于发达国家，而沿线国家的投资总量不断攀升，对当前的投资争端解决机制继承和变革有需求。同时，已有的"一带一路"沿线国家所组成的区域合作组织有部分实践经验，可以作为构建新机制的基础。

---

① 数据整理源自世界银行数据库，https://icsid. worldbank. org/apps/ICSIDWEB/about/Pages/Database-of-Member-States. aspx，https://icsid. worldbank. org/en/Pages/cases/searchcases. aspx，最后访问时间：2017 年 12 月 23 日。转引自张晓君、陈喆：《"一带一路"区域投资争端解决机制的构建》，《学术论坛》2017 年第 3 期，第 51 页。

② 根据 ICSID 报告显示：截至 2016 年 10 月 1 日，南亚、东亚及太平洋地区国家中被委任为仲裁员、调解员和临时委员会成员的数量为：澳大利亚：80 位；新西兰：41 位；新加坡：13 位；中国：11 位；马来西亚：11 位；菲律宾：11 位；巴基斯坦：9 位；泰国：7 位；印度：6 位；斯里兰卡：1 位。The ICSID Caseload-Statistics Special Focus：South & East Asia & the Pacific Region. https://icsid. worldbank. org/en/Documents/resources/ICSID%20Web%20Stats%20Asia%20Statistics%20Oct%202016. pdf，最后访问时间：2017 年 12 月 29 日。

③ Charity L. Goodman. Uncharted Waters：Financial Crisis and Enforcement of ICSID Awards in Argentina. University of Pennsylvania, Journal of International Economic Law, http://scholarship. law. upenn. edu/cgi/viewcontent. cgi? article=1179&context=jil，最后访问时间：2017 年 12 月 25 日。

④ 15 个非成员国：伊拉克、黎巴嫩、叙利亚、巴勒斯坦、土库曼斯坦、吉尔吉斯斯坦、塞尔维亚、波黑、乌兹别克斯坦、白俄罗斯、阿塞拜疆、东帝汶、阿富汗、不丹、伊朗；另 23 个国家，东亚：缅甸、老挝、柬埔寨、越南、文莱和蒙古；西亚：也门、约旦、阿联酋、卡塔尔、塞浦路斯和埃及的西奈半岛；南亚：马尔代夫、尼泊尔；中亚：塔吉克斯坦；独联体：格鲁吉亚；中东欧：立陶宛、爱沙尼亚、拉脱维亚、斯洛文尼亚、黑山、阿尔巴尼亚、保加利亚和马其顿。统计转引自张晓君、陈喆：《"一带一路"区域投资争端解决机制的构建》，《学术论坛》2017 年第 3 期，第 51 页。

（1）"一带一路"沿线国家都希望建设符合本区域发展水平的投资争端解决机制。从总体上看，沿线国家多为发展中国家，经济发展水平较低，GDP 总量约占世界的 1/3，人均 GDP 只有世界平均水平的 50% 左右。当前"一带一路"沿线发展中国家间投资规模逐渐扩大，制定投资规则的立场逐步趋同。

（2）沿线国家发展水平相似，发展诉求强烈，有构建区域投资争端机制的基础。以往的投资争端解决规则更多由发达国家主导，而"一带一路"沿线国家是主要以发展中国家为主体，在该区域内构建投资争端解决机制，将使更多的发展中国家有机会参与到规则制定上来。

（3）"一带一路"沿线国家已经设立了上海合作组织、中国—东盟自由贸易区等交流平台，在这些机制中规定了不同的争端解决条款，为"一带一路"区域投资争端解决机制打下基础。在现有的投资争端解决体系中，双边协议和区域投资协定富有实践经验，在此基础上构建区域性的投资争端解决机制是可行的。

（4）现有的投资争端解决机制主要是由发达国家所主导的，而建立"一带一路"投资争端解决机制，发展出专门的理念、规则与技术，可以更有效地解决"一带一路"沿线国家的争端问题，是对沿线国家的尊重。

四、建议

（一）可以参照世界银行设立的 ICSID 平台

"一带一路"区域投资争端解决机制可以置于亚洲基础设施投资银行这一平台上。《亚洲基础设施投资银行协定》第五十五条规定了与亚投行有关的争议可采用仲裁方式解决，[1]但未规定投资者与东道国之间的投资争端解决机制。由此，可发起设立"一带一路"投资争端解决中心作为管理机构，组织熟悉世界银行 ICSID 机制的专家团队、管理团队、执行团队，邀请亚投行成员国的代表参与建设，由此确定具体的争端解决规则和程序，与亚投行成员国协商进行修改，就文本达成一致，经亚洲基础设施投资银行成员国批准后生效。

（二）构建"一带一路"投资争端解决机制

有效地克服 ICSID 和 WTO 争端解决机制对沿线国家的缺陷和不适用性。鉴于沿线国家的差异性较大，必须结合具体的考量因素，更好地协调主权和投资

---

① "亚洲基础设施投资银行协定（中文本）"，http://www.mof.gov.cn/zhengwuxinxi/caizhengxinwen/201506/P020150629360882378045.pdf. 最后访问时间：2018 年 2 月 27 日。

者利益，以适应沿线国家共同发展的需求。

（三）现存的投资争端解决机制并非完全适应世界经济发展的需求

构建适合"一带一路"投资需要的争端解决机制，可以有针对性地克服 ICSID 以及 WTO 争端解决机制的缺憾，体现"一带一路"沿线发展中国家呼吁建立公正、独立、较高透明度的经济治理机制的愿望和要求。

第八章 国际知识产权与全球治理

　　世界主要经济体已将知识产权视为 21 世纪的经济成功之本。知识产权为促进创新与推动发展提供了源动力。拥有最强知识产权体系的经济体获得了最大的经济回报。[①] 从目前的国际投资状况来看，国际投资的足迹，从实体性的国际化企业，逐渐转变为数字化的跨国企业。[②] 基于信息通信技术的数字跨国公司正在重新界定全球生产网络中的治理模式，根据《2017 年世界投资报告》的数据显示：2010—2015 年前 100 强跨国公司中，数字跨国公司的数目增长了一倍以上，资产增长了 65％，雇员增长了 30％。[③] 大部分数字跨国企业布局集中于少数发达国家和新兴市场，其中 2/3 的数字跨国企业的母公司设在美国。[④] 知识产权，不仅是企业最为重要的资产，而且也是国民经济发展的最强劲的驱动力。在国际知识产权发展的过程中，形成了"实践性、市民性和规范性"的全球治理格局。国家将知识产权视为促进创新的经济发展动力、知识产权产业集团的国际化发展（如娱乐业，软件行业等）对于知识产权保护的要求、知识产权消费者及发展中国家主张的"获取知识运动"、知识产权国际机制对于知识产权平衡相关利益的努力，四者相互交织、相互影响，形成了独特的知识产权全球治理格局。

第一节　从知识产权上升到国际知识产权治理

　　所谓的知识产权是指那些独立于某一特定物质载体而存在的思想、发明、发现、标记、图像的表达性作品。简言之，就是任何具有潜在价值的人为的智力成

---

　　① US Chamber of the commence, "The roots of innovation", http://www.ipr.gov.cn/zhuanti/Reports/reports/GIPC_IP_Index_2017_Report.pdf，最后访问时间：2018 年 3 月 7 日。

　　② 联合国贸易和发展组织编：《2017 年世界投资报告》，冼国明、葛顺奇总校译，南开大学出版社2017 年版，第 31 页。

　　③④ 联合国贸易和发展组织编：《2017 年世界投资报告》，冼国明、葛顺奇总校译，南开大学出版社2017 年版，第 31,5 页。

果或产品标记。专利权是法律授予权利人在一定时间享有垄断权利,权利人可以在这段时间内通过许可收费或者权利转让方式,收回其先前投资。国家通过这种方式鼓励和保护技术创新。

国际知识产权保护体系解决的问题是知识产权如何在国外不被侵犯。很长一段时间内,一个国家只对自己国家的知识产权进行保护,如最早的知识产权法律是 15 世纪的威尼斯的《垄断法案》,其只给本地区的手工艺者授予垄断权,保护其权利,而拒绝对外来的手工艺者的技术进行保护,即所谓知识产权"地域性"。工业革命之后,科学与技术的跨国界交流和联系日益密切,这种跨国交流带来技术广泛传播,但可能同时也让发明者、创作者的劳动成果多了被窃取的风险。如果达成一项国际协议,即在任何的国家,发明或者创作可以得到如同本国国内的保护,那么,将会大大促进文学艺术和科学的发展,此所谓"国民待遇原则"(National Treatment Principle)。国际知识产权保护体系就是基于"国民待遇原则"和"最低的保护标准"发展起来的。

一、国际知识产权的萌芽:公共产品阶段

1871 年,奥地利政府欲在首都维也纳举办世界展览会/博览会,其他国家受邀的发明人(主要是企业)因担心其发明在奥地利得不到充分保护,[①]表示不愿参加。于是,奥地利政府通过了一项特别法律,承诺给参展的发明、商标和外观设计在 1873 年年底以前提供特殊的临时保护;在展览会开幕的同时,有关国家在维也纳召开了专利改革会议,其中之一就是提出了专利制度的一些基本原则,并要求各国就专利保护问题达成国际谅解。随后 1878 年、1880 年和 1883 年先后在巴黎召开了会议,并最终在 1883 年 3 月 20 日通过了《巴黎公约》,其最突出的一点是将专利视为国际资产。[②]

1858 年,文学与艺术财产布鲁塞尔会议第一次提出《统一版权法》,文学艺术国际联盟(ALAI)在瑞士政府的支持下,于 1883 年起草了一份草案,为《保护文学艺术作品伯尔尼公约》奠定了基础。国民待遇、作者最低保护标准、取消"作品注册才能受保护"的要求等条款,正式成为公约规定。

国际知识产权保护体系最初是作为国际公共产品出现的。知识产权是一种智慧成果,具有无形性和非排他性,使用他人的知识产权并不会影响所有人使用

---

① 如美国企业对《奥地利专利法》的强制实施许可条款不满,表示不参加。

② 参见[日]富田彻男:《市场竞争中的知识产权》,廖正衡等译,商务印书馆 2000 年版,第 83—84 页;汤宗舜:《知识产权的国际保护》,人民法院出版社 1999 年版,第 32 页;Susan K. Sell, Private Power, Public Law: The Globalization of Intellectual Property Rights, Cambridge University Press, 2003, pp. 10 - 11.

自己的知识产权。随之而来的搭便车行为,如果过分蔓延则会根本性的影响知识技术的传播。一些国家通过订立国际条约(如《伯尔尼公约》和《巴黎公约》),相互之间给予对方的发明或创作以本国国民一样的保护,以保护发明者或者创作者的权益,减少了知识产权流通和传播的成本,以适应工业革命后日新月异的技术发展(见表8-1)。

表8-1 19世纪主要国际知识产权条约和组织

条约/组织	内　　容	生效日期
《保护工业产权巴黎公约》	此项国际协定是帮助创造者确保其智力成果在别国受到保护的重要发端。1873年,在维也纳举办的国际发明展上,外国参展人员因担心其创意被窃取,在他国遭到商业利用而拒绝参展。由此签订该公约凸显出对知识产权进行国际保护的必要性。《巴黎公约》的保护内容包括:发明(专利);商标;工业品外观设计	1884年6月3日
《保护文学和艺术作品伯尔尼公约》	继法国作家维克多·雨果及其国际文学和艺术协会(ALAI)的一场运动之后,《保护文学和艺术作品伯尔尼公约》达成。其宗旨是授予创作者在国际层面对其创意作品进行控制并收取报酬的权利。受保护的作品包括:长篇小说、短篇小说、诗歌、戏剧;歌曲、歌剧、音乐作品、奏鸣曲;绘画、油画、雕塑、建筑作品	1887年12月4日
《马德里协定》	《马德里协定》的通过迎来了第一项国际知识产权申请服务:商标国际注册马德里体系。在随后的几十年里,全系列的国际知识产权服务将随着WIPO的演变并在其主导下应运而生	1892年7月15日
成立保护知识产权联合国际局(BIRPI)	为管理《巴黎公约》和《伯尔尼公约》而设立的两个秘书处整合形成了WIPO的前身——保护知识产权联合国际局,众所周知的是其法文缩写BIRPI。该组织共有七名工作人员,总部设在瑞士的伯尔尼	1893年

资料来源:根据"WIPO简史"整理而成,参见 http://www.wipo.int/about-wipo/zh/history.html,最后访问时间:2018年3月2日。

二、国际知识产权治理

随着国际知识产权条约的不断增多,国际社会急需一个协调和管理知识产权的国际机制。1967年《世界知识产权公约》签订,1970年该条约生效,世界知识产权组织(WIPO)建立。WIPO是一个政府间组织,1974年成为联合国系统中的专门机构,拥有191个成员国。[①] 其宗旨是:在充分尊重各联盟独立性的条

---

① "走进WIPO",http://www.wipo.int/reference/zh/,最后访问时间:2018年3月8日。

件下,使为保护工业产权和文学艺术作品而建立的各联盟的管理趋于现代化并提高效率。①其中一个很重要的职责为:"促进创新型智力活动,并且为工业产权向发展中国家的技术转移提供便利,以促进其经济、社会和文化发展。"②其在协调南北知识产权立场以及帮助发展中国家发展知识产权方面做出了一定的贡献。

自世界知识产权组织成立之后,有关知识产权的国际条约呈现猛烈增长的态势。现行国际知识产权法律制度由三种类型的协议组成:全球性多边条约、区域性条约和其他国际法文件及有关国家之间的双边条约(BITs)或安排。其中,影响最大的协议是世界贸易组织(WTO)下的《与贸易有关的知识产权协议》(TRIPS协议);其次,是由世界知识产权组织(WIPO)管理的部分多边条约。

（一）TRIPS 协定

TRIPS协定,即《与贸易有关的知识产权协议》,它是关贸总协定乌拉圭回合中达成的涉及世界贸易的28项单独协议中有关知识产权保护的重要协议之一。该协议的产生有一定的时代背景。尽管国际社会已签订了一些国际公约,但尚存在三大问题未解决:一是,原有的保护知识产权的国际公约和协定,相对迅速发展的知识产权的保护来说还不够完善和充分;二是,这些条约和协定只针对知识产权国际保护的一般情况缔结,对国际贸易中知识产权的保护问题所涉不多;三是,有效解决国际贸易中知识产权争端和监督管理知识产权的国际保护机制也不够健全。以美国为代表的发达国家极力主张在国际上建立一套高标准、严要求的知识产权保护体系,并提出各国应通过乌拉圭回合谈判在确立更有效的,而且在统一的原则方面达成一致。经过几轮发达国家和发展中国家的代表在协商中的激烈辩论和艰难谈判,1992年12月达成了《与贸易(包括假冒商品贸易在内)有关的知识产权协议》草案,并于1994年4月在摩洛哥召开的乌拉圭回合谈判成员国部长级会议上草签,成为乌拉圭回合谈判最后文件的一部分。该协议1995年年初生效。TRIPS是迄今为止,国际上所有有关知识产权的国际公约和条约中,参加方最多、内容最全面、保护水平最高、保护程度最严密的一项国际协定。其序言提到包括发展和技术目标在内的国家政策优先权的重要性。它也突出强调需要一套针对打击国际假冒伪劣商品贸易的多边框架的原则与规则。该协定的正式宗旨有:促进知识产权的保护和执行,促进技术革新和技术的转让和传播。

---

① "《世界知识产权组织公约》(1979年修订):序言和第3条",http://www.wipo.int/wipolex/zh/treaties/text.jsp? file_id=283836,最后访问时间:2018年3月8日。

② "《世界知识产权组织公约》(1979年修订):第4条",http://www.wipo.int/wipolex/zh/treaties/text.jsp? file_id=283836,最后访问时间:2018年3月8日。

（二）多边知识产权保护体系

知识产权多边条约对知识产权的不同主体设立了不同的保护标准,例如,保护工业财产的《巴黎公约》;保护文学和艺术作品的《伯尔尼公约》;保护演出及音像制品的《罗马公约》和1996年《互联网公约》等(见表8-2)。所有上述公约均由WIPO管辖。此外,多边条约还包括关于全球保护系统协定,以促进IPRs在多国的申请或注册,即关于商标国际注册与专利合作条约的《马德里协定》。最后是管理发明、商标和工业设计等信息,使之易于恢复到被标注的易处理的管理体系的各分类条约,即关于国际专利分类的《斯特拉斯堡协定》。

表8-2　国际知识产权条约一览

公　约　名　称	签　订　日　期	生　效　日　期
WIPO公约	1967年7月14日	1970年4月26日
UPOV公约	1961年12月2日	1968年8月10日
伯尔尼公约	1886年9月9日	1887年12月5日
北京条约①	2012年6月24日	—
马拉喀什条约②	2013年6月27日	—
布鲁塞尔公约③	1974年5月21日	1979年8月25日
马德里协定-制止商品来源虚假或欺骗性标记	1891年4月14日	1892年7月15日
内罗毕条约④	1981年9月26日	1982年9月25日
巴黎公约	1883年3月6日	1884年7月7日
专利法条约	2000年6月2日	2005年4月28日
录音制品公约⑤	1971年10月29日	1973年4月18日
罗马公约	1961年10月26日	1964年5月18日
新加坡条约⑥	2006年3月28日	2009年3月16日

---

①　全称是《视听表演北京条约》,将30个符合条件的缔约方存放其批准书或加入书3个月后生效。

②　全称是《关于为盲人、视力障碍者或其他印刷品阅读障碍者 获得已出版作品提供便利的马拉喀什条约》,80个国家已经签字(中国、德国、欧盟、美国等),其生效条件是由合格成员方提交20项批准书或加入书。

③　全称是《有关卫星传送节目载波讯号散布之布鲁塞尔公约》,也有人将其翻译为《发送卫星传输信号布鲁塞尔公约》。

④　全称是《保护奥林匹克会徽内罗毕条约》。

⑤　全名是《保护录音制品制作者防止未经许可复制其录音制品日内瓦公约》,其内容主要是保护录音制品者的权利,是专门规定邻接权的公约之一。

⑥　全称是《关于商标法的新加坡条约》。该条约是在1994年《商标法条约》(TLT)的基础上修订而成。

续　表

公 约 名 称	签 订 日 期	生 效 日 期
商标法条约①	1994 年 10 月 27 日	1996 年 8 月 1 日
华盛顿公约②	1989 年 5 月 26 日	—
WCT③	1996 年 12 月 20 日	2002 年 3 月 6 日
WPPT④	1996 年 12 月 20 日	2002 年 5 月 20 日
布达佩斯条约⑤	1977 年 4 月 28 日	1980 年 8 月 19 日
海牙协定	1925 年 11 月 6 日	1928 年 6 月 1 日
里斯本协定	1958 年 10 月 31 日	1966 年 9 月 25 日
马德里协定-注册	1891 年 4 月 14 日	1892 年 7 月 15 日
马德里议定书⑥	1989 年 6 月 27 日	1995 年 12 月 1 日
PCT	1970 年 6 月 19 日	1978 年 1 月 24 日
洛加诺协定	1968 年 10 月	1971 年 4 月 27 日
尼斯协定	1957 年 6 月 15 日	1961 年 4 月 8 日
斯特拉斯堡协定	1971 年 3 月 24 日	1975 年 10 月 7 日
维也纳协定⑦	1973 年 6 月 12 日	1977 年 5 月 1 日

资料来源：根据"WIPO 管理条约"整理而成，http://www. wipo. int/treaties/zh/，最后访问时间：2018 年 2 月 22 日。

---

① 该条约对商标注册程序进行了原则规定，主要包括：主管机关不得要求申请人提供商业注册证明，申请人可以在一份申请书上申请多个类别的注册以及变更、转让，注册及续展注册的有效期统一为 10 年，不必就每一份申请提交一份代理人委托书，不得对签字要求进行公证、认证、证明、确认。这一系列的规定极大地简化了商标申请人在各成员国之间进行申请注册和保护。

② 全称是《关于集成电路的知识产权华盛顿条约》；该公约于 1989 年 5 月 26 日签订，至今未生效，有 7 个国家签字，两个国家加入（波黑与圣卢西亚岛），1 个国家（埃及）批准。5 个以上的国家交存批准书，且第五个存后的 3 个月方可生效。

③ 全称是《世界知识产权组织版权公约》，它与 WPPT 主要解决的问题是 TRIPS 协议所没有规定的内容，主要集中于数字技术，特别是互联网所涉及的版权问题，所以，它们也被称为"互联网条约"（Internet Treaties）。参见刘春田主编：《知识产权法》（第三版），高等教育出版社、北京大学出版社 2007 年版，第 434 页。

④ 全称是《世界知识产权组织表演和录音制品条约》。

⑤ 全称是《国际承认用于专利程序的微生物保存布达佩斯条约》。

⑥ 全称是《有关商标国际注册马德里协定之议定书》。马德里协定有诸多不便之处，如商标必须在来源国注册以后才能在其他国家提出国际申请、申请语言为法语、申请费过低导致滥用现象、拒绝保护期间过短等，美国、英国、日本等国一直没有加入。为吸引更多国家加入马德里商标规则体系中，1989 年 6 月 27 日在马德里增订了议定书，该议定书于 1995 年 12 月 1 日生效。《议定书》纠正了上述诸多不便，使参加国的数量大于马德里协定。

⑦ 全称是《建立商标图形要素国际分类维也纳协定》。

三、结构性权利视角下的国际知识产权

苏珊·斯特兰奇(Susan Strange)在其著名的《国家与市场》一书中提出了知识结构性权力在国际政治中的重要作用,并断言:"科学是国家和市场两者的仆人"。这种观点放在现今"信息革命"的语境下格外引人深思。苏珊·斯特兰奇认为在国际关系中存在两种权力:一种是联系性权力,即"一方以权力迫使另一方去做本来不愿意做的事情的权力";另一种为"结构性权力",即"决定办事方法的权力,是构造国与国之间关系、国家与人民之间关系或国家与公司企业之间关系框架的权力"。①

在结构性权力中,权力拥有者能够改变其他人面临的选择范围,有不明显地直接对他们施加压力,与联系性权力必须通过运用强制力才可以体现相比,结构性权力则要求对方选择的范围,从而使他们做出某个决定或选择,而不做出别的决定或选择。② 对于"知识结构性权力"的作用,苏珊·斯特兰奇认为:"知识结构决定被发现的是什么知识,怎样储存,以及谁用什么手段,根据什么条件,向什么人传输知识。在知识结构中占有关键决策地位的人获得了权力和权威。"③知识结构性权力经历了从教会国家到科学国家的历程,指出各国之间的竞争正在变成争夺知识结构领导权的竞争,④各国在获得知识享用知识方面的政治权力越来越大小不一。⑤

各国在国际市场中的竞争很大程度上体现为法律之间的竞争。路易斯·亨金说:"法律就是政治,我们所看到的法律无不是政治力量的结果",⑥法律的稳定性要求不能朝令夕改,更改法律需要花费非常巨大的成本;法律的强制执行性可以通过国家机器实施,而不需要成本高昂的私力救济。经由各国同意的国际法的力量能确保最为稳定的安全。

这种知识结构性权力极为隐秘,却影响巨大。一个国家想要保持其在知识产权和创新能力方面的比较优势,一方面,要降低本国实施该知识产权的成本;另一方面,要提高他国使用相关知识产权的成本,造成的技术落差并保持这种技术落差,一个国家才能长久的处于领先地位。第三世界国家知道除非掌握必要

---

① 〔英〕苏珊·斯特兰奇:《国家与市场》,杨宇光译,上海人民出版社 2006 年版,第 25 页。
② 周聿峨、刘建林:《非传统权力的扩张:软权力与结构性权力——约瑟夫·奈与斯特兰奇权力观的比较》,《云南民族大学学报》2005 年第 6 期,第 25 页。
③ 〔英〕苏珊·斯特兰奇:《国家与市场》,杨宇光译,上海人民出版社 2006 年版,第 118 页。
④ 〔英〕苏珊·斯特兰奇:《国家与市场》,杨宇光译,上海人民出版社 2006 年版,第 159 页。
⑤ 〔英〕苏珊·斯特兰奇:《国家与市场》,杨宇光译,上海人民出版社 2006 年版,第 160 页。
⑥ 〔美〕路易斯·亨金:《国际法:政治与价值》,张乃根等译,中国政法大学出版社 2005 年版,第 56 页。

的知识与技术,否则,他们永远也进入不了第一世界。① 联合国经社理事会也在其报告中无奈地承认:克服南北鸿沟,原本可以期待发展中国家通过模仿以发挥"后发优势"的方案,正在受到"知识产权"的阻碍。②

四、国际知识产权中的多元化参与者

知识产权是国际竞争和国家利益的关键,知识产权政策的制定实质上是一种政治活动。当数字经济成为国民经济增长和发展的一种关键驱动力的时候,这时的知识产权政策的制定就不仅仅是促进创新而已,更多的是保持知识生产国的比较优势(见表 8 - 3)。

表 8 - 3　各项知识产权的最长的保护期限

项　　目	基准年限	立 法 模 式
专利	20	TRIPS(《与贸易有关的知识产权协定》)
著作权	95	美国
商标	10	WIPO(世界知识产权组织)
监管数据保护	10	欧盟

资料来源:US Chamber of the commence,"The roots of innovation",2017 年 2 月,http://www.ipr.gov.cn/zhuanti/Reports/reports/GIPC_IP_Index_2017_Report.pdf,最后访问时间:2018 年 3 月 7 日。

目前的国际知识产权可以分为三大阵营:

第一阵营是以美国、日本和欧盟等所组成的发达国家阵营。这个阵营要求高标准的知识产权保护,将各种贸易和援助与知识产权挂钩(如美国每年出台的《特别 301 条款》将执行知识产权不力的国家列进其贸易观察名单)。在 TRIPS 通过之后,这些国家认为 TRIPS 执行方面宽松,不断通过缔结区域性或者多边协定,以巩固其在知识产权方面所获得的利益。典型的例子为 2012 年《反假冒贸易协定》,该《协定》制定了严苛的民事、行政、刑事、边境及数字环境执法等多种措施和保护知识产权手段。

第二阵营为新兴经济体,如中国等。该阵营希望拥有一个积极宽松的国际知识产权保护环境,维持目前的《与贸易有关的知识产权协议》不变。他们想要本国"走出去"的知识技术得到最低程度地保护,也希望能够有一定空间模仿和学习发达国家的知识技术。

---

① ［美］约翰·冈茨、杰克·罗切斯特:《数字时代盗版无罪?》,周晓琪译,法律出版社 2008 年版,第165 页。

② 联合国经社理事会:《发展政策委员会第十五届会议报告》,2013 年。

第三阵营为许多发展中国家和最不发达国家所组成的反对知识产权阵营。他们期待消除知识产权或者以奖赏等方式消灭专有权,倡导科学技术资源共享。这个阵营认为知识产权本质上是一种垄断,并且,知识产权的过分保护已经威胁了基本人权。比如,造成了诸如非洲 HIV 药品人为的高价和短缺的公共危机,并在气候变化领域,知识产权阻碍了这些最为脆弱的国家获得相关减缓和适应技术。他们呼吁国际技术转移,并于 1976 年国际经济新秩序运动倡导下达成的《国际技术转让守则》禁止跨国公司以不公正的条件转让技术。

在这三大阵营之外,还有一些机制和参与者参与国际知识产权制度建设的进程,例如,知识产权相关国际机制、知识产权产业集团以及知识产权消费者和相关组织。

与知识产权相关的国际机制,他们在其专业领域内对知识产权进程产生了一定的影响。比如,世界卫生组织(WHO)积极对公共健康与知识产权药品政策领域提供建议与技术协助,并对 2001 年《关于公共健康的多哈宣言》产生了积极的影响。还有由三个国际协定组成的关于保护植物多样性和基因资源知识产权的框架体系:《保护植物新品种国际公约》(UPOV 公约);《生物多样性公约》;粮农组织的《国际粮食和农业植物遗传资源公约》。这三个《公约》都强调知识产权与人类可持续发展之间的关系,并促进知识产权朝着更有利于人权的关系发展。

知识产权产业集团是个不可忽视的存在。在 TRIPS 协定及《反假冒贸易协定》的谈判和实施过程中,到处可以看到制药业、娱乐业以及软件巨头等产业集团的影子,他们为知识产权国际保护最大化进行游说活动。[①] 1988 年,由知识产权产业集团代表组成的美国知识产权委员会与日本产业组织、欧洲工业及雇主联合会共同发表了"关贸总协定知识产权条款的基本框架"的声明,在该文件的基础上,美国代表向关贸总协定提交其议案,要求将知识产权纳入 WTO 一揽子协定中去。TRIPS 协定很多条款都体现了这些产业巨头的主张。

知识产权消费者和各种公民运动也对知识产权进程产生了重要的影响。例如,21 世纪初期的"获取知识运动",就是知识产权消费者对于贪婪的知识产业巨头的一次大规模的反抗。这些运动主张加强知识产权公共领域、基因农业等专利的开放性研究,主张增加教育和文化的例外条款。

---

① 薛虹:《十字路口的国际知识产权法》,法律出版社 2012 年版,第 51 页。

五、作为知识结构性权力的知识产权国际保护的影响

在国际知识产权保护初期,将知识财产化,并且通过国际条约实现全球性最低保护标准,有利于技术和知识的传播和扩散。而在大国利益主导之下的国际知识产权的扩张,则慢慢形成了"知识性结构权利"。诺贝尔经济学奖得主约瑟夫·斯蒂格列茨(Joseph Stiglitz)指出:有效的专利系统或者知识产权制度在开发和运用时,不应该影响知识的使用和传播。如果单独一方或者局部利益团体对知识使用拥有绝对的权力,这就人为地增加了垄断,垄断因素又扭曲了社会资源的分配,并最终抑制更多的创新。[1] 然而,在过去几十年里,由于发达国家将知识产权与财政、金融、贸易与工业政策、对外发展援助相挂钩,发展中国家在制定符合自身利益的公共政策中受制于人,承受了巨大的外部压力。强势经济国家往往将保护其具备比较优势的知识产权作为竞争战略的首选,故与知识产权相关的蛋糕的所有与分配无疑成为国际谈判中至关重要的议题。[2]

(一) 发达国家强化知识产权的收益

知识产权的保护将会补偿公司进行研发所进行的大量投资,并给予其继续创新的动力。《2011 年世界知识产权报告》指出:标准普尔 500 指数中对公司的市场价值的补充研究说明,无形资产约占公司平均价值的 80%。而实物和金融有形资产在公司的资产负债表账户中均小于 20%。

知识产权的保护仍然排在美国、欧盟和日本等技术领先经济体的全球商业议程表上的首列。[3]《2016 年知识产权与美国经济报告》指出:未来美国经济社会的发展,在很大程度上必须依赖知识产权密集型产业。2014 年,美国共有 81 个知识产权密集型产业,创造产值 6.6 万亿美元,对国内生产总值(GDP)的贡献率达 38.2%,直接提供的就业岗位占全部就业岗位的 18.2%,出口额占 60% 以上。[4] 而欧盟 2013 年发布了《知识产权密集型产业对欧盟经济及就业的贡献》,

---

① 黄永卫:《试论清洁能源技术与知识产权制度演变》,《中国科技成果》2012 年第 12 期,第 16—18 页。

② UNCTAD-ICTSD:"'知识产权保护与可持续发展项目'之政策研究指南",https://www.iprsonline. org/unctadictsd/Policy%20Discussion%20Paper/PP_Overview%20(Chinese). pdf,最后访问时间:2018 年 3 月 7 日。

③ Gupta R R. Compulsory Licensing in TRIPS: Chinese and Indian Comparative Advantage in the Manufacture and Exportation of Green Technologies. Sustainable Development Law & Policy, Vol. 12, No. 3, p. 5.

④ ICC:"年知识产权与美国经济:2016 年更新报告",http://www. sipo. gov. cn/gwyzscqzlssgzbjlxkybgs/zlyj_zlbgs/1062646. htm,最后访问时间:2018 年 3 月 7 日。

该《报告》显示：2008—2010年，知识产权密集型产业创造了欧盟GDP的39%、就业机会的35%以及出口额的90%。[①]

国际知识产权双边和多边条约更是强化了知识产权的市场支配力。根据经合组织2014年的数据显示：日本的知识产权出口额位列全球第二。发展和保护知识产权也是首相安倍晋三(Shinzo Abe)长期增长战略的关键组成部分。日本努力推动知识产权高标准、高保护的《跨太平洋伙伴关系协定(TPP)》，日本也因此举在美国发布的2016年《创新之源》报告中的分数比去年高了10分，这也说明了美国也认同参与高标准保护的知识产权协定可以在某种程度上提高创新能力。

（二）发展中国家和最不发达国家处于更为劣势的地位

在发展中国家看来，知识产权保护意味着对他们经济利益的剥削。一些评估显示：TRIPS如果被完全实施，每年以版税、药品专利使用费、计算机芯片设计等形式从发展中国家转入主要技术发明国家，特别是美国、德国和法国的知识产权费用总计将超过200亿美元。而发展中国家吸收FDI就需花费较长周期，而且引进规模很难预料，因为多种经济与政策影响着FDI流入。此外，由于知识产权与贸易单边制裁等措施挂钩，限制外国竞争者市场准入机会，知识产权事实上会抑制而不是扩大贸易流动。[②] 发展中国家由于能力的先天不足，对知识和技术的创新更多的是渐进式的。重大技术突破必须是"激进的"，并在全球知识前沿发生，而且不必考虑地区变化及对现有技术的适应。这也就意味着先进和落后国家，即"边缘"与"核心"的存在，低收入或中等收入的经济体自然要追赶较先进的经济体。依此看法，较贫穷国家的公司是被动采纳外国工业技术的。[③]如果这种外国知识产权售出超过边际效益的垄断价格，致使发展中国家无法承受时，发展中国家除了等待国际援助，几乎没有可以替代的方法获取相关技术。更关键的是知识产权作为一种私人财产所强调的"权利人的许可"，发展中国家必须取得权利人的同意。而国际知识产权条约对于技术的"强制许可"制定了非常严苛的条件。当面临全球公共问题时，发展中国家可能因为无法获取相关技

---

① EU："知识产权密集型产业对欧盟经济及就业的贡献"，参见 https://euipo. europa. eu/tunnel-web/secure/webdav/guest/document＿library/observatory/documents/IPContributionStudy/full＿report/IP-contribution-study-chinese. pdf，最后访问时间：2018年3月7日。

② UNCTAD-ICTSD："'知识产权保护与可持续发展项目'之政策研究指南"，https://www. iprsonline. org/unctadictsd/Policy%20Discussion%20Paper/PP_Overview%20(Chinese). pdf. 最后访问时间：2018年3月7日。

③ "2011年世界知识产权报告"，参见 http://www. wipo. int/edocs/pubdocs/zh/wipo_pub_944_2011. pdf. 最后访问时间：2018年3月7日。

术而处于更为劣势的地位。

因此,知识产权的重要性让其开始了全球化知识产权保护的进程。在这个进程中,多元化的主体不断地参与和影响,形成了国际知识产权全球治理的独特格局。但是,当知识产权上升到国际利益之后,便成为一种新的比较优势,国家之间对"知识产权话语权"的竞争就日趋激烈。知识产权也会形成"知识结构性权利",形成"全球中心-边缘政治"体系。发达国家利用国际知识产权条约来限制发展中国家的发展,以维护自己的比较优势。许多发达国家过去在缺乏国际标准时,都是根据本国发展的需要采纳适应其发展水平的保护模式。对发展中国家而言,不断增强的全球知识产权体系可能为其发展上了"紧箍咒"。

第二节　中国在国际知识产权进程中的应对

21世纪,新技术的蓬勃发展改变着社会生产的形态。发达国家卷入经济危机,复苏缓慢,中国等发展中国家发展迅速。信息的爆炸性增长和快速传播带来了更为开放和自由的思想。科学技术、国际政治格局和社会思潮的变化,都对知识产权国际法体系的变革和演化产生了影响,规制和解放成为知识产权国际法体系中两股相互相对的力量。随着各国经济的发展和经济全球化的浪潮,知识产权具有将知识转化为惊人的生产力的能力,成为各国创新能力的新指标,知识产权保护制度也从国内保护扩大到国际保护和全球性保护。谁控制着知识,谁就能控制国际社会;谁能制定知识规则,谁就拥有国际经济中的支配地位。[1] 中国一贯高度重视知识产权保护,将其视为自身发展的长期利益所在。[2] 中国于1984年加入《巴黎公约》,1992年加入《伯尔尼公约》,2001年加入世界贸易组织TRIPS协议。随着中国市场经济的进一步发展,"走出去"战略和"一带一路"倡议的推进,中国正从学习和建立符合国际通行规则,到发展符合中国国情的知识产权法律体系的转变。

一、知识产权与创新的关系

根据经济合作与发展组织发布的《2010年创新策略》的报告显示:国家创新

---

[1] 雷朝霞:《论知识霸权及其应对——以 TRIPS、TRIPS-plus 协议为中心》,社会科学出版社 2017年版,第1页。

[2] "中国知识产权保护与营商环境新进展报告",http://www.gov.cn/xinwen/2017-09/28/5228142/files/18ce46b242e545119b76005035887e34.pdf.最后访问时间:2018年3月2日。

的实质内容是指一国境内不同企业、大学、科研机构和政府机构之间围绕科技发展及其商业应用所形成的一种相互作用的网络机制。①创新和技术改进是生产、分配和应用各种知识的各角色之间一整套复杂关系的结果。国家创新体系是一组制度，制度的设计和功能是决定创新体系效率的关键。一个复杂的国家创新体系，包括国家宏观经济的稳定；财政、货币政策；税收制度；技术和产品标准；知识产权制度；市场规制；等等。如果国家创新体系"系统失灵"，即国家创新体系的系统结构存在缺陷，知识扩散将受到阻碍，没有合理的激励机制和创新压力，技术创新资源无法优化配置，国家的创新竞争力就会衰弱。

知识产权是国家提高创新的关键。②知识产权与创新政策关系的有三种类型：一是，制度变革，即通过知识产权制度变革旨在强化创新及其商业化，例如，拜杜法案。通过改变联邦资助的科研成果的所有权，以及促进高校与企业之间的联系，来推动产学研三者联动，将实验室的知识产权商业化。二是，作为一种有效的政策工具，即把知识产权作为创新政策设计的重要因素，例如，所谓的专利盒（在欧洲国家的一种税收优惠。在研发成果转化阶段优惠政策制度，一般规定企业转让知识产权等取得的收入适用较低的税率或者是免税）。三是，知识产权对创新政策的偶发性、非预期的影响，主要发生在提供知识产权管理支持时，包括知识产权与公共采购、改进创新主体之间的联系互动等。

二、中国知识产权战略

中国并非一个知识产权强国。不同于欧盟、美国、日本的已经占有优势的知识产权产业集团，中国的国家知识产权战略的重点应该是将"管理和运用"知识产权放在首位，而非一味追求"保护"。中国的知识产权战略定位，不是被动地应付发达国家对我国知识产权保护现状的攻击和责难，而是为了主动应对培育和促进本国企业的创新能力，从劳动密集型产业顺利过渡到知识产权密集型产业，并构建合理的知识产权营商环境来吸引国际投资。因此，国家知识产权战略的重心是主动地将知识产权制度整合于国家创新战略、国家发展战略中。

中国的知识产权和创新发展战略可以分为两大部分：应对国际挑战的知识产权策略，以及促进本国国民经济发展的知识产权战略。二者并非绝对，应对国际挑战的知识产权战略往往被纳入本国知识产权战略。但与此同时，由于国际政治经济形势的变化，应对国际挑战的知识产权战略有时候显得特别急迫，因而

①② OECD and Eurostat (2005), Oslo Manual-Guidelines for Collecting and Interpreting Innovation Data, OECD, Paris.

应作为短期策略予以特别关注。尤其是每年美国对于中国知识产权状况的评估以及采取的单边域外知识产权制裁措施,给中国企业和经济的影响不可估量,我国需要采取临时的应对策略。

而促进本国国民经济发展的知识产权战略,可作为中国经济的长期发展战略。创新是促进经济发展和社会进步的发动机。[①] 中国正值改革放开和产业发展的转型时期,处于人口停滞或下降,并面临劳动投入和物质资本投资回报递减时期,未来的增长必须越来越多地来自创新导致的生产率增长,引入新产品、改良工艺或方法是提高生产力的关键。在国内,需对知识产权等相关法律进行修订以符合当前我国经济发展的趋势。2015 年《中华人民共和国促进科技成果转化法》的修订,通过规定国家设立的研究开发机构、高等院校对其持有的科技成果可以自主决定转让,并规定了科技成果市场化定价原则,有力促进了科技成果商业化。[②]

将知识产权的长期规划和实施细则与"创新型国家战略"紧密联系起来,提升知识产权的地位和影响。2008 年,我国颁布了《国家知识产权战略纲要》,其中,"培育知识产权文化"被列为五个战略重点之一。战略的实施,让推动知识产权文化建设有了《纲要》这个大平台,有了国家知识产权战略实施部际联席会议这个有效载体,有了每年发布的战略推进计划这个具体方案。2014 年发布的《深入实施国家知识产权战略行动计划(2014—2020)》是专门针对知识产权的一个长期的行动计划,目标是在 2020 年知识产权法治环境更加完善,创造、运用、保护和管理知识产权的能力显著增强,知识产权意识深入人心,知识产权制度对经济发展、文化繁荣和社会建设的促进作用充分显现。[③] 在长期愿景的基础上,中国将知识产权视为创新创业的驱动力,以及树立友好的营商环境吸引国际投资的重要指标,并相继出台了《加快构建大众创业万众创新支撑平台的指导意见》以及以《关于推进国内贸易流通现代化建设法治化营商环境的意见》为代表的一系列指导意见及细则。[④]

中国作为世界上第二大经济体,尤其是近些年来中国的高速发展,引起了主

---

① 　Green R, Liyanage S, Pitsis T, et al. The OECD Innovation Strategy：Getting a Head Start on Tomorrow 2010, https：//www. oecd. org/sti/45326349. pdf. 最后访问时间：2018 年 3 月 8 日。

② 　"《促进科技成果转化法》实施后的若干热点问题解析",http：//www. stcsm. gov. cn/gk/zc/zcjd/zjjd/350354. htm,最后访问时间：2018 年 3 月 9 日。

③ 　"《深入实施国家知识产权战略行动计划(2014—2020 年)的通知》《国办发〔2014〕64 号》",http：//www. xinhuanet. com/fortune/2015 - 01/04/c_1113870665. htm,最后访问时间：2018 年 3 月 9 日。

④ 　"《国务院关于加快构建大众创业万众创新支撑平台的指导意见》《国发〔2015〕53 号》",http：//www. nipso. cn/onews. asp? id=28534；"关于推进国内贸易流通现代化建设法治化营商环境的意见",http：//www. nipso. cn/onews. asp? id=27804,最后访问时间：2018 年 3 月 9 日。

要发达国家的恐慌,并对于中国的政治和经济进行不断地责难。例如,美国商会国际知识产权中心(GIPC)发布的《2018 年国际知识产权指数报告》批评中国:知识产权侵犯仍处在高位;知识产权法规的诠释仍不完善,与国际标准脱节;在许多情况下,确保侵权适当补救的能力仍面临挑战;市场准入和知识产权商业化仍存在障碍;尤其是商业秘密方面,法律保障不足。① 事实上,"中国在努力提供公平的竞争环境,但是,取得的进展却往往被美国对过去的失败经验的记忆和对现行的规定所压倒"。②

知识产权一直是中美在经贸领域的一个重要议题。特朗普上台后,中美贸易摩擦加剧,知识产权议题成为中美双方谈判的关键。2018 年 1 月 17 日,特朗普接受路透社采访时表示:作为针对中国侵犯美国企业知识产权行为的制裁措施,将讨论"征收巨额罚款"。此前,特朗普就曾于 2017 年 8 月签署了下令调查中国侵犯美国企业知识产权状况的总统令。③ 美国拿知识产权议题责难中国,特朗普政府并不是第一次。中美两国因为知识产权问题有过了三次激烈的争端,每次都几乎到达了贸易战的程度。④ 20 世纪 80 年代末,美国贸易赤字和财政赤字的不断扩大致使美国国内的贸易保护主义倾向抬头,美国将其国力的衰落归咎于其他国家对美国知识技术的窃取,认为问题的根源在于缺乏全球性统一的知识产权保护标准。

美国在《1988 年综合贸易与竞争法》中特别强调了对知识产权的保护,将"301 条款"分为"普通 301 条款"和针对知识产权的"特别 301 条款"。"特别 301 条款"可以对"确定拒绝对知识产权提供充分、有效保护的国家"进行贸易调查。⑤ 美国在动用"特别 301 条款"时,往往采取三个步骤。首先,把与其有纠纷的贸易伙伴列入"观察名单"。这时被观察国家应尽快努力改善其对知识产权的保护水平,否则,将被作为有"重大纠纷"的贸易伙伴而被列入"重点观察名单"。其次,被列入"重点观察名单"的国家应在一年内对保护知识产权采取重大措施,否则,将被升至"重点国家"。再次,一旦被列入"重点国家"名单,该国应当在宣布之日起半年内,在被指控的知识产权领域的问题取得明显改善,否则,美国将

---

① US Chamber of the commence, "The roots of innovation", 2017.02. http://www.ipr.gov.cn/zhuanti/Reports/reports/GIPC_IP_Index_2017_Report.pdf,最后访问时间:2018 年 3 月 9 日。
② 何兴强:《中国加入世贸组织以来的中美知识产权争端》,《美国研究》2008 年第 2 期,第 48—62 页。
③ "中美知识产权纠纷关键时刻被美国列为'典型'的争端判决落地",http://yuanchuang.caijing.com.cn/2018/0130/4401245.shtml,最后访问时间:2018 年 3 月 9 日。
④ 何兴强:《中国加入世贸组织以来的中美知识产权争端》,《美国研究》2008 年第 2 期,第 48 页。
⑤ 敦一民:《美国 301 条款述评》,《河北法学》1998 年第 2 期,第 95 页。

按程序采取报复性措施。[①] 例如,1996 年,美国无视中国对于两次谈判作出的巨大努力和进步,再次将中国列为该年度唯一的"重点国家"。美国要求中国在关闭盗版工厂、加大海关执法力度、市场准入以及延长特别执法期方面,不顾中国等发展中国家以及先前在知识产权方面的努力,提出了超出 TRIPS 的协定要求。双方一度谈崩并都公布了制裁措施名单,后于 1996 年双方在互谅互让的基础上达成协议,取消了贸易报复和反报复的措施。[②]

2007 年,中美知识产权争议在 WTO 的框架之内解决。美国在世界贸易组织项下的争端解决中心(DSB)提起对中国的诉讼。2009 年,DSB 作出裁决,双方表示不上诉。在这个诉讼中,美国提出三项诉求:① 中国刑法中规定的假冒商标和侵犯著作权的行为,受刑事处罚(包括监禁和罚金等)的门槛太高。根据中国法律,并非所有具有"商业规模"的假冒商标和盗版行为都会受到刑事处罚,因为中国设定了"一刀切"的金额或数量门槛(例如,500 件或 3 万元人民币),且忽视了其他足以衡量侵权规模的指标。对此,中国援引《TRIPS》第 1 条第 1 款及第 41 条第 5 款关于自由裁量权的规定提出抗辩,认为:"商业规模"指的是具有相当规模的侵权活动,且是一个宽泛的概念,取决于国家的自由裁量权以及国内的情况。美国的解释仅关注"商业",完全排除"规模"。即使这样,中国的法律体系能够在不适用门槛的情况下追诉特定犯罪行为。行政处罚也可以对门槛之下的侵权行为进行处罚。[③] ② 侵权产品被中国海关没收,并进入商业流通渠道销售,不符合《与贸易有关知识产权协定》第 46 条和 59 条的规定。专家组认定美国关于中国海关措施违背《TRIPS》第 46 条的主张不成立,但认为中国海关拍卖假冒商标商品的方式(仅撕去商标)违反了《TRIPS》第 59 条。③ 未经授权复制和传播,需要纳入刑事程序处罚。该案提出后,中国《著作权法》第 4 条第 1 款与根据已被 TRIPS 协定第 9 条第 1 款吸收的《伯尔尼公约》第 5 条第(1)项,以及 TRIPS 第 41 条第 1 款规定的中国应承担的义务不相一致,即支持美方的诉求。案件审理结束后,中国履行了与美国达成的在 12 个月内执行裁决的承诺,并于 2010 年 2 月通过了《著作权法》(修正案),并对争议条款进行了修改。这一举措体现了中国对争端解决机构裁决的尊重,树立了中国遵守 WTO 游戏规则的国际形象,赢得了各方尊重。[④]

---

① 郭寿康:《涉外著作权关系的正常化》,《中国出版》1993 年第 3 期,第 37 页。

② 古祖雪:《国际知识产权法》,法律出版社 2002 年版,第 308—310 页。

③ 张凌宁:《中美知识产权 WTO 争端案一场引人注目的博弈》,《WTO 经济导刊》2009 年第 6 期,第 78—78 页。

④ 张慧霞:《解读 WTO 中美知识产权第一案》,《电子知识产权》2009 年第 4 期,第 45—49 页。

　　此次,特朗普政府提出:中国在外商投资中要求外国投资者与中国本土企业合资、共享知识产权的行为,是严重侵犯知识产权的行为。这一次,美国依然动用单边域外措施,对中国发动"301调查",并准备进行贸易报复。美国并未在WTO体系内解决争议,是因为《TRIPS》条款制定之时,对于发达国家和发展中国家的利益进行了平衡,允许各国在自由裁量权范围仅进行知识产权法的修改和调整。中国要求合资的行为是完全符合《TRIPS》第1条各国自由裁量权范围之内的。美国无法在WTO中获得支持,便转而将此问题归为国际投资中的"市场准入"问题,由于国际投资法并没有一个全球性的多边条约,也没有专门解决该类问题的争端解决机制。美国通过自己国内的"301条款"对中国贸易发动攻击,其实质上是通过美国在国际贸易规则制定领域的结构性权力来胁迫中国,谋求其利益最大化。

　　中国长期以来是一个发展中国家。为此,我们在完善知识产权制度时不能超越中国的实际,应结合知识产权国际条约的义务及相应的弹性条款,不能提出超越我们水平之上的保护。比如,在获得减缓和适应气候变化的技术上,可以利用《联合国气候变化框架公约》第4.5款,坚持发达国家履行国际公约中"技术转移"的义务,并且明确"技术转移"应当限定于知识产权的转让和许可。

　　同时,中国处在知识产权保护的结构性权力的第二阵营,一方面,饱受高标准的国际知识产权协定造成的技术应用的困难,同时,发达国家一直对我国知识产权执行不力进行无理的指责;另一方面,由于"一带一路"倡议和"走出去"战略,我国也迫切要求"一带一路"沿线国家给予我国企业家充分的知识产权保护。因此,我国可以在执法和立法上充分利用法律手段,警惕发达国家通过结构性权力提出的无理要求。2007年,美国在WTO对中国提出的知识产权执法和保护案中,指责中国对于盗版数量达到500件以上是不合理的。中国利用WTO规则有力回击了美国,这是符合TRIPS授予给缔约国的自主权的行为。

　　在"一带一路"倡议中,应关注我国企业已经或计划投资的国家的知识产权保护方面的法律制度是否完善,是否对我国企业会带来损害等,提醒我国企业可能面对的风险,避免不必要的损失。当然,更主要的是,提倡通过双边或区域性的知识产权或贸易、投资等协议加强知识产权保护,最大限度地维护我国企业的合法利益。

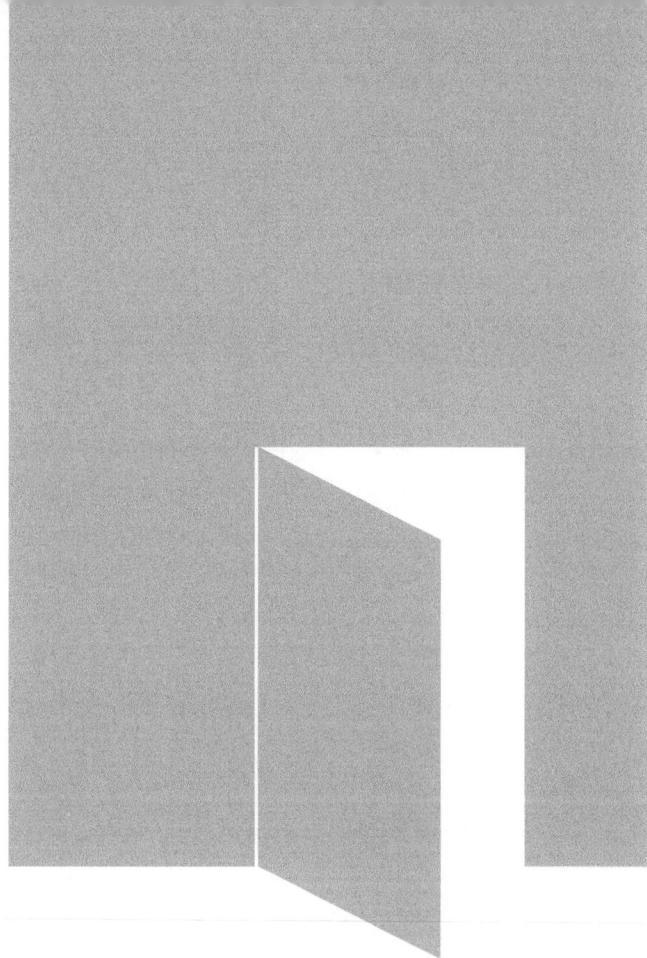

发展与中国的参与

第九章　1988 年以来中日官方对缅甸援助比较与启示

官方发展援助,亦称政府开发援助(Official Development Assistance,以下简称"ODA"),包括多边国际组织的 ODA 和国家间的 ODA。ODA 是以主权国家为基本行为主体,由发达国家或相对发达国家向发展中国家进行的大规模、制度化、经常性的资源转移,是在价值规律和市场体系以外的非经济性因素作用下,资金、技术知识等生产要素在国家之间的配置、流动和转移,是以国家或政府的政策行为对双边或多边的国际关系进行调整的产物。ODA 既是国际援助、经济援助的一个重要类别,亦是经济外交的一个重要类别。[①] 多边国际组织的 ODA 是指由经济合作发展组织(OECD)下属的"发展援助委员会"(Development Assistance Committee)对发展中国家提供的赠予比率不低于25％的大规模经济援助;国家间的 ODA 是一种国家之间具有战略意义的经济性、政策性的政府行为。[②] 官方发展援助除了帮助受援国得到发展外,也是援助国谋求自身利益、扩大自身影响力、达到自身特定目标的一种重要方式。

缅甸位于中南半岛西部,为东南亚、南亚和东亚三大地缘政治板块交汇之地,战略位置突出,历来是大国逐鹿之地。自从 1988 年缅甸军事政变后,缅甸遂成为国际社会普遍关注的焦点。作为缅甸最大援助国之一的日本,在与中国直接角力的同时,也在中国的西南加强了与中国的战略竞争。因此,中日都十分注重对缅官方发展援助,希望推进与缅双边关系。[③] 不过,种种迹象表明,目前,缅

---

① DAC, *Development Co-operation*, *1991 Report*, Paris: OECD, 1991, p. 257.

② 沈丹阳:《官方发展援助:作用、意义与目标》,《国际经济合作》2005 年第 9 期,第 30 页。

③ 现有的关于中日对缅援助的研究成果中,在中日援缅领域及政策方面,戴永红、曾凯对 2010 年以来日本对缅甸官方发展援助的新特点、主要考量及其制约性因素进行了分析探讨;韩召颖、田光强就日本对缅官方发展援助政策进行了评析;在中日援缅效果方面,卢光盛、李晨阳、金珍通过问卷的形式调查了缅甸民众对中国援助的态度;宋梁禾、吴仪君分析了中国对缅援助所取得的效果,并对中国援助缅甸所存在的一些问题进行了分析和研究。但是,现有成果都是对中日两国对缅援助相关内容进行了单独研究,并没有对两者进行比较,而且所研究的内容只是针对某一方面,并不系统和全面。因此,本书将对 1988 年以来中日官方对缅援助进行系统、全面的分析和比较。参见戴永红、曾凯:《2010 年以来日本 (转下页)

甸对日本的好感度总体上要好于中国。① 这其中固然有历史影响和地缘政治的使然，但也必须正视日本对缅工作的援助，尤其是要重视对日本对缅援助行为的分析。本章试图通过全面比较中日两国官方对缅援助行为，分析中日对缅援助的特点，为中方制定更加科学的对缅援助政策提供参考。

第一节　中日官方援缅理念之比较

中国对缅援助理念②深受以"和合"为核心的传统文化影响。"和"代表着和谐，"合"代表着合作，"和合"即希望人与人之间和谐相处、互帮互助。中国的援缅工作事实上就是在实践上对"和合"思想的具体反映。中国的对缅援助理念也深受国际主义原则的影响，周恩来总理提出的中国对外援助的八项原则就是对国际主义原则的具体化。③ 中国在给予缅甸援助时，历来坚持不附带任何条件、不谋求特权、不干涉缅甸内政，强调援助行为不是一方向另一方的施舍，而是双方在平等的基础上开展互利合作。新时代下，中国对缅援助又融入了互利共赢的新理念。中方一直强调对缅官方发展援助是基于互惠互利、共同发展基础之上，是中缅之间开展互利合作的有效平台和途径。为了实现互惠互利、共同发展，中国坚持把对缅援助视为发展中国家之间的相互帮助，采用了许多新的、高效的合作方式，尤其重视实际效果，照顾对方利益。同时，尽力为缅甸培养本土

（接上页）对缅甸官方发展援助政策的新特点及其制约性因素》，《日本研究》2016 年第 3 期，第 42—48 页；韩召颖、田光强：《试评近年日本对缅甸官方发展援助政策》，《现代国际关系》2015 年第 5 期，第 33—40 页；卢光盛、李晨阳、金珍：《中国对缅甸的投资与援助：基于调查问卷结果的分析》，《南亚研究》2014 年第 1 期，第 17—30 页；宋梁禾、吴仪君：《中国对缅甸援助的现状及建议》，《国际经济合作》2013 年第 7 期，第 64—67 页。

① 根据云南大学"缅甸综合社会调查（2015）"数据分析显示：2015 年以前，日本在缅甸的形象总体上要好于中国。

② 援助理念是援助国对政府开发援助的自我定位，它表达了援助国在对外援助时希望塑造的援助国国际形象，也是援助国为了证明援助行为的必要性、合理性和正当性，对本国援助的状态进行的阐释和宣传。

③ 这八项原则是：（1）中国政府一贯根据平等互利的原则对外提供援助，从来不把这种援助看成是单方面的赐予，而认为援助是相互的。（2）中国政府在对外提供援助的时候，严格尊重受援国的主权，绝不附带任何条件，绝不要求任何特权。（3）中国政府以无息或者低息贷款的方式提供经济援助，在需要的时候延长还款期限，以尽量减少受援国的负担。（4）中国政府对外援助的目的，不是造成受援国对中国的依赖，而是帮助受援国逐步走上自力更生、独立发展的道路。（5）中国政府帮助受援国建设的项目，力求投资少、收效快，使受援国政府能够增加收入，积累资金。（6）中国政府提供自己所能生产的质量好的设备和物资，并且根据国际市场的价格议价。如果中国政府所提供的设备和物资不合乎商定的规格和质量，中国政府保证退换。（7）中国政府对外提供任何一种技术援助的时候，保证受援国的人员充分掌握这种技术。（8）中国政府派到受援国帮助进行建设的专家，同受援国自己的专家享受同样的物质待遇，不容许有任何特殊要求和享受。

人才和技术力量,帮助缅甸建设基础设施,开发利用缅甸本国资源,打好发展基础,加强缅甸自主发展和可持续发展的能力,使对缅援助工作主动地服务于中国的政治、经济建设。

日本官方对缅援助理念则深受西方传统的"价值观外交"的影响。"'价值观外交'主张在对外交往中推行以自由、民主、人权、法治、市场经济等为特征的'普遍价值'"。[①] 日本将"价值观外交"作为其援缅理念,很自然地将经济援助和政治问题联系在一起。1988 年缅甸军事政变后,日本为与西方国家保持一致立场,不得不对缅实行制裁。不过,日本虽然停止了对缅甸的日元贷款,但仍然继续为缅甸无偿提供着资金援助和技术援助,还为缅甸免除了大量债务。1989 年2 月,日本政府承认缅甸军政府为合法政府后,决定继续向缅甸提供债务减免援助和小规模的人道主义援助。[②] 日本希望通过援助缅甸,推动缅甸实施民主化改革,进而为其推行价值观外交奠定基础。2010 年,缅甸开始实行政治民主化改革,与西方国家的关系得到转圜。日本借此重新启动对缅日元贷款,增加了对缅援助规模,对缅甸进行全面援助。日本意图通过不断加强对缅援助来改变缅甸本国的价值观,推动缅甸民主化改革的进程,并逐步扩大日本在缅甸的影响力,进而为其谋求在东南亚地区成为政治大国而奠定基础。

第二节　中日官方援缅领域之比较

"据统计,截至 2012 年年底,中国政府已向缅甸提供了 30 多个成套项目、9 个技术合作项目以及 27 批单项物资援助,涵盖农业、工业、交通、通信、电力、体育、文化、教育、卫生、禁毒和生物技术等领域。"[③]但中国对缅援助的重点主要集中在公共设施领域,包括援建一些社会公共设施和经济基础设施,其中,经济基础设施建设更是重点领域。中国帮助缅甸建设了水电站、通讯站、油气管道等大中型项目,如耶涯水电站、达武通讯站、中缅油气管道、大湄公河次区域信息高速公路项目等,为满足缅甸国民经济的发展提供了必需的硬件设施。2005 年 11月,缅甸政府突然决定要在两个月内将首都从仰光搬到内比都,在此期间,中国

---

① 戴永红、曾凯:《2010 年以来日本对缅甸官方发展援助政策的新特点及其制约性因素》,《日本研究》2016 年第 3 期,第 44 页。

② Edström M. , "Japan and the Myanmar conundrum, Institute for Security and Development Policy", 2009, p. 30, http://pwvb. rit-alumni. info/japan_and_the_myanmar_conundrum_－_final. pdf.

③ [缅]吴哥哥莱、李晨阳主编:《中国国际社会责任与缅甸个案研究》,中国社会科学出版社 2016 年版,第 128 页。

承担和援建了包括连接内比都到仰光的高速公路以及内比都国际机场在内的很多关键的基础设施项目。2007 年,中国电力投资公司与缅甸政府达成协议,在伊洛瓦底江源头援建七个水电站。2008 年,中国石油天然气集团公司(CNPC)与缅甸政府达成协议建立双重天然气和原油管道从印度洋海岸斜穿过缅甸的核心地区到达中国的云南省,该项目由中国政府支持援建并且由中国银行进行融资。① 在社会公共设施方面,中国注重改善缅甸的政府办公条件、文化体育设施和民众生活环境,以及提升城市形象等领域的援建项目,如援建缅甸的国际会议中心、体育馆、国家大剧院和文化广场等。

日本对缅援助包括交通、电力等对经济社会发展产生重大影响的基础设施领域,以及医疗、灾害、教育、社会、人力资源等老百姓较为关注的民生领域。安倍执政期间,日本明确指出其对缅援助的三大重点领域分别是:"第一,为改善人民生活的支援,即以医疗、保健、防灾和农业等领域为中心,对少数民族和贫困人口提供支援,支持缅甸的农业开发和地区发展。第二,对提高支撑经济和社会发展的人才的能力和制度建设的支援,即接收缅甸留学生和进修生,为有效提升缅甸的人才培养和制度建设水平,提高管理能力等提供教育支援,也包括促进政治转型的支援。第三,对经济可持续发展所需的基础设施和制度建设提供支援,即促进缅甸能源、交通等基础设施的建设。"② 可见,日本对缅援助除了集中于硬件设施领域之外,还注重对"软件"领域的援助。例如,2004 年日本政府为位于仰光的戒毒中心提供了 66 000 美元的援助,该中心于 2006 年起投入使用。2007 年,日本提供了 4.77 亿日元奖学金,支持缅甸政府或非政府组织机构中的年轻公职人员赴日本各大学留学。③ 同时,日本还对缅甸土瓦地区基础设施建设进行了有偿资金援助;对缅甸少数民族地区难民、仰光市内轮船维修工作进行了无偿资金援助;对缅甸法律修订、人才培养进行了技术援助。④ 除此之外,日本还与联合国世界粮食计划署(WFP)合作向包括若开邦和掸邦在内的六个邦提供了 8.14 亿日元的粮食无偿援助,并通过联合国难民署(UNHCR)向缅甸国内流

① Lex Rieffel and James W. Fox, "Too Much, Too Soon? The Dilemma of Foreign Aid to Myanmar/Burma", March 15, 2013, p. 49. http://www. burmapartnership. org/2013/03/too-much-too-soon-the-dilemma-of-foreign-aid-to-myanmar-burma/,最后访问时间:2017 年 12 月 20 日。

② Ministry of Foreign Affairs of Japan, *Japan's Assistance to Myanmar*, March, 2015. http://www. mofa. go. jp/region/asia-paci/myanmar/,最后访问时间:2017 年 12 月 20 日。

③ 阮俊英、何艳红、马金案:《冷战后日本对湄公河次区域 5 国的官方发展援助(ODA)》,《东南亚纵横》2011 年第 10 期,第 56—57 页。

④ 戴永红、曾凯:《2010 年以来日本对缅甸官方发展援助政策的新特点及其制约性因素》,《日本研究》2016 年第 3 期,第 44 页。

离失所的人民提供了2亿日元的援助。[1]

虽然中日两国都比较重视对缅给予能够促进经济发展的基础设施建设援助（见表9-1），但显然中日两国的对缅援助领域还是存在比较大的差别。如中方援助比较关注社会公共设施建设领域，且规模都比较宏大；日本援助则主要集中于民生设施方面，援助重点是致力于改善医疗、教育等领域的小型民生项目。中方在实际援助中倾向于"硬件"的援助，日本则"软""硬"兼顾，在援助缅甸基础设施建设的同时，也注重提供资金、技术和智力支持。

表9-1 中日援缅重点领域比较

援助国	中 国		日 本	
援助类型	经济基础设施	社会公共设施	经济基础设施	民生设施
援助领域	交通、能源	政府办公条件、文化体育设施和民众生活环境	交通、能源	灾害、民生、社会、医疗、教育人力资源
重点项目	内比都国际机场、伊洛瓦底江水电站	国际会议中心、体育馆、国家大剧院、文化广场	铺设电路、扩建机场	戒毒中心、粮食无偿援助、接收缅甸留学生和进修生

第三节 中日官方援缅方式之比较

中国援缅方式主要沿用了中国对外援助的传统方式。中国对缅援助的方式主要有：政府贴息优惠贷款、无偿援助和项目合资合作。政府贴息优惠贷款是由中国进出口银行对外提供的具有政府援助性质的中长期低息贷款，"本金由进出口银行通过市场筹集，贷款利率低于中国人民银行公布的基准利率，由此产生的利息差额由国家财政补贴"。[2] 政府贴息优惠贷款有利于中国对缅援助资金来源和规模的扩大，有利于援缅资金使用效益的提高，还有利于中国政府和缅甸友好合作关系的加强，巩固与缅甸的经贸合作，推动中国企业和缅甸企业在投资、技术培训和设备提供方面的合作，促进中缅两国共同发展。政府贴息优惠贷款主要用于大型设备采购、基础设施建设、通信信息、农业灌溉、水力发电、

---

[1] Khen Suan Khai, *Japan's Official Development Assistance Diplomacy towards Burma in Post 2012*, University Academic Service Centre(UNISERV), Chiang Mai University, Thailand, 24 – 25 July 2015, p. 7.

[2] 黄梅波、任培强：《中国对外援助：政策演变及未来趋势》，《国际经济合作》2012年第3期，第83页。

工业生产等项目。无偿援助是指中国政府向相对困难的国家无偿提供的一种援助。中国主要将无偿援助用于与缅甸进行技术合作,给予缅甸物资援助、紧急人道主义援助,以及帮助缅甸建设医院、学校等中小型社会福利性项目。项目合资合作是指"在中国政府与受援国政府原则协议的范围内,双方政府给予政策和资金支持,中国企业同受援国企业以合资经营、合作经营的方式实施的项目"①。中国通过项目合资合作帮助缅甸培养新一代的技术专家和管理人才,帮助缅甸发展经济,提高缅甸的就业和收入,促进两国的经贸合作,提高两国的经济收益。

　　日本援缅方式主要是日元贷款、无偿资金援助和技术援助,其中,日元贷款是最主要的方式。日元贷款是日本政府开发的低于一般商业利益水准,并且它的偿还期限比较长的一种优惠贷款。② 日本通过技术援助来提升缅甸人民的知识和技能水平,提高资源的利用率,在实现技术转移的同时,增进日本与缅甸人民的相互了解。日本国际协力机构(Japan International Cooperation Agency, JICA)是日本向缅甸提供援助的主要机构,并且援助的对象十分广泛。2010 年, JICA 向缅甸所提供的无偿资金援助和技术援助达到了约 3 200 万美元,并且一直在大幅上升;2012 年 11 月,日本首相野田佳彦宣布了一项大约 500 亿日元(6.5 亿美元)的对缅贷款,用于帮助缅甸偿还债务、开发能源、发展农业、减少贫困和发展经济特区。③ 另外,日本还通过一些区域组织来间接向缅甸提供援助,包括东亚东盟经济研究中心(ERIA)、大湄公河次区域经济合作(GMS)、《湄公河下游倡议》等。

　　从中方的政府贴息优惠贷款、无偿援助和项目合资合作,到日方的日元贷款、无偿资金援助和技术援助,中日官方对缅援助方式事实上区别不大,不过两者实现的途径却有所区别。中方一直比较倾向于"政府对政府"的援助路径,援助基本是政府间行为,主要由企业(尤其是国企或有国企背景的企业)来实施。而日本除了"政府对政府"的常见形式,更倾向于通过缅甸庞大的 NGO 系统来延伸日本的援助末梢,深入到缅甸社会底层,使广大的缅甸普通民众能够直接受惠于日本政府的援助。

---

　　① 黄梅波:《中国对外援助机制:现状和趋势》,《国际经济合作》2007 年第 6 期,第 7 页。
　　② 吴丹:《中日对非援助的比较研究》,湖南师范大学出版社 2012 年版,第 38 页。
　　③ Lex Rieffel and James W. Fox, "Too Much, Too Soon? The Dilemma of Foreign Aid to Myanmar/Burma", March 15, 2013, p. 47, http://www. burmapartnership. org/2013/03/too-much-too-soon-the-dilemma-of-foreign-aid-to-myanmar-burma/,最后访问时间:2017 年 12 月 20 日。

第四节　中日官方援缅效果之比较

援助效果是指导一个国家援助行为的基本依据,但援助效果是一个比较抽象的概念,因而很难进行直接的评估。由于一个国家的援助行为,其目的之一就是通过援助来改善受援国人民对援助国的印象和态度,进而在受援国产生更大的影响力,故援助效果亦可以间接通过如受援国对援助国整体印象、喜欢程度,以及援助国在受援国的影响力的评估来获得较为直观的认知。本书采用"缅甸综合社会调查(2015)"数据库的数据来说明这一情形。

图 9 - 1 展现了缅甸居民对中日两国整体印象的差异。图中的数据来源于问卷中的问题"您对下列国家的总体印象是什么? 请从 1 - 10 中选一个数字进行打分,1 代表非常讨厌,10 代表非常喜欢",分值越高则表示对该国印象越好。由图 9 - 1 可知,受访者对中国的整体印象评分的均值为 4.08,对日本的整体印象评分的均值为 5.56,该数据显示缅甸居民对日本的整体印象要好于对中国的整体印象。

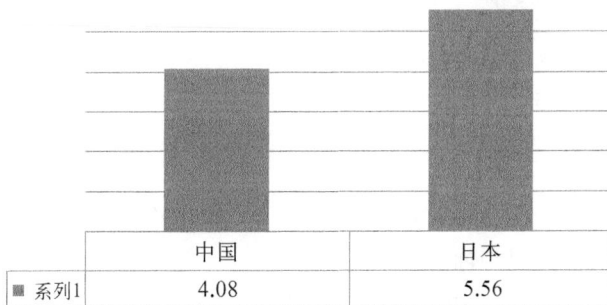

	中国	日本
■ 系列1	4.08	5.56

图 9 - 1　缅甸居民对中日两国整体印象的评分均值比较

图 9 - 2 展现了缅甸居民对中日两国的喜爱程度的差异。受访者表示对中国"非常喜欢"的占比 4.83%,相比较对日本的态度要低 6.54 个百分点;对中国"有点喜欢"的占比 47.87%,相比起对日本的态度要低 24.66 个百分点。由以上数据显示,缅甸居民相比较中国更喜欢日本。

图 9 - 3 展现了缅甸居民关于中日两国对缅甸的影响力的看法。由图 9 - 3 可知,28.23% 的受访者认为中国对缅甸有很大的影响,48.6% 的受访者认为中国对缅甸有些影响,即超过七成的受访者认为中国对缅甸有一定的影响;仅有 3% 的受访者认为日本对缅甸有很大的影响,43.77% 的受访者认为日本对缅甸有些影响,即近一半的受访者认为日本对缅甸有一定的影响力。其中,相对日

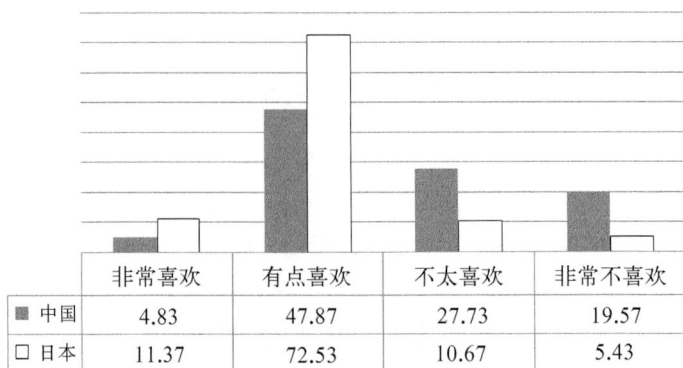

	非常喜欢	有点喜欢	不太喜欢	非常不喜欢
■ 中国	4.83	47.87	27.73	19.57
□ 日本	11.37	72.53	10.67	5.43

图 9-2　缅甸居民对中日两国的喜欢程度比较(%)

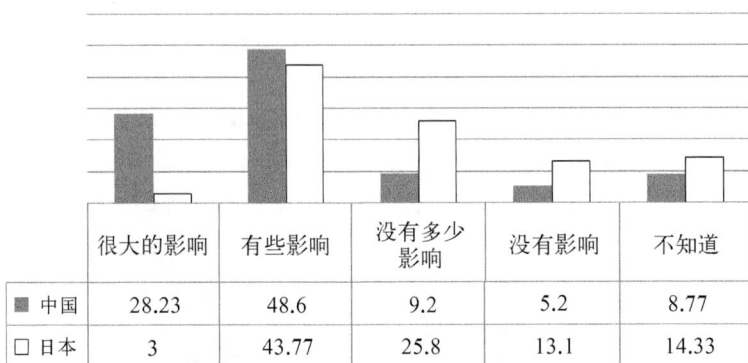

	很大的影响	有些影响	没有多少影响	没有影响	不知道
■ 中国	28.23	48.6	9.2	5.2	8.77
□ 日本	3	43.77	25.8	13.1	14.33

图 9-3　缅甸居民关于中日两国对缅甸的影响力的看法比较(%)

本,认为中国对缅甸有影响的受访者占比高出近 20 个百分点,由该数据可看出缅甸居民更承认中国对缅甸的影响力。

以上对比数据都在一定程度上说明,尽管缅甸居民更承认中国对缅甸的影响力,但其对日本的评价要高于对中国的评价,这从侧面反映了日本援缅在民众层面实现了更好的效果。究其原因,首先,虽然中国在东南亚越来越受欢迎,但这并不代表东南亚国家对中国已经没有畏惧心理。[1] 就缅甸而言,缅甸虽然十分期望得到援助,但是,对于接近它的西方国家和位于它周边的中国、印度这样的大国,缅甸始终还是抱"谨慎交往的态度"。[2] 其次,中国"政府对政府"的援助形式一向不太接地气,加之中国在缅甸援助的一些项目,多为民众不关心或获益

---

① Joshua Kurlantzick, "Charm Offensive: How China's Soft Power is Transforming the World", New Heaven and London: Yale University Press, 2007, p. 98.

② The White House, "The National Security Strategy of the United States of America", Washington, DC. , 2002.

较小的项目,缅甸人民对中国援助的认可度较低,导致无论是缅甸还是西方国家,都对中国的援助持怀疑态度。再次,NGO很少参与到中国的对缅援助中,中国的NGO并不像日本的NGO那样在对缅援助中发挥重要作用,这也使得中国在对缅援助中,与缅甸民众接触较少,忽视了广大底层民众的反应,缺乏民间参与的活力。虽然日本对缅援助由于受到美国的影响而不能独立自主,但由于日本将援助重点放在与群众密切相关的民生项目上,且NGO在对缅援助中发挥了很大的作用,使缅甸民众更能切身感受和了解日本所进行的援助。因此,缅甸人民对日本援助的认可度较高。相比之下,中国对缅实施援助则集中在单个的大型项目上,较少对覆盖面较广的普及型项目实施援助,这就使得缅甸的百姓不能切身感受到中国对其进行了援助,从而对中国的援助没有深刻和良好的印象。例如,位于仰光的国家大剧院很少有缅甸人民知道是中国援建的,而1989年日本在仰光援建了一所名为"Yangon New General Hospital"的医院,但缅甸人民却习惯将其称作"Japanese Hospital"。[①] 因此,总体来说,日本对缅援助相对中国而言还是取得了更好的效果。由此也说明,未来中国官方对缅援助行为更应注重方式方法,以提高援助效果。

第五节　对提升中国官方援缅水平的启示

一、完善对外援助机制,重视援助效果

目前中国的对外援助机制还不够完善,制约了中国官方援缅水平的提升。因此,中国应该逐步完善对外援助机制,重视对援助效果的评估。首先,中国应出台一部专门的《对外援助法》,推进中国对外援助的法制化进程。目前,中国还没有一部专门的对外援助法律,对外援助的工作缺乏系统、规范的管理。另外,对外援助的政策和实施不需要通过人大的决议,对外援助工作存在些许随意性,还没有形成法制化。因此,为了完善中国的对缅援助机制,中国应该尽快出台一部专门的对外援助法律,对中国的外援工作进行统一、规范的指导和管理,明确对外(缅)援助的政策、原则、目标、实施、监管等方面的内容,保证对外(缅)援助顺利有效地开展。其次,中国还应重视跟踪统计对外(缅)援助的执行情况,不断接受反馈信息,对援助效果进行准确评估,为援助提供参考意见。独立的对外(缅)援助项目过程的监控和评估,不仅有利于提高对外(缅)援助效果以及资金

---

① 宋梁禾、吴仪君:《中国对缅甸援助的现状及建议》,《国际经济合作》2013年第7期,第67页。

的使用率,还有利于政府官员提高成本意识和市场意识。

二、加强对缅调研工作,把握缅甸需求

中国在开展援缅工作前,应先做好对缅甸的调研工作,收集和分析缅甸的各类信息,充分了解缅甸的基本政治经济状况、地理环境和风土人情,清楚缅甸的优势和发展前景,把握缅甸的发展需求和实际需要,充分考虑所提供的援助是否能够促进缅甸当地的经济发展,以便制定正确且有针对性的援缅政策,确保中国对缅援助的资源得到最高效地利用。把对缅援助工作与缅甸的国情结合起来,尽量避免一些"华而不实"的援建项目。缅甸正处于政治经济转型的关键时期,缅甸政府当下以发展经济为要务,经济有序发展有利于缅甸政权的巩固。因此,缅甸希望中国除了能继续给予其一定的基础设施援建外,还能够将更多的援建项目投向民生等公益领域,例如,向缅甸老百姓关心的农村扶贫、医疗卫生、文化教育等领域倾斜,这些项目能使缅甸普通群众直接受益,让缅甸民众能够切实感受到中国政府及企业"公益性"项目给他们的生活带来的改变和改善。只有做好调研工作,才能充分了解缅甸国情和实际需求,提高对缅援助实效。

三、调整对缅援助重点,向民生领域倾斜

农业是缅甸经济的基础,因此,缅甸很希望其他国家可以在农业方面加大对缅甸的投资援助。中方可继续在缅甸开展援外农业技术示范,引导国内企业、金融机构等到缅甸进行农业投资合作,派遣农业技术专家向缅甸传授农业技术,提供农业可持续发展方面的政策咨询和技术指导。在医疗卫生领域,中国可积极支持缅甸加强卫生系统建设,重点提升临床医疗、公共卫生、妇幼保健水平。针对中国有较强技术、并发症少的疾病,可为缅甸援建专科医疗机构,依托国内地方省市资源,向缅甸的贫穷地区派遣短期巡回医疗队。在教育领域,中方可扩大对缅教师培训规模,为缅甸培养更多的师资力量,向缅甸提供更多的中国政府奖学金名额,在缅甸的农村和边远地区援建更多的中小学校舍,提供必要的配套教学设备和学习用具。还可在缅甸开办一些培训中心,加大对缅甸的人力资源培训,提升缅甸民众的就业能力。将对缅援助的重点调整到可以直接使缅甸人民获益的民生项目,这样不仅可使中国对缅援助更加深入人心,也可以对中国的援助起到很好的宣传作用,扩大中国在缅甸的影响力。

四、丰富对缅援助模式,充分发挥 NGO 在援助中的作用

在官方援助中纳入 NGO 的参与,已经成为许多西方国家对外援助的惯用

方式。NGO能够给政府提供一个社会的视角,让政府部门或者让外交部门接地气、懂民情,是官方和民间沟通的桥梁和纽带。中国应该丰富对缅援助的模式,在坚持政府对政府的主渠道作用的同时,充分发挥NGO在援助中的作用,稀释中国对缅援助的政治性。因此,中国应该着力培养一批运作基础良好、经验相对丰富的NGO,积极鼓励NGO参与到对缅援助中,使中国的NGO有充分锻炼和发展的机会,激发NGO的活力,渐渐引导NGO成为中国对缅援助的执行主体,使援助活动直接让缅甸的贫困群体受益,加深人与人之间的交往,有利于缅甸民众对中国援助的认可和接受。另外,吸纳NGO与官方对缅援助相配合,可以取长补短,形成政府、企业和NGO三位一体的对缅援助模式,发挥合力效应。NGO可以帮助中国政府和中国企业与当地社会建立沟通平台,在对缅援助中听取不同的声音,充分尊重当地的民意并避免风险。再者,通过NGO的帮助可以吸纳更多的社会力量和资源参与到对缅援助当中,使援助规模得到扩大。此外,引导NGO平等地参与到对缅援助当中,而不是把钱简单地拨给缅甸政府,能够使援助资金的利用率得到提高,并收获更好的援助效果。

五、加大宣传力度,鼓励援缅工作人员与当地民众交流

受传统思维的影响,中国的对缅援助一贯都是少说多做,重视实际行动,而很少进行宣传,态度低调。因此,许多缅甸民众都不了解中国的援助情况,再加上一些别有用心的人的恶意歪曲和指责,很容易使缅甸人民对中国的援缅工作产生许多误解。因此,中国应当加大宣传力度,改善宣传方式。一方面,要对当地生存逻辑和社会生态进行深入的了解,充分利用当地社会、法律和媒体资源,适当加大宣传力度,促进公共关系发展。另一方面,利用网络等国际传播渠道,主动将中国对缅援助的相关目标、政策、理念、成效等内容进行大力宣传,鼓励援缅工作人员与当地进行交流,增进彼此间的信任,让缅甸民众更全面地了解并相信中国的援缅工作。这样既有利于中国更好地开展对缅援助工作,又可以促进中缅关系更深入地发展。通过加强与缅甸较有影响的NGO、西方媒体及主流媒体的联系,在与其形成良好工作联系的基础上,及时向其提供反映企业在开展项目的过程中为当地民众和社会带来实惠、积极履行社会责任以及当地民众关注的主要事项、建设的基本情况等新闻素材,力求各类援助信息能够通过西方媒体和缅甸媒体的传播而让到更多的人群知道和了解,从而真实地反映中方对面援建项目对缅甸经济社会发展的作用。

由于社会性质、政治环境、经济实力以及追求的目的不同,中日两国对缅甸的官方发展援助也存在着较大的差异。在官方援缅理念方面,中国主要融入了

"和合"为核心的传统文化、国际主义原则和互惠互利、共同发展的新理念,而日本的援助理念主要是推广所谓的"民主价值观",推动缅甸民主化改革的进程。在官方对缅援助的领域方面,中国对缅援助重点集中于援建一些基础设施类的大型项目,而日本除了援建基础设施之外,将重点集中于一些致力于改善人民生活水平的小型民生项目。在官方对缅援助的实施方式方面,中国始终强调无私援助,并不断增加对缅甸的援助资金和大型援助项目,而日本则是以西方大国帮助发展中国家实现民主化的姿态来实施援助,并且大多都是附带政治条件或先决条件。显然,中国坚持援助与政治脱钩的援助理念,受到包括缅甸在内的受援国官方的普遍欢迎。中日官方援缅效果对比表明,缅甸民众对中国的援缅项目往往缺少比较正面的评价,对日方的援助评价则普遍较好。总的来看,中日官方援缅都存在着各自的优势与不足。中国应在总结自己不足的同时,借鉴和学习日本的经验。未来,中方应该适当调整援助思路,在坚持援助与政治脱钩的前提下,重点从援助领域、援助方式、援助宣传等方面入手,尤其是应重视评估援助效果,不断提升中国官方援缅水平。

第十章 美、日、印对中缅发展合作的
影响及传导机制

中国企业对缅投资的政治风险由于受到存在互动关系的东道国国内因素和以美、日、印为代表的第三方国家与缅关系变化的双重影响,政治风险的过程不稳定性与非市场的不确定变化表现明显。

(1) 在缅甸国内层面,2010 年缅甸大选成为缅甸政治经济转型的转折点。缅甸国内政治生态的多元化与利益博弈的激烈化,使中缅资源开发合作的传统优势严重受损。同时,新政府全面实行"大国平衡战略",使亚太地区"政经分离"的趋势加剧了中国企业在缅投资的政治风险,尤其是非传统政治风险。

(2) 在国际层面,缅甸独特的地缘政治优势与地缘经济潜力成为当前美、日、印三个奉行自由民主的域外大国亚太地区的利益竞合点。三国的对缅政策深深嵌入亚太地区经济、政治和安全议题以牵制中国发展,缅甸成为中、美、日、印四国重要的亚太博弈场,但三国对缅的影响传导机制因各自利益诉求和地缘成本的不同而存在差异,从而对中缅资源开发合作的影响表现出方式手段的隐蔽性和基于价值观念的间接破坏力。

(3) 美国等发达国家将缅甸实质的民主化改革作为解除经济制裁的前提条件,迫使缅甸国内无法通过渐进式改革避免陷入政治经济快速转型导致的长期震荡困境。一方面,缅甸国内政治民主化改革过程中中央政府、地方政府与"民地武"的三方矛盾将持续影响中国在缅北现已开展的大量资源开发合作项目。缅甸在很大程度上成为域外大国为中国制造投资安全风险的楔子;另一方面,民选政府的上台迎合了美、日、印三国的价值观和经济转型要求,从而改善三国对缅关系,为各国投资进入缅甸提供了良好的外部环境。缅甸的地缘战略价值将真正得到发挥。而缅甸受域外大国解除制裁、发展经贸关系的现实物质施惠与民主意识形态同化的双重影响,将进一步压缩中国在缅投资的优势空间。

第一节　中缅关系回顾及美日印对
中缅合作的态度

　　缅甸作为我国构筑和谐周边与拓展印度洋战略的重要合作对象,是我国重要的能源战略合作伙伴,也是作为"一带一路"沿线国家在孟中印缅经济走廊中承担连接南亚与东南亚关键角色的重要地缘战略枢纽。[①] 同时,它也是我国企业"走出去"的重要投资市场。

　　2015年是中缅建交65周年。在过去的20年里,随着中缅关系的巩固和西方对缅甸制裁的升级,中缅两国基于长期历史文化观念积淀产生的合作共识,有助于全方位推进中缅高层政治互信、经济合作、文化包容的利益共同体、命运共同体和责任共同体的建设,同时有利于中国企业在对缅投资中树立良好的企业形象和推广"共同开发、共同发展、平等互利、合作共赢"的投资理念,从而实现能源资源开发、基础设施建设等由于客观上对当地环境会造成一定影响,需要与当地民众保持顺畅沟通的大型项目的有序进行。

　　然而近年来,中国企业在缅投资的政治风险并未因缅甸2010年大选由军人政权转型为民选政府,以及2016年4月昂山素季领导的全国民主联盟(NLD)组建的民选政府正式上台这两件缅甸国内政治民主化转型进步的标志性事件,带来理论上经营环境的改善而趋于可预测和可防范。与之相反,中缅资源开发合作中出现了一系列以破坏环境和侵犯人权为由的负面事件。例如,2011年9月,缅甸政府宣布搁置中国投资的密松电站;[②]2012年11月,发生了针对莱比塘铜矿的大规模抗议事件,以及2015年1月缅军抓捕中国伐木工等事件,不断引发中缅国内,甚至国际社会的高度关注。

---

　　① 缅甸处于"丝绸之路经济带"的中国至东南亚、南亚、印度洋段以及"21世纪海上丝绸之路"的重点方向之一,即从中国沿海港口过南海到印度洋,延伸至欧洲的"一带一路"交汇点。孟中印缅经济走廊与推进"一带一路"建设关联紧密,应进一步推动合作,取得更大进展。参见"推动'共建丝绸之路经济带'和'21世纪海上丝绸之路'的愿景与行动发布",中华人民共和国商务部综合司,http://zhs.mofcom.gov.cn/article/xxfb/201503/20150300926644.shtml,最后访问时间:2018年2月8日。2017年4月10日,国家主席习近平在人民大会堂同缅甸总统吴廷觉举行会谈。吴廷觉表示:缅甸支持并愿积极参与"一带一路"建设,加强双方在基础设施建设、边境经济合作区等领域的重点项目合作,深化两国人民友谊,密切国际地区事务中协调合作。参见"中华人民共和国和缅甸联邦共和国联合新闻公报",人民网,http://world.people.com.cn/n1/2017/0411/c1002-29200722.html.最后访问时间:2018年2月8日。

　　② 密松位于缅甸克钦邦境内,由中国电力投资集团为主要投资方,投资总额36亿美元,2019年完工将成为缅甸的第二大坝。在缅甸宣布停建密松大坝后,缅甸总统吴登盛会晤中国大使对此作了解释,并派出外长前往北京与习近平和中国外长就相关议题进行会晤,中缅关系也随之走入低谷。

此外,2010 年以来中国企业对缅投资的发展趋势也出现了与全球对缅投资总体的快速增长趋势相矛盾的现象。虽然自有记录的 1988 年下半年至今,中国对缅投资仍居首位,投资额累计已达 185.34 亿美元。① 同时,2015 年度(2015年 4 月—2016 年 3 月)的海外投资额仅次于最高的 2010 年度,同比大幅增长18％,创 2011 年春季的民主化运动后的最高纪录,②但从中国对缅的直接投资情况来看,2010 年后却整体呈现出下降趋势(见图 10-1)。

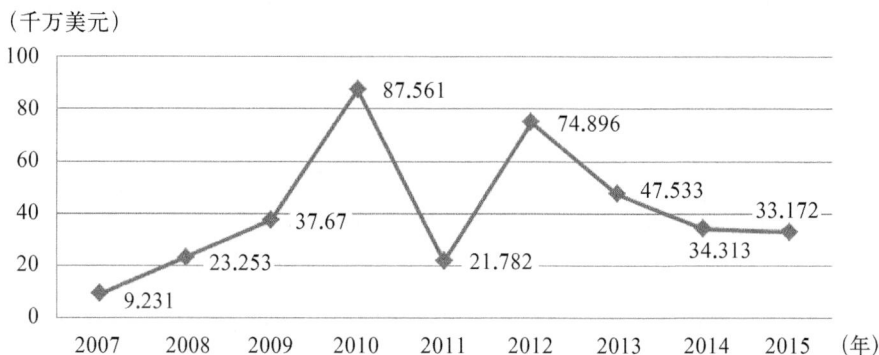

图 10-1　2007—2015 年度中国对缅直接投资流量情况

单位:千万美元

数据来源:根据商务部、国家统计局、国家外汇管理局发布的《2015 年度中国对外直接投资统计公报》绘制,http://img. project. fdi. gov. cn//21/1800000121/File/201703/201703030924502483589. pdf. 最后访问时间:2018 年 2 月 8 日。

值得注意的是,随着 2011 年以来缅甸"自我民主改革"的转型,美缅关系逐步解冻并且不断升温,西方国家对缅甸的制裁随之不断减少,以美、日、印为代表的域外大国在 2010 年前后对缅政策作出重大调整,并对中缅资源开发合作持消极态度。

2011 年 9 月,缅甸总统吴登盛为"顺从民意"突然单方面暂停由中国电力投资公司和缅甸国家电力公司及缅甸亚洲国际集团合作建造的密松大坝水电站项目,给中方造成了巨大的经济损失。③ 美方外交部发言人明确表示支持缅方暂

① 参见"中国在缅甸投资仍居首位",中华人民共和国商务部,http://www. mofcom. gov. cn/article/i/jyjl/j/201702/20170202514391. shtml. 最后访问时间:2018 年 2 月 8 日。

② 参见"新加坡超中国成 2015 年对缅甸最大投资国",新华网,http://www. xinhuanet. com. sg/2016-04/21/c_128918078. htm. 最后访问时间:2018 年 2 月 8 日。

③ 吴登盛表示:密松电站项目可能会"破坏密松的自然景观……气候变化造成的大坝坍塌也会损害电站附近和下游居民的生计";"缅甸政府是民选政府,因此,我们必须注意人民的意愿,我们有义务把重点放在解决人民的担忧和顾虑上。"参见"缅甸总统指中缅电站项目损害人民生计",凤凰网,http://news. ifeng. com/world/detail_2011_10/02/9621639_0. shtml. 最后访问时间:2018 年 2 月 8 日。

停密松水电站的声明。① 同年 11 月，美国国务卿希拉里对缅甸进行高层历史性访问，成为 50 多年来第一位到访缅甸的美国国务卿，此后美缅关系开始改善。2012 年 7 月，美国总统奥巴马宣布减轻对缅甸制裁，准许美国公司在缅甸投资，并宣布在未来两年内向缅甸提供 1.7 亿美元的援助以表明对缅甸民主改革的支持。② 自 2011 年缅新政府执政以来，缅美贸易额在 2012 年已达 3 亿美元。③ 此外，受缅甸实施提高美元对缅币汇率的计划影响，缅美贸易可能继续增长。

日本则在追随美国的对缅外交原则以确保自身安全的同时，快速恢复和发展日缅关系，以实现重夺"亚洲后院"增强在东盟的影响力与"遏制中国"并举的对缅政策实施目标。在此背景下，2015 年度日本对缅甸的投资额增至 2.6 倍，从 2014 年度的第 11 位上升至第 8 位。④

印度自 20 世纪 90 年代初的纳拉辛哈·拉奥政府时期提出的"东向政策（Look East Policy）"也已从关注东南亚、侧重经济合作的第一阶段，推进到了涵盖整个东亚、全面关注战略经济外交等领域的第二阶段，有观点表示印度的"东向政策"已进入以积极参与东亚机制化进程和东方水域军事安全合作的高级政治议题为特征的第三阶段。⑤ 美国国务卿希拉里在印度出访期间公开表示："东向政策将对整个亚太地区的增长发挥核心作用。"⑥

考虑到中国对外直接投资流量地区分布主要集中于亚洲，⑦其中，第三方干

---

① 美方外交部发言人称："这是一个缅方政府至少在（密松水电站）问题上基于回应民众和促进国家统一而作出努力的有意义的、积极的一步……我们（美方）希望这种积极的进步未来能够继续。"参见"美国国务院发言人奴兰（Victoria Nuland）答记者问"，http://www. state. gov/r/pa/prs/dpb/2011/09/174857. htm. 最后访问时间：2018 年 2 月 8 日。

② 美国自 1997 年 5 月开始对缅甸实施制裁，此后不断扩大制裁范围。这些制裁举措禁止美国公司在缅甸投资，禁止进口所有缅甸产品，冻结一些缅甸金融机构资产，同时限制缅甸政府官员入境。奥巴马此次发表声明，把减少制裁称作是美国对缅甸改革举措予以支持的"有力信号"，认为缅甸政府正在继续推行"重大"经济和政治改革。他在总统令中提及缅甸在政治改革领域取得的进展，包括释放数百名政治犯、与少数民族武装举行停火谈判以及与反对派开展"实质性"对话。参见"美总统宣布准许美国公司在缅甸投资"，新华网，http://news. xinhuanet. com/world/2012 - 07/12/c_123401061. htm. 最后访问时间：2018 年 2 月 8 日。

③ 参见"缅美贸易 10 年来首次增长"，中华人民共和国商务部，http://www. mofcom. gov. cn/aarticle/i/jyjl/j/201206/20120608184677. html. 最后访问时间：2018 年 2 月 8 日。

④ 参见"新加坡超中国成 2015 年对缅甸最大投资国"，新华网，http://www. xinhuanet. com. sg/2016 - 04/21/c_128918078. htm. 最后访问时间：2018 年 2 月 8 日。

⑤ 曾祥裕、郭红：《"东向政策"遭遇"重返亚太"：美印在亚太地区的安全互动》，《南亚研究季刊》2012 年第 4 期，第 27 页。

⑥ "India's Look East policy central for Asia-Pacific growth: Clinton"，http://www. newstrackindia. com/newsdetails/2012/05/07/51 - India-s-Look-East-policy-central-for-Asia-Pacific-growth-Clinton. html，last accessed on 8 May, 2017.

⑦ 2012 年，中国对亚洲的直接投资占总投资额的 73%～78%。参见黄河：《"选择性遏制"与美国"重返亚太"——兼论对中国在亚太地区重要海外安全利益的影响》，《江南社会学院学报》2015 年第 6 期，第 37—42 页。

预性质的政治风险严重影响中国企业对周边国家的投资进展。所谓"第三方"包括主权国家、国际组织和世界性媒体等。他们以环保、腐败和人权等为借口,通过舆论等各种渠道影响东道国政府和社会,特别是挑起当地民众与中资企业之间的矛盾,排挤中资企业和人员。

因此,本章探讨的核心问题是:从地缘政治经济学的视角,如何理解美、日、印三国在 2010 年以后对缅政策的调整变化? 进一步追问,这一变化的影响传导机制是如何具体表现为影响中国企业对缅资源开发投资的、第三方干预性质的政治风险的?[①] 最终又如何从机遇和挑战两方面影响了中缅关系?

第二节　美、日对缅政策及其影响传导机制

一、美国"重返亚太"战略背景下对缅"务实接触"政策及其影响机制

自 2009 年奥巴马上台以来,美国就开始着手准备"重返亚太"的战略重心东移,并于 2012 年 1 月发布的《防务战略指南》(以下简称《指南》)、《维持美国的全球领导地位:21 世纪的防务优先领域》中明确表示:美国的经济利益和安全利益与从西太平洋和东亚延续到印度洋和南亚的弧形地带的局势发展密不可分,美军"必然要对亚太地区进行再平衡"。

值得关注的是,由于美国在亚太地区缺乏地缘战略位置的先天优势,直接提供全范围覆盖的安全公共产品和经济援助成本太高,需要通过日本等传统军事盟友(Asian Allies)以及发展新的具有地缘政治价值的大国作为美国实施"重返亚太"政策、维持美国在亚太地区战略优势的实际抓手和核心合作者(Key Partners)。因此,与中国存在边界争端、北印度以英语为官方语言、人口体量和经济发展速度与中国具有可比性、"东向政策"与"重返亚太"存在共同利益空间的大国印度便成为美国推行战略重点东移的合作对象。在《指南》中,美国指出:"致力于与印度建设长期战略伙伴关系,支持其发展实力,助其成为地区经济之锚(Regional Economic Anchor)和大印度洋地区的安全提供者(Provider of

---

① 关于"政治风险"的概念界定由于存在宽泛性,容易进一步导致分类的不确定性。因此,本书将国际投资中的政治风险定义为:"当由政治因素引起的不连续性出现于商业环境中,导致一个国际投资的利润潜力或资本损失的任何类型的政治事件(例如,战争、恐怖活动、政府变化、第三国干预、交易控制和投资限制等)。"政治风险的本质是经营环境发生变化的可能性。参见黄河、Starostin Nikita:《中国企业海外投资的政治风险及其管控——以"一带一路"沿线国家为例》,《深圳大学学报》(人文社会科学版)2016年第 1 期,第 94 页。

Security in the Broader Indian Ocean Region)。"①

由此可见，日本和印度的对缅政策调整都与美国有关。而关于印度的对缅政策调整及其与美国对缅政策的关系将在下文中展开。

在具体的对缅政策上，以 2010 年缅甸大选为分界线，由于缅甸"自我民主改革"的实质性进展，根据美国白宫针对美缅有关人士和组织机构意见起草的《对缅关系调查报告》显示：美国从"制裁"转向"制裁＋接触"的对缅"务实接触(Pragmatic Engagement)"阶段。这一方式的转变也从侧面说明了美国制衡中国的地缘战略实质目标："想要平衡中国对缅的影响力，美国就必须与缅甸进行接触，为缅甸提供多元化的选择和资源，至少要防止缅甸彻底倒向中国。"②

总的来说，以逐步削减经济制裁和开启高层政治互访③为标志的美国对缅关系的改善是基于"缅甸在政治民主化改革和人权状况改善中有实质性的进步"这一前提下，即"接触作为制裁的补充而非完全替代"，或者说，美国仍然保留制裁的权力。④

首先，这一"制裁控制阀"的松紧程度其实从侧面反映出基于自由民主主流价值观的西方国家对缅甸的整体舆论态势的变化，也很好地解释了缅甸的民选政府为何即便面临与"民地武"的持续冲突导致的国内腐败⑤与混乱动荡，也要大力推进政治民主化、经济自由化改革，以及奉行"大国平衡外交"战略。

一方面，由于美国始终将缅甸实质的民主化改革作为解除经济制裁的前提条件，迫使缅甸国内无法通过渐进式改革避免陷入政治经济快速转型导致的长期震荡困境。缅甸的整体实力较弱，经济体量较小，金融、通信、电力等基础设施薄弱，亟待通过解除外部经济制裁压力以吸引投资，但同时又具备优越的地缘政治价值。所以，缅甸必须尽快通过自身政治体制改革走上亲西方的民主化路线，并快速建立开放的市场经济体制，以改善同西方各国的关系，摆脱欧美等西方国家长期制裁的遗留影响，以及克服本国传统经济结构的封闭性和脆弱性。

---

① "Sustaining U. S. Global Leadership: Priorities for 21st Century Defense", US Department of Defense website, http://www. defense. gov/news/Defense-Strategic-Guidance. pdf, last accessed on 8 May, 2017.

② 刘阿明：《美国对缅甸政策的调整及其前景》，《现代国际关系》2010 年第 2 期，第 54 页。

③④ Asst. Secretary Campbell: "U. S. Policy Toward Burma", Council on Foreign Relations, Washington D. C., October 21, 2009.

⑤ 根据"透明国际"2016 年全球清廉指数报告，缅甸腐败指数得分为 28 分(总分 100 分)，位列第 136 位，属于 50 个腐败最严重的国家之列。新政府上台以来，贪腐现象逐年改善。2010 年缅甸排名第 176 位(14 分)；2011 年排名第 180 位(15 分)；2012 年第 172 位(15 分)；2013 年第 157 位(21 分)；2014 年第 156 位(21 分)；2015 年第 147 位(22 分)。

另一方面,缅甸运用"大国平衡外交"战略试图将更多区域外大国卷入缅甸事务中来,该战略也是建立在西方外部世界解除制裁的基础上,通过提供各国激烈竞争的市场投资环境,以实现自身利益的最大化。这一外交政策虽然符合缅甸"独立自主、不结盟"的外交原则,但事实上,导致在多元利益主体博弈的过程中,中国影响力的相对弱化,以及中国在缅甸的投资合作环境复杂化。很难保证未来在某个具体项目上,缅甸政府不会因为要满足其他国家的某些要求而损害中国的利益。例如,有评论称:搁置密松水电站就是因为缅甸要迎合美国,并以此获得 2014 年东盟轮值主席国资格和新政权国际合法性的重大举措。中缅铁路搁浅也是为了迎合日本。

其次,结合美国对缅政策以及"重返亚太"的实际政策执行,美国对缅放松"制裁控制阀"也可以解释亚太地区近年出现"政经分离"趋势的原因及对中缅资源项目合作的影响。所谓的"政经分离"现象,即该区域国家既在经济上加深与中国的一体化,又在政治和战略上向美国倾斜。

一方面,随着缅甸以自身政治民主化改革作为筹码,交换以美国为首的西方国家不断削减制裁、释放政治互信和经贸合作的友好信号。前期缅甸由于自身政治经济转型带来的实际经济损失,虽然可以通过后期经济环境的改善而吸引大量外资以逐渐得以补偿,但现阶段出于中缅地理位置的接近、历史文化传统存在共识,从便于双方获取经济利益的角度考虑,中缅紧密联系的经济合作既是缅甸实现自身经济政治改革的重要资金来源,又是维持改革带来的经济损失处于可控范围的重要现实物质条件。当缅甸的国内政治民主化进程尚未完全达到美国的高要求,或者说,缅甸长期处于欧美制裁的后遗症时,与中国保持经贸往来便成为除直接援助外,缅甸所依赖的重要现实需求。

另一方面,由于缅甸在政治体制与政治理念上与西方趋同,势必与中国基于价值观念的差异产生冲突和矛盾,导致非传统政治风险[①]的加剧,进一步挤压中缅传统历史文化共识下产生的投资合作空间,导致中缅关系趋于单纯依靠现实经济利益加以维系的脆弱性与敏感性。

这一趋势的逻辑推论其实已经在现实中得到照观,比如,目前中国在缅投资项目合同大多是与军政府而不是与新政府("民主政府")签订的,很容易被一些

[①] 中国企业对外投资的非传统政治风险主要指他国对中国在战略层面的不信任、对中国市场经济地位的怀疑、对中国"政企不分"状态的疑惑以及对中国企业海外拓展的真实意图的担忧等带来的政治风险。中缅双方在国家层面信用度较高,但由于缅甸处于政治经济转型时期,内部分裂严重,各地方政治派别和部落传统势力仍未对"孟中印缅走廊"战略形成统一认知,地方针对中国企业的非传统风险仍然存在。参见黄河:《中国企业跨国经营的政治风险:基于案例与对策的分析》,《国际展望》2014 年第 3 期,第 68—87 页。

缅甸民众贴上"不透明""不公平"和"只对军政府和中国有利,而损害缅甸人民利益"等标签。[①] 中国人与缅甸人在交流过程中产生的碰撞和摩擦正在逐渐上升,部分缅甸民众逐渐对中国产生了一些疏离和抵触情绪。在西方媒体的恶意渲染下,中国投资者往往被描述成"资源掠夺者"和"环境和传统文化的破坏者"。以"莱比塘铜矿事件"为例,当地村民最初针对莱比塘铜矿的投诉主要是污染环境、征地补偿不公、就业安置问题等,但在 2012 年 11 月 18 日,抗议演变为有组织的示威活动,13 个村庄的数百名村民、僧侣和学生等占领了万宝公司在铜矿附近的营地,抗议者们提出的目标和诉求包括"解散军方背景的经控公司""中国人滚出去"等,铜矿的建设工作被迫全部中断。抗议示威高潮时,抗议人群多达数千人,以至于在 2012 年 12 月 29 日,缅甸警方在通牒无果后使用催泪瓦斯和高压水枪驱散示威人群,造成数十名僧侣受伤。

加之现有的中央政府、地方政府与"民地武"的三方矛盾在转型阶段的持续发酵,少数民族控制的地区恰恰又是缅甸水力、矿产等资源富集的地区,势必直接影响中国企业在缅甸少数民族控制地区的投资项目,缅甸政府与地方民族武装的利益矛盾将作为政治转型的衍生品增加投资风险的不确定性,使中国与缅甸的投资合作项目成为缅甸国内政治经济转型的最大牺牲品。

同时,从缅甸的地缘政治战略与经济投资价值来看,美国调整对缅政策和改善两国关系也是奥巴马政府"重返东南亚"、加强对东盟影响力和制衡中国的重要环节。

一方面,缅甸拥有丰富的水力、油气和矿产资源,[②]以及连通东南亚与南亚、绕过"马六甲困境"[③]的战略地位。1988 年以来,美国为了迫使缅甸军政府按照西方意识形态推进政治改革,建立了亲西方政权,并长期实施孤立和制裁缅甸的政策。缅甸的资源与地理位置使美国开始重新思考对缅政策。

---

① 参见林诗婷编译:《缅甸媒体对中国在缅投资项目与中缅关系的评述摘编》,《南洋资料译丛》2015 年第 1 期,第 68—70 页。

② 据缅甸"Eleven"网站报道:在仰光举行的一个研讨会的资料显示,缅甸已探明的天然气储量在全球排名第 41 位,已探明石油储量排名第 78 位。亚洲开发银行对 53 块陆地油气田和 51 块海洋油气田进行勘探后得出的调查报告显示:缅甸的石油储量为 1.6 亿桶,天然气储量为 20.11 万亿立方米,而目前探测情况显示:未来还可能发现更多天然气储量。目前,缅甸输送天然气的管道主要有输往中国的天然气管道和输往泰国的耶德那和耶德宅天然气管道。此外,缅甸国内河流密布,主要河流有伊洛瓦底江、萨尔温江、钦敦江和湄公河,支流遍布全国。其中,伊洛瓦底江、萨尔温江和湄公河均发源于中国。缅甸利用水力发电潜力很大。据西方国家和国际组织勘测,缅甸蕴藏水力的装机容量为 1 800 万千瓦。

③ "缅甸有两大优势是中国看重的:丰富的资源和进入印度洋的便捷通道"。中国海上投送力量不足,对从波斯湾到南海的海洋通道安全无法保障,而中国进口的石油约 80% 经过马六甲海峡,形成了所谓"马六甲困局"。开通从西南腹地经过缅甸直达印度洋的通道就成为保障中国能源安全的重要渠道。

　　另一方面,除了高压政策在意识形态同化层面的失败以及与日本类似的战略考量,即对缅政策直接影响美国与东盟的关系外,美国的商业优势也受到制裁政策波及,失去了率先进入缅甸市场的机会。缅甸作为东南亚地区领土面积仅次于印度尼西亚的第二大国和"亚洲最后一块投资热土",①吸引了来自马来西亚、新加坡、泰国、中国、印度,甚至是俄罗斯的投资资本,在政治和防务上,缅甸也以这些国家为主要合作对象。相较之下,在布什任期内,美国将主要精力放在中东、中亚和东北亚等地的反恐战争和防核扩散问题上,对东南亚关注度有所下降,致使美国"在过去 20 年里因选择孤立缅甸,它在该国的影响力几近丧失"。②"中国和缅甸关系的迅速发展让一些美国战略分析家断言缅甸已经成为中国的'附庸国',他们认为中国通过加强经济联系和军事扩张已经在缅甸确立了牢固地位,提高了中国在印度洋的活动能力,这会损害美国的战略利益,但是美国对此却没有给予足够的重视。"③

　　至于美国实施"重返亚太"战略对中缅资源开发合作项目的影响传导机制,可以结合美国对亚太地区各国的定位加以说明。④ 从地缘政治经济的角度来看,一方面,美国尊重中国与印度与缅甸原军政府的传统合作优势;另一方面,美国试图通过与日本、澳大利亚、东盟、欧盟等国家或地区组织展开合作,以实现自身在缅甸的战略利益。由此可见,随着中国的快速崛起,中美在亚太地区的实力差距在逐步缩小,中美在缅甸问题上存在经济、政治和安全上的诸多矛盾,缅甸很大程度上成为美日在中印关系间嵌入的一枚楔子,从而使美缅关系的改善成为中缅关系和中美缅合作的潜在阻碍。美国史汀生中心的 Yun Sun 也认为,尽管中美两国政府认为在缅甸问题上有开展合作的必要性,但囿于两国对彼此在缅甸的核心利益缺乏基本的战略互信,因此,合作将是有限的,而影响合作的摩擦因素将长期存在。⑤ 英国学者 Jürgen Haacke 指出:由于中美在缅甸客观上

---

　　① 根据《缅甸环球新光报》报道:联合国贸易和发展会议(UNCTAD)发布的世界投资报告称,未来三年内吸收外资最多的前 15 个国家中,缅甸排名第 14 位。据缅甸投资和公司管理处(DICA)统计:2011/2012 财年至 2015/2016 财年,缅甸的外商直接投资额(FDI)超过 270 亿美元,主要投向石油天然气、能源和制造业领域。参见"缅甸在世界投资报告中排名十四",中华人民共和国商务部,http://www. mofcom. gov. cn/article/i/jyjl/j/201608/20160801373489. shtml. 最后访问时间:2017 年 6 月 5 日。

　　② Catharin Dalpino, "U. S.-Myanmar: Toward a Two-Pronged Policy?" Asia Security Initiative, MacArthur Foundation, August 16, 2009, http://asiaseeurity. maefound. org/blog/entry/192/. 转引自杨光海、覃鸿运:《美缅关系新动向及其原因和影响》,《和平与发展》2010 年第 4 期,第 31 页。

　　③ 刘兵:"地缘政治视角下的中缅能源合作",山东大学硕士学位论文,2012,第 50 页。

　　④ Asst. Secretary Campbell: " U. S. Policy Toward Burma", Council on Foreign Relations, Washington D. C., October 21. 2009.

　　⑤ Yun Sun:"Myanmar in Sino-China Relations," *Great Powers and the Changing Myanmar Issue Brief No. 3*, Stimson Center, USA, June 2014, p. 2.

存在地缘政治的冲突,决定了两国在缅甸的竞争将大于合作。[①]

二、日本基于构建"自由与繁荣之弧"的"价值观外交"及其影响机制

自 2010 年以来,日本大幅度调整对缅外交,其背后有着深刻的经济利益和地缘战略利益考量,主要表现在以下两个方面:一方面,在于缅甸丰富的油气资源。通过发展与"海上生命线"缅甸的关系,日本可以保证自身的能源安全与促进双边经贸关系发展。日本工商业侧重于"亚洲最后的拓荒地"缅甸低廉的劳动力和可待开发的经济市场等投资因素。另一方面,与印度发展对缅关系的亚太战略意图相似,发展与缅甸的关系可以遏制中国在缅甸和东南亚的影响力,同时对中日东海争端进行牵制。"作为缅甸最大的援助国和债权国,日本必将利用这种工具阻止缅甸过于偏向中国"。[②]

在政策的实际制定与操作层面,作为美国的重要战略盟友,日本的对缅政策表现出追随美国的显著的特点。2012 年奥巴马访缅后,日本对缅援助力度的不断加大,实际上是从侧面支持美国的"亚太再平衡"战略。而随着美缅关系的改善,日本独特的"构建自由与繁荣之弧"的"价值观外交"由麻生太郎提出后,在野田佳彦时期得到重启,安倍晋三加以继承和发展。[③] 基于这一外交大方向及"俯瞰地球仪"的战略性外交,2013 年 1 月 16—1 月 18 日,日本首相安倍晋三展开再度执政以来的首次出访,在与印度尼西亚总统苏西洛的首脑会谈及联合记者会上,安倍提出了日本政府针对东盟的外交五原则,作为其对东南亚外交的基本方针,被外界称为"安倍主义",其中,首要的便是与"价值观外交"内在思想一致的"日本要与东盟国家一起努力创造并扩大自由、民主主义和基本人

① Jürgen Haacke, "Myanmar: Now a Site for Sino—US Geopolitical Competition?" October 7, 2014, http://eprints.lse.ac.uk/47504/, last accessed on 8 May, 2017.

② 李涛:《1988 年以来日缅关系新发展初探》,《南洋问题研究》2011 年第 2 期,第 48 页。

③ "自由与繁荣之弧"构想意味着日本要以价值观为纽带引领欧亚大陆周边各国的政治经济发展进程,借以补充美国的力量不足,在东亚一体化进程中把握主动和先机。在缅甸吴登盛政府上台前后,美国奥巴马政府宣布"重返亚太",在亚太地区实施"再平衡",并对缅展开"务实接触"。受此影响,野田佳彦自担任首相后,日本政府重启"价值观外交"。对于缅甸,日本更以吴登盛政府上台为契机,深化两国关系,并在 2012 年 11 月奥巴马访缅之后加大援助力度,起到了支持美国"重返亚太",并实现"再平衡"的作用。同年 12 月,安倍晋三再度组阁,进一步加大对缅甸等国展开"价值观外交",的力度,试图把日美欧共享的"普遍价值"渗透到东南亚,继而打造与日本拥有"相同价值观"的"自由与繁荣之弧"。参见毕世鸿、田庆立:《日本对缅甸的"价值观外交"及其与民盟政府关系初探》,《东南亚研究》2016 年第 4 期,第 51 页。

权等普遍价值观"。① 可见,日本政府在外交上着重于将政治经济转型中的缅甸作为"价值观外交"的重要对象。

2006 年,安倍晋三第一次任首相时,时任外相的麻生太郎提出"自由与繁荣之弧"概念,意图以"相同价值观"为名建立"民主国家联盟"。当前,缅甸正致力于民主化改革,在外交政策上追求所谓均衡外交。日本的最终目的在于,要努力使缅甸成为由日本主导的"民主化样板国家",从而为日本确立在东南亚地区的主导地位、实现政治大国奠定基础。为此,日本将继续通过经济技术援助、政治交流与对话、贸易和直接投资等渠道,影响缅甸的民主化进程和经济制度改革方向。

因此,日本的对缅政策表现出了深度介入缅甸国内政治民主化转型进程的显著特点。日本不仅为缅甸大选提供各项支持,还与民盟加强互动,同时深度介入缅甸的民族和解进程。2013 年 2 月,安倍晋三特别任命笹川阳平为负责缅甸民族和解的日本政府代表,在"国际协调主义和积极和平主义"的框架内,为促成缅甸国内民族和解各当事方之间的对话提供各种支援。安倍政府此举意在通过NGO 这一第三方渠道对缅甸民族和解进程发挥特殊影响力。2013 年 5 月,安倍正式访问缅甸,这是日本首相 36 年来首次访缅。日本宣布向缅甸提供规模达910 亿日元的政府开发援助,并免除缅甸约 2 000 亿日元的债务。② 2014 年1 月,安倍政府宣布为推进缅甸民族和解提供 8 300 万美元的无偿援助,该援助主要用于改善有意同政府和谈的"民地武"控制地区的民生,以此作为对这些"民地武"的奖励。③ 日本对缅甸发展而言极为重要,民盟新政府与日本的交往也十分密切。2016 年 9 月,在东亚峰会间隙,昂山素季同日本首相安倍会晤,双方就加强电力与能源领域合作等事宜进行会谈。会谈时,安倍向昂山素季表示:日本政府支持缅甸的民主化改革和 21 世纪斌龙和平大会的召开。安倍表示将向缅新增约 12 亿美元的援助。④ 自安倍晋三第二次出任首相以来,日本向缅甸提供的 ODA 已高达 1 600 亿日元。⑤

---

① 安倍総理大臣政策スピーチ「開かれた,海の恵み——日本外交の新たな 5 原則——」,日本外務省,2013 年 1 月 18 日,http://www.mofa.go.jp/mofaj/press/enzetsu/25/abe_0118j.html. 最后访问时间:2017 年 6 月 7 日。

② "安倍晋三会晤吴登盛 宣布免除缅甸拖欠债务",新华网,http://news.xinhuanet.com/world/2013-05/27/c_124765972.htm. 最后访问时间:2017 年 6 月 8 日。

③ 参见毕世鸿、田庆立:《日本对缅甸的"价值观外交"及其与民盟政府关系初探》,《东南亚研究》2016 年第 4 期,第 54 页。

④ 宋清润:《缅甸民盟新政府的外交特点及面临的挑战》,载李向阳主编:《亚太地区发展报告》(2017),社会文献出版社 2017 年版,第 193 页。

⑤ 毕世鸿:《缅甸民选政府上台后日缅关系的发展》,《印度洋经济体研究》2014 年第 3 期,第26 页。

　　除了上述的政府开发援助的手段,在基础设施建设层面上,日本对缅投资政策的一大特色就是官民并行的形式与"公开、透明、开放的态度"。以 2012 年 8 月日缅两国在仰光近郊合作建设仰光迪洛瓦(Thilawa)特区为例,三菱商事、丸红和住友商事共同持有该特区 49％的产权,计划于 2015 年完成工业区建设,该特区也符合日本经济产业省的观点:"如果针对缅甸军政府统治的经济制裁全部解除,日企同欧美企业的竞争将越发激烈,要求官民一体推进基础设施建设出口。"[①]2013 年 3 月,日本政府决定提供 200 亿日元贷款,专门用于完善迪洛瓦经济特区的电力及港口的基础设施建设。对日企参与的特区开发项目,可利用国际协力机构(JICA)海外投资融资制度。预计在未来几年内,日本政府为特区基础设施建设投入将高达 126 亿美元。日本之所以青睐迪洛瓦经济特区,关键的地缘战略目的就在于打通从印度洋到太平洋的东西战略大通道。日本政商界已多次在仰光召开研讨会,广泛邀请缅甸国内众多知名 NGO 和学者参会,并通过缅甸主要媒体公开征集意见。日本做出"欢迎提意见"的姿态,提出"要合乎所有缅甸老百姓的心愿"的口号就已经赢得了缅甸百姓的心。[②]

　　同时,日本对缅投资政策的另一大特色在于利用在缅的日方非政府组织(NGO)这一第三方渠道,协助完成日本企业在缅投资的公关与监管责任,而日本政府的隐蔽性和"ODA 的战略性活用"加剧了中缅资源开发的政治风险的不确定性和风险来源的复杂性。

　　以著名的湄公河观察(Mekong Watch)组织为例,一方面,该组织是于 1993 年在日本东京成立的,以使湄公河流域内进行的开发和经济合作不至于威胁到当地居民生活为宗旨。组织的服务对象主要是日本 ODA(官方发展援助)的实施机关,如日本国际合作银行(JBIC)和日本外务省和财务省,以及为发展中国家提供投资的日本企业。该组织通过参与湄公河流域的调研为本国异议申立制度完成设计工作和保障援助机构异议申诉制度的运作,以及分析新兴国际投资和开发事业带来的影响。[③]

　　另一方面,区别于中国企业在处理投资风险和冲突协调时的不成熟,比如,在蒙育瓦铜矿案例中,当地居民抱怨中国公司谈判人员在村民都席地而坐的情况下安坐高椅,在冲突敏感时期,此举被解读为蔑视民众。日本公司近期在应对缅甸 Thilawa 经济开发区的拆迁遗留问题时显得颇为老练,这与日本驻缅的

　　① 毕世鸿:《缅甸民选政府上台后日缅关系的发展》,《印度洋经济体研究》2014 年第 3 期,第 26 页。
　　② 于景浩、孙广勇:"在缅甸探访'日本经济特区'",环球网,http://world.huanqiu.com/depth_report/2013-02/3681038.html.最后访问时间:2017 年 6 月 8 日。
　　③ 参见张杰编译:《湄公河观察》,《世界环境》2009 年第 2 期,第 92—93 页。

NGO 关系密切。首先,缅甸自转型以来,日本政府开始更多依靠"湄公河观察"等日本在缅甸的非政府组织来搜集各类信息,紧跟当地最新形势。其次,日本外交部开始听取 NGO 组织的建议,并据此要求日本 Mitsuibishi、Mambeni 和 Sumitomo 三家公司提前与缅甸政府交涉,敦促其在 Thilawa 经济开发区拆迁问题中切忌采用暴力强制手段,以免损害日本形象。① 此外,日本驻缅 NGO 组织又借助缅甸的民间网络在当地传播日本此类善意亲民做法,帮助安倍在东南亚推行"价值观外交",紧跟美国在缅高调人权战略,也从侧面塑造了中国企业在缅投资的负面形象。

第三节 美、日、印对缅政策评估与中国的对策

一、印度的"东向政策"及其影响机制

不同于上述美日在对缅政策调整上以民主与人权的共同价值观建构为主要路径和目标,印度关注并高度重视强化与缅甸的关系,既有其石油、天然气等能源需求方面的现实直接考虑,也有以缅甸为跳板加强与东盟国家联系、扩大地区影响力、抵消中国"南下"对印度造成的负面冲击等一系列深层次的地缘政治战略意图。印度认为,中国在缅影响力的上升对印度极为不利,不仅挑战了印度的地缘战略利益,威胁印度的国家安全,而且还严重妨碍了印度"东向"东盟。②

"东向政策"是印度在 1991 年 6 月提出的,被认为印度"面向东方求合作"地缘战略的具体措施。当时印度纳拉辛哈·拉奥政府在时任财政部长曼·辛格的主持下,推行经济改革,改变印度发展模式,积极发展对外经济关系。由于苏联解体,俄罗斯和东欧国家经济陷入危机,印度同这些国家的合作空间严重萎缩,而印度同周边国家的关系也不大顺畅(如与孟加拉国有水源问题、移民问题),印巴矛盾尖锐,印度在南亚地区开展国际经济合作的可能性受限。而东盟国家经济蓬勃发展,与印度位置邻近,又有较深的历史和地缘政治渊源,因此,东南亚国家成为印度发展对外经济合作的首选,但是,由于印度当时推行东向政策的力度较弱,并且东南亚国家侧重谋求与东亚的合作,低估印度的实力,东向政策成果有限。

---

① 蒋姮:《中国在缅甸的投资风险评估——中缅蒙育瓦铜矿调研报告》,《中国经济报告》2013 年第6 期,第 108—109 页。

② 韦健锋:《中国与印度在缅甸的地缘利益碰撞》,《亚非纵横》2014 年第 2 期,第 60—72 页。

进入 21 世纪以来,随着全球化进程的加速和亚洲格局的变化,印度的东向政策激发了新的活力,出现了明显上升势头。它的主要特点是:从笼统的意向转为具体的行动,从单纯的经济交流转向全方位合作,从东南亚扩大到东亚与澳大利亚。印度开始加强与东南亚国家多层次的交往,参加东盟条约,同东盟国家建立自由贸易区("10+1"),参加"10+3""10+6"等东亚合作机制和东盟安全论坛等。合作内容也超越了经济范围,明显向军事、文化合作方面发展。印度的"东向政策"成为印度外交战略的一个重要的组成部分。

2012 年 5 月,印度总理辛格访问缅甸,这是印度总理 25 年来首次访缅,显然,确保印缅关系更加紧密成为印度"东向政策"的重要内容。[①] 这也标志着印度将对缅政策从"建设性接触"升级到"互联互通"的战略新高度。而缅甸也通过"大国平衡战略",顺利实现了与印度东向政策的配合与对接。如昂山素季结束访华后,吴廷觉总统于 2016 年 8 月 27—8 月 30 日对印度进行为期 4 天的友好访问。印缅双方签署 4 项合作谅解备忘录。两国领导人同意在贸易、能源、医疗、通道建设、地区事务等多领域加强务实合作。舆论普遍认为,这是缅甸新政府出于地缘政治的考量,在中印两个大国之间搞平衡。

由于缅甸与印度在历史、文化、经济、战略安全方面的确有千丝万缕的联系,因此,笔者认为,印度的对缅外交政策可以实现多重地缘政治经济目标。

在地缘政治上:

第一,缅甸与印度有长达 1 400 多公里的陆地边界线,印度东北部有 4 个邦与缅甸接壤。印度著名的战略家和外交家潘尼迦在《印度的未来和东南亚》一书中指出:保卫缅甸就是保卫印度。[②]

第二,印度在缅甸和孟加拉湾谋取优势地位,从而封堵中国从西南陆路进出孟加拉湾。由于缅甸位于东南亚、南亚和东亚三大地缘板块的结合处,控制着孟加拉湾东岸地区和南部邻近马六甲海峡的西北出入口,同时也是中印内陆地区进出印度洋的战略通道和印度东北各邦与中国西南省份的战略缓冲。[③] 印度的基本安全考虑是阻止潜在的敌人控制缅甸,威胁印度。在中国已和平解放西藏、巴基斯坦成为中国的盟友,缅甸与中国关系密切友好和中国筹谋"珍珠链计划"的情况下,若再"失去"缅甸,印度担心将受到中国的"战略包围"。

第三,缅甸客观上成为地理上不邻近太平洋,印度扩大在亚太地区地缘政治

---

① 戴永红、秦永红:《中缅油气管道建设运营的地缘政治经济分析》,《南亚研究季刊》2015 年第 1 期,第 22 页。

② K. M. Paniker, *The Future of India and South East Asia*, Bombay: Allied Publishers, 1945, p. 43.

③ 李昕:《印度与缅甸互联互通发展探析》,《南亚研究》2014 年第 1 期,第 71 页。

影响力的重要条件。随着近年来,"印太地区"(Indo-Pacific)概念在印度学者和政策制定者中引发广泛关注。印度洋和太平洋地区相互关联的整体性空间概念的现实性条件便是位于两大洋中间的东南亚,而位于东南亚与南亚连接处的缅甸陆桥地位则尤为重要。借助缅甸可以将印度的地缘政治影响力从孟加拉湾延伸到南中国海,从而获得亚太大国的身份。[1]

在经济领域上,印度和中国对缅甸都存在相似的地域便利性。冷战结束后,缅甸便成为印度重要的合作伙伴,借缅甸进入东南亚和亚太以获取宝贵的资金、技术和市场是印度的现实经济利益考虑。缅甸工农业落后,能源、资源丰富,市场潜力巨大,而对缅投资是印度自身经济发展的新动力。因此,"改善和缅甸的关系,既能够打通通往亚太和东盟国家的陆上通道,方便印度同上述地区国家的来往,推动与各国的政治对话和贸易、经济和安全等方面的合作,又有利于维护印度东北部边疆的稳定,推动当地的经济社会发展。"因此,发展与缅甸的关系就成为印度维护自身地缘安全与经济利益的需求,时任印度外长的哈辛就明确表示:"发展与缅甸的关系对印度的国家利益十分重要"。[2]

除了印度出于自身地缘战略价值与经济利益的考虑外,印缅关系良好,在客观上也符合美国、日本拉拢印缅遏制中国的战略图谋,印度可以顺势从美日得到丰厚回报。[3] 但这是否意味着美国"重返亚太"战略重点"东移"与印度基于自身战略利益考虑坚持的"东向政策"的二者"合流"呢?

一方面,从政策演进的历史时序来看,印度推行东向政策远远早于美国的战略重点东移。根据前中国驻印度大使裴远颖的观点,"东向"和"东移"合流没有根据。[4] 美国只是为了实现"东移",积极鼓励印度参与东亚事务,与美形成合力。因为美国"东移"迎合了印度对中国疑虑、防范的心理,印度也表现了一定的积极性。

另一方面,尽管现阶段美印两国在牵制中国这一共同的利益目标下两国对缅外交政策的确产生了协调互动的效果,但美印两国在亚太国家定位的本质上存在差异和结构性矛盾。实际上,由此引发的是美印互相防范、缺乏信任。现阶段,美国拉拢印度遏制中国,但美国的长远目标是维持亚欧大陆的均势,即真正

---

① 李昕:《印度与缅甸互联互通发展探析》,《南亚研究》2014 年第 1 期,第 71 页。

② 参见刘兵:"地缘政治视角下的中缅能源合作",山东大学硕士学位论文,2012,第 48—49 页。

③ 陈利君:《中印关系发展现状、问题与对策建议》,载陈利君主编:《南亚报告(2012—2013)》,云南大学出版社 2014 年版,第 182 页,转引自戴永红:《中美印在缅甸的竞合博弈及中国的应对》,《四川大学学报》(哲学社会科学版)2015 年第 4 期,第 148 页。

④ 裴远颖:"印度的'东向政策'",解放日报网,http://news.xinhuanet.com/world/2012-04/01/c_122918917.htm? prolongation=1.最后访问时间:2017 年 5 月 7 日。

意义上的"亚太再平衡",而不希望印度势力过分强大到主宰北印度洋的地步。

　　作为南亚霸主的印度却企图进一步主导东北印度洋局势,在安达曼-尼科巴建立海军基地,对美国在缅甸的图谋一直保持高度警惕,防止美国利用缅甸威胁印度。2012年年初,印度出炉了一份颇具影响力报告,题为《不结盟2.0:印度21世纪外交和战略政策》,其中明确指出:"印度和美国作为朋友而不是盟国,将更符合两国的各自利益,印度不会看美国的脸色而改变自己在印度洋上的既定政策。"①印度前总理尼赫鲁曾说过:"以印度今日的地位,要么做一个有声有色的大国,要么就销声匿迹。"②印度的印度洋战略的目标是把"印度洋"(the India Ocean)变成"印度之洋"(India's Ocean),从而控制"从波斯湾到马六甲海峡"的国际能源贸易通道,③将自身实力从南亚次大陆延伸到海上。尽管最近中国和印度的政治关系和双边贸易都得到全面发展和加强,但是,从战略角度上看,印度政府仍然把中国视为在其东方和北方具有潜在"威胁"的对手。④

　　因此,作为中印"缓冲带"的缅甸,反映出了中印在对缅资源开发合作上的博弈。尽管早在2005年印缅两国就签署了印度购买缅甸西部海上天然气和修建"缅孟印天然气管道"(MBI)的谅解备忘录,但缅甸最终将天然气卖给中国并达成修建中缅油气管道的协议。而随着印缅关系从"建设性接触"提升为"互联互通",印度在缅甸能源安全目标的实现和地缘政治影响力的扩大,以及印度对缅的"互联互通"与中国对缅的"一带一路"两种关系,都充分说明了中印未来在对缅能源资源类基础设施建设上竞争加剧的趋势。

　　笔者以中缅、印缅能源基础设施建设进度比较为例,相较于中缅油气管道从2008年年底签署协议到2013年中旬完成全线贯通,印度在缅甸能源通道和基础建设方面行动神速,并已抢在中国的前头。据2007年2月5—2月11日的缅甸《时报周刊》报道:印度计划对缅甸实兑港改造建设项目投资1.3亿美元,以开拓一条通往东南亚的新的贸易通道。一位印度官员说:"我们近期已签署了一项初步协议,并将于本月内报内阁审批,一经内阁批准将尽快实施。该项目包括公路、水路和实兑港的建设改造,大约需要3—4年时间。由于目前孟加拉国尚不允许印度商品过境孟加拉国,该港口的建设无疑为印度产品进入东南亚市场

---

　　① 戴永红:《中美印在缅甸的竞合博弈及中国的应对》,《四川大学学报》(哲学社会科学版)2015年第4期,第150页。

　　② [印]贾瓦哈拉尔·尼赫鲁:《印度的发现》,齐文译,世界知识出版社1985年版,第57页。

　　③ David Scott, "India's Grand Strategy for the Indian Ocean: Mahanian Vision," *Asia-Pacific Review*, Vol. 13, No. 2, 2006, p. 97.

　　④ J. Mohan Malik, "Myanmar's Role in Regional Security: Pawn or Pivot?" *Contemporary Southeast Asia*, Vol. 19, No. 1, June 1997, 转引自刘兵:"地缘政治视角下的中缅能源合作",山东大学硕士学位论文,2012,第49页。

开辟了新的通道。"①其他媒体则透露,实兑港的建设将为缅甸近海天然气田通过深海管线输送天然气打下基础。该项目的资金将全部来源于印度政府。

区别于美国以推动缅甸的民主与人权进程为主要表现形式的外交政策,印度则是通过与缅甸加强能源合作和经贸往来、进行军事交流等方式强化在缅的影响力以制衡中国,力图在地缘政治经济的博弈中争取有利地位。"出于实现大国战略目标和限制中国对缅甸的战略控制和影响,印度已经决定将其关注民主和人权的对缅自由主义政策,调整为'现实主义'政策,主要关注战略和安全利益,以便使缅甸脱离中国的势力范围。"②

因此,印度对缅政策变化产生的中缅资源开发合作影响机制以印度全方位(政治、军事安全、经济)深度参与为表现形式,充分体现出印度以削弱中国在缅甸的区域影响力和扩展自己以印度洋为基点的战略利益延伸的双重目标,由此可见,中印两国在缅甸的竞争将主要体现在围绕印度洋的港口基础设施开发以及油气等能源资源开发上。

二、美、日、印对缅甸政策的传导中介分析

通过上述对美、日、印三国对缅甸 2010 年后外交政策的重大调整来看,缅甸独特的地缘政治优势与地缘经济价值成为三国亚太政策在缅甸事务上不断开展合作的重要动力来源。而三个区位大国最终战略目标的差异和对缅甸地缘政治经济各项因素加以利用的优先顺序的认知不同,又导致了美、日、印在对缅政策的实际实施上表现出了持续的竞争关系。而从地缘政治经济学的角度进行分析,缅甸自身 2010 年后政治经济的转型环境与缅甸实行的"大国平衡战略"则成为美、日、印在对缅外交中得以实现自身国家利益的必要中介。

从缅甸的地缘政治环境变化来看,客观上,缅甸的政治转型缓解了美、日、印支持缅甸民主进程与推行对缅务实接触政策之间的张力,美缅关系的改善也进一步消除了印缅、日缅关系升级的外部压力。因此,印度与日本都出现了调整对缅政策,展现对缅外交自主性与灵活性的重大机遇。这一点也与印度防务分析研究所(IDSA)的学者的观点类似,他认为:"东向政策"的潜力未完全发挥的重要原因就是一直未能与缅甸发展深层次的外交关系。③

从缅甸实施"大国平衡战略"的动因来看,缅甸是基于国家利益最大化的现

① 林锡星:《中缅石油管道设计中的美印因素》,《东南亚研究》2007 年第 5 期,第 36 页。
② [日]徐本钦(Poon Kim Shee):《中缅政治经济关系:战略与经济的层面》,范宏伟译,《南洋问题研究》2005 年第 1 期,第 37 页。
③ 李昕:《印度与缅甸互联互通发展探析》,《南亚研究》2014 年第 1 期,第 61 页。

实需求而选择在保持对华友好的同时试图改善与西方的关系,即发展多元外交。

一方面,缅甸对中国以经济实力增长为表征的迅速崛起的忧虑和历史上始终存在的对华戒备心理的叠加,是缅甸 2010 年以来调整外交重点、向西方国家靠拢、实现"大国再平衡"的重要原因。中缅贸易额迅速增长,但贸易结构严重失衡。缅甸主要向中国出口木材、油气、矿产、玉石等资源性产品,而从中国大量进口工业制成品。缅甸对中国工业制成品的涌入可能会冲击其脆弱的民族工业表示担忧。中缅关系的"蜜月期"正是西方对缅采取鼓励和制裁的时期,依靠中国实乃缅甸不得已的选择。[①] 在民选政府执政的新形势下,缅甸政府希望通过向西方靠拢以此摆脱对中国经济上的过度依赖。

但是,中国在地缘政治、西南边境与能源安全等方面对缅甸的重要战略意义并未因缅甸对外关系的调整而有任何实质性的改变。同时,中国在缅甸存在长期的重大经济利益与历史文化的共同记忆。一方面,中缅在资金、市场、技术等要素方面有着切实的互补条件。中国企业投资缅甸所具有的地缘便利性、经济互补性、前期的投资基础[②]以及投资中所获得的经验和教训,使中国企业对缅投资具有一定的现实条件优势;另一方面,缅甸是中国的传统友好邻邦和全面战略合作伙伴,[③]中缅关系有"胞波情谊"的历史文化传统。因此,中缅两国对彼此的战略需求将长期存在。

此外,从缅甸"大国平衡战略"对中缅关系的长远影响来看,由于目前西方国家对缅甸的经济制裁及其后续负面影响难以在短期内完全消除,而作为邻国的中国在缅甸具有地缘经济和政治制度建设上的特殊优势地位决定了缅甸的"大国再平衡"并不是简单的等距离外交。即中缅双边快速发展的经贸关系以及中国改革开放以来长期稳定发展的成功经验,对于正处于艰难民主化改革与市场经济建设阶段亟需资金、技术、市场的缅甸而言,无疑是维持两国关系平稳推进和对华友好基本外交格局的动力所在。尽管对华友好和改善与西方国家的关系

---

① 参见杜继锋:《缅甸政治改革与中缅关系》,载李向阳主编:《亚太地区发展报告(2013)》,社会科学文献出版社 2013 年版,第 165—166 页。

② 围绕"一带一路"倡议,我国已援助支持缅甸实施一批公路、铁路、港口项目。例如,中缅油气管道建成通气,以及建成的云南连接缅甸的光缆传输系统将与缅甸电力联网、电力贸易和电源建设积极推进。2013 年中资企业在缅甸新签承包工程合同 77 份,合同额 9.19 亿美元,完成营业额 12.61 亿美元。参见马强:"中国已是缅甸最大贸易伙伴和投资来源国",人民网,http://world.people.com.cn/n/2015/0616/c1002-27162369.html. 最后访问时间:2018 年 2 月 8 日。

③ 2011 年 5 月 2 日,缅甸总统吴登盛率团对中国进行国事访问,这是他就任总统两个月以来首次出访东南亚以外的国家。2011 年 5 月 27 日,两国元首一致同意将两国关系提升为"全面战略合作伙伴关系"。这是中缅双边关系在缅甸实行政治改革和逐步向西方靠拢的背景下对处于战略调整期的中缅关系进行的重新定位。参见"中国与缅甸关于建立全面战略合作伙伴关系的联合声明(全文)",新华网,http://news.xinhuanet.com/world/2011-05/28/c_121467764.htm. 最后访问时间:2018 年 2 月 8 日。

在操作层面大大增加了各国在缅甸发生地缘政治经济利益冲突的可能性,但改善与西方国家的关系以解除经济制裁,为国内的政治经济转型创造良好的外部环境却是目前缅甸面临的极为紧迫的外交任务。

另一方面,从大国平衡战略的理论基础来看,大国平衡战略符合如缅甸等处于重要战略地理区域的中小国家维护自身安全的需要。新加坡著名政治家李光耀曾称:在大国竞争的国际格局下,中小国家想要获得安全,就必须具有一定的自我防护能力,好像在海洋中的"毒虾"(Poison Shrimp)一样,最好的生存之道就是通过喷射毒液来避免其他凶猛生物的攻击,从而实现自保。[①] 但是,对于缅甸这样的国家而言,大国平衡战略则是最有效的防卫手段。大国平衡战略源于国际关系中的均势理论。均势理论认为,在无政府条件下,维护国际和平与稳定的最佳手段是"以力制力",使各种地缘政治力量维持在大致均衡的状态下。而缅甸选择的就是避免由某一个外部大国主导缅甸国内以及东南亚地区事务,而有意识地引进其他大国的力量,从而有效凸显自身特殊的地缘政治经济优势,提升自己在地区事务中的影响力,尤其是在地区资源开发合作博弈和以东盟为代表的区域多边合作机制谈判中能够发挥关键性的作用。

三、对策分析

由于缅甸战略地位的特殊性和缅甸处于国内转型期的对外依赖性与脆弱性,缅甸日益成为世界上最重要的地缘政治力量的博弈焦点。现阶段的"一带一路"倡议和孟中印缅经济走廊的建设可能引发美国、日本、印度等域外利益相关大国的反应,相关企业需要做好预判和准备工作。而域外大国往往通过间接方式为中国企业在缅甸的项目投资增加大量隐蔽难见的政治风险,最后的影响传导集中反映在政治稳定、政府效能、民众意见等可见领域。因此,除了传统政治风险,中国企业在投资过程中应充分注意当地社会隐含的非传统政治风险,开展风险评估、应对预案、经营调整等针对性工作,并建立相关的风险评估机制,根据风险形成机制有针对性地进行预防和调整。

除此之外,我们也应准确认识到缅甸的地缘政治环境受到国内外诸多因素的影响而处于不断变化之中。因此,除了以缅北地区的地方武装冲突和民族宗教矛盾为特征的缅甸地缘政治风险以外,我们也应看到,当前缅甸国内的民主化进程和市场经济的完善以及"大国平衡战略"的外交政策为中国企业对缅投资带

---

① 李一平、刘稚主编:《东南亚地区研究学术研讨会论文集》,厦门大学出版社 2011 年版,第 181 页。

来了难得的投资环境法制化规范化,以及相关配套服务设施完善之外的机遇。随着各国跨国公司通过交通基础设施建设、油气能源和矿产资源开发合作等一系列项目的投资全面展开以保障自身海外投资的安全与稳定,缅甸势必会从"亚洲失去的锁链"(Asia's Missing Link)蜕变为"亚洲经济的枢纽"(Asia's Economic Hub),①如何把握这一难得的海外投资机遇,便成为摆在中国企业以及中国政府面前的关键问题。

因此,笔者认为,在系统评估域外大国外交政策带来的政治风险影响以及东道国动态的地缘政治经济环境之外,中国企业应在市场竞争激烈化的必然趋势下,首先,要树立客观冷静、公平合理和协商解决的基本态度,坚持"互信、互利、平等、协作"的安全观。在遵守当地法律的前提下,通过外交协调、经济手段和国际仲裁等加强投资合法权益的保护。其次,要学习他国投资经验,可以利用媒体,提高投资透明度,主动应对非政府组织的舆论攻势。同时,应把握好地缘经济利益与地缘政治之间的关系,积极承担社会责任,积极推动当地就业、基础设施建设、环境保护和慈善公益活动。最后,以开展公共外交和人文交流作为"中国名片",树立中国企业良好形象,推动中国"软实力"建设,从而形成"价值—制度—组织"三位一体,"政府—企业—NGO"三方联动的海外投资安全网。

---

① Motokazu Matsni, "Roads Can Convert Myanmar from Economic Void to Hub", *Nikkei Asian Review*, March 3, 2016.

第十一章　区域性公共产品与澜湄流域的扶贫开发

澜湄地区社会经济发展水平总体滞后,贫困问题突出,严重制约了区域内各国经济社会转型和区域一体化进程,贫困问题成为澜湄各国的共同关切点。在澜湄合作机制下,减贫合作为澜湄合作机制下的优先发展方向之一,具有十分重要的意义。从以往的澜湄地区减贫合作来看,存在机制重叠、相互竞争、项目合作面临环境压力、合作缺乏系统的规划和评估等一系列问题。作为一种新的合作机制,如何使澜湄机制下的国际减贫合作取得突出实效,借此夯实澜湄合作机制,显得尤为重要。近年来,学术界对国际公共产品的兴趣日趋浓厚,尤其是继国际公共产品之后,区域性公共产品(Regional Public Goods)在区域合作中的重要性正在受到越来越多的关注,并已成为国际公共产品研究的一个新视点。澜湄合作机制是中国改善周边环境、提升区域合作、夯实周边外交的重要尝试。因此,在当前形势下研究区域性公共产品的供给对澜湄次区域扶贫合作机制的促进作用,对于推动澜湄次区域的合作、夯实澜湄合作机制、寻求率先突破的合作亮点和切实可行的实施路径具有十分重要的参考价值和实践意义。

第一节　澜湄地区贫困问题的现状

贫困作为一种社会状态,有着不同的衡量指标,贫困的标准和测量尺度是一个动态和历史发展的过程,因文化的不同而存在很大的差距,但贫困指数、人均国民收入和贫困差距指数是比较公认的用来衡量一个国家贫困状况的三个指标。

一、贫困指数

贫困指数是指处于贫困线以下人口占国家总人口的比率,一个国家的贫困指数越大,说明贫困问题越严重,对应的贫困人口也就越多,反之亦然。从澜湄国家的贫困指数来看(见表 11 - 1),澜湄国家的贫困问题比较突出。

表 11 - 1　澜湄合作国家贫困指数统计

国家＼年份	2010	2011	2012	2013	2014	2015
中　国	3.8	10.2	10.2	8.5	—	8.5
越　南	14.5	12.6	11.1	9.8	13.5	9.8
泰　国	7.8	13.2	13.2	12.6	10.5	12.6
老　挝	27.6	27.6	26	23.2	—	23.2
柬埔寨	30.1	30.1	25.9	18.9	—	18.9
缅　甸	25.6	25.6	25.6	25.6		25.6

数据来源:根据 ADB 数据整理,http://www.adb.org/countries/.

二、人均国民收入

人均国民收入是一个国家在一定时期内(通常为一年)按照人口平均的国民收入占有量,反映了国民收入总量与人口数量的对比关系,是衡量一个国家经济实力和人民富裕程度的重要指标,澜湄各国的人均国民收入统计从另一视角反映了澜湄各国的贫困问题(见表 11 - 2)。

表 11 - 2　澜湄合作国家人均国民收入统计　　　　　　　　单位:美元

国家＼年份	2009	2010	2011	2012	2013
中　国	3 650	4 270	4 940	5 720	6 560
越　南	1 000	1 160	1 270	1 550	1 740
泰　国	3 760	4 150	4 440	5 210	5 340
老　挝	880	1 040	1 130	1 270	1 450
柬埔寨	650	750	820	880	950
缅　甸	—	—	—	—	—

说明:未统计缅甸的贫困差距数据。

数据来源:"Basic statistics2010 - 2015",ADB,http://www.adb.org/publications/series/basic-statistics.

三、贫困差距指数

贫困差距指数是指贫困人口实际收入与国家贫困线之间的比例,比例越小说明该国或者该地区的贫困差距越小,社会上贫困人口越少。世界银行通常按照每人每天收入 1.25 美元和 2 美元两个标准衡量。本书以 1.25 美元的标准对澜湄各国的贫困指数进行了统计(见表 11-3)。

表 11-3　澜湄合作国家贫困差距指数统计　　　　　单位：%

年份	项　　目	中国	越南	泰国	老挝	柬埔寨	缅甸
2005	1.25 美元/天人口占总人口比例	15.9	21.5	<2.0	44	25.8	—
	1.25 美元/天人口占贫困总人口比例	4.0	4.6	<0.5	12.1	6.1	—
2008	1.25 美元/天人口占总人口比例	15.9	13.1	<2.0	33.9	28.3	—
	1.25 美元/天人口占贫困总人口比例	4.0	2.3	<0.5	0.9	6.1	—
2010	1.25 美元/天人口占总人口比例	11.8	16.9	0.4	33.9	18.6	—
	1.25 美元/天人口占贫困总人口比例	2.8	3.8	0.0	9.0	3.5	—
2012	1.25 美元/天人口占总人口比例	6.3	2.4	0.3	30.3	10.1	—
	1.25 美元/天人口占贫困总人口比例	1.3	0.6	0.0	7.7	1.4	—

说明：此统计中没有提供缅甸的贫困差距数据。

数据来源："Basic statistics2010 – 2015", ADB, http://www. adb. org/publications/series/basic-statistics.

以上三组数据统表明,不论是从贫困指数,抑或是人均国民收入和贫困差距指数而言,缅甸、老挝、柬埔寨三国贫困程度明显比较突出。从区域国家对比看,越南经过革新开放以来,经济长期处于保持较快发展,减贫措施得力,效果较明显。中泰两国从人均收入来看已经进入中等收入国家行列,但由于区域发展不平衡,仍然存在着较大基数的贫困人口。

第二节　区域性公共产品及其合作供给的博弈模型分析

早在 20 世纪 60 年代就有学者研究了国际层次上的公共产品问题。对公共产品的研究最初是在主权国家的政府经济学层次上展开的。消费和生产的非竞争性和非排他性被界定为公共产品最主要的两大特征。后来,公共产品由国民公共产品逐渐延伸至国际公共产品。1966 年,曼瑟尔·奥尔森(Mancur Olson)等以北约(NATO)为例研究了国家间共同维护安全的问题；布鲁斯·M.鲁塞特(Bruce M. Russett)等人从集体物品的角度分析了国际组织问题。① 这些都可以看作公共产品理论在国际层次上的应用。

美国经济学家查尔斯·P. 金德尔伯格(Charles P. Kindleberger)首先正式把公共产品理论引入国际政治研究领域。他在 1981 年发表的一篇文章中指出："世界经济要想保持稳定,必须有一个'稳定器(Stabilizer)'",强调了国际公共产品在国际秩序稳定中的重要意义。金德尔伯格同时也指出:在国内如果出现妨碍公共产品的供应时有两种选择:或强行征税,或重新选择政府。但国际社会实现不了这两种选择,国际政治体系中由于缺乏一个国际政府,"搭便车"所引发的公共产品供应不足更为严重。②

罗伯特·吉尔平对国际公共产品供给不足做了充分的理论探索。他在其成名作《国际关系政治经济学》中分析:由于边际成本递增而边际收益递减规律的作用,霸主国的衰退不可避免,同时,霸权国将国际公共产品的"私物化"倾向更为明显,这成为全球性体制动荡的主要根源。③

在全球性国际公共产品供应严重不足以及被"私物化"的背景下,共同需求和共同利益将会驱使区域内国家或国家集团联合起来,共同设计出一套安排、机制或制度并为之分摊成本。我们完全有理由把这些只服务于本地区、只适用于本地区、其成本又是由域内国家共同分担的安排、机制或制度称为"区域性公共产品"。④ 例如,出于维持和推进欧洲一体化的政治意愿,德国和法国推动欧盟签署了许多涉及区域公共产品提供的利益交换协定。欧盟制度化的支持机制鼓励达成这种互利方案,从而方便了欧盟内部的区域性公共产品的提供。

基于上述定义,我们可以从理论上可以将公共产品分为三个层次:国内公共产品所带来的收益或"溢出效应"主要局限于国内;全球性公共产品的收益或"溢出效应"将辐射所有国家;区域性公共产品则位于这两个层次之间,其"外溢效应"将清晰地覆盖特定地缘范围内的若干个国家。它可以小到两个相邻的国家,大到一个次区域,如"澜湄次区域"。甚至可以再大到一个洲,如亚洲。

从区域公共产品的现状来看,其供应呈现不断增长的趋势,但与区域或次区

---

① Mancur Olson, Richard Zeckhauser, "An Economic Theory of Alliances," The Review of Economics and Statistics, 1966, Vol. 48, No. 3 (Aug.), pp. 266 – 279; John D. Sullivan, "Collective Goods and International Organizations," International Organization, Vol. 25, No. 4 , 1971, pp. 845 – 865.

② Charles P. Kindleberger, Dominance and Leadership in the International Economy: Exploitation, Public Goods, and Free Riders, *International Studies Quarterly*, 1981, Vol. 25, No. 2, pp. 242 – 254.

③ 樊勇明:《区域性国际公共产品:解析区域合作的另一个理论视点》,《世界经济与政治》2008 年第 1 期,第 8—9 页。

④ 樊勇明:《区域性国际公共产品:解析区域合作的另一个理论视点》,《世界经济与政治》2008 年第 1 期,第 11 页。

域经济发展的要求相比,这种供应的增长远远不能满足对其的需求。[1] 一些关键领域的公共产品都存在着未充分利用或供应不足的情况。[2] 因此,区域性公共产品的提供如何实现,如何在区域内或区域间按比例分担成本,保障各成员国得到相应的收益就成为国际社会各个理性的行为体共同关注的重点。"一带一路"沿线相关公共产品问题的提出对传统的区域内或区域间国家合作提出了新的挑战。以下本书将借助博弈模型来分析,如何通过前提条件的设定和制度安排的激励来突破集体行动的困境,达成从非合作到合作的转变的可能。[3]

在本章关于区域公共产品的供给和国际合作的分析中,将遵循经济学理论的经典假设:作为理性人的国家,其所追求的是利益和效用的最大化。此处所指的利益具有一个广义的内涵,除了通常强调的在与区域其他国家的交往中所获得的经济利益以外,还包括政治上的认可、国际关系的和谐等其他利益,这些都是内化体现在本国收益函数中的。

一个经典的、非合作博弈模型已经很好地证明了,由于缺乏信息的交流,理性的双方都希望"搭便车",最终却导致集体非理性的结果——公共产品无法供给,即所谓"囚徒困境"。具体到区域公共产品的各国分别提供的例子中,结果也是类同的。尽管提供区域公共产品会给双方都带来更大的利益,但理性的各国基于本国利益还是会选择不合作,从而无法达成双方整体利益最优的均衡解。

以上非合作模型是一次性的静态博弈,如果考虑长期动态的情形,则结果会发生变化,双方的最优策略是第一次选择合作,之后是合作还是非合作则取决于对手的抉择。如果改变前提,双方同时抉择,但是视对方选择为既定的条件下决定自己的最优选择,即所谓的"纳什均衡"。在上述地区公共产品供给的例子中,纳什均衡可能出现在双方合作、共同出资,或者双方不合作、都不出资两种结果上。

相比"囚徒困境"的两难选择,纳什均衡更具有现实性。理论分析已经证明:地区公共产品的供给有可能出现从不合作到合作的转变,并且,这一变化符合双方的共同利益。那么,下一步需要解决的问题就是:如何实现公共产品的供给从非合作到合作博弈的转变? 如何设计出有利于合作的机制?

针对于此,笔者提出三种可能的设想:① 考虑小集团的情形,即博弈参与者

---

① 曾国安、吴琼:《关于国际公共物品供应的几个问题》,《经济评论》2006 年第 1 期,第 122—130 页。

② [美]佩德罗·康塞桑:《评估全球公共产品的供应现状》,载[美]英吉·考尔等编:《全球化之道——全球公共产品的提供与管理》,张春波、高静译,人民出版社 2006 年版,第 137 页。

③ 杨海燕:《区域公共产品的供给困境与合作机制探析》,《复旦大学国际关系评论》2015 年第 16 辑,第 24 页。

人数是有限的;② 假设地区公共产品的提供者中有部分具有利他主义的偏好;③ 参与者之间相互谈判,达成互利的有约束力的协议机制。以下主要针对这三种情况作出初步的分析,至于其他可能的情形,则留待以后再做讨论。

第一,假设参与者的数量有限,组成集团规模较小。如前文所述,经典的博弈分析并没有考虑集团规模的影响。一个隐含的假设是:博弈各方认为自己的选择是独立的,对他人并无影响。但如果这一假设前提发生变化,比如,考虑一个小集团内部提供区域性公共产品的例子,因为参与者数量有限,集团规模小,参与的各国相信自己的选择会影响到其他国家的决策,那么,其会根据对这种影响的猜测调整本国的最优策略。设 q 为某一国提供区域性公共产品的数量,Q 为集团内其他国家提供的数量。假定 $\dfrac{dQ}{dq}=c$,其中,c 为常数,若 $c>0$,意味着某国意愿提供区域性公共产品的数量会与其他国家的供给意愿正相关,则该国提供区域性公共产品的数量会超过之前讨论的一般情形中公共产品供给的最优决策量。

从以上分析可知,一个小集团内部的分散化决策是有利于合作的发生的。如果集团内的国家认为本国对区域性公共产品的供给有积极影响,那么,其会愿意增加合作性的行为以改进共同利益,个体理性与集体理性达成一致。但如果集团规模增大,一国会认为自己的行为影响力不显著,可能其合作意愿也会下降。

第二,集团参与者具有利他主义的偏好。在第二种设想中,我们假设地区公共产品的提供者中有部分具有利他主义的偏好,那么,此时博弈的结果也会发生变化。在博弈模型中,所谓利他主义,体现在其他国家从区域性公共产品的提供中获得的利益也会增加本国的效用水平。我们可以从对得益矩阵的影响来进行分析,利他主义的强度会影响到最终的结果。考虑以下的一个两国博弈模型(见表 11-4)。

表 11-4 两国博弈模型

		乙 国	
		合 作	不合作
甲 国	合 作	(a, a)	(b, c)
	不合作	(c, b)	(d, d)

表中 a,b,c,d 分别表示甲、乙两国采取合作或非合作策略下的效用水平。假定 $a>d$,即合作给双方带来的得益都要高于不合作。在"囚徒困境"模型下,

有 $a<c,b<d$。考虑甲国的情形,若乙国选择合作,由于 $a<c$,所以,甲国将选择不合作以得到 c;若乙国不合作,由于 $b<d$,甲国还将选择不合作以得到 d。由于矩阵的对称性,乙国的最优策略也是在两种情形下都会选择不合作,最终均衡是(不合作,不合作),导致区域性公共产品的供给困境。基于此模型,考虑一方或双方具有利他主义的倾向,则结果是更偏好合作,模型中体现在假设的变化,即 $a>c$ 上。

从纳什均衡的分析来看,由于 $a>c$,$b<d$,会出现两个可能的均衡解,双方都选择合作,或者都选择不合作。从长期动态的角度来看,理性的个体在第一次博弈中选择合作;如果对方不合作,则以后的策略是针锋相对。如果此时一国的偏好具有利他主义倾向,则假设中会有变化,$b>d$,该国最终的选择是合作,均衡解为(合作,合作)。

第三,参与者之间相互谈判,达成互利的有约束力的协议机制。在"囚徒困境"的假设下,各国虽然知道合作对各方都更有好处,但由于缺乏信息交流并达成协议,难以达成帕累托改进的效果。如果各国能够事先谈判,共同遵守若干约定,达成有约束力的协议的情况下,则可以实现区域公共产品的最优供给。所谓有约束力的协议,是指明确彼此的权利与义务,对各方都具有制约性的法律协定。理论上来说,签署了协议之后,各方都应该自动地遵守,但现实中可能并不这么容易。因此,增加局外的仲裁者,比如,第三方国际组织也是非常重要的。

另外,除性质上的纯公共产品以外,如果区域间公共产品在一定程度上也可以实现排他的可能,将会更加有利于区域间国家合作的达成。如果区域间公共产品并非对所有区域国家开放,而仅仅是参与提供国可以消费,不付费者不可得,则可以实现区别进入。做到区别对待的关键在于两点:一是未来的技术进步;二是有效的制度安排。

上述模型充分说明了曼瑟尔·奥尔森的观点的理论意义,即集体行动理论试图从集团成员数量和集团大小来界定国际合作的有条件和有效性。当国家发现他们不能生产需要和想要的公共产品或者这些公共产品产量不足、单个行动不能有效地生产想要的产品时,就会导致行为者考虑采取集体行动。例如,区域内的成员会集体支持建立区域内的交通设施、环境保护和经济合作等。[1] 奥尔森创立公共产品理论的最初目的正是为了说明:在一个只有少数行为者构成的体系中,这些行为者"能够在不依靠任何积极性的劝诱(除了物品本身以外)的条

---

[1]　[美]曼瑟尔·奥尔森:《集体行动的逻辑》,陈郁等译,上海三联书店、上海人民出版社 2003 年版,第 3 页。

件下,为他自己提供集体物品。"①从而揭示了"集体行动的逻辑":集团越大,单独个体获得的收益份额越小,不足以抵消其支出成本,以及组织成本会越高,这样,他就越不可能提供最优水平的集体物品,而且很大的集团在没有强制或独立的外界激励的条件下,一般不会为自己提供哪怕是最小数量的集体物品。②

因此,与国际公共产品相比,区域性国际公共产品则显示出其优点:一是,其涉及的成员相对较少,更容易实现公共产品的供应;二是,区域内平等的集体对话与合作机制的建立,可以避免提供公共产品的领导国通过霸权将之私物化的风险;三是,由于区域性国际公共产品的涵盖范围较小,各国从中得到的收益和必须付出的成本比较清晰,因而能在一定程度上减少"搭便车"的现象,避免了国际公共产品中普遍存在的供应不足问题。更为重要的是,区域性公共产品能从制度层面促使区域合作的顺利实现。由此可见,区域性公共产品理论在区域合作和地区一体化中显示了较强的解释力。③

第三节　区域性公共产品对澜湄扶贫合作机制的促进作用分析

自 20 世纪 90 年代中期以来,随着全球化与区域化进程的不断加快和新区域主义(New Regionalism)浪潮在全球范围内的拓展,出现了区域与区域间的互动,④其互动的形式不仅包括区域之间的相互关系,也包括区域与国家之间的相互关系。⑤ 互动与合作成为区域集团"主体性"的集中体现,并已成为国际关系中一种"新的现象"和国际政治经济中"一种新的互动层次"。⑥

在湄公河次区域(GMS),域外国家长期以来就不断积极地参与湄公河次区域的开发合作,GMS、MRC 等机制主要受美国、日本的主导或影响。近年来,美国奥巴马政府推出了"湄公河下游行动计划"(Lower Mekong Initiative),加大

---

①　[美]罗伯特·基欧汉:《霸权之后:世界政治经济中的合作与纷争》,苏长和译,上海人民出版社 2001 年版,第 44 页。

②　[美]曼瑟尔·奥尔森:《集体行动的逻辑》,陈郁等译,上海三联书店、上海人民出版社 2003 年版,第 39—40 页。

③　黄河:《区域性公共产品:东亚区域合作的新动力》,《南京师范大学学报》2010 年第 3 期,第 64 页。

④　Ralf Roloff, "Internationalism in theoretical Perspective-State of the Art", in Heiner and Ralf Roloff, eds., Inter-regionalism and international Relations, Abingdon: Rutledge 2006, p. 19.

⑤　刘艳峰:《区域间主义与南海区域安全机制》,《国际关系研究》2013 年第 6 期,第 58 页。

⑥　郑先武:《区域间主义与东盟模式》,《现代国际关系》2008 年第 5 期,第 44 页。

了对湄公河国家的战略投入力度。美国的湄公河战略是逐步介入、拉拢下游国家，以平衡中国在这一地区的影响。例如，2009 年 7 月，由美国国务卿希拉里率领高规格代表团参加东盟外长会议，召开首届"美国—湄公河下游国家部长会议"，美国国会也在当年立即拨款用于湄公河流域开发，此后，美国的后续投入持续增加，使得美国与湄公河国家的合作成为地缘政治领域的热门话题。美国选择的投入领域主要涉及环保、教育和卫生，政治敏感度不高，同时关切民生问题。例如，美国仅用于的水资源保护的资金到 2011 年累计就已超过 6 900 万美元，《湄公河下游倡议》很快在这一区域赢得好感。[①] 美国在推进《湄公河下游倡议》开展过程中，还试图通过"跨太平洋战略经济伙伴协定"（TPP）重塑亚太经济秩序，2016 年 2 月 4 日越南与相关成员正式签署 TPP 协议。[②]

日本 2007 年就成立了"日本与湄公河区域合作伙伴机制"，并于 2009 年起每年举办"日本与湄公河国家领导人峰会"。安倍政府执政以来，在继承上述日本外交传统的基础上继续加大战略投入，包括在"日本与湄公河区域合作伙伴机制"框架下，使 2012—2015 年的日本政府开发援助（ODA）高达 6 000 亿日元，2016—2018 年的援助大幅增加至 7 500 亿日元，进一步将该合作机制做实，即"每年举行年度领导人峰会，且每三年在日本举行一次，定期举行外长、经济部长会议，以及工作层面高层官员磋商"。2015 年，日湄首脑会议上发表的《新东京战略 2015 宣言》中，日本明确表示湄公河次区域基础设施建设要与该倡议对接，并利用日本政府开发援助加强基础设施、改善投资环境，以吸引日企投资流入。事实上，日本之所以要不断强化"日本与湄公河区域合作伙伴机制"、将湄公河五国聚合起来，一个重要原因就是要"在东南亚区域内构建一个'赞同日本'的国家集团"，以此推进战略与外交上的重大利益。[③]

冷战结束后，重点改善与东盟和东南亚国家的关系，凸显了印度推行全方位务实外交和经济外交的战略转变。1997 年，印度和泰国共同发起了包括三个南亚国家和两个东南亚国家在内的次区域合作组织——"孟印斯缅泰经济合作组织"，但尚未达到预期水平。由于印度扩大在东盟的影响力、谋取大国地位的野心还没有得到满足，于是，印度政府又审时度势地提出"东向"政策，力图通过加速推行"东向"政策，进一步拉拢与东南亚邻近国家关系和介入中南半岛。从东

①　任远喆：《奥巴马政府的湄公河政策及其对中国的影响》，《现代国际关系》2012 年第 3 期，第 14—20 页。

②　卢光盛、金珍：《"澜湄合作机制"建设：原因、困难与路径》，《战略决策研究》2016 年第 3 期，第 31 页。

③　张继业、钮菊生：《试析安倍政府的湄公河次区域开发援助战略》，《现代国际关系》2016 年第 3 期，第 31—33 页。

南亚的五个成员国方面看，他们也重视同印度发展关系。双方在历史、文化、宗教和社会等方面具有共性，而且不存在领土和主权之争，合作起来相对容易。加强与印度的合作可以制衡大国在该地区的竞争，维持均势状态。从经济方面看，印度的崛起将提供广阔市场和各项援助，为出口市场多样化提供渠道。2000 年 7 月，在泰国曼谷召开的第 33 届东盟部长会议后，六国外长就湄公河—恒河合作倡议的发起取得了共识，并在当年 11 月 10 日在老挝首都万象召开的第一次部长会议上正式确立了"湄公河—恒河合作倡议"，并共同签署了《万象宣言》。"湄公河—恒河合作倡议"的构成在一定程度上是印度与中国较劲心理的结果。印度目前正是美国和日本等西方势力急切想要拉拢的伙伴，被视为可以遏制中国的"棋子"和重要力量。①

除美日印以外，欧洲及其他国家大部分是通过官方的开发援助和直接投资、捐助开发和研究等方式参与澜沧江-湄公河的开发合作。如澳大利亚、新西兰、瑞典等国都在积极参与湄公河开发，以官方开发援助和人力资源开发为主。英法等国在多极化的推动下，重点投资、捐助与合作主要集中在原旧殖民地国家。欧盟及其他欧洲国家以亚欧首脑会议为契机，对湄公河开发也有一定兴趣，已在"共同合作湄公河开发计划"方面达成共识，表示愿意积极支持开发合作。韩国与澳大利亚一直觊觎湄公河流域资源，不断提供资金支持能源和基础设施建设。例如，2010 年下半年，韩国以在首尔召开的韩国—湄公河开发论坛为契机，双方商讨建立对话机制，并正式开启了湄公河开发项目。2011 年，召开了第一次"韩国—湄公河国家外长会议"，通过了《关于建立韩国—湄公河全面合作伙伴关系，实现共同繁荣的汉江宣言》，并明确了双边合作中各个领域的内容。韩国通过该机制，借此提升了其国际影响力。②

上述域外国家在多个方而与湄公河国家推进合作，一定程度上冲淡了湄公河下游五国对中国合作的需求，增加了湄公河地区开发合作的复杂性和竞争性。因此，作为中国推进区域合作和周边外交的一项重要举措，"澜沧江—湄公河合作机制"于 2015 年 11 月 12 日正式成立。2016 年 3 月，中国主办了首次澜湄合作机制领导人会议，预示着澜湄机制建设将进入全面推进阶段。推进澜湄合作机制建设是我国政府在新的历史时期，实行更为积极主动的区域合作战略，打造互利共赢、安全高效的公共产品提供合作平台，促进中国与周边东南亚国家区域

---

① 邓蓝：《湄公河——恒河合作倡议：十年发展与前景展望》，《东南亚南亚研究》2010 年第 4 期，第 67—79 页。

② ［韩］金银美、赵希贞、朴敏贞、宋知贤：《OECD 发展合作的主要焦点以及韩国国际开发合作的战略方案》，KOICA 韩国国际合作团，2015 年，第 57—59 页。

合作和命运共同体建设的一项重要战略部署，也是"丝绸之路经济带"和"21世纪海上丝绸之路"建设在西南方向的先导项目。

新建立的澜湄合作机制是针对现有合作机制的不足而发起的，目的不是为了取代现有合作机制，而是克服其松散、缺乏效率、亚洲开发银行支持项目分布不均、筹资力不足等弱点，以满足区域合作的需求，提升区域性公共产品的供给水平。李克强总理在澜湄合作首次领导人会议上表示：这一合作是对中国-东盟合作框架的有益补充，有利于促进成员国经济社会发展、缩小发展差距，构建中国-东盟全方位合作升级版。澜湄合作的三大支柱机制，即政治安全、经济和可持续发展、社会人文与东盟共同体建设的三大支柱高度契合，将为东盟一体化和中国与东盟合作进程提供新的助力。[1]

有两种力量可促进区域合作：一是"市场驱动"；二是"制度驱动"。"市场驱动"指区域间的经济联系。例如，澜湄合作涉及中国、老挝、缅甸、泰国、柬埔寨和越南，这些国家除了是国际组织成员之外，还参加了其他的区域合作体系。例如，在次区域合作方面，柬埔寨目前重点加强了柬老越"发展三角区"在各个领域的合作。这些区域合作组织可能是经济性的、军事性的或者是政治性的。但经济合作对大多数国家来说比政治或军事上的合作更为容易。"制度驱动"是指公共产品的提供。

与全球性国际公共产品相比，区域间国际公共产品与区域性国际公共产品的优点更为接近：一是其涉及的成员相对较少，更容易实现公共产品的供应；二是其平等的集体对话与合作机制可以避免提供公共产品的领导国通过霸权将之私物化的风险。这主要得益于区域间主义强调平等协商关系，它既受制度化的约束，又可以避免强制性的羁绊，因而具有很强的灵活性。[2]

澜湄次区域内各国的国际开发合作具有典型的区域性公共产品属性。与美日欧主导的合作机制相比，澜湄合作机制具有更明显的区域性公共产品优势：一是涉及的成员较少，且其成员完全由区域内各国组成，更容易实现公共产品的供给。二是平等的集体对话与合作机制可以避免公共产品的提供国通过霸权将之私有化的风险。这主要得益于新区域主义强调平等协商关系，它既受制度化的约束，又可以避免强制性的羁绊，因而具有很强的灵活性。三是由于区域内各国地域相邻、利益相连，各国政府间联系更为紧密，有助于增加相互之间的信任，减少猜疑和摩擦。[3]

---

①　卢光盛、雷著宁：《澜湄机制是中国—东盟合作新纽带》，《世界知识》2016年第16期，第20页。
②　郑先武：《区域间主义与国际公共产品供给》，《复旦国际关系评论》2009年第9辑，第91—92页。
③　黄河：《公共产品视角下的"一带一路"》，《世界经济与政治》2015年第6期，第149页。

因此,澜湄次区域内中小国家可以在区域性公共产品的合作行动中以集体行动的形式改变他们在国际系统中长期的被动地位,增强他们自身对国际环境的掌控能力,这也符合中小国家由来已久的期望。区域中的中小国集团有时能够在区域性公共产品供给中发挥与其力量不相称的作用。比如,东盟把中、日、韩几个大国拉过来,使自身脆弱的安全地位得到了保障,同时增强了其与外部世界打交道的实力。在区域性体系中,大国的外部性也能够使邻国获益。最典型的案例体现在 NAFTA 中美国与墨西哥的关系。两国在 NAFTA 范围内提供区域性公共产品中各得其所,不仅将美国在本区域的支配力引向深入,墨西哥也获得了较大的实惠,因此,尽管参与国国内都面临着不同的声音,NAFTA 仍然稳步前进。

从区域性公共产品角度来看,合作机制的建立可以从功能性领域入手,从一个领域外溢到另一个领域,最后实现全面的合作。欧洲范围内成功的合作证明这条路径具有相当大的可行性。1997 年席卷东亚的金融危机带来的区域公共产品也是基于区域共同的根源,全球金融霸权国美国出于私利的消极反应加剧了这种危害。金融危机催生的《清迈协议》成为亚洲金融区域主义发展的一个里程碑,对于防止未来亚洲地区再次发生大规模的金融危机起到稳定器的作用。澜湄次区域内区域主义的发展潜力巨大,以至于兰德尔·亨宁为此设计了详尽的"区域主义原则"。① 这同样为澜湄次区域内合作提供了较为乐观的前景。

目前,中国与澜湄机制的参与国应该从受援国的实际情况出发,制定切实可行的减贫阶段性目标。目前,中国可以通过建立与完善减贫合作机制,建立专门的扶贫合作机构,完善信息档案库,建立减贫经验交流、减贫基金、人才培养等多样化合作平台,制定澜湄扶贫合作规划的行动纲要,制定相关的政策规章,选定进行合作的重点区域和重点领域,关注先期收获,实施首批扶贫合作项目,为之后的合作形成示范作用。之后,可以进一步关注扶贫制度的完善,实现扶贫合作的长期化与制度化。同时注重实行产业化合作战略,"授人以鱼,不如授人以渔",注重培育当地的特点产业和本土企业与 NGO 等扶贫力量。就远期目标而言,以联合国 2030 年可持续发展议程,形成三个国际示范机制,即生态保护和开发的成熟国际合作机制、运转高效的灾害救援机制、澜沧江—湄公河水资源共享和分配机制,②完成澜湄合作地区扶贫开发机制与制度建设的工作。

---

① [美]C. 兰德尔·亨宁:《东亚金融合作》,陈敏强译,中国金融出版社 2005 年版,第 101 页。
② 罗圣荣、叶国华:《澜湄合作机制下的国家减贫合作》,载刘稚主编:《大湄公河次区域合作发展报告(2016)》,社会科学文献出版社 2016 年版,第 77 页。

第四节　澜湄扶贫合作中的区域性公共产品的属性及其供给

　　为了用不同方法表示公共产品累计的各个层面,桑德勒(Todd Sandler)在其论文《全球性与区域性公共产品:集体行动的预测》中提出公共产品有不同的"加权技术"(Aggregation Technologies),四个不同的加权技术对于国际发展合作的研究是非常重要的,分别为:①"总和"(Summation Technology),它是指由每个行为体贡献的每一个单位产品对整体层面的意义相等。②"最佳表现"(Best-shot Technology),它是指公共产品整体层次是由做出最大贡献的行为者决定的。③"最弱环节"(Weakest Link Technology),其特点是贡献最小者对整个集体具有核心意义,不管该集体是一个国家、区域还是次区域。④"加权方法"(Weighted Sum Technology),除了在总体计量之前要对个人贡献赋予相应权重这一点之外,加权效应与累加效应相同。[①] 表 11 - 5 显示了澜湄次区域公共产品的可能类型,有 4 类区域性公共产品;每类公共产品可按6 种汇总方法进一步细分;1 个区域性公共产品的例子代表着 24 个类型中的一种。

表 11 - 5　澜湄次区域与扶贫相关的区域性公共产品分类

汇总方法	纯公共产品	不纯的公共产品	俱乐部产品	联产品
总和:公共产品总水平等于各国贡献的总和	水源保护	传染性疾病的治疗	澜湄次区域的旅游合作	保护雨林
权重总和:公共产品的总和等于各国贡献乘以不同权重后相加之和	防止艾滋病扩散	减少污染物排放	次区域电网和通信网络("信息高速公路")	安全公共产品与反恐合作
最弱环节:最小贡献决定着产品的总水平	区域性的商业仲裁机构、贸易协定、投资机构	防止疫病暴发	战略经济走廊的建设	防治或减少自然灾害

　　[①]　T. Sandler, "Global and Regional Public Goods: A Prognosis for Collective Action." *Fiscal Studies* Vol. 19, No. 3, 1998, pp. 221 - 247.

续　表

汇总方法	纯公共产品	不纯的公共产品	俱乐部产品	联产品
较弱环节：最小贡献对产品供给总水平影响最大，但次小贡献也有影响，等等	向开发次区域基础设施、机制和规则的机构提供技术支持，培育国家和次区域利用公共产品和预防区域缺陷（污染、妇女儿童的跨境贩卖可被称为区域"缺陷"）的能力	跨境水资源开发	由南到北、由东到西把大湄公河次区域国家联系起来的5个运输走廊	互联网接入
最佳表现：最大贡献决定产品的总水平	防治疾病	吸收和有效利用技术创新、开发人力资源	公路设施改造	地区维和
次佳表现：最大贡献对产品供给水平影响最大，但次大贡献也有影响，等等	寻找有效的治疗方法	搜集政治不稳定的情报、知识库和信息提供	防止有害生物的设施	水电工程项目

资料来源：［西班牙］安东尼·埃斯特瓦多道尔、［美］布莱恩·弗朗兹、谭·罗伯特·阮：《区域性公共产品：从理论到实践》，张建新、黄河等译，上海人民出版社2010年版，第383—390页。

对于澜湄次区域国家来说，区域性公共产品的供给远比国内公共产品和全球性公共产品的供给困难。其原因主要有：① 国内公共产品供给者可对其受益者实施有效控制和监管，而区域性公共产品的受益者缺乏特定政治身份，因而难以对其进行控制和监管。② 由于难以识别区域性公共产品的受益者，所以，区域性公共产品的供给者为贷款提供担保或授权支付的能力受到限制。③ 像全球性公共产品一样，澜湄次区域的许多区域性公共产品所产生的外溢并不能直接惠及供给国。阻止硫排放、限制传染性疾病的扩散或消除安全威胁等都是这方面的例证。④ 域外供给者之间的竞争可以抑制区域性产品的活动。⑤ 相对于国内公共产品或全球性公共产品来说，非地理障碍如语言、宗教或贸易集团成员的身份等，会对区域性公共产品的供给与需求产生更大影响。⑥ 各种供给者——从民族国家到非营利机构、慈善基金和非政府组织传统上依靠多边制度，如世界银行、联合国开发计划署或世界卫生组织，为国内公共产品和全球性公共产品提供资金。与这些全球性机构相比，区域性机构显得更加软弱无力。① 因此，澜湄次区域国家的区域性公共产品的供给相对于欧洲和北美等地区更为复

---

① 黄河：《区域性公共产品：东亚区域合作的新动力》，《南京师范大学学报》2010年第3期，第65页。

杂,主要表现在以下几个方面。

一是澜湄次区域合作中的基础设施类区域性公共产品一直存在供不应求的问题,这主要是由各成员国经济发展的现状所决定的,其中,最基本的体现是次区域内配套的软硬件基础设施欠缺。其中,泰国的配套基础设施水平是比较好的,已经建设了较为完备的公路、铁路、海港和机场等;中国云南的交通通过多年的发展,虽还不及泰国,但比其他国家要好,它连接省外和周边国家的干线公路基本实现了高等级化,但在口岸建设方面还存在不少缺陷,尤其是省级口岸交通条件差、口岸通过率低、产品滞留严重等;越南的基础设施水平紧跟其后;缅甸、老挝和柬埔寨的基础设施仍然十分落后,交通基础设施的公路里程少、路面等级低、通行能力差。据统计,柬埔寨仅有 6.3% 的路经过柏油或水泥铺设;老挝和缅甸这一比例分别为 14.4% 和 11.4%;而泰国和越南则分别达到了 95.5% 和 25.1%。①

二是澜湄次区域有儒教、佛教、伊斯兰教和天主教等不同信仰和文化理念。这种文化上的差异性多半会导致对同一件事的不同解释。经济发展水平、合作收益预期和文化价值观念上的不同,无疑给相互协调带来了很大困难,导致区域合作的高交易成本。国际经济合作制度实际上就是国家间经济合作条件的有关规定,目的在于节省交易成本。美国经济学家贝克尔(Gary Becker)指出:"选择各种制度是为了降低交易成本","制度是由许多原因形成的,但不论他们的目的是什么,他们都能有效地达到他们的目标,即'交易成本'最小化。"②目前,澜湄次区域在社会文化领域虽已拥有一定的区域性公共产品,但公共产品仍处于供应不足的状态。例如,当下区域内各国之间的社会文化交流层面比较狭窄,更多的表现在中国与区域内五国的双边交流,多边层面的社会文化公共产品很少,次区域整个层次的社会文化公共产品更是屈指可数。③

三是在表 11-5 列出的各种扶贫类区域性公共产品中,目前,只有有限的几类有可能得到一定程度的供给。在一般情况下,具有部分竞争性和排他性的区域性公共产品可得到有效供给或相应资金的支持。对于这类产品可利用大多数汇总方法由俱乐部来提供和运作。对于区域性俱乐部产品来说,建立排他性措施一般是没有成本的,它的使用情况容易确认。例如,点击数、电力传输的千瓦数或航班数,按每单位效用向会员收取使用费就能排除非付费者的消费,从而使

---

① 卢光盛:《区域性国际公共产品与 GMS 合作的深化》,《云南师范大学学报》2015 年第 4 期,第 133 页。

② 陈乔之主编:《东亚区域经济合作研究》,中国社会科学出版社 2002 年版,第 56 页。

③ 卢光盛:《区域性国际公共产品与 GMS 合作的深化》,《云南师范大学学报》2015 年第 4 期,第 133 页。

另一单位效用(如一次访问)所造成的拥挤外部性"内部化"了。由于联产品的大部分利益是排他性的,在没有外部资金援助的情况下,区域性联产品所需资金需要在国家层面解决。例如,这些区域性"联产品"包括基于保护生态目的在澜湄次区域建立的生态系统保护区。例如,洞里萨(Tonle Sap)和西潘敦(Siphandon)这两个至关重要的生态系统保护区。这两个生态系统分别位于柬埔寨和老挝境内,并为湄公河流域其他国家所共享。对整个次区域来讲,这两个生态系统是鱼类和多种生物资源的重要来源,又受到各国活动的影响,比如,上游国家的水力资源开发,下游国家的洪涝控制。大湄公河次区域项目的技术援助很好地保护了这个湿地内的可再生资源、农产品和渔业。这些措施在消除对整个地区的潜在破坏(一种纯公共产品)的同时,也减少了对某个具体国家的损害。①

虽然并非所有表 11-5 中列出的区域性公共产品都能形成,并得到相应官方的资金支持,但对于澜湄次区域国家而言,每年大约至少需要 50 亿美元资金用来支持健康、环境、知识创造和传播、维护和平等领域的项目,以便使多个国家受益。另外,每年大约还需要 110 亿美元的官方资金来帮助一些国家建设国内基础设施,以使其有能力消费国际公共产品。所以,还必须吸引除国家以外其他来源的资金加入,以便在全球化进程中满足澜湄次区域持续增长对国际公共产品的需求,因此,在实践中要考虑如何使地区开发银行和贸易集团在区域性公共产品融资方面发挥更大作用。像全球性机构一样,地区开发银行支持多个区域性公共产品就可以实现规模经济。如果我们对世界银行和其他全球多边机构做事拖拉、效率低下的风格有所认识,那么,可以考虑使区域性公共产品的供给由适当的区域性机构来完成。与全球性机构相比,地区开发银行拥有运作上的优势。②

第五节　对未来澜湄次区域扶贫类
公共产品提供的几点思考

2016 年 3 月 23 日,由中国国务院总理李克强主持的澜沧江—湄公河合作首次领导人会议在海南省三亚市举行,这标志着澜湄合作机制上升到首脑会议

---

① [西班牙]安东尼·埃斯特瓦多道尔、[美]布莱恩·弗朗兹、谭·罗伯特·阮:《区域公共产品:从理论到实践》,张建新、黄河等译,上海人民出版社 2010 年版,第 386—387 页。

② 黄河:《区域性公共产品:东亚区域合作的新动力》,《南京师范大学学报》2010 年第 3 期,第 65 页。

层面。推进澜湄合作机制建设是我国政府在新的历史时期,实行更为积极主动的区域合作战略,打造互利共赢、安全高效的公共产品提供合作平台,促进中国与周边东南亚国家区域合作和命运共同体建设的一项重要战略部署,也是"一带一路"倡议在西南方向的先导项目。"一带一路"作为一个整体平台,在该平台下的诸多跨国活动具有区域性公共产品属性。2008 年全球金融危机爆发以来,"一带一路"沿线地区逐渐形成了区域性公共产品供应的新格局。[1] 因此,中国通过主导澜湄次区域合作中区域性公共产品的提供,可改善因美日欧经济停滞所导致的公共产品供应能力的不足,推动区域内各国扶贫发展战略的对接与辐合,形成一个以中国为中心节点的合作体系网。

一、中国需要成为澜湄次区域合作中区域性公共产品提供的推动者

大湄公河经济体,特别是那些转型经济体存在选择性障碍,例如,脆弱的机构和机制。这包括确认和传播数据信息,组织利益相关者进行咨询和对话,向开发次区域基础设施、机制和规则的机构提供技术支持,培育国家和次区域利用公共产品和预防区域缺陷的能力。区域性公共产品一般以地理邻近和共享自然资源为基础,公共产品的积极溢出效应将合作安排变成相邻国家从此类公共产品和自然资源中获取最优收益的战略选择。与公共产品供给相联系的"搭便车"问题,帮助解释了一些国家不愿意单独负担公共产品的供给、保护和维护成本的原因。因此,区域大国应该提供合法、透明的服务,去协调那些复杂而经常又是极其敏感的次区域合作活动。[2]

对中国自身而言,在追求经济高速发展的同时,也开始向全球大国迈进,而区域大国则是必经的过程,也是现在的重要目标。为实现这一目标,需要在澜湄合作机制下,创建一个有针对性的减贫合作平台。一是开展减贫研究。主要是收集提炼发展中国家的发展与减贫经验,比较总结不同类别国家的发展与减贫模式,追踪探讨发展与减贫领域的热点问题,专题分析发展与减贫政策的影响,为澜湄减贫合作的政策制定者、理论研究者和实践者提供技术支撑。二是分享发展经验。澜湄各国虽然经济水平和发展差异巨大,但在减贫过程中都积累了一定的经验,在合作中应包容并蓄,充分借鉴各国发展经验。作为澜湄合作的倡导者,中国在减贫方面积累了丰富的经验,在减贫合作过程中,可因地制宜地推

---

[1]　黄河:《公共产品视角下的"一带一路"》,《世界经济与政治》2015 年第 6 期,第 138 页。

[2]　[西班牙]安东尼·埃斯特瓦多道尔、[美]布莱恩·弗朗兹、谭·罗伯特·阮:《区域性公共产品:从理论到实践》,张建新、黄河等译,上海人民出版社 2010 年版,第 387 页。

介中国减贫经验,贡献减贫领域的"中国智慧"和"中国方案"。三是推动国际交流。建立层次多元、形式多样的国际减贫协作网络,组织举办各类主题的交流活动,研讨减贫战略与政策。四是推动减贫项目合作。以具体减贫合作项目为抓手,积极推动澜湄各国参与减贫战略与规划的制订,开展双边或多边合作,提供政策咨询服务,提供技术援助。五是实现信息共享。在逐步建设并完善网站信息平台作用的同时,开发建设相关的减贫合作资料数据库,向有关用户提供减贫与发展领域的信息。

二、开发新领域

一是以产能合作促进产业减贫,开发减贫项目新领域。产业减贫是国际减贫的根本之策,依据相关国家法律框架和发展实际,可依托交通互联互通和产业集聚区平台,优先推进电力、电网、汽车、冶金、建材、配套工业、轻工纺织、医疗设备、信息通信、轨道交通、水路交通、航空运输、装备制造、可再生能源、农业以及农产品和水产加工等领域的产能合作。二是在减贫项目设计上与其他机制比较将有所侧重,避免重复投入、无序竞争,以节约减贫资源。例如,在基础设施建设方面,在中国—东盟或者"10＋3"框架下主推大项目,如互联互通建设的主要目的是打通交通大动脉。澜湄机制的特色应主推中小项目,以互联互通为例,应着重打通交通的微循环,例如,推进"村村通公路"项目。三是争取减贫资金多元化。现阶段,次区域各国财力的增长还难以满足澜湄减贫合作对资金的需求,但减贫资金投入的多少,将直接决定着反贫困目标的实现程度,而主要国际机构均把减贫作为优先工作的重点,可以争取的资源比较充足,可以认真研究澜湄地区的项目需求和国际机构的贷款政策,寻找合作基本点,积极构建公共产品融资机制,带动官方和商业化导向的资金投入。提供区域性公共产品必须有相应的融资机制作为保障。[1]

推行上述公共产品的提供是权力和制度共同作用的结果,必须在权力和制度之间形成某种平衡,将市场导向原则纳入权威制度的约束框架之中,从而真正避免国际公共产品提供的"公用地悲剧"。[2] 例如,从理论上讲,私人基金会和官方资金能够产生杠杆效应以吸引参与者。杠杆效应的发生通常有赖于区域性公共产品的性质,例如,最佳聚焦类产品是以"任务导向"方式组织生产和配送的。其特点是依靠集中的技术专业知识,受益于规模经济。这种产品通常以"推动"

---

① Robert Gilpin, War and Change in World Politics, Beijing University Press, 2005, pp. 24 - 25.
② 王金强:《权力、制度与国际公共资源的产权分配——基于制度经济学的理论思考》,载中国国际关系学会等编:《国际关系研究:新领域与新理论》,世界知识出版社 2011 年版,第 153 页。

模式供给,澜湄次区域内知识和知识型基础设施,如互联网接入就属于最佳聚焦类产品。一旦网络系统和网络协议得以建立,网络应用就会通过私人部门的行动普及开来。

三、发挥区域性机构的作用,支持区内对话并建立共识

相比于中国周边其他区域,澜湄次区域具有更好的经济合作基础和市场需求、更少的政治风险。中国可以考虑通过澜湄合作机制,尽快确立一批"早期收获"项目,投入更多的资金和技术支持,发挥出地区经济资助国的重要作用。[①]此外,澜湄合作机制还可以与 AIIB、亚洲开发银行(ADB)等区域性机构以及国际知名商业银行开展合作,借助其他合作机制(如中国与东盟等国的金融合作机制)对澜湄次区域内的相关公共产品提供项目加强协调,包括支持区内对话并建立共识、规划和谈判区内协议以及援助落后经济体。例如,提供信息、技术支持,或筹措资金。更为重要的是,应逐渐把澜湄次区域项目转化为国家间坦诚和公开讨论的可行性平台。区域性机构的比较优势在于协调谈判进程,执行和监控区内协议。诸如 AIIB、ADB 这类区域性的治理结构,就能够承担建立标准、通过信息传播提升透明度、达成次区域协议、最大限度降低扶贫合作失败风险的任务。例如,亚洲开发银行帮助开发连接中国云南省的南北走廊中的老挝境内部分,该走廊穿过老挝直达泰国。在亚洲开发银行的帮助下,老挝政府同时从中国政府和泰国政府获得了优惠贷款。[②] 需要指出的是,未来随着亚投行作用的提升,亚开行的影响力势必下降,作为亚开行项目的大湄公河次区域经济合作机制也会随之弱化,中方应筹划有步骤的逐步退出大湄公河次区域经济合作机制。1995 年新成立的"新湄公河委员会",其职责范围远远超出了旧的湄公河委员会。尽管其能力和影响力饱受诟病,但它毕竟是湄公河下游国家的一个共同机制,在区域合作方面仍发挥着独特的作用。[③] 因此,未来如何加强澜湄合作机制与新湄公河委员会之间的协调尤为重要。

---

① 卢光盛、雷著宁:《澜湄机制是中国—东盟合作新纽带》,《世界知识》2016 年第 16 期,第 21 页。

② 〔西班牙〕安东尼·埃斯特瓦多道尔、〔美〕布莱恩·弗朗兹、谭·罗伯特·阮:《区域性公共产品:从理论到实践》,张建新、黄河等译,上海人民出版社 2010 年版,第 388—389 页。

③ 郭延军:《澜湄合作的新思路和新路径》,"周边外交研究中心学术委员会会议暨中国周边外交与周边安全高峰论坛"演讲,2017 年 1 月 14 日。

第十二章　中国企业基础设施投资的
政治风险及其管控

2013 年 9 月和 10 月,中国国家主席习近平在出访中亚和东南亚国家期间,先后提出共建"丝绸之路经济带"和"21 世纪海上丝绸之路"的重大倡议,并已得到近 60 个国家的积极响应。[①]"一带一路"倡议首要强调的就是基础设施的互联互通,随着"一带一路"倡议的推进,中国的对外承包工程业务拓展势头明显加快。据中国对外承包工程商会统计数据显示:2013 年和 2014 年我国对外承包工程新签合同金额分别高达 1 716 亿美元和 1 918 亿美元,2015 年,更是高达 2 100.7 亿美元,其中,2015 年与"一带一路"沿线相关的 60 个国家新签合同金额 926.4 亿美元,占同期我国对外承包工程新签合同额的 44.1%。[②] 而对外承包工程的绝大部分均属于建筑业。"一带一路"沿线大多为我国投资和对外承包工程的重点区域,因此,可以预见,随着大量中国企业和资金涌入这一区域,一方面,过剩的产能将得到一定程度的释放,为"一带一路"沿线国家的经济建设提供大量的资金及技术支持,促进当地社会经济的发展,实现经济发展上的共赢;另一方面,我们也要清醒地认识到,"一带一路"沿线国家大多为欠发达的经济体,经济社会总体发展水平不高,恐怖主义、宗教矛盾、民族主义、第三国干预以及国际犯罪(毒品、海盗等)等因素错综交织,导致该地区众多国家的政治环境异常复杂,这样的政治环境使得在这些国家投资和承包工程项目的中国企业,尤其是建筑业企业面临着极大的风险。

第一节　关于中国海外投资政治风险的研究

"一带一路"沿线国家多为欠发达国家,世界上最为动荡的区域也在该区域

---

①　王毅:"'一带一路'构想是中国向世界提供的公共产品",新华网,2015 年 4 月 8 日,http://news.xinhuanet.com/2015 - 03/23/c_1114735852.htm,最后访问时间:2015 年 4 月 15 日。

②　"中国已与逾 30 国签署'一带一路'合作协议",新华网,2016 年 6 月 3 日,http://news.xinhuanet.com/finance/2016 - 06/03/c_129037177.htm,最后访问时间:2016 年 6 月 28 日。

之内。该区域众多国家因能源、资源、历史、宗教矛盾、外国势力干预、地缘政治因素等原因，导致政局不稳、战乱不断。在该区域进行跨国经营所面临的政治风险的结构与在欧美发达经济体所面临的政治风险有着很大的差别。学术界在这方面的现有研究还不够全面、深入。因此，我国在全面推进"一带一路"倡议的背景下，针对该区域的跨国经营的政治风险及规避方法进行特定的探索和研究，对于促进"一带一路"倡议的落地有着重要的现实意义。

对于海外投资的政治风险，国内外学术界已经作了大量研究。这些研究中既有对于政治风险定义的探究，也有对于政治风险的成因及其规避措施的分析。其中，富兰克林·R. 鲁特（Franklin R. Root）认为政治风险是国内外任何能够引起国际商业经营利润受损或资产受损的政治事件的可能性（如战争、革命、政变、国有化、征收、征税、交易控制等）。① 史提芬·H. 罗博克（Stenfan H. Robock）则认为政治风险是国际商业中的不连续性，这种不连续性因政治原因而产生，并且，对跨国经营的企业的收益或其他目标的实现能产生显著的不利影响。这两个观点是该领域非常有代表性的观点。②

在我国，学者们对政治风险这一概念也存在不同的解读和界定。如黄河将"政治风险"的概念界定为："能够引起一个跨国商业运作的利润潜力或资产损失的任何类型的政治事件"。③ 张贵洪把海外投资的政治风险定义为：由于东道国与母国甚至第三国政治、经济、安全等关系发生变化、东道国政治和社会的不稳定性以及政策变化而导致的跨国公司跨国经营活动和价值受影响的可能性。"④ 2011 年，商务部制定的《对外投资合作境外安全风险预警和信息通报制度》中指出：政治风险是指驻在国的政局变化、战争、武装冲突、恐怖袭击或绑架、社会动乱、民族宗教冲突、治安犯罪等。⑤

建筑业与其他行业不同，建筑业的对外经贸活动主要以对外承包工程的形式表现出来，因此，建筑业的海外经营活动所面临的政治风险与其他行业相比有其特殊之处。许征认为建筑企业海外经营的主要风险有三类：政府违约风险、强制征收风险以及战争和内乱风险。而这三类风险中，战争和内乱风险是国际

---

① Franklin R. Root, *U. S. Business Abroad and Political Risks*, MSU Business Topics, Winter 1968, pp. 73 - 80.

② Stefan H. Robock, "Political Risk Identification and Assessment," *Columbia Journal of World Business*, Vol. 6, No. 4, July-August 1971, p. 7.

③ 黄河：《中国企业跨国经营的政治风险：基于案例与对策的分析》，《国际展望》2014 年第 3 期，第 73 页。

④ 张贵洪、蒋晓燕：《跨国公司面对的政治风险》，《国际观察》2002 年第 3 期，第 32 页。

⑤ 乔慧娟：《"一带一路"战略实施背景下中国对外承包工程企业海外投资的风险管理》，《对外经贸》2015 年第 8 期，第 5 页。

工程承包所面临的最主要的风险,如我国企业在利比亚的工程项目所遭受的巨大损失就是由该类风险所导致的。战争和内乱风险属于极端风险,该类风险不仅会使海外承包工程企业遭受巨大的财产损失,往往还会导致人员的伤亡,给相关企业造成难以估量的损失。[①]

第二节 "一带一路"沿线基础设施投资状况

本章所讨论的企业是指从事于根据《国民经济行业分类标准(GB/T4754-2011)》所界定的建筑业及其建设施工的企业。建筑业是指专门从事房屋建设工程、土木工程和设备安装工程以及工程勘察设计工作的生产部门。根据国民经济行业分类标准(GB/T 4754-2011),建筑业包括房屋建筑业,铁路、道路、隧道和桥梁工程建筑,公路工程建筑,市政道路工程建筑,水利和内河港口工程建筑,海洋工程建筑,工矿工程建筑,架线和管道工程建筑,建筑安装业,建筑装饰和其他建筑业,以及其他未列明的建筑业。

从上述的定义不难看出,建筑业是基础设施建设行业的最重要组成部分,而根据三部委(国家发展改革委、外交部、商务部)联合发布的《推动共建丝绸之路经济带和 21 世纪海上丝绸之路的愿景与行动》中的规划,"一带一路"建设的首要任务和重点内容便是基础设施的建设。所以,对于中国建筑企业在"一带一路"沿线经营的政治风险进行有针对性的研究对于推动"一带一路"倡议的顺利实施具有十分显著的现实意义。

"一带一路"沿线国家都处于工业化、城市化发展的重要阶段。近年来,受制于基础设施等硬件条件的水平,"一带一路"沿线的大部分国家经济增长放缓。通过"一带一路"的战略性投入,有助于加快沿途国家的工业化、城镇化进程,打造与北美、西欧板块并列的新的经济增长板块,进而推动世界经济的再平衡。据初步测算,"一带一路"倡议的推进有望使沿线国家与地区的经济增长率由过去十几年的 4%左右上升至 6.5%左右,到 2030 年占全球 GDP 的比重有望达到35%,世界经济增长中心和财富重心将向"一带一路"沿线地区转移。[②]

世界经济论坛《全球竞争力报告(2015—2016)》数据显示:全球 140 个主要

---

① 许征:《从利比亚跨国撤离事件谈对外工程承包的安全风险及对策》,《铁道经济研究》2012 年第3 期,第 24—27 页。

② 巴曙松、王志峰:《"一带一路"沿线经济金融环境与我国银行业的国际化发展战略》,《兰州大学学报》2015 年第 5 期,第 44 页。

经济体的基础设施竞争力指数平均值为 4.02(最高值为 7),中国的基础设施指数为 4.73。在"一带一路"沿线国家里,半数以上(35 个)的国家基建指数位于全球均值以下。中亚地区国家中,仅有哈萨克斯坦指数高于全球平均水平;东南亚地区半数国家指数低于全球平均水平;南亚地区国家更是基础设施建设极为落后,仅斯里兰卡的指数刚刚达到全球平均水平,其他国家指数均远低于全球平均值(见表 12-1)。[1]

表 12-1　"一带一路"沿线各国基础设施竞争力指数

地　区	经济体	指　数	地　区	经济体	指　数
中　亚	蒙古	2.86	东南亚	缅甸	2.09
	哈萨克斯坦	4.25		泰国	4.62
	乌兹别克斯坦	—		越南	3.84
	土库曼斯坦	—		老挝	3.23
	吉尔吉斯斯坦	2.84		柬埔寨	3.19
	塔吉克斯坦	2.93		马来西亚	5.51
独联体	俄罗斯	4.81		新加坡	6.49
	白俄罗斯	—		印度尼西亚	4.19
	乌克兰	4.07		文莱	—
	格鲁吉亚	4.2		菲律宾	3.44
	亚美尼亚	3.72		东帝汶	
	阿塞拜疆	4.15	西亚北非	沙特	5.09
	摩尔多瓦	3.69		阿联酋	6.3
南　亚	印度	3.72		也门	
	巴基斯坦	2.71		阿曼	4.81
	阿富汗	—		伊朗	4.16
	斯里兰卡	4.16		土耳其	4.43
	尼泊尔	2.15		以色列	4.89
	孟加拉国	2.56		埃及	3.42
	不丹	3.41		科威特	4.32
	马尔代夫	—		伊拉克	—

---

[1]　金玲:《"一带一路"中国的马歇尔计划?》,《国际问题研究》2015 年第 1 期,第 92 页。

续　表

地　区	经济体	指　数	地　区	经济体	指　数
西亚北非	卡塔尔	5.62	中东欧	匈牙利	4.51
	约旦	4.05		拉脱维亚	4.47
	黎巴嫩	2.73		立陶宛	4.68
	叙利亚	—		爱沙尼亚	4.87
	巴林	5.1		斯洛文尼亚	4.79
	巴勒斯坦	—		克罗地亚	4.59
中东欧	波兰	4.3		阿尔巴尼亚	3.55
	罗马尼亚	3.61		塞尔维亚	3.87
	捷克	4.7		马其顿	3.77
	斯洛伐克	4.28		波黑	3.08
	保加利亚	4		黑山	3.98

数据来源：根据世界经济论坛《全球竞争力报告(2015—2016)》整理。

世界银行集团(WBG)、美国中央情报局(CIA)的数据显示："一带一路"沿线国家整体基础设施落后。大致情况为：先进国集中于欧洲，例如，斯洛文尼亚、捷克等；中等国集中于东南亚，例如，菲律宾、泰国、缅甸等；落后国集中于中亚，例如，阿富汗、土库曼斯坦、塔吉克斯坦等。2012年世界平均通电率为84.68%，沿线国家整体通电率较高，有39国通电率达100%，低收入国通电率为24.93%，中低收入国为81.05%，高收入国为99.83%。通电率低于50%的国家主要集中在东南亚的柬埔寨、东帝汶和中东的阿富汗、也门等，电力工程的投资潜力巨大。2013年，接入国际互联网人口约占世界总人口的38.13%，高收入国家77.11%接入，中低收入国家为28.67%，低收入国家为5.22%，沿线国家平均接入水平为31.37%，与世界均值相差不大。其中，互联网较发达的国家为中东的巴林、阿联酋和欧洲的爱沙尼亚、斯洛伐克等。有24国的互联网普及率低于世界平均水平。就铁路建设来看，2012年，沿线区域铁路密度最高的前15位国家均来自欧洲。中东的沙特、中亚的吉尔吉斯斯坦、塔吉克斯坦等国铁路密度很低。公路密度超过100公里/百平方公里的国家集中于欧洲的匈牙利、斯洛文尼亚等。公路密度低的国家集中在中东的伊朗、沙特和中亚的哈萨克斯坦、蒙古等，约10公里/百平方公里。2012年，沿线国家中水路密度最高的国家集中于东南亚和南亚，其次为沿线的欧洲国家，水路密度最低的为中亚的内陆国家哈萨克斯坦、塔吉克斯坦、蒙古和中东的伊朗等。据2013年相关数据显示：沿线国家机场建设水平整体较低，发展潜力巨大。机场设施发达国家集中于欧洲，以及中东部分能源出口大国。[①]

从上可知，"一带一路"沿线国家的基础设施水平极不均衡，部分欧洲国家、中东能源出口国等基础设施发达，而中亚、南亚、东南亚、西亚以及南欧等广大区域的多数经济体的基础设施均比较落后，部分极其落后。总体而言，沿线区域大多为新兴市场或发展中经济体，正处于经济发展的上升期，后发优势明显，但面临交通、电力、信息等基础设施严重不足的问题。据亚洲开发银行估计："丝绸之路经济带"区域未来10年的基础设施投资需求将达8万亿美元。[②] 世界银行给出了类似的判断，据其预测，"一带一路"沿线多数中低收入国家资本形成率仅为本国GDP的25%，其中，仅20%能用于基建投资，因此，牛津经济研究学院估算：至2030年，"一带一路"沿线国家所需的6万亿美元投资基金将面临巨额缺口。[③]

根据我国现行国民经济分类标准(GB/T4754-2011)，对外承包工程项目的绝大部分属于建筑业。长期以来，对外工程承包一直是我国建筑业海外经营的主要形式，并且，我国工程承包业在国际上也具有一定优势，根据美国《工程新闻记录(ENR)》的数据显示：我国2014年入围全球250大国际承包商的企业数量为62家，排名全球第一。2014年，我国对外承包工程继续保持良好的增长态势。2014年全年完成对外承包工程业务经营额1 424.1亿美元，比2013年增长3.8%；新签合同额1 917.6亿美元，比2013年增长11.7%(见图12-1)。[④]

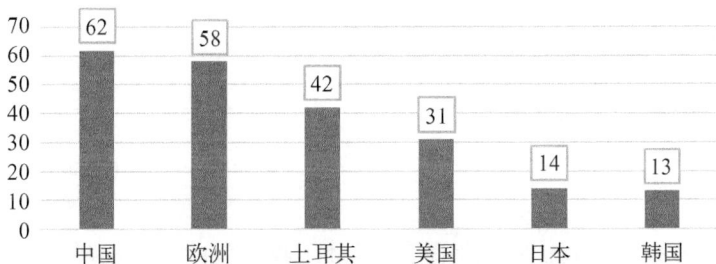

图12-1　2014年全球250大国际承包商部分国家(地区)入围数

资料来源：美国《工程新闻记录》(ENR)，2014.

---

① 郭斌：《"一带一路"战略投资机遇与风险研究》，载曹卫东主编：《中国"一带一路"投资安全报告(2015—2016)》，社会科学文献出版社2016年版，第45—46页。

② 巴曙松、王志峰：《"一带一路"沿线经济金融环境与我国银行业的国际化发展战略》，《兰州大学学报(社会科学版)》2015年第5期，第44—45页。

③ 方旖旎：《中国企业对"一带一路"沿线国家基建投资的特征与风险分析》，《西安财经学院学报》2016第1期，第69页。

④ 吴涛主编：《中国建筑业年鉴》(2015年版)，《中国建筑业年鉴》杂志有限公司2016年版，第78页。

《中国统计摘要 2015》显示：2005—2014 年,中国对外工程承包的合同额以及完成的营业额均保持稳定快速增长的态势,合同金额由 2005 年的 296.1 亿美元增长至 2014 年的 1 917.6 亿美元,增长了 6 倍多。完成营业额由 2005 年的 217.6 亿美元增长至 2014 年的 1 424.1 亿美元,而 2014 年中国所有行业的对外直接投资总额为 1 231.2 亿美元,比 2014 年对外工程承包的营业额少了约 200 亿美元。此外,截至 2014 年年底,我国在外劳务人员已达到 100.6 万人(见表 12-2)。[①]

表 12-2 2005—2014 年中国对外承包工程、对外劳务合作

年份	对外承包工程			对外劳务合作	
	合同数(份)	合同金额(亿美元)	完成营业额(亿美元)	派出劳务人数(万人)	年末在外人数(万人)
2005	9 502	296.1	217.6	18.3	41.9
2006	12 996	660.0	299.9	21.5	47.5
2007	6 282	776.2	406.4	21.5	50.5
2008	5 411	1 045.6	566.1	22.5	46.7
2009	7 280	1 262.1	777.1	18.0	45.0
2010	9 544	1 343.7	921.7	18.7	47.0
2011	6 381	1 423.3	1 034.2	20.9	48.8
2012	6 710	1 565.3	1 166.0	27.8	50.6
2013	11 578	1 716.3	1 371.4	25.6	48.3
2014	7 740	1 917.6	1 424.1	56.2	100.6

注:2009 年起,"对外承包工程"数据包含了"对外设计咨询"。

资料来源:中华人民共和国国家统计局:《中国统计摘要 2015》,中国统计出版社 2015 年版,第 97 页。

由上述数据可知,就 2014 年而言,对外工程承包的营业额甚至比中国所有行业对外直接投资的总额还多出 200 亿美元。而这些对外工程承包的业务又多分布在"一带一路"沿线区域。由此可知,一旦发生政治风险,基础设施类承包工程所面临的损失将远远大于其他行业对外直接投资的损失。因此,基础设施类的对外工程承包业务是受政治风险影响的主要对象,需要重点防范。[②]

例如,近年来,缅甸政局变化较大,军政府下台后,受缅甸国内政治的需要和

---

① 中华人民共和国国家统计局:《中国统计摘要 2015》,中国统计出版社 2015 年版,第 97 页。

② 乔慧娟:《"一带一路"战略实施背景下中国对外承包工程企业海外投资的风险管理》,《对外经贸》2015 年第 8 期,第 4 页。

西方势力的渗透，新的政府开始疏远与我国的关系，这一变化直接导致中国投资的阿怒瓦底江的密松大坝项目和莱比塘铜矿项目被暂停，而中缅皎漂—昆明铁路项目则被取消；2011 年，中海外等中资公司联合承建的波兰华沙至德国柏林段 A2 高速公路被波兰业主索赔 2.71 亿美元；由于第三国印度的介入，中国交建集团在斯里兰卡投资和承建的科伦坡港口城项目也被暂时叫停；在泰国则因为泰国政局动荡而导致中泰"高铁换大米"的动议搁浅；①经过仔细分析和研究，我们认为导致上述这些项目失利的直接原因均是商业问题的政治化。鉴于跨国经营面临的上述各种政治风险，加强对我国建筑企业的海外权益的保护刻不容缓，然而，行动必须要有理论指导。虽然学术界对于跨国经营所面临的政治风险及如何规避风险和保护跨国企业的权益做过大量研究，但以往的研究很少专门针对"一带一路"区域的跨国投资以及涉及资金规模巨大的对外承包工程所面临的政治风险应如何规避做出全面的探讨。鉴于此，本章将试图对这方面的研究缺位或不足在一定程度上予以弥补。

第三节　基础设施建设企业的风险特点及其评估

建筑企业海外经营面临的政治风险可分为两类：一类是普遍性的政治风险，也就是所有的跨国企业在海外经营时都将面临的风险；另一类政治风险则是建筑行业的行业性政治风险，也称为微观政治风险，是由建筑行业的某些特点所导致的重点风险。有一点需要注意，某个行业的行业性政治风险并非一定意味着这类风险为该行业所独有，而排除其他行业遭遇的可能性，更可能的情形是该类风险其他行业可能也会面临，只不过该行业遭遇这种风险的概率要远远比其他多数行业高而已。基础设施建设行业政治风险特点主要有以下五种。

一、建筑项目资金投入巨大、建设周期长、项目不能轻易撤资或终止

建筑业的对外工程项目有一个共同的特点：建筑项目资金投入巨大、建设周期长、项目不能轻易撤资或终止。例如，中国交建集团在斯里兰卡投资的科伦坡"港口城"项目，一期投资即高达 14 亿美元，预计二期投资将高达 130

---

① 　王永中、王碧珺：《中国海外投资高政治风险的成因与对策》，《全球化》2015 年第 5 期，第 59 页。

亿美元。① 还有,2014 年 5 月 11 日,李克强总理在访问肯尼亚期间和东非地区国家领导人一起见证了蒙内铁路融资协议的签署。该项目合同总额为 38.04 亿美元,肯尼亚政府提供 10% 的自有资金,并向中国进出口银行申请了 90% 的信用贷款。② 面对建筑行业单个项目动辄几十亿美元、上百亿美元,甚至超千亿美元的巨型基础设施项目,这样的特点决定着建筑企业一旦在东道国遭遇政治风险,其回旋的余地将极为有限,往往会遭受巨大的资金损失。

二、基础设施项目以国有企业参与为主,私人资金不愿介入

因为建筑业的海外工程项目投资大、投资回报周期长,私人资金一般没有能力也不愿意介入,这就导致中国的建筑企业对外承包工程的法人主体大多为国资背景。而某些东道国对有中国政府背景的国企的经营活动有一定的排斥心理和防范心理。美国助理国务卿罗伯特·霍马茨曾指责中国给予国有企业融资、补贴、担保等特殊优惠,人为扭曲了市场资源配置而获得强大竞争力;还有一些观点认为在海外经营的国有企业是中国政府实现海外战略目标的潜在工具。有研究表明,以大型国有企业为主体的对外基础设施投资容易受到一些国家法律制度的排斥。③ 例如,2015 年我国对外承包工程业务新签合同额前 25 名的企业,除了华为是民营企业之外,其他的 24 家均为国企,而且多数为央企。华为承包的工程虽为通信工程,但根据《国民经济行业分类标准(GB/T 4754 - 2011)》的分类,通信工程中的基站构筑物、基站设备的安装等都归入建筑业。所以,从这个意义上讲,华为也算作是建筑企业。即使是华为这样的民企,很多国家都认为其有深厚的中国军方背景。正因为中国对外从事建筑项目承包的政府背景,导致中国建筑企业的海外经营活动往往面临的比那些私人投资领域的企业高得多的政治风险。

三、基础设施建设项目的政治敏感性很高

建筑行业的对外经营主要是以承包基础设施建设项目为主,主要包括铁路、公路、桥梁、隧道、港口、水利工程等。根据薛求知、沈伟家对"产品政治敏感性一览表"的界定,这些项目均具有很高的政治敏感性。④ 一方面,基础设施项目在

---

① "中企放弃在斯里兰卡科伦坡港口城项目的停工索赔",环球网,2016 年 8 月 3 日,http://world.huanqiu.com/exclusive/2016 - 08/9257083.html,最后访问时间:2016 年 8 月 4 日。

② "肯尼亚蒙内铁路正式开工",新华网,2014 年 8 月 8 日,http://news.xinhuanet.com/world/2014 - 08/08/c_1111995419.htm,最后访问时间:2016 年 8 月 4 日。

③ 余莹:《我国对外基础设施投资模式与政治风险管控》,《经济问题》2015 年第 12 期,第 11 页。

④ 王永中、王碧珺:《中国海外投资高政治风险的成因与对策》,《全球化》2015 年第 5 期,第 62 页。

勘察、设计、施工过程中需要了解东道国的很多具有战略性的敏感信息。比如，修建一条铁路或公路，首先，在前期勘察设计阶段，设计方就需要对路线沿线的地形地貌进行全面的测绘或者由当地测绘机构提供既有的测绘数据，不管是哪一种方式，都会导致东道国的部分地理信息被泄露或至少存在被泄露的可能，并且这种可能性极高，另一方面，勘察设计过程中也需要掌握铁路沿线城市的各类主要经济数据，有些信息甚至是敏感数据，但根据设计规范，这些信息往往又是完成一个完整的设计方案所必须提供的。这些信息一旦为外国势力所掌握，在重大事件发生时可能会对东道国的安全构成严重威胁。其次，是基础设施项目基本都是涉及国计民生的关键性行业和部门，其本身的战略性极高，几乎所有国家都不希望自己的命脉被外国势力控制或施加难以承受的影响力。

四、基础设施项目具有特殊的地缘政治敏感性

从地缘政治的角度分析，一方面，对周边相关国家而言，"一带一路"沿线的建设，尤其是基础设施项目，例如，铁路、公路、电力的建设将在一定程度上改变中国基于原有的地理环境所形成的政治、军事、经济布局，使中国广袤但贫瘠，且不易高效利用的西部地理空间对中国综合国力的提升作用的限制得到一定程度地解除，从而获得一定的地缘政治优势，打破地缘政治格局的平衡；另一方面，中国在海外的部分基础设施项目，双方签订的是从建设到运营阶段的全生命周期的合同，合同周期长达几十年，甚至上百年。还有些项目我国甚至取得了东道国部分土地的永久产权。对东道国周边的国家，尤其是对中国存在敌对情绪的国家而言，他们往往会认为这就意味着中国取得了在该地区的稳定存在，中国随时有可能作为利益相关方介入该地区的事务，对东道国周边的国家形成巨大的地缘战略压力。基于上述两方面的原因，中国建筑业在海外的项目容易导致相关国家的猜忌和防范。例如，中国交建集团在斯里兰卡投资的"海港城"项目就因为印度的介入先是导致项目停工，而后，斯里兰卡政府于 2016 年 8 月 2 日决定，科伦坡"港口城"项目中划归中方使用的土地将全部改为租赁 99 年，取消之前协议中 20 公顷土地为中方拥有永久产权的部分。①

五、建筑行业腐败问题严重，可能成为东道国政治介入的借口

建筑业历来是腐败案件的高危区、高发区。这是因为建筑工程项目涉及资

---

① "中企放弃在斯里兰卡科伦坡港口城项目的停工索赔"，环球网，2016 年 8 月 3 日，http://world.huanqiu.com/exclusive/2016-08/9257083.html，最后访问时间：2016 年 8 月 4 日。

金量巨大,同时整个建筑行业管理粗放,存在大量的管理漏洞,致使建筑行业存在巨大的腐败空间,导致腐败问题丛生。很多建筑企业的管理者对这类腐败问题早已习以为常,见怪不怪了,甚至觉得这就是这个行业的"特色",是很正常的事情。在"一带一路"沿线的诸多国家中,有很多国家也存在严重的腐败问题,在接洽业务时,有些国家的官员甚至会主动索贿。在对外承包工程中,东道国的这种腐败环境往往会鼓励建筑业的管理者继续沿袭这种长期形成的国内思维,然后便会有各种形式的行贿、利益输送等腐败行为的产生。这些腐败行为往往会被东道国的政府反对派、竞争对手、国际反华势力等各类势力所利用,通过各种方式对中国海外项目造成不利局面,导致项目面临极大的政治风险。

如前所述,"一带一路"沿线区域广大,涉及亚非欧三大洲的 60 多个经济体,东南亚、南亚、中亚、西亚、非洲、欧洲等不同区域国家的经济社会发展水平差距明显,国家规模也大小不一,在地缘政治上的重要性也各不相同,与我国关系的亲疏程度也不可等量齐观,因此,有必要对"一带一路"沿线国家和地区进行区域划分,而后对不同区域的政治风险分别进行分析,这样才能在更加具体的层面上得到易于理解、更具指导性的结论。本书认为,在分区域进行政治风险分析时,可以利用本书提出的政治风险来源因素的分析框架对于一些重要国家的政治风险进行梳理,并且标示出哪些是中国建筑企业需要防范的重点风险。

例如,越南为中国邻邦,在国际体系层面,因地缘政治的缘故,越南主要作为美国、日本等西方国家遏制中国的一个环节;在双边关系层面,因中越战争和南海争端之故,越南一直对中国抱有强烈的戒备心理,这些都构成了中国对越基础设施投资的政治风险的基础。从越南国内层面的因素看,其国内政局基本稳定,经济增长较快,但是,越南政府官僚作风严重、决策不透明;此外,由于南海争端问题,越南国内经常爆发反华游行示威,2014 年 5 月,越南反华示威演变为暴力活动,造成中方人员伤亡和大量财产损失。总体上,近几年,中国在越南投资的政治风险较高。

从国际体系层面考察,中国与巴基斯坦互为邻国,力量相差悬殊,既非现实的,也非潜在的竞争对手。但巴基斯坦地处全球地缘政治的重要位置,为各大国争相施加影响力的对象。此外,巴基斯坦与印度一直存在领土争端的克什米尔地区是"一带一路"建设的重要的风险点,中巴经济走廊是"一带一路"倡议的重要组成部分,根据目前中巴经济走廊的建设规划,中巴将通过建设铁路和公路连接中国西部与巴基斯坦的深水港瓜达尔港,以方便货物流通。但是该经济走廊必须经过巴控克什米尔地区,而印度一直宣称对该地区拥有主权,这就意味着中巴经济走廊的建设一定会招致印度的干涉。事实上，2016 年 8 月 15 日，印度总理莫迪发表的独立日演说中特意提及印度与巴基斯坦存在领土争端的克什米尔地区，显然是向中巴发出警告。① 此外，从国家行为体层面考察，巴基斯坦地处安全形势动荡的南亚地区，加之与印度的克什米尔之争，国内政局动荡，社会安全形势堪忧，反政府武装和宗教极端势力、恐怖势力作乱严重，恐怖袭击事件位居全球前三位。② 因此，中国在巴基斯坦的主要政治风险在于安全问题，尤其是人员安全问题。

第四节　针对中国企业基础设施投资
政治风险的管控措施

鉴于跨国经营面临的上述各种政治风险，加强对我国建筑企业的海外权益的保护刻不容缓，然而，行动必须要有理论指导。例如，关于海外经营政治风险管理的文献数量较多，从中国知网搜索的结果来看，此类文献发表的数量与中国的经济发展状况密切相关，基本上，中国企业大规模"走出去"的时间段也是该类文献大量发表的重要节点，表现出较明显的"经世致用"的特点。现举其中具有代表性的文献作一阐述。

黄河在《中国企业跨国经营的政治风险：基于案例与对策的分析》一文中提出如下对策来应对跨国经营的政治风险：逐步建立完善的境外投资保险制度；建立政治风险评估与预警机制；遵守东道国法律法规，寻求法律保障；对外投资企业要培养良好的企业形象；转变增长模式，提升企业核心竞争力，避免跨国经营过程中母国政府过多的介入导致的风险。③ 王永中、王碧珺在《中国海外投资高政治风险的成因与对策》中提出了六点对策建议以规避风险：① 规范企业海外经营行为；② 政府通过建立相关机制维护中国企业的海外利益；③ 中国企业应完善投资策略与欧美公司合作进行对外投资，减少海外投资项目的受关注度和政治风险；④ 充分发挥我国香港地区在内地企业"走出去"过程中的中介和平台作用；⑤ 构建中国对外投资国家风险评级、预警和管理体系；⑥ 建立和完善海

---

① "莫迪对中巴经济走廊发出警告"，2016 年 8 月 18 日。
② 《"一带一路"沿线国家安全风险评估》编委会编著：《"一带一路"沿线国家安全风险评估》，中国发展出版社 2015 年版，第 44—49 页。
③ 黄河：《中国企业跨国经营的政治风险：基于案例与对策的分析》，《国际展望》2014 年第 3 期，第 73 页。

外投资保险制度。① 本书提出以下四个方面的政策建议。

一、建立政府间"丝绸之路基础设施建设保险基金"

目前,我国承保海外投资政治保险业务的中国出口信用保险公司在保险业务上存在诸多不足之处,如保险的资本金规模有限。相较于动辄投资数 10 亿美元,甚至上百亿美元的基础设施建设项目,中信保 300 亿元人民币左右的注册资本金规模还是太小;业务种类较少,险种单一;风险覆盖面狭窄,中信保的保险条款设置过于严苛的获赔条件导致很多政治风险未予覆盖。保费偏高,中信保的平均保费为 4%,远高于其他国家百分之零点几至百分之二的平均保费水平。同时,既有的保险业务对于基础设施建设项目的保险方案针对性不强,中信保没有及时根据海外投资的实际需要以及对外承包工程的特点推出专门针对基础设施建设项目的保险。

"一带一路"倡议是一个区域共建的倡议,并非只是服务于中国一国的,该倡议强调开放包容、合作共建和利益共享,因此,本质上"一带一路"倡议属于区域性国际公共产品。既然是区域性公共产品,那就应该遵循"利益共享、成本共担"的原则。中国明确表示在经济带中不谋求大国地位,其他国家也不应谋求。"丝绸之路经济带"不是"核心和边缘"的剥削型经济关系,也不是"依附与被依附"的不平等经济关系,各国都是平等的参与者,是平等互利、合作共赢的"利益共同体"和"命运共同体"。② 因此,成立各国共同出资的"丝绸之路基础设施保险基金"更能体现出平等共建的精神。保险基金的规模可根据各权威机构,如标普、穆迪、惠誉、中诚信、OPIC 的风险数据库的相关资料进行计算确定。关于保险基金的分担份额的确定,可根据各权威机构(标普、穆迪、惠誉、中诚信)对沿线各国的风险评级、各国的经济体量以及各国的基础设施建设资金需求等因素,来计算分担保险基金的份额。

"丝绸之路保险基金"的筹建可遵循"循序渐进、逐步覆盖"的原则,先期由愿意参加的国家成立,对于这些首期参与的国家,中国作为主导国可给予保费优惠或提供项目融资方面的便利措施,"丝路保险基金"的运作可以聘请行业内的标杆企业或组织(如 OPIC 等)作为基金会的顾问。

---

① 王永中、王碧珺:《中国海外投资高政治风险的成因与对策》,《全球化》2015 年第 5 期,第 65—67 页。

② 李建民:《"丝绸之路经济带"构想的背景、潜在挑战和未来走势》,《欧亚经济》2014 年第 4 期,第 12 页。

二、通过提供安全类公共产品打造区域安全共同体

充分利用"一带一路"沿线既有的区域合作机制等区域性国际公共产品,通过对既有的区域合作平台进行成员扩容和功能扩展以强化支持"一带一路"建设的新使命。"一带一路"沿线既有区域合作平台中部分已经有关于安全、贸易、投资等合作机制的安排,有些也涉及投资保护机制,如在合作平台相关的文件中将各成员国对于成员的投资保护承诺进行固化。再如,针对恐怖主义、国际犯罪等安全问题,上合组织(SCO)、湄公河四国联合执法等区域性国际安全公共产品已经作出了相关的制度安排。[①] 因此,可考虑将这类运作良好的区域合作平台进行扩容,以覆盖"一带一路"沿线的更多国家。既有平台中也有部分平台尚无相关的机制。对于那些尚未涉及安全、经贸、投资合作和保护的既有平台,可通过扩展平台的功能,将对于成员的贸易、投资保护承诺进行固化。

"一带一路"沿线地区的地缘政治矛盾突出,国家相互之间利益关系错综复杂,恐怖主义、民族问题、宗教极端势力所导致的安全风险是在许多国家进行跨国经营的最主要政治风险之一,也是危害特别突出的政治风险。[②] 2016 年 8 月 17 日,习近平总书记出席"一带一路"建设工作座谈会,并发表重要讲话,就推进"一带一路"建设提出八点要求。其中,第八点强调:"要切实推进安全保障,完善安全风险评估、监测预警、应急处置,建立健全工作机制,细化工作方案,确保有关部署和举措落实到每个部门、每个项目执行单位和企业。"[③]由此可见,中央已经认识到"一带一路"建设的所面临的安全风险已经成为"一带一路"倡议所面临的主要挑战之一,并且已经高度重视这一问题。

结合习近平总书记讲话的精神和《愿景与行动》的要求,为了应对此类安全风险,本书认为我国政府可考虑从提供区域性安全公共产品的思路出发,联合"一带一路"沿线相关国家一起为"一带一路"的建设提供区域性安全类公共产品。一条现实的途径便是将现有的区域合作机制进行扩容或在"一带一路"沿线其他区域进行异地复制。例如,可以通过将当前运作良好的"上海合作组织"这一区域合作平台进行扩容,使之覆盖"一带一路"沿线的更多的国家,利用"上海合作组织"平台下的关于贸易、投资等合作机制将各成员国对于成员的投资保护承诺进行固化,可有效降低在该区域投资的政治风险。总而言之,面对"一带一

---

① 黄河、陈美芳、汪静等:《中国企业在"一带一路"沿线国家投资的政治风险及权益保护》,《复旦国际关系评论》2015 年第 1 期,第 128 页。

② 刘海泉:《"一带一路"战略的安全挑战与中国的选择》,《太平洋学报》2015 年第 2 期,第 76 页。

③ 习近平:"让'一带一路'建设造福沿线各国人民",新华网,2016 年 8 月 17 日,http://news.xinhuanet.com/world/2016 - 08/17/c_1119408654.htm,最后访问时间:2016 年 8 月 28 日。

路"沿线区域动荡的社会和政治环境,最重要的就是稳定和安全,社会的稳定和安全能极大的降低中国企业在"一带一路"沿线经营的政治风险。

三、推动基础设施投资主体多元化

因基础设施项目往往具有战略性特点,因此,政治敏感性很高,东道国一般不允许其基础设施部门被外国企业所掌握,尤其是外国的国有企业,而这正是我国建筑企业的短板。由于基础设施项目投资规模巨大,成本回收期长,民营企业一般不愿介入,我国建筑企业签订的海外基础设施项目绝大多数都由央企承接,这很容易使东道国政府心存疑虑和保持防范的姿态,使我国建筑企业的海外经营活动面临着比其他以民营为主导的行业高得多的政治风险。我国在进行"一带一路"基础设施投资时,政府应考虑采取各种政策和措施引入民营企业参与,以降低投资项目的政治敏感性。[①]

四、建立"丝绸之路基础设施建设企业国际行业协会"

对于因建筑行业的特点所导致的政治风险,可以通过建立丝绸之路基础设施建设企业国际行业协会予以应对。可考虑由政府牵头建立"丝绸之路"基础设施建设国际行业协会。国际行业协会可将"一带一路"沿线各国的建设企业以及域外参与建设的相关企业纳入一个共同的行业合作平台,通过该平台定期、不定期的组织行业论坛和交流合作,通过网站、社交媒体等方式在会员间实现充分的信息共享,使会员企业能够及时掌握沿线各国的行业信息。此外,行业协会还可委托专业的咨询顾问公司、高校研究机构等智库以及各国的会员企业对其母国的投资风险进行追踪研究,并及时发布风险预警信息。东道国当地企业的优势在于熟悉当东道国国内的政治生态、行业生态、风土人情,对当地各类风险的认识远远比国外同行要全面和深入,加强与当地同行的交流有利于及时获得有关政治风险的最新信息,更新对于当地风险的认识,以便采取防范措施。

---

① 余莹:《我国对外基础设施投资模式与政治风险管控》,《经济问题》2015 年第 12 期,第 13 页。

第十三章　新时期中国参与斯里兰卡港口建设探析

参与斯里兰卡港口建设是共建"21世纪海上丝绸之路"框架下,中国在印度洋地区非常重要的政治经济合作行为。中斯在长期互动中形成的传统政治经济基础为中国投资斯里兰卡基础设施建设奠定了优势地位。同时,共建"21世纪海上丝绸之路"的愿景与斯里兰卡恢复印度洋航运中心的发展政策高度契合,为中斯港口项目合作提供了难得的机遇。当前,中国参与建设和运营了位于斯里兰卡首都科伦坡西南部的科伦坡港、位于斯里兰卡南部海岸的汉班托特港以及临港经济区配套基础设施的深度开发。这对于拓展中国在印度洋地区的政治经济影响力以及确保海上航线的安全具有重要的价值。然而,中斯港口经济合作也日益遭受斯里兰卡内部政治经济的再平衡与外部大国在印度洋地区地缘政治与安全博弈的复杂局面,这对于中国在印度洋地区开展经贸合作与构建海上互联互通的努力造成干扰。因此,有必要将中斯港口项目赋予部分"公共产品"特性,并纳入建设"21世纪海上丝绸之路"进程,降低地缘政治的风险,展示并提升中国在印度洋地区提供和管理海上"公共产品"的优势与能力。

第一节　传统的政经模式成为中斯发展政策对接提供保障

中斯在长期的历史的互动中,培植出自上而下、坚实的政治经济基础,这是中斯联合开展大型基础设施建设的传统优势,也是双方合作的基本框架和模式。在此传统模式下,中斯有足够的意愿和能力推进两国发展政策的对接,港口项目合作是双方政策对接过程中具体实践的体现和重要着力点之一。

一、中斯合作具备坚实的政治—经济基础的优势

(一)中斯政治关系久经历史性考验并稳步发展

20 世纪 50 年代《米胶协定》的签署掀开了中斯友好合作的历史篇章,此后几十年来两国关系始终稳步发展,两国堪称全天候的朋友。① 2005 年 4 月,温家宝总理访问斯里兰卡期间,两国宣布建立"真诚互助、世代友好的全面合作伙伴关系"。对此,美国外交政策委员会亚洲安全项目主任 Jeff M. Smith 认为:中斯关系从 2005 年开始活跃起来,主要原因是中国应同年当选为斯里兰卡总统拉马欣达·拉贾帕克萨(Rajapaksa)的请求,提供了大规模武器装备对付泰米尔猛虎组织(Liberation Tigers of Tamil Elam,LTTE)。2005—2008 年,中国不但向拉贾帕克萨政府提供武装直升机、防空炮、雷达系统等武器,还提供了十几亿美元的非军事援助。②

近年来,中斯关系全面升级,面临新的重大发展机遇。2013 年 5 月 27—5 月 30 日,拉贾帕克萨总统对中国进行了国事访问,双方同意将中斯关系提升为"真诚互助、世代友好的战略合作伙伴关系",③进一步夯实并提升了两国关系的基础和高度。2014 年 9 月,习近平主席访问斯里兰卡前夕,拉贾帕克总统接受新华社专访时强调:"习近平主席即将对斯里兰卡的国事访问是过去 28 年来中国国家主席首次访斯,意义重大,对两国关系发展将有重大的积极影响。"④ 2014 年 9 月 16 日,习近平主席对斯里兰卡进行首次国事访问,他指出:"当前,中斯真诚互助、世代友好的战略合作伙伴关系站在新的起点,面临广阔发展机遇。让中斯友谊之船在'21 世纪海上丝绸之路'上乘风破浪、扬帆远航"。⑤

可以说,中国与斯里兰卡在历史的考验中结成了深厚的友谊,近年来,双方高层领导人互动频繁,进一步夯实和提升了两国政治关系,也从侧面印证了中斯关系的战略重要性。

---

① "专访中国驻斯大使易先良:斯政府及民众对中斯关系发展充满期待",新华网,2015 年 4 月 21 日,http://news. xinhuanet. com/world/2015 - 04/21/c_127713816. htm,最后访问时间:2018 年 3 月 8 日。

② Jeff M. Smith, "China and Sri Lanka: Between a Dream and a Nightmare", *The Diplomat*, November 18, 2016. http://the diplomat. com/2016/11/china-and-sri-lanka-between-a-dream-and-a-nightmare,最后访问时间:2018 年 3 月 8 日。

③ "《中国与斯里兰卡民主社会主义共和国联合公报》第三条",中国新闻网,2013 年 5 月 30 日,http://www. chinanews. com/gn/2013/05 - 30/4874446. shtml,最后访问时间:2018 年 3 月 10 日。

④ "访斯里兰卡总统拉贾帕克萨",央视新闻,2014 年 9 月 15 日,http://news. cntv. cn/2014/09/15/ARTI1410783823646980. shtml,最后访问时间:2018 年 3 月 10 日。

⑤ "习近平抵达科伦坡,对斯里兰卡进行首次国事访问",中国新闻网,2014 年 9 月 16 日,http://www. chinanews. com/gn/2014/09 - 16/6597693. shtml,最后访问时间:2018 年 3 月 11 日。

(二) 中斯经济关系越益密切

1983 年,斯里兰卡僧伽罗政权(信仰佛教)与泰米尔"猛虎组织"爆发内战,历经 26 年的内战给斯里兰卡的发展造成了巨大创伤。战后,斯里兰卡百废待兴,政府的首要任务就是将军事斗争的重心转移到经济建设上,但长期制约斯里兰卡发展的主要原因之一是债务杠杆过高。中国在 2009 年和 2010 年连续两年成为斯里兰卡最大的贷款来源国,分别提供了 12 亿美元[是第二大资金来源——亚洲开发银行(ADB)所提供 4.24 亿美元贷款的 3 倍]和 8.21 亿美元贷款,占斯里兰卡当年对外贷款总量的 54% 和 25%。截至 2011 年年底,中国对斯里兰卡的投资达到 65 亿美元。[①]

近年来,中斯经贸、投资领域快速发展。中斯两国在经贸领域具有较大的互补性,中国有资本、基建技术施工能力、制造业等优势。斯里兰卡地理位置得天独厚,具备劳动力成本低廉、潜在的市场和消费能力,以及长期向上的发展势头等诸多有利因素,无疑对中国企业的长期投资拥有较大吸引力。中国于 2009 年超过日本成为斯里兰卡第一大经济援助国,截至 2014 年,中国向斯里兰卡共捐助了 3.08 亿美元,约占前五名国家捐助总额的 40%。中国公司在当地建设了大批基础设施,包括公路、港口、机场、发电厂、医院以及文化体育设施等。[②]

目前,中国已成为斯里兰卡第二大贸易伙伴、第二大进口来源国以及最大的债权国。2013 年 5 月,拉贾帕克萨总统访华期间,斯方强调中方作为斯重要的发展伙伴,近年来发挥了重要作用,并感谢中国政府支持斯基础设施发展和社会经济发展,特别是港口航空等领域。中国政府将继续为斯提供力所能及地帮助,鼓励中国金融机构为斯基础设施建设提供融资支持。同时,双方同意在《亚太贸易协定》框架下建设"中斯自贸区"。[③] 目前,有关签署《中斯自贸协定》的可行性研究已经完成,并进行了三轮谈判,该协定的签署必将极大推动两国经贸合作进一步深化融合,从制度层面确保双方经济关系的可持续性发展。

二、发展政策对接:"海上丝路"与斯里兰卡港口建设

新德里智库—政策研究中心(Centre for Policy Research)战略研究教授布拉马·切拉尼(Brahma Chellaney)表示:"自从战争结束后(2009 年),中国一直

---

① "发展斯里兰卡基础设施,推动当地经济发展",网易新闻,2012 年 10 月 23 日,http://news.163.com/12/1023/00/8EF9D56R00014JB6_all.html,最后访问时间:2018 年 3 月 9 日。
② "中国工程闪亮斯里兰卡:中国成其第一大援助国",环球时报,2013 年 6 月 1 日,http://finance.huanqiu.com/world/2013-06/3992287.html,最后访问时间:2018 年 3 月 8 日。
③ "《中国与斯里兰卡民主社会主义共和国联合公报》第六、七条",中国新闻网,2013 年 5 月 30 日,http://www.chinanews.com/gn/2013/05-30/4874446.shtml,最后访问时间:2018 年 3 月 8 日。

在设法挺进斯里兰卡,抓住更多机遇。"①但是,应当指出,中国开拓和深耕斯里兰卡的市场并非从 2009 年开始,而是基于斯里兰卡战略重要性和难得的发展机遇的长期布局,加之"21 世纪海上丝绸之路"进程的推进,中国企业将更加关注斯里兰卡的投资机遇。斯里兰卡驻华大使卡鲁纳塞纳·科迪图瓦库大使认为,港口经济未来将是斯经济发展的支柱。②

斯里兰卡战后重建为中国公司提供了难得的发展机遇。斯里兰卡因其连接东亚和东南亚、沟通西亚、覆盖南亚的枢纽位置一度成为印度洋航运中心,但因为"猛虎组织"崛起,陷入长期内战而地位衰落。2005 年,拉贾帕克萨当选斯里兰卡总统后,非常重视基础设施建设,其中,最重要的规划就是在南部的汉班托特建设一个世界级港口。在内战最后几年,斯里兰卡政府多方寻找资金来源,印度方面对出资建设汉港项目缺乏兴趣,斯政府转向中国寻求资金和技术。拉贾帕克萨高度关注汉港建设,亲临工地不下 8 次。③

战后的斯里兰卡希望抓住共建"21 世纪海上丝绸之路"的历史机遇,力图恢复其印度洋的航运中心地位。2013 年 8 月 1 日,斯里兰卡港口局提出了名为"展望 2020 年—丝绸路上的卓越物流"的总计划,把原来的目标进行了重新定位,希望从集装箱中心成为全球物流中心。斯港口局在开建一个最优的海事深水港、扩大其他港口和举行海上基地活动的同时,正计划建设一个全方位的物流系统,整合物流功能。斯的目标是到 2020 年成为优秀的海事中心,达到 2 亿吨的货物装卸,10 亿美元的收入,100 亿美元的港口投资,使港口成为国家经济增长的主要贡献者。④ 斯政府的计划是利用本国的地缘战略位置,使其与现有的和新的贸易伙伴间的关系最大化,旨在将斯重新定位为印度洋上的枢纽及孟加拉湾的转运良港。⑤

中斯高层领导人共同推动发展政策的对接,在"21 世纪海上丝绸之路"框架

---

① "中国援建斯里兰卡背后:中国与斯里兰卡交好,可获得通往印度洋的可靠途径",金融时报中文网,2010 年 5 月 24 日,http://www.ftchinese.com/story/001032737/,最后访问时间:2018 年 3 月 8 日。

② 国际在线:"科伦坡港口城有望成为'一带一路'标杆项目",中国交通建设股份有限公司网,2017 年 5 月 15 日,http://www.ccccltd.cn/news/mtjj/201705/t20170515_88613.html,最后访问时间:2018 年 3 月 8 日。

③ "汉港寄托斯里兰卡强国梦",人民网,2011 年 11 月 29 日,http://world.people.com.cn/GB/16424462.html,最后访问时间:2018 年 3 月 8 日。

④ "SLPA introduced new corporate plan", *News Lines*, August 1, 2013. http://www.priu.gov.lk/news_update/Current_Affairs/ca201308/20130801slpa_introduced_new_corporate_plan.htm, 最后访问时间:2018 年 3 月 8 日。

⑤ Harsha de Silva, "Sri Lanka's Role In The Indian Ocean & The Changing Global Dynamic", *Colombo Telegraph*, May 3, 2017. https://www.colombotelegraph.com/index.php/sri-lankas-role-in-the-indian-ocean-the-changing-global-dynamic,最后访问时间:2018 年 3 月 13 日。

下开展港口与航运合作。2014 年 9 月,习近平总书记历史性地访问斯里兰卡,在《每日新闻》报发表题为《做同舟共济的逐梦伙伴》的署名文章,文中特别提到:"我们要对接发展战略,做同舟共济的逐梦伙伴。'马欣达愿景'展现了斯里兰卡的强国富民梦,同中国人民追求中华民族伟大复兴的'中国梦'息息相通。斯里兰卡要建设海事、航空、商业、能源、知识五大中心,同中国提出的建设'21 世纪海上丝绸之路'倡议不谋而合。"①访问期间,双方签订了《中斯关于深化战略合作伙伴关系的行动计划》,其中,第十二条指出:"斯方欢迎并支持中方提出的构建'21 世纪海上丝绸之路'的倡议,愿积极参与相关合作。双方同意进一步加强对马加普拉/汉班托塔港项目的投资。双方同意进一步加强海洋领域合作,推进科伦坡港口城的建设,签署马加普拉/汉班托塔港二期经营权有关协议,宣布建立海岸带和海洋合作联委会"。②

斯里兰卡外交部表示:斯里兰卡对中国政府提出的现代版海上丝路的愿景产生强烈共鸣,将予以大力支持。可以预见,一旦汉班托特港彻底完工,将成为印度洋主航道上的关键海港,进而成为中国远洋船只的理想中继点。③ 2015 年 9 月,斯里兰卡议长卡鲁·贾亚苏里亚出席科伦坡国际海运会议开幕式时表示:斯里兰卡有着得天独厚的地理优势,有信心成为世界航运中心。希望加强海洋经济发展,发展邮轮码头、船舶加油及船舶制造和维修等航运服务业,希望更多的航运公司使用斯里兰卡港口,也希望吸引全球投资尤其是来自亚洲及中东的投资,努力把斯里兰卡打造成世界航运中心。④

2016 年 7 月,王毅外长访问斯里兰卡时指:双方将进一步对接发展战略,完善两国务实合作版图,助力斯里兰卡建设印度洋航运中心和发展能力建设。⑤

可以看出,中国提出的共建"21 世纪海上丝绸之路"倡议与斯里兰卡打造国

---

①　习近平:"做同舟共济的逐梦伙伴",新华网,2014 年 9 月 16 日,http://news. xinhuanet. com/world/2014 - 09/16/c_1112500462. htm,最后访问时间:2018 年 3 月 8 日。

②　《中华人民共和国和斯里兰卡民主社会主义共和国关于深化战略合作伙伴关系的行动计划》,中央政府门户网,2014 年 9 月 17 日,http://www. gov. cn/xinwen/2014 - 09/17/content_2751595. htm,最后访问时间:2018 年 3 月 8 日。

③　王世达:"习近平访问斯里兰卡,打造'21 世纪海上丝绸之路'",中国网,2014 年 9 月 18 日,http://news. china. com. cn/world/2014 - 09/18/content_33544799. htm,最后访问时间:2018 年 3 月 8 日。

④　"斯里兰卡希望成为世界航运中心",新华网,2015 年 9 月 25 日,http://news. xinhuanet. com/fortune/2015 - 09/25/c_1116684067. htm,最后访问时间:2018 年 3 月 11 日。

⑤　王毅:"中斯战略合作伙伴关系将持续发展,不断前进",国际在线,2016 年 7 月 9 日,http://news. cri. cn/20160709/e32e3886 - 2c14 - 7825 - ca06 - 93a1acc26ff9. html,最后访问时间:2018 年 3 月 11 日。

际港口与航运中心的发展政策高度契合,双方在顶层发展政策规划与对接方面具备强烈的愿望,非常有利于推进落实具体的港口项目建设。

三、中国参与斯里兰卡港口建设面临的挑战

(一)来自斯里兰卡内部再平衡的挑战

首先,斯里兰卡内部政治的再平衡过程波及中国企业的投资项目。2014 年11 月,西里塞纳突然宣布脱离效忠了 37 年的斯里兰卡"自由党",辞去总书记和政府卫生部长职务,转投反对党"统一国民党",成为总统候选人,并在大选中"出人意料"地击败拉贾帕克萨。西里塞纳在选举过程中将矛头指向中国投资的港口项目,批评拉贾帕克萨与中国企业相互勾结,导致了腐败和项目环评不达标等问题,他在竞选中声称:"若当选,会重新评估中国在斯项目"。之所以出现这种局面,主要是因为选举政治的需要,将政治对手"污名化",树立自身的权威,西里塞纳通过批判拉贾帕克萨过分亲中国路线,成功地将自身塑造为斯里兰卡利益的捍卫者。此外,考虑到印度在斯里兰卡盘根错节的利益和广泛影响力,拉贾帕克萨通过策略性打压中国企业的方式,来满足斯里兰卡北部泰米尔群体亲印的意愿,同时缓和拉贾帕克萨时期与印度之间的紧张关系。总体而言,西里塞纳倾向采取中间路线的策略,成功地获取了更多的选票。当选总统后,他在独立日庆典的演讲中称:"考虑到以前的情况,我们明确承诺奉行中间道路的对外政策,与所有国家交好"。

斯里兰卡内部政治的再平衡进一步导致外交政策的调整。2015 年 2 月,西里塞纳对外首访地点选择保克海峡之隔的印度,体现出他对斯印关系的高度重视以及外交政策的新思维。然而,斯印关系的回暖并没有根本性地排除中国在该地区的利益。一个月之后,西里塞纳访问北京时主动指出:"斯方希望在'21世纪海上丝绸之路'框架内加强同中方合作。斯方对中国政府支持汉班托塔港等斯大项目建设表示感谢。目前,科伦坡港口城出现的情况是暂时的、短期的,问题不在中方。"2016 年 4 月,斯里兰卡总理维克勒马辛哈斯(Ranil Wickremesinghe)访问北京,双方发表了《中斯联合声明》,其中,第九条特别指出:"斯方宣布批准科伦坡港口城项目恢复施工,将为项目实施提供便利和支持",①从而解决了科伦坡港口城项目问题,体现出西里塞纳政府对中斯关系的务实态度。一位在华盛顿服务的斯里兰卡高级外交官解释了其中的缘由:"科伦

---

① "《中华人民共和国和斯里兰卡民主社会主义共和国联合声明》",外交部,2016 年 4 月 9 日,http://www.fmprc.gov.cn/web/zyxw/t1354364.shtml,最后访问时间:2018 年 3 月 8 日。

坡的外交政策一直以'微妙的平衡'为指导,并且必须与印度达成'更广泛的机动性。'"①

其次,经济方面的平衡也是斯里兰卡的重要考虑。斯里兰卡自身经济的脆弱性,对外部的依赖度非常高。长期以来,印度对斯里兰卡经济有着较深的介入,双方早已签署FTA,并建立了"全面经济合作伙伴"关系。虽然如此,这也无法与中国对斯里兰卡不断扩大的经济影响力相比。截至2014年,中国对斯里兰卡的直接投资(FDI)达到4.03亿美元,大约是排名第二位的印度8倍。② 同时,斯里兰卡基础设施投资严重依赖中国,现在官员担心斯里兰卡陷入了"'中国债务陷阱'(China Debt Trap),一旦你掉进中国陷阱,非常困难逃出来。"③斯里兰卡人已经意识到这种经济上的不对称依赖在一定程度束缚了斯里兰卡自身权力的发挥。斯里兰卡外交部副部长、前政策规划和经济事务副部长哈尔沙·德席尔瓦在《科伦坡电讯报》上撰文指出:"斯里兰卡政府已着手实施一项任务,利用斯里兰卡在东西方航海走廊之间的位置,并将其作为印度洋枢纽,以及孟加拉湾贸易关键转运港。旨在最大限度地发展与中国、日本、印度等地区的关系,以此促进斯里兰卡的贸易和外国投资"。④ 基于印度洋上独特的地理位置,斯里兰卡对大国拥有足够的吸引力,有条件利用开放式经济竞争策略,引入外部投资主体,加速斯里兰卡经济的多元化发展,同时平衡中国在当地的经济影响力。

英国伦敦国王学院防卫专家哈什·V.潘特(Harsh V. Pant)指出:"如果印度决策者认为科伦坡的权力转变将阻碍斯与中国的关系,那就错了。中国已经深深植根于斯里兰卡,不管是经济还是地缘政治。无论是拉贾帕克萨,还是新上任的西里塞纳,中国在斯里兰卡的影响力都将持续扩大。"⑤2017年5月16日,

---

① Jeff M. Smith, "China's Investments in Sri Lanka", *Foreign Affairs*, May 23, 2016. https://www.foreignaffairs.com/articles/china/2016-05-23/chinas-investments-sri-lanka,最后访问时间: 2018年3月8日。

② Gauri Bhatia, "global opportunities china-india tussl-for influence as sri-lanka develops", *CNBC*, 24 Apr 2016. http://www.cnbc.com/2016/04/24/global-opportunities-china-india-tussle-for-influence-as-sri-lanka-develops.html. 最后访问时间: 2018年3月8日。

③ Jeff M. Smith, "China's Investments in Sri Lanka", *Foreign Affairs*, May 23, 2016. https://www.foreignaffairs.com/articles/china/2016-05-23/chinas-investments-sri-lanka,最后访问时间: 2018年3月8日。

④ Harsha de Silva, "Sri Lanka's Role In The Indian Ocean & The Changing Global Dynamic", *Colombo Telegraph*, May 3, 2017. https://www.colombotelegraph.com/index.php/sri-nkas-role-in-the-indian-ocean-the-changing-global-dynamic/,最后访问时间: 2018年3月8日。

⑤ Harsh V. Pant, "Even with a change of regime in Colombo, China's sway will continue to grow in SriLanka", *Japantimes*, Jan 18, 2015. https://www.japantimes.co.jp/opinion/2015/01/18/commentary/world-commentary/even-with-a-change-of-regime-in-colombo-chinas-sway-will-continue-to-grow-in-sri-lanka/#.WaUyG_ns73Q,最后访问时间: 2018年3月8日。

在中国与斯里兰卡两国总理见证下,中国商务部和斯里兰卡发展战略与国际贸易部签署了《中斯投资与经济技术合作发展中长期规划纲要》。该《规划纲要》确定了中斯投资和经济技术合作的重点领域和优先项目,提出了双方合作的具体方式、金融支持和政策扶持措施,明确了组织、协调和执行机制,将为双边投资合作提供有力指导,促进其有序、健康和可持续发展。[①]

(二)来自域外大国的地缘政治挑战

在全球经济重心东移的大趋势下,印度洋地区因其独特的地理位置、庞大的人口和快速扩大的市场,越来越受到大国的关注。而围绕该地区的海上航线安全以及政治经济竞争也愈发激烈。中国在"21世纪海上丝绸之路"的框架下参与斯里兰卡港口建设,其作为经济合作的属性正面临来自印度、美国、日本为主的大国地缘安全与政治博弈的挑战。大国在印度洋的博弈,无形之中将斯里兰卡推到了战略竞争的"风口浪尖",且一定程度上的战略主动地位,中国在斯里兰卡的投资会因其与各方搞"平衡"而趋于复杂,并在一定程度上影响两国的合作发展空间。[②]

1. 印度"排他性"地缘安全思维

莫迪上台后,提出了各项周边外交政策,包括"邻国优先"政策、"东进"和"西联"政策(The Act East and Link West Policies)、"季风"计划等,其中,关键的指向之一就是中国在印度洋的经济和军事活动,印度将印度洋视为其势力范围,以排他性地缘安全竞争的视角看待中国的行为。"印度安全界比较保守,担忧'一带一路'倡议会为中国巩固印度周边的存在提供合法性和合理性,会进一步把印度的邻国拉向中国,损害印度的地缘战略利益"。[③]

2015年3月,印度总理莫迪展开对塞舌尔、毛里求斯和斯里兰卡3个印度洋岛国的访问,这背后的战略意图实际上可以用一句话来概括,那就是:要让印度成为该地区具有主导性作用的区域强权国家。[④] 2017年5月,印度总理莫迪再度访问斯里兰卡,却拒绝来北京出席"一带一路"高峰论坛,在某种程度上折射出印度对"21世纪海上丝绸之路"延伸到印度洋的排斥。而印度著名智库更将

---

① "中斯投资与经济技术合作发展中长期发展规划纲要",中国商务部,2017年5月16日,http://www.mofcom.gov.cn/article/ae/ai/201705/20170502576247.shtml,最后访问时间:2018年3月8日。

② 朱翠萍:《科伦坡港口城项目实地勘察录》,《世界知识》2015年第8期,第30页。

③ 张家栋:《印度》,载石源华、祁怀高主编:《中国周边国家概览》,世界知识出版社2017年版,第293页。

④ 唐鹏琪:《实施"一带一路"战略的政治与经济风险——以中国在斯里兰卡的投资为例》,《南亚研究季刊》2015年第2期,第105页。

中国列为印度洋的两个主要挑战之一，2017 年 6 月，印度德里政策集团（Delhi Policy Group）发布了一份主题为《印度的海洋安全挑战会议报告》，该报告指出："印度洋利益面临的挑战来自两个不同的方面。首先是地缘政治，源于当前和潜在的对手，其中最重要的是经济和军事复兴的中国挑战美国的全球霸权，并希望塑造地区和全球环境以追求自身优势"。[①]

印度将中国援建斯里兰卡港口的行为理解为地缘安全竞争的一部分。在共建"21 世纪海上丝绸之路"的框架下，中国投资斯里兰卡港口的目的主要局限于促进经济合作，构建海上互利互通。而印度在这个问题上的认知与中国存在很大的差异。地缘政治学家布热津斯基指出："印度自我定位于在军事上控制印度洋，其海上和空中力量计划显然朝着那个方向发展"。[②] 印度国家安全顾问委员会委员 C. 雷嘉·莫汉（C. Raja Mohan）认为："自 20 世纪年代末起，随着中国崛起开始包围次大陆，以及北京对印度洋的兴趣日益上升，斯里兰卡和马尔代夫成为中印几十年以来在喜马拉雅山以及巴基斯坦和孟买传统权力斗争的一部分。21 世纪的头十年，中国转战海洋，寻求蓝海水军这样的势力，斯里兰卡自然地成为其与印度新海上之争的一部分。"[③]在这样的地缘安全竞争视角下，中斯港口经济合作将被新德里解读为战略包围印度次大陆的一部分。尤其是斯里兰卡港口为中国海军提供服务更强化了印度的这种认知。例如，2014 年 9 月，中国海军 039 型"宋级"潜艇因参与亚丁湾、索马里海域护航，技术性停靠科伦坡港南集装箱码头进行补给休整，[④]就被印度视为非凡的举动。《印度时报》对此评论道："虽然印度海军一直在跟踪中国军舰在印度洋地区（IOR）中的活动，包括潜艇在孟加拉湾的潜行静驻，但是，中国海军潜艇公开停泊在属于印度的战略后院（Own Strategic Backyard）是罕见的事件。中国与东非、塞舌尔、毛里求斯、马尔代夫、斯里兰卡、孟加拉国、缅甸和柬埔寨等国形成广泛的海上联系主要与其保

---

① Delhi Policy Group,"India's Maritime Security Challenge", DPG Conference Reports, Vol. 2, Issue 4，June 5，2017. 最后访问时间：2018 年 3 月 15 日；http://www. delhipolicygroup. org/uploads_dpg/publication_file/conference-report-volii-no4-indias-maritime-challenges－1057. pdf,最后访问时间：2018 年 3 月 17 日。

② ［美］兹比格涅夫·布热津斯基：《战略远见：美国与全球权力危机》，洪漫、于卉芹、何卫宁译，新华出版社 2012 年版，第 89 页。

③ ［印］雷嘉·莫汉：《中印海洋大战略》，朱宪超、张玉梅译，中国民主法制出版社 2014 年版，第 122—128 页。

④ 2014 年 9 月 25 日，国防部举行例行记者会，国防部新闻事务局局长、国防部新闻发言人耿雁生大校就潜艇访问斯里兰卡港口进行回应：中国人民解放军海军一艘潜艇近日赴亚丁湾、索马里海域与中国海军护航编队一道执行护航任务。期间，中国海军潜艇停靠了斯里兰卡科伦坡港。需要说明的是，潜艇靠港补给休整，是各国海军的通行做法。这次护航行动包括潜艇赴亚丁湾、索马里海域，是中国海军年度计划内的正常安排。

护海上关键能源航道有关。但同样真实的是,它正在缓慢但稳步地达成对印度的'战略包围'(Strategic Encirclement)。"[1]同样,汉班特塔的港口设施被印度分析家广泛印证为中国在印度洋日益增加的影响力,认为这是中国利用民用港口设施包围印度的"珍珠链"战略[2]("String of Pearls" Strategy)的一个节点。[3]

在地缘竞争的思维下,印度以军事化、安全化的措施来抵消中国在印度洋的经济合作,无疑会对该地区沿海各国共建"21世纪海上丝绸之路"的经济构想造成不利的局面,而印度在理论和实践上似乎正朝着这个方向前进。对此,莫汉非常直白地指出:"维持或获取印度洋战略岛国上的重要影响力,中国的方法集中于建立大项目,以此作为长期进军印度洋的基础。北京已经把这种方法植根于与小岛国的经济、政治往来的更广泛的框架之中。而相反,印度强调的是促进与岛国武装部队的作战合作。在历史往来的基础上,印度一直寻求与岛国上羽翼未丰的海上部队实现互通,向他们提供海军硬件设施,并把他们纳入印度本身在印度洋上新兴的领域警觉性系统网络之中。"[4]2018年3月,印度国防部长西塔曼(Nirmala Sitharaman)指责中国在印度洋的活动:"印度政府已经意识到中国成为'海上强国'的既定目标。作为这一战略的一部分,中国正在印度洋沿岸的沿海国家开发港口和其他基础设施,包括在印度的海上边界附近。"[5]很显然,印度担心中国在印度洋日益扩大的经济影响力会转化为地缘政治和安全优势,因此,倾向通过具有排他性的军事化、安全化手段,淡化该地区经济合作的前景。

2. 美国的"全球行动体系"(Global Operating System)

"印太战略"被视为美国全球战略的一部分是近年来的现象,构建美国领导的印太秩序成为美国在该地区的关键目标。"美国提出印太概念,旨在统筹印度

---

① Rajat Pandit ,"India suspicious as Chinese submarine docks in Sri Lanka", *India Times*, Sep 28, 2014. http://timesofindia. indiatimes. com/india/India-suspicious-as-Chinese-submarine-docks-in-Sri-Lanka/articleshow/43672064. cms,最后访问时间:2018年3月8日。

② 所谓中国的"珍珠串"包括港口和机场建设项目、外交关系和部队现代化建设。这些"珍珠"范围从中国大陆海岸到中国最南端的海南岛升级的军事设施。他们延伸穿过南中国海到马六甲海峡,到达印度洋和阿拉伯海和波斯湾海岸。Vivian Yang, "Is China's String of Pearls Real?", *Policy In Focus*, July 18, 2011. http://fpif. org/is_chinas_string_of_pearls_real/,最后访问时间:2018年3月8日。

③ Ankit Panda, "China's Sri Lankan Port Ambitions Persist", *The Diplomat*, July 27, 2015. http://thediplomat. com/2015/07/chinas-sri-lankan-port-ambitions-persist/,最后访问时间:2018年3月8日。

④ [印]雷嘉·莫汉:《中印海洋大战略》,朱宪超、张玉梅译,中国民主法制出版社2014年版,第132—133页。

⑤ Nirmala Sitharaman, "China building helipads, sentry posts, trenches in Doklam area", *The Times Of India*, Mar 5, 2018. https://timesofindia. indiatimes. com/india/china-building-helipads-sentry-posts-trenches-in-doklam-area-nirmala-sitharaman/articleshow/63173379. cms,最后访问时间:2018年3月8日。

洋和太平洋两大战略空间,确保美国在该地区的整体国家利益,应对潜在的风险和挑战,它是对传统亚太概念的战略延伸。相对于以西太平洋区域为重心的亚太概念,'印太'概念涵盖的地理范围更为宽泛,不仅包括西太平洋区域的沿海国家和重要海上交通线,还包括印度洋区域的重要海上交通线及沿海地区。从'亚太'变为'印太',在某种意义上意味着美国亚洲战略重心的南移和西移,即由传统的西太平洋区域向印太地区、特别是沿海地区转移"。① 维护印太地区的秩序是"海权论"与"霸权稳定论"的一部分,美国正在加快构建印太伙伴关系网,推进多边安全合作框架的形成,最终在美国的领导下共同维护该区域的海上自由航行与安全,以防止中断关键海上通道(SLOCs)和商业。鉴于这些战略要求以及国家和非国家行为体具备破坏对全球繁荣至关重要的印度洋太平洋航道的能力,美国正在通过扩大伙伴关系和建立信任的努力加强与海洋合作伙伴的合作。②

　　近年来,中国在"一带一路"倡议下加强同环印度洋地区的经济合作,包括在斯里兰卡的港口投资,引起了包括美国在内的高度关注,中国因素是美国重新评估斯里兰卡的重要原因之一。2011 年,《美国国会研究报告》(Congressional Research Office Report)指出:中国可能正在建设或者想最终建立一系列在印度洋的海军和其他军事基地,以支持中国海军在连接中国与波斯湾石油来源的海上通道行动。此外,中国正在印度洋建立商业港口设施,还没有在那里建立任何海军基地,是在追求美国官员所说的'非基地战略'(Places Not Bases Strategy)。③ 这片海域如今处于强大的美国海军的影响下。中国不愿看到这种局面,希望在沿海的友好国家建立港口,打造一条不受美国控制的海上交通路线。斯里兰卡正处于要冲之地,可以说是中国海上交通构想中最为关键的"肚脐"。④ "汉班托特港口完全开发好以后,将影响美国现在对印度洋的统治。中国正在成为印度洋的主要力量之一,不仅仅是在南亚的部分,还有在波斯湾的部分,这对于美国来说是个挑战。"⑤对于美国过去的对斯政策,美国《外交官》(The

---

　　①　韦宗友:《美国在印太地区的战略调整及其地缘战略影响》,《世界经济与政治》2013 年第 10 期,第 140 页。

　　②　John F. Bradford,"The Maritime Strategy of the United States: Implications forIndo-Pacific Sea Lanes",*Contemporary Southeast Asia*,Vol. 33, No. 2 (2011), pp. 183 - 208. https://muse.jhu.edu/article/450062/pdf,最后访问时间:2018 年 3 月 8 日。

　　③　Vivian Yang,"Is China's String of Pearls Real?",*Foreign Policy In Focus*,July 18, 2011. http://fpif. org/is_chinas_string_of_pearls_real/,最后访问时间:2018 年 3 月 8 日。

　　④　"斯里兰卡'脱华剧'1 年落幕",日本经济新闻网,2017 年 3 月 8 日。

　　⑤　"中国获斯国港口经营权将遏制美印?",中国网,2017 年 8 月 16 日,http://news. china. com/internationalgd/10000166/20170816/31104360. html,最后访问时间:2018 年 3 月 8 日。

Diplomat)杂志刊文进行反思:"和过去几十年不同,科伦坡可以指望另外一个大国来提供军事技术和投资。这个国家——中国让华盛顿和德里的决策者们全神贯注。斯国被接纳成为沿中国'一带一路'规划展开的一系列基础设施建设的一部分。中国政府协助开发了汉班托塔的港口,可以为军事目的而调整部署,而且可能被吸纳进计划中的一串从东亚到中东的海军基地中。……高风险地缘政治的回归意味着美国需要更加努力地赢得小国,美国需要对一些国家的利益更加关注,以免他们投入北京张开的怀抱"。①

斯里兰卡政权更迭之际,美国趁机修补并加强美斯关系,试图将斯里兰卡纳入美国主导的全球行动体系的框架下。斯里兰卡新总统迈特里帕拉·西里塞纳上台后,调整了拉贾帕克萨时期"仇美"的外交政策,美斯关系出现转机。科伦坡智库替代政策中心执行主任萨拉万纳穆图认为:"他(西里塞纳)确实指出他们的对外政策曾向中国倾斜,并且依赖中国,这需要重新调整来恢复平衡。我怀疑我们还会有许多西方国际社会带来的利益,这正是前总统拉贾帕克萨曾经特别打击的。"②可以说,斯里兰卡政权的更迭为美国修补同斯里兰卡的关系提供了契机。

2015 年 2 月,美国国务院南亚和中亚事务助理国务卿比斯瓦尔访问斯里兰卡并会见西里塞纳,表达了扩大美斯关系的意愿。同年 5 月,美国国务卿克里访问斯里兰卡首都科伦坡,这是 43 年以来第一位对斯进行正式官方访问的美国国务卿。2016 年 11 月,美国太平洋司令部司令、海军上将哈里·哈里斯(Harry Harris)访问斯里兰卡,成为十多年来访问斯里兰卡的最高级别美国军官,此次访问旨在加深美斯军事关系,也是两国关系的标志性事件。访问期间,哈里·哈里斯参加了"加勒对话"(Galle Dialogue),对话的主题设为"促进战略海洋伙伴关系"(Fostering Strategic Maritime Partnerships),哈里斯在会上发表了非常重要的讲话,他首先指出了"印太洋"和斯里兰卡的战略重要性:"印太洋是连接印度次大陆和亚太地区的经济命脉,是海洋高速路(Maritime Superhighways),印度洋事关美国的利益,斯里兰卡事关美国的利益,美国也事关斯里兰卡的利益"。其次,他给出了美国在该地区的方案:"遵守所有民用和军用船只的航行自由和飞越自由以及不受阻碍的合法商业、和平解决争端,是全球行动系统的根本原则。这些原则不是抽象的,必须扩大志同道合国家之间的伙伴关系,以维护基于

---

① Kadira Pethiyagoda, "Sri Lanka: A Lesson for U. S. Strategy", *The Diplomat*, August 26, 2015. http://thediplomat.com/2015/08/sri-lanka-a-lesson-for-u-s-strategy/,最后访问时间:2018 年 3 月 8 日。

② "斯里兰卡新政府上台美国高官立即到访",大公网(香港),2015 年 2 月 3 日,http://news. takungpao. com. hk/world/exclusive/2015 - 02/2910358. html,最后访问时间:2018 年 3 月 8 日。

规则的全球行动体系。这有助于建立原则性的安全网络。这个网络可以确保所有小国和大国都能平等地通过共享海域。全球行动体系正在出现一个上升的潮流，可以提升所有选择进入和维护它的国家。斯里兰卡是该系统的受欢迎和重要贡献者。"①从哈里·哈里斯的言论中可以看出，美国正在将"印太洋"的伙伴关系网络纳入全球行动体系，而斯里兰卡是其中非常关键的一环。

中国在斯里兰卡布局港口项目面临"被地缘安全化"风险。对于此类风险，约瑟夫·奈在其2016年的新著《美国世纪结束了吗？》(Is the American Century Over?)中提醒道："中国和美国应共同努力生产全球性'公共产品'，不仅他们能从中受益，而且其他国家也能从中受益。"②而这种理性的声音并非事实。在印太洋秩序上，美国倾向以全球海洋秩序主导者的角色来搭建该区域的安全合作架构，最终将其纳入美国领导的全球行动体系。随着美国对印度洋事务的进一步介入，中国向印度洋注入"公共产品"和延伸经济影响力的努力将面临地缘政治和安全上的挑战。

3. 日本"自由、开放的印度洋太平洋战略"(Open and Free Indian-Pacific Strategy)

在客观原因和中国因素的刺激下，日本更加关注斯里兰卡在印度洋的战略重要性。"斯里兰卡位于印度洋海上航线的战略要点，该国传统上亲近日本，其地缘政治和经济重要性正在引起关注。"③印度洋这条航线承载了日本大部分的能源和原材料进口，相当于资源匮乏的日本"生命线"。"日本80％的原油和天然气需经马六甲海峡从中东进口，使得斯里兰卡靠近印度洋的航道对日本来说显得格外重要。此外，中国在过去几年对斯里兰卡在军事和经济上的援助，特别是2009年开始，中国超越日本成为斯里兰卡的主要援助国，使得中国在斯里兰卡的影响力大增。出于以上两方面的考虑，日本逐渐把斯里兰卡纳入其战略议程。"④2014年9月，安倍晋三在习近平主席到访斯里兰卡之前出现于此，这是日本首相20多年以来首次访问斯里兰卡。对此，研究日本外交政策的斯里兰卡外交官南达·戈加拉(Nanda Godaga)认为："他们（日本人）意识到我们在很多方

① Remarks by Adm. Harry Harris, Commander, U. S. Pacific Command at Galle Dialogue, 29 November, 2016. https://lk. usembassy. gov/remarks-adm-harry-harris/,最后访问时间：2018年3月8日。

② ［美］约瑟夫·奈：《美国世纪结束了吗？》，［美］邵杜罔译，北京联合出版公司2016年版，第11页。

③ http://www. mofa. go. jp/policy/other/bluebook/2016/html/chapter2/c020104. html,日本外务省，最后访问时间：2018年3月8日。

④ 唐鹏琪：《斯里兰卡科伦坡港口城市项目的现状与前景分析》，《南亚研究季刊》2015年第4期，第25页。

面都受到中国的影响,所以,他们想要采取应对措施。"①

安倍晋三力图将斯里兰卡纳入"开放和自由的印度洋太平洋战略"的轨道。2016 年 8 月,日本首相安倍晋三在第六届"东京非洲开发国际会议"(Tokyo International Conference on African Development,TICAD)上发表主旨演讲时,提出了日本所谓"自由和开放的印度洋太平洋战略",即在促进"非洲发展"的名义下构建"从太平洋到印度洋的海洋安全",把从太平洋到印度洋、横跨亚洲和非洲的海域定位为受海洋法支配的范围,最终在该新海洋战略框架下,加强与亚洲和印度洋沿岸海洋国家的联系,实现该海域区域开放、自由的目标。② 2017 年 4 月,斯里兰卡总理维克勒马辛哈再度到访日本,双方还发表了有关进一步扩大海洋合作内容的联合声明。其中,第 2 条指出:"两位领导人强调维护和加强以法治为基础的自由开放的海洋秩序是国际社会稳定和繁荣的基石。维克里马辛总理欢迎由日本发起的'自由、开放的印太战略',并在此战略下加强对该地区的参与。两国领导人强调:该地区增长的关键是斯里兰卡作为区域中心发挥更大的作用,通过自由和开放的海域将东盟、印度、中东和非洲的贸易流通连接起来。"③可见,日本对印太地区自由航行的重视,并希望斯里兰卡在其中发挥更重要的角色。

确保斯里兰卡港口独立、强化日斯海洋安全合作是安倍晋三"印太海洋战略"的具体举措。2017 年 4 月,安倍晋三在日斯峰会记者会上强调:"要打造一个自由与开放的印度太平洋,少不了作为枢纽的斯里兰卡建成能够向所有人开放的港口"。对此,维克勒马辛哈在记者会上回应了安倍晋三的担忧:"斯里兰卡希望再次成为印度洋地区的枢纽。我们要保证自己发展我们所有的港口,所有的这些港口都将被用于商业活动、透明的活动,不会让任何人利用它们从事军事活动。"④双方在这个问题上达成的共识最终写进了《日斯联合声明(2017)》第 10 条:"认识到斯里兰卡近期的经济和海运需求的增长以及区域连通性的增强,双

① Ranga Sirilal, Serajul Quadir:"Abe becomes first Japanese PM to visit Sri Lanka in 24 years", *Reuters*, Sep. 7, 2014. http://www. reuters. com/article/us-southasia-japan/abe-becomes-first-japanese-pm-to-visit-sri-lanka-in-24-years-idUSKBN0H20HW20140907,最后访问时间:2018 年 3 月 8 日。

② Address by Prime Minister Shinzo Abe at the Opening Session of the Sixth Tokyo International Conference on African Development (TICAD VI),MOFA,August 27, 2016. http://www. mofa. go. jp/afr/af2/page4e_000496. html,最后访问时间:2018 年 3 月 8 日。

③ Japan-Sri Lanka Summit Meeting Joint Statement, "Deepening and Expansion of the Comprehensive Partnership between Japan and Sri Lanka", 12 April 2017. http://www. mofa. go. jp/files/000249616. pdf,最后访问时间:2018 年 3 月 8 日。

④ "Sri Lankan will keep ports unavailable for military activity", *Reuters*, April 12, 2017. http://www. reuters. com/article/uk-japan-sri-lanka/sri-lankan-will-keep-ports-unavailable-for-military-activity-pm-says-idUKKBN17E1ZI. 最后访问时间:2018 年 3 月 8 日。

方领导人重申公开、透明和商业使用在斯里兰卡政府全面控制下的港口设施的重要性。"①对此,《朝日新闻》在报道中指出:"安倍希望与斯里兰卡共享'印太战略'开放和自由原则,防范中国在水域日益增长的影响力。"②此外,日本非常注重推动双方高层级、多层级的防务合作,以此构建密切的防务合作机制。其中主要包括双方高级将领交流互访,成立"日本—斯里兰卡防务对话"(Japan-Sri Lanka Defense Dialogue),继续举办"海洋事务对话"(Dialogue on Maritime Affairs),允许斯里兰卡以观察员身份加入日—印海岸警卫力量联合演习(Japan-India Joint Exercise),帮助斯里兰卡海岸警卫官员攻读"海洋安全与安全政策项目"(Maritime Safety and Security Policy Program)硕士学位。③

综上所述,印度、美国、日本三国在印度洋地区的利益有一定的差异,但是,面对中国经济、政治力量在该地区不断延伸的趋势下,三方对该地区事务的关注与介入日益加强,并以此为由在该地区不断发展多变的海洋安全合作机制。"美国积极推动印度'向东行动'政策,与美国、日本的'印太'战略深度对接,逐步形成以美国主导的印度、日本、澳大利亚为主轴的亚洲安全架构。因此,除了要建立美印外长与防长的'2+2'对话机制,双方还将努力推动建立美、日、澳、印四国领导人对话机制。"④在实践层面,三方已开展"美印日三边马拉巴尔海军演习"(US-India-Japan Trilateral Malabar Naval Exercise),旨在加强三方在"印太洋"地区的反潜合作。同时,"日-印-斯三边战略对话"(Japan-India-Sri Lanka Trilateral Strategic Dialogue)机制也逐渐搭建起来,借此发挥三国在印度洋地区的重要角色。此外,美印、日印双边海洋安全合作也日益密切,尤其是日印海上安全合作的目标直指中国。例如,2016年9月,印度智库德里政策集团(The Delhi Policy Group,DPG)主办了题为"印度与日本:海洋民主国家的汇聚"(India and Japan:Confluence of Maritime)的大型国际会议,邀请了80多位来自印度、日本和美国高级别的政策与战略界的官员与专家学者参与,与会者在会议发言中反复提及"21世纪海上丝绸之路"与中国不断发展的海上力量之间的

①　"Japan-Sri Lanka Summit Meeting Joint Statement: Deepening and Expansion of the Comprehensive Partnership between Japan and Sri Lanka", 12 April 2017. http://www. mofa. go. jp/files/000249616. pdf. 最后访问时间: 2018年3月8日。

②　Zomi Matsui, "Japan tosupport Sri Lanka in bid to offset China's ocean advances", *Asahi*, April 13, 2017. http://www. asahi. com/ajw/articles/AJ201704130030. html,最后访问时间: 2018年3月8日。

③　See "Japan-Sri Lanka Summit Meeting Joint Statement: Deepening and Expansion of the Comprehensive Partnership between Japan and Sri Lanka", 12 April 2017. http://www. mofa. go. jp/files/000249616. pdf,最后访问时间: 2018年3月8日。

④　"林民旺研究员接受凤凰网采访",凤凰网,2017年11月13日,http://news. ifeng. com/a/20171113/53217324_0. shtml,最后访问时间: 2018年3月8日。

关联性及其对"印太"海域自由航行所构成的威胁,主张在"印太洋"地区组建由海洋民主国家参与的安全网络架构,来应对中国的挑战。①

第二节 "区域性公共产品"与中国的参与

中国在斯里兰卡投资和运营了两个港口及其相关的大型基础设施项目,其中,一个位于斯里兰卡南部汉班托特;另一个位于斯里兰卡西南部科伦坡。这些港口及其衍生项目的开发提升了中斯关系以及中国在印度洋地区的经济影响力,有助于恢复斯里兰卡国际航运中心地位,促进当地经济社会的发展。但是,基于前文的论述可知,中国在斯里兰卡港口建设的传统优势正日益遭遇地缘政治安全因素的挑战,继续推进传统的政治经济合作模式将面临越来越大的压力。新时期,有必要继承和利用好中斯传统合作模式的优势,在此基础上,将"区域性公共产品"的新内涵嵌入斯里兰卡港口项目建设和运营过程中,积极主动地降低地缘政治的敏感性,同时展示并提高中国提供区域"区域性公共产品"的能力。

一、"区域性公共产品"与地缘政治敏感性

首先,将斯里兰卡港口建设视为中国在印度洋构建"战略立足点"的一部分,存在加剧地缘竞争的风险。自从改革开放以来,中国对印度洋的海上通道越来越依赖,但却在该地区缺乏核心利益与战略支点。美国国际战略专家罗伯特·D. 卡普兰(Robert D. Kaplan)指出:世界 90% 的货物贸易和 65% 的石油通过海洋进行运输。其中,印度洋是物流中枢,承担着 50% 的集装箱货物及 70% 的石油产品的运输。印度洋将取代太平洋和大西洋成为 21 世纪的全球中心。② 目前,中国严重依赖从波斯湾、非洲以及欧洲进口能源和商品,大都须经过印度洋之后穿越马六甲海峡。而这些海上战略通道大多处于海上强国的控制范围中。自从中国加入 WTO,"经济扩张严重依赖海上交通线(SLOCs)的安全性,一直是中国的重大关切。中国海军缺乏投送能力使中国成为由美国海军保护的

① Conference on "India and Japan: Confluence of Maritime Democracies", *Delhi Policy Group*, September 14, 2016. DPG, http://www. delhipolicygroup. org/uploads_dpg/publication_file/conference-on-india-and-japan-confluence-of-maritime-democracies - 1027. pdf,最后访问时间:2018 年 3 月 8 日。

② Robert D. Kaplan, "Center Stage for the 21 Century: Power Plays in the Indian Ocean", *Foreign Affairs*, 2009, Vol. 88, NO. 2, pp. 16 - 32. 最后访问时间:2018 年 3 月 8 日。

远海航行线路的尴尬和焦急的搭便车者"。[①] 这种不利的局面"促使中国在印度洋地区架构了战略支撑点,中国先后投资援建巴基斯坦瓜达尔港口,是中国在西印度洋的'战略立足点';斯里兰卡南部汉班托塔港口是中国在印度洋中部的'战略立足点',将为中国海上贸易航线提供便利;缅甸的皎漂港和实兑港南面就是马六甲海峡,是中国在印度洋的'战略出海口'"。[②] 显然,斯里兰卡布局港口的地缘重要性不言而喻,然而,这种地缘战略的设想难以获得支撑,原本印度、美国以及日本等大国对中国在该海域的经济活动已经充满疑虑,对中国在印度洋的地缘延伸难免更加警惕乃至采取对抗措施。

因此,以提供"区域性公共产品"为切入点,可以进一步丰富传统港口经济合作模式的内涵,淡化地缘政治思维的色彩。"从政治角度看,区域性或区域间'公共产品'的优势还在于,由于地域相邻、利益相连,区域内各国政府的联系更为紧密,这将有助于增加相互之间的信任,减少猜疑和摩擦"。[③] 基于印度洋地缘政治的错综复杂以及高度敏感,近年来通常采取经济合作的方式与印度洋国家合作共建、共享港口,这是中国获取经济利益和维护海上通道的传统、务实的做法。中国交通运输部国际合作司副司长任为民认为:港口在建设"21世纪海上丝绸之路"进程中起着至关重要的作用,沿线国家和地区间的港口投资建设运营合作,是未来建设"21世纪海上丝绸之路"的重要方向。王义桅教授不仅认为"通过港口合作的方式不仅仅是给双方带来经济效益,同时也可以为其他国家全球贸易提供海上通道的便利,中国参与的海外港口项目是中国为全球化提供的'公共产品'"。[④] 此外,将海外港口建设赋予"公共产品"的意义,是对传统经济合作模式的价值改造与提升。

客观上讲,传统的合作模式(更关注经济政治与安全议题)因其自身框架的局限性缺乏对环境保护、打击海盗以及人道主义救助等非传统议题的重视,而这些议题是印度洋海上秩序治理的重要部分。将斯里兰卡港口赋予"公共产品"的"非竞争"和"非排他"属性,投入到该海域的治理体系中,这种切入的方式无疑更具有包容性、道义感和大国责任意识,在一定程度上可以降低地缘政治对抗的敏

　　① Qiang Xin, "Cooperation Opportunity or ConfrontationCatalyst? The implication of China's navaldevelopment for China – US relations", *Journal of Contemporary China*, July, 2012, p. 621,最后访问时间:2018 年 3 月 8 日。
　　② 朱翠萍:《中国的印度洋战略:动因、挑战与应对》,《南亚研究》2012 年第 3 期,第 8—9 页。
　　③ 黄河:《"公共产品"视角下的"一带一路"》,《世界经济与政治》2015 年第 6 期,第 149 页。
　　④ "'一路'带'战略背后:中国参与了 10 多个海外港口项目",南方都市报网,2014 年 11 月 10 日,http://news. southcn. com/china/content/2014 – 11/10/content_111863207. htm,最后访问时间:2018 年 3 月 8 日。

感性。因此,可以将斯里兰卡港口建设成为公共产品和投放公共产品的平台,并纳入印度洋海上经济与非传统安全治理框架。

科伦坡和汉班托特港本身就可视为中国为印度洋提供的公共产品,中国以及其他国家的大型船舶可以利用这个港口平台在贸易中转、过往船只的泊驻和休整、后勤补给等方面享有更便捷、更优质的服务。随着中国的资金、技术和管理等优势资源的注入,大幅提高了斯里兰卡港口吞吐量和综合服务能力。例如,在中国的帮助下,科伦坡港(CICT)从开港至今吞吐量不断扩大,2014 年 5 月,正式生产运营的第一年吞吐量就达到了 68 万标准箱。2015 年,CICT 吞吐量达 156 万标准箱,增幅达 127.5%,推动科伦坡港全港吞吐量创 500 万标准箱历史新高。2016 年,CICT 吞吐量达 200 万标准箱,同比增长 28%,成为整个南亚区域港口行业的新亮点。而科伦坡港目前是南亚地区迄今为止唯一可以停靠作业 18000 标准箱的超大型集装箱船舶的港口,2016 年,有 70% 的箱量都是来自超大型船舶的贡献。[①]

此外,这些港口还可以作为投放其他公共产品的平台,用于应对日益严重的非传统安全挑战。中国海军护航舰队已经常态化地在亚丁湾等附近海域巡逻,执行打击海盗和跨国犯罪、人道主义援助与灾害救助等任务,执行任务期间多次停靠斯里兰卡港口补充燃料和物资,提高远海航行能力。自 2008 年中国海军在亚丁湾海域开展常态化护航行动以来,已经派出 25 批次护航编队和若干远程访问编队穿梭在红海、亚丁湾、阿拉伯海、印度洋、孟加拉湾、南海等海域履行国际义务。"海军舰队持续部署到亚丁湾打击海盗体现了中国转变为海洋共同体贡献者的意愿和努力"。[②] 在印度洋的"十字路口"斯里兰卡布局港口能够有效提高中国在印度洋地区提供"公共产品"的能力。科伦坡港已经多次承担中国海军的泊驻任务,起到良好效果。2014 年 9 月,039 型"宋级"潜艇为了加入正在亚丁湾、索马里海域附近执行反海盗任务的中国海军护航编队,临时停靠斯里兰卡科伦坡港进行补给修整。2016 年 1 月,由导弹护卫舰柳州舰、三亚舰和综合补给舰青海湖舰组成的中国海军第 21 批护航编队访问斯里兰卡,并在科伦坡外港与斯海军进行了编队运动、海上补给、联合搜救演练。访问期间,双方就打击海盗及海上安全合作等事宜进行交流。2017 年 5 月,中国海军远航访问编队抵达斯里兰卡参与洪水泥石流重大自然灾害救援行动,在科伦坡港码头上举行救灾装

---

① "招商局科伦坡码头(CICT)2016 年吞吐量突破 200 万标准箱",中国招商局港口控股有限公司,2017 年 1 月 3 日,http://www.cmport.com.hk/news/Detail.aspx? id=10007153,最后访问时间:2018 年 3 月 8 日。

② Qiang Xin, "Cooperation Opportunity or ConfrontationCatalyst? The implication of China's navaldevelopment for China‐US relations", *Journal of Contemporary China*, July, 2012, p. 621.

备物资捐赠仪式。同时,编队 16 名医护人员组成的医疗救护分队,前往斯受灾民众安置点开展人员巡诊、伤员救护和卫生防疫等医疗服务。2017 年 8 月,执行"和谐使命-2017"任务的中国海军和平方舟医院船停靠斯里兰卡科伦坡,访问期间,中斯两国海军开展了国际人道主义医疗救援联合演练,并为人们提供体检、诊疗服务,随后前往亚丁湾为我国护航编队官兵进行医疗巡诊。①

二、展现中国提供"海洋公共产品"的能力

首先,在印度洋建设大型港口设施需要强大的金融和开发能力(人力、技术、装备、设计等)支持,中国是具备这种综合能力的少数国家之一。从"公共产品"供应的角度看,"一带一路"沿线地区极可能形成新的区域性或区域间"公共产品"供应格局,即中国在此类"公共产品"供应上所处的优势日益明显。② 与其他国家相比,中国具有参与国际集体行动的制度优势,可以为大型区域间"公共产品"的提供做出更多的贡献 。③ 科伦坡港口城项目(CPCP)就是最好的例证之一。2014 年 9 月 16 日,习近平总书记访问斯里兰卡时促成该项目的正式启动,在中斯两国元首的共同见证下,斯里兰卡港口公路部与中国交建签署了《科伦坡港口城特许经营协议》,与中国国家开发银行签署了《科伦坡港口城贷款条件协议》。该项目采取公私合营(PPP)灵活、创新的投融资模式。具体来说,斯里兰卡政府负责各种环境、规划和施工许可证,中国交建负责投融资、规划、施工和运营,70%的资金来自中国国家开发银行的商业贷款。中国交建集团在斯里兰卡的港口城建设工程项目,由中国交建下属的中国港湾科伦坡港口城有限责任公司(China Harbor Engineering Company,CHEC)实施具体开发运营。CPCP 项目是"一带一路"倡议和中国企业"走出去"具有代表性的项目,将带动中国资金、技术和管理方式等"中国标准"走向世界,扩大全球性影响。④该项目投资额度大、技术水平高,展示出中国在印度洋地区提供"公共产品"的综合实力。

其次,将斯里兰卡港口打造为具有包容性的"公共产品",并发挥其外溢功能,是对中国提供"海洋公共产品"能力的锻炼。"海洋公共产品"最大的特点是具有"非排他性",正是如此,就会出现"搭便车"现象,也会导致集体行动的困境。

---

① http://www.mod.gov.cn/diplomacy/node_46941_3.htm,中国国防部网站,最后访问时间:2018 年 3 月 9 日。

② 张春:《国际"公共产品"的供应竞争及其出路》,《当代亚太》2014 年第 6 期,第 60 页。

③ 黄河:《"公共产品"视角下的"一带一路"》,《世界经济与政治》2015 年第 6 期,第 148 页。

④ 苑基荣:《填海造地,中企打造科伦坡港口新城》,《人民日报》2017 年 2 月 3 日,http://paper.people.com.cn/rmrb/html/2017-02/03/nw.D110000renmrb_20170203_1-03.htm.

但是,对于中国这样一个崛起中的大国而言,"搭便车"的机会越来越少,而主动为其他国家提供"搭便车"的福利将是未来趋势。2015 年 11 月 7 日,习近平总书记在新加坡国立大学发表演讲时强调:中国愿意把自身发展同周边国家发展更紧密地结合起来,欢迎周边国家搭乘中国发展"快车""便车"。[①] 从这个角度讲,将斯里兰卡港口打造为分享型的"海洋公共产品"符合中国的意愿,而且这些港口处在国际黄金航道的重要位置,具备成为国际"海洋公共产品"的有利条件。例如,汉班托特位于斯里兰卡最南端,为中东、欧洲、非洲至东亚大陆的海运航线必经之地,也是欧亚之间重要的国际贸易和石油运输通道。全球 50% 以上的集装箱货运、1/3 散货海运及 2/3 石油运输都要经此取道印度洋。中国应当以汉班托特港为平台,加载更多的服务功能,将其打造为开放式航运服务提供者,满足印度洋的航运需求。同时,还应当对港口项目进行延伸开发,提高"公共产品"多样化功能,发挥其"外溢效应"。中资公司非常注重斯里兰卡港口配套设施建设,延伸开发了科伦坡港口城项目和汉班托塔港中斯工业园项目,完善了斯里兰卡港口城市的生活、物流等基础服务功能和附加值,有利于提升斯里兰卡国际航运中心的综合服务水平,也为当地经济社会的发展注入了新的资源和活力,促进了斯里兰卡经济的多元化、可持续发展。

斯里兰卡是中国在印度洋开展经济合作的重要一站,中国在此援建港口设施,携手斯里兰卡政府和企业共同开发港口经济,帮助斯里兰卡早日实现恢复印度洋航运中心的梦想,为中斯"全面战略伙伴关系"注入了新的元素。然而,随着"21 世纪海上丝绸之路"进程的不断推进,传统的中斯经济合作越来越被外界关注、怀疑。其中,印度、美国、日本倾向于从海上地缘安全的视角看待中国在该地区的港口布局,担心中国对斯里兰卡经济影响力最终转化为军事实力,将商业港口转化为海外军事基地,进而对"印太"海上生命线的航行自由构成挑战。当中斯传统的经济合作日益被"政治化"和"安全化",这必然对"21 世纪海上丝绸之路"框架下中斯港口项目的推进造成干扰和不确定性风险。因此,中国在加强同斯里兰卡的政治、经济合作的过程中,应当研判来自斯里兰卡内部与外部的双重风险,提前谋划系统性应对方案。

最后,有必要指出,相关国家以海上地缘安全竞争为思维和行动导向,实际上掩盖了中国为印度洋地区提供海上"公共产品"的努力与贡献。中国像其他国家一样,也需要维护稳定、自由的印度洋海上航运秩序,而不是为了加剧该地区

① 习近平:"欢迎周边国家搭乘中国发展快车、便车",新华网,2015 年 11 月 7 日,http://news.xinhuanet.com/world/2015 - 11/07/c_1117070255.htm,最后访问时间:2018 年 3 月 8 日。

的地缘安全竞争。中国在斯里兰卡布局港口,不是简单局限于寻求中斯两国发展政策的对接和短期利益。随着港口经济发展所带来的外溢(Spill-Over)功能,中国援建和运营的科伦坡港、汉班托塔港也将逐渐释放"公共产品"的"红利",未来"印太洋"地区相关国家在贸易与货物中转、后勤补给与休整、人道主义与灾害援助、打击海盗与走私等各方面都能从中受益。

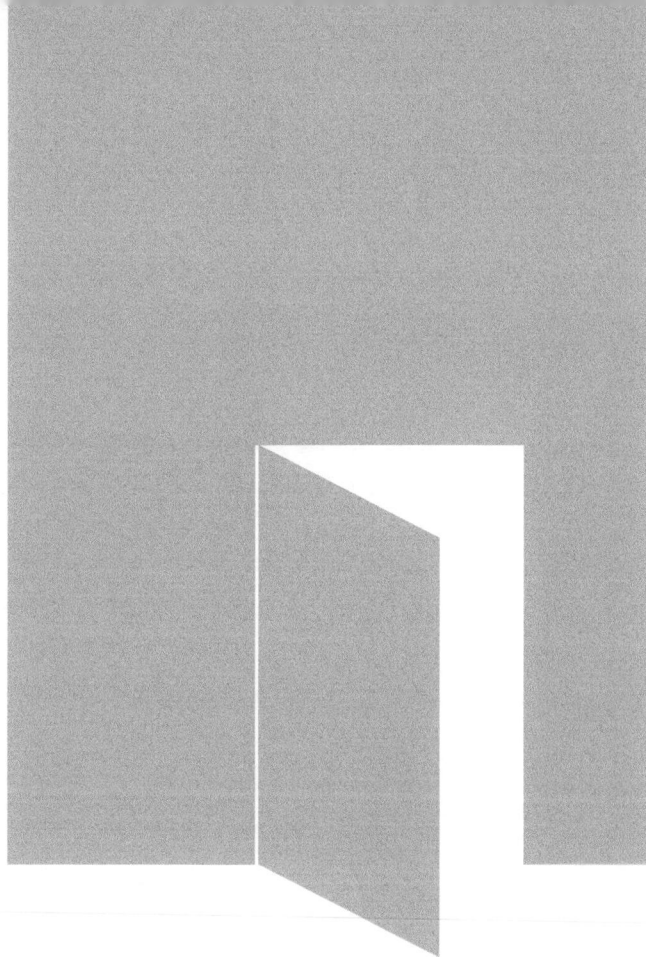

治理路径及新领域

第十四章 从地缘经济学视角看中国与中亚的能源合作

从全球、区域、国家层面来讲,中国与中亚试图并已经获得能源合作的地缘经济优势。但在此过程中,中国与中亚的能源合作近年来并没有实现突破,在此过程中受到多方面因素的影响。这对中国与中亚天然气贸易的量和价格都产生了影响,中国与中亚的能源合作会产生新的变化。例如,2017 年 11 月下旬至 12 月上旬,我国部分地区的天然气价格猛涨,华北地区也存在这一问题。根据国家统计局每月公布 3 次的"流通领域重要生产资料市场价格变动情况"显示:[①]我国液化天然气(简称"LNG")价格从 4 393.5 元/吨上涨至 7 409.8 元/吨,增幅高达 68.7%。继"煤改气"政策公布之后,我国天然气的供给问题又一次将化石能源推向了讨论的前沿。基础设施互联互通是"一带一路"建设的优先领域。[②] 在这一领域,加强能源基础设施的互联互通合作是不可或缺的重要内容。同时,中亚地区在"一带一路"建设中起到了重要的战略及联通作用:一是"一带一路"倡议中提到要强化多边合作机制的作用,其中就包括中亚区域经济合作(CAREC);二是建设中国—中亚—西亚经济走廊,对于我国西北开发和未来能源来源都具有重要意义。因此,本章将从地缘经济学的视角,分析中国与中亚能源合作的现状及其面临的挑战。

第一节 中国与中亚的能源合作

围绕着能源合作,学者们已经衍生出一些相关的概念,例如,能源外交、能源

---

① 国家统计局:"流通领域重要生产资料市场价格变动情况(2017 年 12 月 11—20 日)",2017 年 12 月 25 日,http://www.stats.gov.cn/tjsj/zxfb/201712/t20171225_1566394.html,最后访问时间:2017 年 12 月 6 日。

② 新华社:"推动共建丝绸之路经济带和 21 世纪海上丝绸之路的愿景与行动",2015 年 3 月 28 日,http://news.xinhuanet.com/world/2015 - 03/28/c_1114793986_2.htm,最后访问时间:2018 年 1 月 3 日。

博弈等。虽然名称不同,但是,涉及的行为体、以能源为核心内容等要素都是相似的。"能源合作"是指不同主权的国家、国际能源组织、跨国能源公司、自然人与法人为了共同的能源利益,在能源的生产、加工、分配、交换领域中进行的长期的能源协作活动(本章的"能源"仅指石油和天然气)。[①] 随着《巴黎气候变化协定》的签订,缔约国家对于能源的要求也发生了变化,全球对于天然气等清洁能源的需求量激增。这也决定了能源消费国和能源生产国必然产生更多新的联系,国际能源合作的内容将更加丰富。那么,在"一带一路"沿线,中国作为能源消费大国,中亚作为能源生产国,多边合作则需要进一步加强。

在本章中,"中亚"指狭义上的中亚五国,即哈萨克斯坦、乌兹别克斯坦、土库曼斯坦、吉尔吉斯斯坦、塔吉克斯坦。中亚五国均于 1991 年脱离苏联而建国,又相继于 1992 年 1 月与中国建交,开始贸易与合作更是之后才开始。所以,迄今为止,中国与中亚双边政治关系维持了 25 年。由于时间并不长,中国与中亚的能源合作虽然取得了一定的成绩,但在未来仍有很大的合作空间。

中国与中亚都非常重视双方的能源合作,最重要的标志之一就是将能源合作写入国家高层次战略规划中。

为了能够保障国家的能源安全和我国经济发展的根本动力,中国在"一带一路"战略构想和"十三五"规划中都将能源开发与合作纳入其中。2013 年 9 月和 10 月,习近平总书记提出建立"一带一路"的倡议。2015 年 3 月,习近平总书记在博鳌亚洲论坛宣布:"一带一路"建设愿景与行动计划已制定。具体来说,除了上文提到的多边机制和经济走廊,"一带一路"倡议在贸易畅通中也有阐述:加大油气等传统能源资源勘探开发合作,积极推动清洁、可再生能源合作。加强能源资源深加工技术、装备与工程服务合作。[②] 还要促进"一带一路"沿线国家加强在新能源等新兴产业领域的深入合作,推动建立创业投资合作机制。[③]另外,"十三五"规划还用一章专门阐述"建设现代能源体系":深入推进能源革命,着力推动能源生产利用方式变革,优化能源供给结构,提高能源利用效率,建设清洁低碳、安全高效的现代能源体系,维护国家能源安全。[④]

能源等原材料出口曾是五个中亚国家经济发展的支柱。五国独立之后相继

---

① 中国法学会能源法研究会:《中国能源法研究报告》,立信会计出版社 2014 年版,第 471 页。

②③ 新华社:"推动共建丝绸之路经济带和 21 世纪海上丝绸之路的愿景与行动",2015 年 3 月 28 日,http://news.xinhuanet.com/world/2015 - 03/28/c_1114793986_2.htm,最后访问时间:2018 年 1 月 3 日。

④ 新华社:"中华人民共和国国民经济和社会发展第十三个五年规划纲要",2016 年 3 月 17 日,http://news.xinhuanet.com/politics/2016lh/2016 - 03/17/c_1118366322_8.htm,最后访问时间:2018 年 1 月 3 日。

制定了本国的经济或工业发展战略。在这些战略文件指导下,中亚各国又为其能源工业制定了相应的发展规划。[①] 例如,2012 年 12 月—2016 年 1 月,哈萨克斯坦推出了《2050 年战略》《五项基本改革》《国家计划》等战略文件。其中不断提到,为了向知识经济过渡,应当平衡和调整在管理能源资源、发展可再生能源、保障能源效率和发展工业等方面的战略。[②] 2006 年以后,土库曼斯坦指导油气发展的战略文件是《2030 年前油气工业发展战略》,主要包括:加大油气勘探开发力度、提高油气产量、增强油气加工能力、积极吸引外资。[③] 尽管中亚国家的能源政策都是导向可再生能源,但是,传统能源的支柱地位以及技术、管理升级的需求仍更为重要与紧迫。

中国和中亚之间能不断强化能源合作及能源外交,并取得初步成效,主要是由以下主观与客观原因共同作用的。

第一,中亚拥有推进能源合作的原料基础,在中国能源进口量中占比大。在中亚地区中,哈萨克斯坦、土库曼斯坦和乌兹别克斯坦油气储量丰富,而塔吉克斯坦和吉尔吉斯斯坦储量较少,开采难度较大,所以,本章主要针对前述三个国家进行论述。

从 2017 年 6 月发布的《BP 世界能源统计年鉴》来看,在石油方面,2016 年世界石油产量为 43.824 亿吨,哈萨克斯坦、土库曼斯坦、乌兹别克斯坦约占世界总产量的 2.2%。然而,从更长远的战略角度来考量,中亚地区的发展前景在于天然气而非石油。在天然气方面,世界全部探明储量、储产比、[④]产量、出口量分别为 186.6 万亿立方米、52.5 年、35 516 亿立方米、737.5 亿立方米;哈萨克斯坦已探明储量、储产比、产量、出口量分别为 1 万亿立方米、50.3 年、199 亿立方米、166 亿立方米;土库曼斯坦已探明储量、储产比、产量、出口量分别为 17.5 万亿立方米、261.9 年、668 亿立方米、373 亿立方米;乌兹别克斯坦已探明储量、储产比、产量、出口量分别为 1.1 万亿立方米、17.5 年、628 亿立方米、114 亿立方米。

从摘录出的四项指标来看,土库曼斯坦是该地区甚至全球的天然气重要国家。另外,将哈萨克斯坦和乌兹别克斯坦的数据进行对比可以发现,两国天然气储量相似,但产量方面,乌兹别克斯坦是哈萨克斯坦的三倍有余。然而,哈萨克

---

① 张宁:《中亚能源与大国博弈》,长春出版社 2009 年版,第 146 页。

② 中国社科院俄罗斯东欧中亚研究所、中国石油哈萨克斯坦公司、哈萨克斯坦首任总统图书馆、哈萨克斯坦共和国驻华大使馆:《纳扎尔巴耶夫文集——哈萨克斯坦人民领袖的思想和智慧》,人民出版社 2017 年版,第 41 页。

③ 中国国土资源部:"土库曼斯坦能源简介",2010 年 7 月 16 日,http://www.mlr.gov.cn/zljc/201007/t20100716_154954.htm,最后访问时间:2018 年 1 月 3 日。

④ 储产比代表着产量继续保持在该年度的水平,这些剩余储量可供开采的年限。

斯坦的出口量则更大。这能够在一定程度上说明,中亚地区能源的产量、出口量不仅受到储量的限制,更重要的是国家的天然气、能源政策和开发的技术、资金等影响更为深刻。针对于此,2017 年 11 月 27 日,哈萨克斯坦能源部部长波祖姆巴耶夫表示:2017—2025 年哈在能源领域的投资有望超过 17.5 万亿坚戈(约合 522 亿美元),其中,约有 97% 的资金来自私人投资;在行业分布方面,油气业计划吸引私人投资 14.524 万亿坚戈(约合 433 亿美元),①约占全部计划私人投资的 83%。未来,如果有了这些资金的保障,哈萨克斯坦的能源开采、技术都会更有保障。加之哈萨克斯坦的能源政策,哈能源的出口贸易还会取得长足发展。

从 BP 能源报告里还可以看出,2016 年,哈萨克斯坦、土库曼斯坦和吉尔吉斯斯坦出口中国的天然气总量分别为 4 亿立方米、294 亿立方米和 43 亿立方米。根据国家统计局数据显示:2016 年全年我国天然气进口量约为 746 亿立方米,增长 22%。如此看来,中亚天然气占我国全部进口量的一半。由此看来,中亚与中国在能源方面的合作与关系早已逾越了论证必要性的阶段,更需要论证的是如何进一步维持和推进双方的能源合作。

第二,中国与中亚国家能源合作的领域可以更加广泛。时至今日,中亚国家和中国所进行的能源合作已经远远超过油气的输送,具有更大合作空间的还有能源技术、能源设备、能源投资等领域。例如,中国与土库曼斯坦的合作项目——中石化胜利油田的修井合作、中土天然气管线合作等均为油气设备领域的合作;中国与乌兹别克斯坦合作的重要内容是中国向乌兹别克斯坦提供优惠贷款项目,乌方将其中的一部分资金用于能源的开发;中国与吉尔吉斯斯坦的合作表现为中国通过国际招标的方式参与吉方的油气勘探开发合作;中国与塔吉克斯坦的合作表现为非传统能源领域的合作;中国与哈萨克斯坦的合作范围更广泛一些,以中石油、中石化、中信集团为代表的中资企业直接参与与哈方的油气开发、管道建设、油气加工等领域的合作。

第三,中国与中亚国家能源合作将对中亚国家国内经济的发展带来启发作用。2017 年 1 月 30 日,哈萨克斯坦总统纳扎尔巴耶夫发表全国电视讲话,总结了哈萨克斯坦两轮改革的成果:建立了全新的国家;实现"2030 年战略";进入世界最发达的 50 个国家行列,并宣布国家将迎来第三轮改革。② 世界经济论坛(World Economic Forum)每年发布的全球竞争力报告,从基础条件、效能提升

---

① 中华人民共和国驻哈萨克斯坦共和国大使馆经济商务参赞处:"2017—2025 年哈在能源领域的投资预计超过 520 亿美元",2017 年 12 月 5 日,http://kz. mofcom. gov. cn/article/jmxw/201712/20171202680882. shtml,最后访问时间:2018 年 1 月 3 日。

② 岳文良:"纳扎尔巴耶夫宣布哈萨克斯坦将迎来第三轮改革",2017 年 1 月 31 日,http://news. cri. cn/20170131/c449527f - 6b0c - 40c9 - 5a7b - 4ec3d1aebdc5. html,最后访问时间:2018 年 1 月 3 日。

和创新成熟度 3 个层面的 12 项指标衡量全球 137 个经济体的竞争力。2013年,哈萨克斯坦第一次进入了全球最具竞争力国家前 50 名。中亚五国建国不久就经历了 20 世纪 90 年代的经济危机,2000 年后逐渐保持经济平稳发展。2017年 5 月,世界银行预测:2018 年,中亚国家中以乌兹别克斯坦和土库曼斯坦的GDP 增速最快,分别为 7.7% 和 6.5%,塔吉克斯坦的 GDP 增速为 5.9%,吉尔吉斯斯坦经济增速将达到 4%,哈萨克斯坦经济增速将达到 2.6%。[①] 这表明中亚五国总体的经济发展已经处于高速发展的重要时期,与之相对应的是稳定国内政治局势、国内经济结构调整、完善市场经济体制等一系列宏观调控措施。

第二节　中国与中亚国家能源合作的地缘经济学阐释及发展方向

一、从地缘经济学视角的阐释

地缘经济学是当代国际政治学界关注的较新的研究课题。有学者认为:"地缘经济学是人文地理学的重要组成部分,是'以区域为框架和以地理环境为内涵'的,被看作是经济学与地理学的交叉学科。"[②]还有学者认为,地缘经济学从经济/生态政治学而来,经济/生态政治学依托国际政治经济学(IPE)而产生。所以,美国学者亨利·诺(Henry Nau)和爱德华·卢特沃克(Edward Luttwak)一般被认为是地缘经济学的代表人物。卢特沃克第一次提出地缘经济学的理论是在海湾战争之前的一次美国国会听证会上,这次听证会由美国新闻媒体向全世界转播,可见地缘经济学在西方的影响已经有一段时间了。[③]尽管地缘经济学没有定义,但是,倪世雄对地缘经济学的内容和特点进行了提炼和总结,[④]他认为,地缘经济学从微观地理概念出发,关注与研究在国际竞争中保护国家利益的竞争行为,研究重点是国家间的经济竞争和较量,研究对象是发达的主权国家,研究核心点是权力。可以说,地缘经济学理论的开端是传统现代主义理论及地缘政治理论在经济方面的延伸和发展。关于地缘经济学,在国际上已形成美

---

①　中华人民共和国驻吉尔吉斯共和国大使馆经济商务参赞处:"世界银行预测 2018 年中亚国家GDP 增速将超美欧俄",2017 年 6 月 9 日,http://kg. mofcom. gov. cn/article/ddgk/201706/20170602589489.Shtml,最后访问时间:2018 年 1 月 3 日。

②　丁利荣、陈明婧:《论地缘经济学的生成及其学术流派》,《求索》2009 年第 4 期,第 5 页。

③　倪世雄:《当代西方国际关系理论》,复旦大学出版社 2001 年版,第 400 页。

④　同上,第 401—404 页。

国学派、俄罗斯学派和意大利学派三个主要学派。[①] 但各个学派的学术思想区别不大,差异主要存在于学者所属国家不同,经济发展程度不同,故所属视角和应用的实际境况也不同。纵观全球化的发展历史,地理空间的拓展、经济交往的途径以及经济合作的内容都与国家的地理环境密不可分。[②] 每一次人类社会的工业革命都伴随着交通工具的改革,这是为了克服人类在地理空间中移动时间的不足,不仅是为了降低运输成本,也是为了增强国家对于遥远地区的交往与控制。

提及油气资源的不可再生性和分布不均衡等特点,油气资源丰富的地区一直是地缘政治、地缘经济讨论的重要区域。而世界各大国早已在中亚这个政治权力真空地区展开了争夺。[③] 随着经济全球化进程的推动,中亚作为油气资源丰富的地区之一,中国与中亚在微观地理位置上邻近,那么,中国与中亚在能源方面的来往是在地缘经济背景下的合作与发展。苏珊·斯特兰奇在《国家与市场》中提到:"主要适应于为本国市场服务的生产结构,逐渐地、不平衡地而又显然不可抗拒地由主要适应于为世界市场服务的生产结构所取代。"将此观点运用到中国与中亚的能源合作中:中亚国家目前试图强化能源加工能力而非单纯进行能源出口的转型,是为了适应世界市场中能源需求量增大的生产结构;中国目前试图通过参与中亚能源开发与投资而非单纯进行能源进口的转型,是为了适应世界市场中能源开发资本匮乏的生产结构。从宏观角度来讲,中国和中亚国家势必处于全球能源市场体系之中,这就意味着他们将结合各自的发展阶段和发展特点,在整个全球能源市场中找到适应自身发展的适合位置;从中观角度来讲,中国和中亚国家在能源合作的过程中,已经具备了能源要素、技术要素、资金要素等能源合作的必备要素,这就意味着中国与中亚国家的能源合作已经能够独自形成一个产业闭环;从微观角度来讲,中国与中亚五国均处于经济高速发展的时期,中国改革开放 40 年、中亚五国独立近 30 年;从国家 GDP 发展速度来看,六个国家都处于产业结构转型与调整的关键时期——中国第三产业的比重不断上升,中亚五国需要降低第一产业的比重,发展第二产业,为第三产业的长足发展奠定基础。

从地缘经济学角度来看中国与中亚的能源合作,也可以从全球层面、区域层面、国家层面来进行分析。

---

① 李敦瑞、李新:《地缘经济学研究综述》,《国外社会科学》2009 年第 1 期,第 42 页。
② 于海洋:《地缘经济分析框架的批判与重塑》,《学术交流》2014 年第 8 期,第 115 页。
③ [法]菲利普·赛比耶-洛佩兹:《石油地缘政治》,潘革平译,社会科学文献出版社 2008 年版,第 162 页。

　　首先,中国与中亚的能源合作是全球化进程中的一部分。中亚位于中国"一带一路"中陆上丝绸之路的中间连接部位,东面是与亚太经济圈联系紧密的中日韩等国,西面是与大西洋沿岸联系紧密的东欧、欧盟。如果陆上丝绸之路能够重新打通,并运用现代交通设施连接起来的话,由点及线,线交成面的"走廊经济"将搭建起来。位于走廊经济沿途的国家及地区,都可以将人力、产品、资本进行输送,从而实现物理输送到经济互补的转化。目前,这条走廊由中国发起倡议,中国仍旧面临着一些质疑。但是,一旦沿线国家体会到了"走廊"给本国带来的直接经济利益,那么,这些国家也会参与到"走廊"的建设过程中来。在这个过程中,位于"走廊"过渡位置的中亚国家就有机会发挥其地缘经济优势。一方面,中国希望通过与中亚的能源合作进一步打通陆上丝绸之路;另一方面,中亚国家在与中国的能源合作中体会到了"一带一路"所带来的益处,例如,中国在其经济发展过程中提供的优惠贷款项目,中亚国家的产品通过陆上丝绸之路东可抵达太平洋,西可送至欧盟,这将为中亚国家的经济飞跃提供巨大的便利。

　　其次,中国与中亚的能源合作是区域一体化进程中的一部分。在欧洲历史上,以国家为主体的多边国际合作组织及机制众多。欧洲的统一的观念没有消失,但统一的方式却越来越多。[①] 正如日常使用即时通信工具将具有共同属性的人归纳在一个群组里一样,国家之间也需要在区域内将具有共同利益的国家或地区凝结在一个区域组织内。每个区域组织和机制都拥有自己独特的属性,不仅以此区别于他人,同样也是为自己的组织机制树立鲜明的主题与界线。

　　在中国与中亚的能源合作中,也有类似的情况发生。除中国之外,俄罗斯是该地区不可忽略的大国,尤其是作为一个能源大国,且与中亚五国曾具有一样的历史背景,从这些层面上来讲,中亚五国与俄罗斯的关系较中国更为紧密。独立国家联合体(Commonwealth of Independent States,以下简称"独联体")是由苏联大多数共和国组成的进行多边合作的独立国家联合体。成立时,中亚五国皆为正式成员国,但土库曼斯坦于 2005 年宣布退出独联体;又例如,欧亚经济共同体(Eurasian Economic Community),中亚五国中的哈萨克斯坦、吉尔吉斯斯坦于塔吉克斯坦、乌兹别克斯坦于 2005 年申请加入,但 2008 年又退出;上海合作组织(Shanghai Cooperation Organization),中亚五国中包括了哈萨克斯坦、吉尔吉斯斯坦、塔吉克斯坦、乌兹别克斯坦;中西亚经济合作组织是中亚五国都参与的区域组织,等等。

　　在这些中亚国家参与的区域组织中,大多数都有中国的参与。从地缘经济

---

① ［法］法布里斯·拉哈:《欧洲一体化史》,彭姝祎等译,中国社会科学出版社 2005 年版,第 60 页。

学角度来讲,一方面,因为中亚五国与中国邻近,区域组织更容易集合在一起;另一方面,中亚五国与中国的能源合作与经济上的互补是有益的,中国与中亚五国在很多情况下都具有相同或类似的属性,这才使得区域内国家间有机会在组织内部进行更深层次的交往,例如,关税、科技、信息等方面的合作。

再次,中国与中亚的能源合作是国家经济发展的一部分。一是中亚五国的经济发展速度和国内经济产业结构都发生了提升和优化。五国 GDP 发展速度即为具体体现。二是中国与中亚五国的战略地位相继提升,这是对以往邦交成果的肯定,也是对双边合作未来发展具有信心的表现。2014 年 5 月,中国与土库曼斯坦发展和深化战略伙伴关系;2016 年 11 月,中国与吉尔吉斯斯坦共同发布《政府联合公报》;2017 年 5 月,中国与乌兹别克斯坦进一步深化全面战略伙伴关系;2017 年 6 月,中国与哈萨克斯坦在继《全面战略伙伴关系新阶段宣言》的基础上,为加强政治互信和互利合作,再次颁布了《两国联合声明》;2017 年 9 月,中国与塔吉克斯坦建立全面战略伙伴关系。在这些重要文件中,都会提到中方与对方国家在战略或经济政策方面的结合与对接,也会提到深入开展共建"一带一路"合作。例如,"中国梦"同土库曼斯坦建设"强盛幸福时代"发展战略的对接;双方(中国与吉尔吉斯共和国)本着共商、共建、共享原则合作建设丝绸之路经济带;双方(中国与乌兹别克斯坦共和国)在共建"一带一路"框架内扩大贸易、投资、经济技术和交通、通信、农业、园区等优先领域合作;中方倡议的"一带一路"建设和哈萨克斯坦"光明之路"新经济政策相辅相成,将促进两国全面合作深入发展;双方(中国与塔吉克斯坦共和国)商定开展"一带一路"建设同塔吉克斯坦"2030 年前国家发展战略"对接合作,实现优势互补和共同发展繁荣。

二、发展方向

论证中国与中亚能源合作的发展并不是简单的过程,在分析的过程中需要考虑的因素众多——中亚五国的国内政体、国内政治现状;"三股势力"、[①]毒品犯罪、网络犯罪等跨国有组织犯罪;中亚五国与俄罗斯的能源关系;中亚能源国家与里海周边国家的联系,等等。这些国际与国内因素中有的会产生稳定持续的影响,有的影响则会产生难以预料的变化。具体而言,国内政治情况、与俄罗斯的关系是相对稳定,不易改变的因素,因为这些是由长久以来的历史情况所决

---

① 三股势力:2001 年 6 月 15 日,中华人民共和国、哈萨克斯坦共和国、吉尔吉斯共和国、俄罗斯联邦、塔吉克斯坦共和国和乌兹别克斯坦共和国六个国家共同签订《打击恐怖主义、分裂主义、极端主义上海公约》,该《公约》对恐怖主义、分裂主义和极端主义进行了定义。三股势力指恐怖主义势力、分裂主义势力、极端主义势力。

定的;跨国有组织犯罪、里海能源国家关系、世界能源关系等因素会随着主权国家与地区、跨国公司、民族宗教等因素产生变化。但这些稳定的因素近来也面临着一些可能的变化。中亚五国都实行总统制,宪法赋予总统的权力很大,在实际生活中,总统也扮演着举足轻重的角色,政府、议会的作用相应受到了限制。例如,纳扎尔巴耶夫于 1991 年 12 月当选为哈萨克斯坦独立后首任总统,2015 年是他第 5 次当选总统;尼亚佐夫于 1990 年经选举当选为土库曼斯坦总统,多次当选总统后,1999 年《宪法》修改后规定:尼亚佐夫是无任期限制的总统。尽管中亚国家《宪法》均规定国家实行三权分立原则,但这样的国内政治局面难免面临诸多问题:首先,议会与司法权力的搁置;其次,政府已听命于总统;最后,这样的国内政局在政权交替时可能面临不稳定性。

近十多年来,中国与中亚国家签订了关于能源供应的合作协议,本章将对此进行简要地梳理。

(1)土库曼斯坦主要能源资源为天然气。从 2007 年开始,中土就天然气购销达成协议,签署的合同中承诺向中国供气 400 亿方/年。2009 年 12 月 14 日,土库曼斯坦正式向中国供应天然气。2011 年签署《中华人民共和国和土库曼斯坦关于土库曼斯坦向中华人民共和国增供天然气的协定》。2013 年 9 月 3 日,中国石油天然气集团公司与土库曼斯坦天然气康采恩签署年增供 250 亿立方米的天然气购销等协议。在已有供气基础上,土库曼斯坦还将继续增加向中国的供气量,预计到 2020 年左右,土库曼斯坦每年向中国出口天然气总量可达到650 亿立方米以上。

(2)哈萨克斯坦石油天然气资源丰富。此前,哈萨克斯坦与中国签订协议,承诺每年将向中国出口 50 亿立方米天然气。2017 年 10 月,哈萨克斯坦开始向中国出口天然气。2018 年 1 月 15 日,哈萨克斯坦国家天然气运输公司与中国石油天然气集团公司达成协议,向中国出口的天然气规模未来将增至每年 100亿立方米。[1]

(3)2010 年 6 月 10 日,中国石油天然气集团公司与乌兹别克斯坦国家石油公司在塔什干签署了《关于天然气购销的框架协议》。之后,两国政府还签署了《中乌天然气领域扩大合作的谅解备忘录》。乌兹别克斯坦于 2012 年 8 月开始向中国输送天然气。2014 年 8 月 19 日,签署《中国—乌兹别克斯坦天然气管道 D 线企业间协议》和《穆巴列克天然气化工厂合作备忘录》。中国—中亚天然气

---

① 俄罗斯卫星通讯社:"哈萨克斯坦向中国出口天然气规模将增至每年 100 亿立方米",2018 年 1 月 16 日,http://sptnkne. ws/g3EJ,最后访问时间:2018 年 2 月 10 日。

管道 D 线投产后,中国从中亚进口天然气输气规模将达到 850 亿立方米/年。中国中亚天然气管道 A、B 线设计输气能力年 300 亿立方米,C 线设计输气能力年 250 亿立方米。

从实际情况来看,2017 年 1—11 月份,中国原油产量 1.8 亿吨,同比下降 4.1%;进口原油 3.9 亿吨,同比增长 12%;中国从中亚国家进口的量不足 1%。2017 年 1—11 月份,中国天然气产量 1 338.1 亿立方米,同比增长 9.1%;进口天然气 6 070 万吨,[①]同比增长 26.5%,[②]约合 837.7 亿立方米。中国从中亚实际进口天然气的量如表 14-1 所示。

表 14-1　近年来中国从中亚通过管道进口的天然气量　单位:亿立方米

国家 年份	哈萨克斯坦	乌兹别克斯坦	土库曼斯坦
2016 年	4	43	294
2015 年	4	15	277
2014 年	4	24	255
2013 年	0	—	213
2012 年	0	—	143
2011 年	0	0	35.5

资料来源:BP 世界能源统计年鉴(2012—2017)。

从表 14-1 可以看出,从 2014 年起,哈萨克斯坦才开始通过管道向中国输送少量天然气。从 2017 年 6 月发布的 2016 年数据来看,三年内的输送量没有出现增长,但从 2017 年 10 月开始数据有所不同。在相应的协议中我们可以看出,从 4 亿立方米在短时间内陡增达到 100 亿立方米的水平,这给双边国家带来的压力必然远远大于给天然气管道带来的压力。

乌兹别克斯坦开始向中国输送天然气的年份略早于哈萨克斯坦,输送量也远大于哈萨克斯坦。但在有数据的三年中间,依然出现了回落和反复。2014 年,中乌双方签订了关于天然气输送的协议,但 2015 年的输送量开始减少,这是因为中国国内市场对于天然气的需求增速放缓。2016 年,中国开始煤改气政策的推行之后,来自乌兹别克斯坦的天然气输送量大幅增加,这一势头可能仍会继续保持。

---

① 天然气单位换算关系:1 吨约等于 1 380 立方米。
② 国家统计局:"11 月份能源生产情况",2017 年 12 月 14 日,www. stats. gov. cn/tjsj/zxfb/201712/t20171214_1563114. html,最后访问时间:2018 年 2 月 10 日。

中土之间的天然气输送量自2012年后稳步提升,也是中亚国家中输送量最大的一个国家。造成这一现状的原因是多方面的:首先,土库曼斯坦的天然气储量巨大;其次,土库曼斯坦于2005年宣布退出独联体,较中亚其他四个国家更少地受到俄罗斯的影响,可以更加自由的与中国签订协议。再次,土库曼斯坦领导人别尔德穆哈梅多夫总统继续在中立国和封闭的道路上越走越远,但是他愿意在经济上有所改革和突破。国家的外交政策和经济贸易政策对于中土两国天然气协议有一定的积极作用。

三个中亚国家向中国输送天然气的状况开始改善,但是整体的量与协议中规定的量仍旧有很大的差距。按照现在的发展速度是不可能在2020年左右实现协议中所规定的内容。但是中亚与中国天然气联系的趋势必然是日益紧密的。

一方面,根据中石油与俄气公司签订的长达30年的合同,从2018年起,俄罗斯通过中俄天然气管道东线每年向中国提供380亿立方米天然气,合同金额可高达4 000亿美元。俄罗斯对中亚国家尤其是独联体国家的行动具有引导性,所以,俄罗斯对中国出口天然气的行为会刺激和促进中亚国家对中国管道天然气的出口;俄罗斯的加入是卖方市场的变化,俄罗斯提供的管道天然气的价格会对中亚国家管道天然气的价格产生影响,至于价格变化的趋势还要受到具体协议价格和市场供需关系的影响而变化。

另一方面,中国市场及世界市场对于天然气的需求量正在不断上升。随着《巴黎协定》的签订与通过,世界各国对于煤炭的使用都在减少,取而代之的将主要是天然气。以中国为例,2016年开始"煤改气""煤改电"政策的推行,使得中国天然气的需求量剧增。中亚国家目前管道天然气的提供量已经不能够满足中国庞大的国内需求,这也就造成了本章最初提到的中国在2017年12月份液化天然气价格上升较快的现象。

中国的天然气需求量已经开始大幅度提升,供需关系已经产生了新的变化,这也就意味着中亚的战略格局和能源外交关系将产生相应的变化。是否能够在协议规定年份内达到供应的标准,这是另一个值得探讨的问题。总之,无论价格如何,中国加大从中亚进口管道天然气的趋势是必然的。

第十五章　论集成电路在国家安全战略中的地位和作用

　　在数字时代和智能时代,集成电路是核心基石,传统领域的电脑、手机、家电、汽车、高铁、电网、医疗仪器、机器人、工业控制、数据库、超级计算机、电子商务等都离不开集成电路,未来的智能设备系统和智能机器人也都离不开集成电路。据国际货币基金组织测算,集成电路产业 1 元的产值可以带动相关电子信息产业 10 元的产值,带来 100 元的国内生产总值。[1] 近年来,我国集成电路的进口额大于 2 000 亿美元,超过石油的进口额,其影响涉及国家的国防力量建设、信息安全和经济健康的发展,引起了我国政府和产业界的高度重视。[2] 许多涉及国家重大项目的核心高科技芯片依赖进口,这些集成电路芯片常常遭到禁运或应用限制,有时候甚至需要国家首脑出面协商。因此,国家设立集成电路大基金,各级地方政府相继设立地方集成电路产业基金,以集成电路的发展作为国家的基本产业战略,以此促进集成电路产业发展。因此,研究集成电路与国家战略之间的关系是一件有意义的工作。

第一节　集成电路与相关领域的安全

一、集成电路与国防安全

　　以集成电路作为核心硬件基础的设备广泛应用在工业生产中。例如,工业生产的机器人和自动化机床的计算机系统就是基于集成电路构建的,利用它们可以生产高度一致化和精确的产品;超级计算机就是由数十万颗集成电路芯片组建的。近些年发展的高速铁路的车辆调度系统和高速列车本身的自动控制系

---

① 王鹏飞:"中国集成电路产业发展研究",武汉大学博士学位论文,2014,第 1 页。
② 魏少军:《2017 中国集成电路产业现状分析》,《集成电路应用》2017 年第 4 期,第 6—11 页。

统都是基于集成电路的信息化系统,如果类似集成电路受到禁运,这些系统的升级将会非常麻烦,潜在的影响是工业生产能力将会失去竞争力,天气预报预测准确度难以提高,高速铁路调度系统一旦瘫痪将不可再恢复,社会的发展将不可持续。正是由于集成电路作为当今社会运转和发展的硬件基础,它的发展和自主权对一个社会或国家至关重要,将在一定程度上影响国家经济的发展,甚至直接影响政治与军事战略。

决定当今军事力量的重要因素就是武器装备和国防系统的现代化水平。当今世界基本上所有的先进国防装备均匹配信息系统,可称为信息化设备。美国的集成电路发展与国防和战争的关系值得我们研究,他们所采取的发展措施值得我国借鉴。早期的美国"民兵式"洲际弹道导弹工程和"阿波罗"登月计划在20世纪60年代积极推动了美国的微电子(集成电路)工业的发展。[①] 随着相关工程的完成,美国微电子工业丧失了国防方面的动力,再加上美国受反《托拉斯法》和高资本增益税的影响,国内对集成电路行业的投资活动取消,欧洲、日本得到机会大力发展,最终世界的微电子公司多诞生于日本、欧洲等地区。而苏联倾向于发展电子管工业,在以半导体和微电子为基础的集成电路产业投入甚少,没有诞生集成电路行业的大公司。在20世纪80年代,美国与日本在集成电路的产业竞争时处于弱势地位,日本逐渐占据了更大的市场份额,如表15-1所示。[②]

表 15-1　20 世纪 80 年代美日的半导体产品的国际市场占有率　　单位：%

年份 国家	1981	1982	1983	1984	1985	1986	1987	1988	1989	1990	1991
美 国	51.4	49.0	48.4	45.4	41.5	39.0	36.5	35.9	38.6	38.4	41.5
日 本	35.5	35.3	38.3	39.7	41.7	45.9	48.2	51.0	50.6	46.3	46.4

资料来源:尹小平、崔岩:《日美半导体产业竞争中的国家干预——以战略性贸易政策为视角的分析》,《现代日本经济》2010 年第 1 期,第 8—12 页。

在 20 世纪 70 年代的美越战争中,美国开始大量使用精确制导武器,主要包括空空导弹、制导炮弹、制导地雷等。精确武器的使用可以大大提高装备的作战效能,加快战争进程。这些精确武器的核心部件是以集成电路作为基础的制导系统。美军在越战中看到了精确制导武器的作用,随后开始大力发展。美国国防部早在 1979 年财政年度就提出了"超高速集成电路"工程,这是美国国防工业微电子方向最重要的工程。这项工程的最终目标是在硅半导体超大规模集成电

---

① 宋德生:《美国超高速集成电路工程》,《桂林电子工业学院学报》1985 年第 2 期,第 71—72 页。
② 尹小平、崔岩:《日美半导体产业竞争中的国家干预——以战略性贸易政策为视角的分析》,《现代日本经济》2010 年第 1 期,第 8—12 页。

路的基础上,把微处理器的信号处理速度提高 100 倍,将集成电路上元件的线宽推进带亚微米的量级(集成电路制程工艺技术),再将他们应用在战术和战略武器的制导火控装置上、远程运载攻击平台、星际通信等装置或平台上,以保证美国在未来的电子战和"星球大战"中技术保持绝对优势。美国里根总统提出的1981—1985 年的国防预算高达 12 700 亿美元,其中,1 775 亿美元是用于投资国防电子工业和购买军用电子产品。①

美国 20 世纪 80 年代的相关工程使得美国掌握微电子集成电路的领先技术。1990 年,美国国防预算颁布的保持其国防战略优势的 22 项关键技术中,名列榜首的就是"集成电路及其制造工艺技术";1991 年的 20 项关键军事储备技术中,名列首位的也是"半导体材料和集成电路"。② 美国政府严格控制工程技术的泄露,国防工业催生的集成电路技术不能转化为有效的生产力,最终美国在海湾战争暴露出其集成电路产业领域的缺陷。

1991 年,美国领导多国发起的海湾战争是第二次世界大战以后规模最大、使用现代化武器最多的一场战争。海湾战争实质上是一场以电子技术为核心的高技术战争,由于集成电路和计算机系统已普遍应用于战争的每一个环节和先进的武器系统之中,从指挥平台、武器装载、制导弹药等无一例外地使用集成电路的电子系统,被称为"硅片"战胜钢铁的战争。例如,海湾战争中初露锋芒的E-3A 空中预警机,在当时是世界上最先进、最复杂的预警飞机,是指挥多国部队的空袭的指挥平台,装备 C3I 系统。③ 海湾战争后 C3I 系统逐渐发展成为功能更复杂、更完善的 C4ISR 系统。④ C4ISR 系统是以集成电路作为核心的硬件和专业软件相配合的系统,集指挥、控制、通信、计算、情报、监视和侦察等功能于一体的系统。利用这个系统大大提高了各功能机构的工作效率,缩短了行动反应时间,提高了在"发现即摧毁"的高技术战争中的胜率。E-3A 装备的探测、识别、数据链、数据显示、反干扰和导航等六大电子系统都需要采用高性能的 CPU芯片、高能效电源关机芯片、数字模拟转换芯片、数字处理芯片、无线通信 T/R芯片等,而这些集成电路就是 E-3A 的核心资产。参与战争的主要战斗机 F-15/16 等也装配了先进的火控雷达、数据链、反干扰等电子系统。其中,匹配的机载雷达,其性能相对于 20 世纪 60 年代的雷达提高了 6 000 倍,故障间隔时间增加了 230 倍,重量和功耗仅为原来的 1%。在陆战重要武器坦克中,则采用了

---

① 宋德生:《美国超高速集成电路工程》,《桂林电子工业学院学报》1985 年第 2 期,第 71—72 页。
② 管会:《集成电路与海湾战争》,《科学之友》1995 年第 5 期,第 24—25 页。
③ 军事科学院军事历史部:《海湾战争全史》,解放军出版社 2000 年版,第 457 页。
④ 刘怀彦、赵羽飞、刘增良:《解析美军 C4ISR 系统管理》,《解放军报》2004 年 1 月 14 日。

弹道计算机、激光测距仪、热成像仪、通信等先进电子系统,正是这些系统帮助美国的 M1 系列坦克在与伊拉克的坦克对阵中呈现出绝对的优势。① F-117 携带的精确制导炸弹,与普通弹药最大的区别在于采用了先进的制导系统。例如,海湾战争中美军空军中装备精确制导炸弹的 F-117 隐形战斗机执行了约 1 300 架次空袭任务,占多国部队作战飞机出动架次的 2%,却完成了战略目标清单中 40% 以上的目标。②

海湾战争中精确制导武器电子零部件中有 80% 来自日本的公司。随着战争的进行,美国国内与武器装备的集成电路芯片紧缺。据加利福尼亚 SAM 报道:海湾战争期间,日本集成电路制造商拒绝向美国国防部供应关键的芯片,即使通过政治手段也未解决,最终向欧洲盟国的集成电路批发商高价购买才解了燃眉之急。③ 在此事件的背后,存在日本凭借集成电路芯片对美军的战略价值谋求政治利益的动机,而美国则显示出战争受制于日本的迹象。④

集成电路的战略价值和海湾战争的集成电路受制于他人的教训使得美国政府更加重视国内的集成电路产业。美国前总统布什在其任期内委托国家半导体委员会制定"Micro Tech 2000"计划,⑤随后,克林顿总统全面推进"信息高速公路"建设,美国的集成电路产业生产力得到大力支持、快速发展,在 20 世纪末重新占据世界主导地位。⑥

为了继续保持国防集成电路方面的领先优势和可靠能力,美国国防部以《国防可信集成电路战略》为顶层指导,与国家安全局联合实施"可信代工项目",每年投资 6 000 多万美元,开展军用集成电路可信代工线建设和可信供应商认证,确保美国国防和战争消耗的集成电路芯片自主可控。从 2010 年起,美国军用集成电路可信代工线的规模达到稳定,维持在 15—20 家,足够满足美军国防和战争消耗需求。截至 2015 年 4 月,美国军用集成电路工业基础主要由两条 IBM 代工线、18 条可信供应商认证代工线以及国防微电子中心柔性代工线构成。⑦

一种装备除了在国防的各项任务中担负关键作用之外,往往还可以成为国际战略博弈的焦点。例如,2017 年爆发的"萨德入韩"就是武器装备对地缘政治

① 管会:《集成电路与海湾战争》,《科学之友》1995 年第 5 期,第 24—25 页。
② 肖占中:《"F-117A"神话的破灭》,《科技智囊》1999 年第 7 期,第 57—58 页。
③ 马琳:《海湾战争后美国的半导体技术战略》,《中外科技信息》1992 年第 6 期,第 40—42 页。
④ 雨谷:《海湾战争与日本》,《日本学刊》1991 年第 3 期,第 146—147 页。
⑤ 马琳:《海湾战争后美国的半导体技术战略》,《中外科技信息》1992 年第 6 期,第 40—42 页。
⑥ 吴勇:《美国在世界经济中地位的变化》,《世界经济与政治》1997 年第 7 期,第 65—68 页。
⑦ 胡开博、冯园园:《美国军用集成电路制造能力建设分析及启示》,《国防科技工业》2015 年第 8 期,第 70—71 页。

产生重大影响的典型案例。① 萨德系统,即美国研制的末段高空区域防御系统的 X 波段相控阵雷达探测范围超过 2 000 千米,可以侦察中国黄海、华北、东北一带的战略力量调动,具有针对中国战略力量的抵消作用。② 美国萨德系统和"铺路爪"远程雷达系统联合探测范围基本上可以覆盖我国整个国土,理论上可以探知我国战略力量的部署。这是美国谋求与我国的战略博弈中取得不对称的优势,以便在潜在的对抗或战争中取得知彼的能力。

相控阵雷达的系统技术特别复杂,建造大型相控阵雷达系统需要统合各方面的科研能力。目前具有部署这种雷达能力的国家需要具备两种因素:一是国家战略意志;二是国家科研实力。大型相控阵雷达的硬件的核心就是高性能计算机系统和 T/R 组件技术,它们都是以集成电路作为基础的。大型相控阵雷达中集成电路芯片的成本占据整体硬件成本的 60% 以上,总体成本高达数亿,甚至数十亿元。正是因为这样,世界上具备独立部署远程预警雷达的国家仅中、美、俄三国,并最终在战略博弈中取得平衡。中国中央电视台纪录片《总师传奇》报道了我国最早的 7010 大型相控阵战略预警雷达,③有效地提升了我国应对潜在敌对势力先进作战平台的挑衅,增强了我国在世界政治外交舞台上博弈的力量。④ 可以预见的是,这些国防装备将为我国在对外战略博弈中提供硬实力的支撑,帮助我国实现政治、外交和经济目的。

二、集成电路与信息安全

从联合国提出数字经济框架可以看出,人类社会的发展越来越离不开以集成电路为核心的信息设备,微观上涉及人民的衣食住行,宏观上影响国家或社会的职能运转。知己知彼、百战不殆。在当今信息社会,信息的传播、处理和保密都是基于集成电路作为基础的硬件和软件的信息设备。集成电路决定信息设备或信息系统安全系数的最大权值。

目前非民用和民用的电子设备的主要核心芯片都是几个大公司所垄断的,例如,中央处理器是由 Intel〔美〕、AMD〔美〕、Qualcomm〔美〕、IBM〔美〕等几大公司垄断;高速存储器由 Samsung〔韩〕、Hynix〔韩〕以及 Micron〔美〕垄断。由于

---

① 李相万:《"萨德入韩"与东北亚的"安全困境":基于新现实主义的分析》,《东北亚论坛》2016 年第 6 期,第 3—15、125 页。

② 祁昊天:《萨德入韩与美国亚太反导布局的战术与战略考量》,《现代国际关系》2016 年第 7 期,第 62 页。

③ 央视网纪录片:《总师传奇》,CCTV10 科教频道,2016 年 1 月 5 日,http://tv.cctv.com/2016/01/05/VIDE1451963533748616.shtml,最后访问时间:2018 年 3 月 1 日。

④ 马俊:"中国第四代反隐身雷达代表国际最先进水准",2017 年 6 月 30 日,http://mil.huanqiu.com/observation/2017-06/10918602.html?_t=t,最后访问时间:2018 年 3 月 1 日。

大规模集成电路如软件一样存在漏洞或后门,一旦被暗中开启,就有可能导致信息泄露。据 2017 年《财富》杂志报道:英特尔(Intel)公开承认,该公司最近数年售出的 CPU 几乎全部存在多个严重的软件安全缺陷。这些安全漏洞主要存在于 Intel CPU 上的"Management Engine"功能。① 这些漏洞包括允许黑客加载并运行未授权的程序,能够造成系统崩溃或模拟系统安全核查。实质上,通过这些漏洞窃取计算机的信息和非法盗用计算机是完全可行的。2016 年暴露的 Intel CPU 的后门事件,②对整个行业影响深远。可怕的是,Intel 官方一直知道相关的漏洞或后门存在,然而,Intel 却以相关的专有用途进行回应,试图弱化相关的风险。Intel CPU 的后门事件暴露出当今信息设备的最高控制权不在用户手中,而在核心集成电路的研制方手中。虽然目前世界上的网络交换机主要由我国的华为和中兴公司提供,但是,系统中最核心的 CPU 是采用进口的 Intel 等公司的集成电路芯片。如果采用这些集成电路的计算机系统遭到攻击,可能导致相关的保密信息泄露,威胁信息安全。

如果信息设备的控制权被用于非法或获取某些政治用途,则具有引爆战争的风险。2017 年全球趋势趋于动荡,超级大国纷纷扩充网络部队,并加紧研发网络战武器。③ 美国主导以 CPU 为核心的集成电路和以操作系统为中心的软件的信息社会,使它在网络战中处于绝对的领先地位。

窃密和数据泄露多是关于高价值的信息,例如,政府秘密文件、社会保障和医疗保障信息、信用卡和借记卡信息等,会造成重大的社会负面影响。据相关统计:2016 年发生的重大窃密和数据泄露事件经过证实的达到 2 260 起,企业窃密和数据泄露事件的平均损失额达到 400 万美元,可以预见的是,2017 年的窃密和数据泄露造成的损失会更大。美国国土安全 2016 年发布了《物联网安全战略指导原则》,向物联网的系统和设备的开发商、制造商和设备管理者提供安全建议,以提防物联网被攻击。④我国许多核心保密机构的计算机系统都采用局域网,以物理隔绝的方式实现保密。但是,这种保密方式也对相关的工作增加了许多困难,很多时候也难以确保信息的安全性。即使局域网中所有的硬件系统都具备物理隔离,但是,在芯片内部集成高频的无线数据收发机也是可能的,即在大规模集成电路设计是采用内部集成木马或病毒的方式,在内部指令或外部无

① 《英特尔承认:近年来所售 PC 芯片几乎全部存在安全缺陷》,《世界电子元器件》2017 年第 11 期,第 4—5 页。

② 王晓易:"研究人员称 Intel 处理器 ME 管理引擎是无法移除的安全隐患",2016 年 6 月 17 日,http://digi.163.com/16/0617/12/BPOUCOTJ00162OUT.html,最后访问时间:2018 年 3 月 1 日。

③④ 刘阳:《美国科技公司预测 2017 年网络安全威胁态势》,《保密科学技术》2017 年第 3 期,第 51—52 页。

线信号的驱使下可以激活,或制造病毒瘫痪局域网系统,或将相关核心的数据发射出去。因此,关键的集成电路自主研发对一个国家的信息安全和保密至关重要。目前,国产全自主研制的 CPU 等芯片的应用使我国具备信息设备的最高控制权,可以有效地提高核心机构的信息安全性,降低信息泄露的风险。我国的龙芯 2H CPU 与国产"道"操作系统的组合方案,实现了网络交换机的管理配置的自主可控,可以提高我国联网系统的安全。①

物联网设备成为攻击和防御技术的研究热点。物联网就是物物相连的互联网,但是,其硬件的基础乃是各类集成电路构建的感知、传输与分析和控制系统。它的技术核心是各类高性价比的集成电路,各类软件的设计门槛相对较低。谁能够掌握集成电路的控制权,谁就可以掌握物联网。2016 年,基于物联网设备的 Mirai 僵尸网络对美国 DNS 服务商 Dyn 发起攻击,导致美国互联网瘫痪,Twitter、Paypal、Github 等大量与日常生活相关的重要网站平台无法正常访问。2016 年 11 月,美国国土安全局要求物联网制造商必须在产品设计阶段确保其安全性,否则,将面临被起诉的可能。② 物联网设备的安全与大众生活和国家安全息息相关,越来越多的国家将对物联网设备加强安全审查。

国家的交通、能源管理系统就是典型的物联网系统。电力信息作为涉及国家安全的重要内容之一,关系电力各个环节运行的安全和稳定。电网系统可以实现国家电能的产生、存储和传输,由于采取的安全措施较弱,是易受攻击的对象。2014 年 11 月,美国国土安全局计算机紧急响应中心宣布:当年美国电网受到 79 次黑客攻击,2013 年共受到 145 次黑客攻击。③ 据《路透社》报道:相关机构出具的报告显示,美国电网遭受的网络攻击将对美国经济造成一兆美元的损失。可见,即使在具有信息设备最先进的美国,也遭受过如此巨大的损失。对于其他没有自主技术的国家而言,如果一旦受到攻击,其损失的影响可能会更大。目前,我国在物联网领域从顶层的网络构架到最基础的集成电路都有相应的成果。例如,我国南方电网科研院研发的智能电表安全芯片(CSG011A)和用户购电卡(CSG0310A)等一系列拥有完全自主知识产权的产品,为我国南方五省区的电能自动化信息安全保驾护航。④

2018 年 1 月 16 日,美国运营商宣布:由于可能损害美国国家安全,不再出

---

① 王博:《网络交换机在国产自主可控领域的技术研究》,《船舶电子工程》2016 年第 8 期,第 135—137、173 页。

② 刘阳:《美国科技公司预测 2017 年网络安全威胁态势》,《保密科学技术》2017 年第 3 期,第 51—52 页。

③ 吴颖:"2014 财年美国电网受到 79 次黑客攻击",2014 年 11 月 20 日,http://news.cableabc.com/exposure/20141120036333.html,最后访问时间:2018 年 3 月 1 日。

④ 中国科技网:《南方电网首批符合国密要求的电能计量安全芯片诞生》,《中国电业》(技术版)2014 年第 7 期,第 65 页。

售华为合约机。华为作为世界通信和网络设备的龙头,占据世界第一的市场份额,业务拓展到 170 个国家额地区,全球最大的 50 家无线运营商里有 45 个是华为的客户。因此,我们可以完全相信华为的产品技术先进性、质量可靠性和售后服务信誉。[1] 华为的手机与其他品牌的手机的最大区别在于华为手机的核心 SOC 芯片(片上系统集成芯片,包括 CPU、GPU、通信基带等功能模块)是采用海思(华为子公司)自主研制的麒麟系列 SOC,而并非美国高通或联发科的 SOC 产品。美国的霸权思想是追求绝对的优势和安全,从美国的视角来看,如果认可华为的手机进入美国,那么,就是认可麒麟系列集成电路芯片。认可华为集成电路对美国本土公司造成的直接影响:一是美国的产业公司(高通、苹果、德州仪器)会减少高利润的来源;二是损害美国核心技术乃至产业的发展。前世界手机移动通信产品巨头诺基亚、索尼爱立信、摩托罗拉的衰落就是证明。从美国追求绝对安全的视角来看,华为手机的核心芯片和相关的核心技术不属美国的管控,会对美国的信息安全等造成隐患。

三、集成电路与经济安全

2017《世界投资报告》指出:数字经济是指将互联网数字技术应用于货物和服务的生产及贸易,正成为全球经济中日益重要的一部分。向数字经济过渡能够推动所有部门的竞争力、经营和创业活动的新机会、进入海外市场的新渠道和对全球电子价值链的参与。数字经济还能为长期存在的发展和社会难题提供新的工具。信息和通信技术是国际生产增长的一个基本的推进因素。多国数字企业都是基于通信技术的基础设施而建立。[2] 2016 年,美国数字经济规模全球领先,达到 10.8 万亿美元,占 GDP 比重 58.3%;中国数字经济规模约 3.4 万亿美元,占 GDP 比重约 30.3%。[3]

IT 是数字经济的基石,在信息经济中占据着非常重要的地位,而集成电路是 IT 的核心基础。美国 20 世纪 90 年代的经济高速增长正是依赖于 IT 产业的高速发展。[4] IT 产业(Information Technology Industries)是专门为信息经济提供 IT 类资本品和消费品、横跨 IT 制造和服务的新兴产业。在数字经济占比超过 58% 的美国,IT 是美国数字经济的核心产业和经济增长的"火车头"。美国经历了 1776 年建国到 1884 年的工业化前期阶段、内战后至 20 世纪初的第二次产

---

① 凤凰网科技:"华为在美遭禁售! 专家一语道破玄机",2018 年 1 月 16 日,http://tech.ifeng.com/a/20180117/44848428_0.shtml,最后访问时间:2018 年 3 月 1 日。

② 联合国贸易和发展组织:《2017 年世界投资报告》,冼国明、葛顺奇总校译,南开大学出版社 2017 年版。

③ 中国信息通信研究院:《G20 国家数字经济发展研究报告》(2017 年)。

④ 鄢显俊:《试论 IT 产业在美国信息经济中的作用》,《世界经济》2005 年第 7 期,第 70—75 页。

业革命(电气化工业革命)、二战末期实现工业化的几个大阶段,自此之后开始工业化后期的阶段发展。20 世纪 80 年代初,随着日本、欧洲经济的崛起和政治上趋向独立的发展,美国在世界经济中的地位相对下降。这一时期最显著的变化是美国的集成电路产业在世界中的比重开始下降。[①] 20 世纪 90 年代,美国经济战略发生了重大转折,开始集中力量在高技术领域发展。这一时期,以信息技术为代表的高技术产业蓬勃兴起,成为发达国家经济增长的新支柱。在布什和克林顿两位总统任期内,美国政府实施了一系列确保美国在高新技术领域中的世界领先地位。其中,最为重要的政策就是克林顿于 1993 年下令成立的国家科学技术委员会,他亲自担任委员会主席,并全力推进"信息高速公路"战略、引导军用技术向军民两用技术过渡,将大量国家实验中心交于大公司收购和使用等。美国为了直接推动企业对高新技术的研究开发,由商务部牵头,从 1990 年开始实施国家级的"先进技术规划",该规划是政府和企业间的一种独特的合作形式,是政府、企业和独立研究机构在研究与开发高新技术领域里的一次联合行动。[②]

在信息产业链中,美国等发达国家掌握着产业链中最为核心的部分,例如,日本掌握着世界集成电路的材料供应(硅晶圆);美国的半导体应用材料公司垄断了集成电路制造领域的绝大部分设备;荷兰的 ASML 和日本的尼康掌握着最先进的光刻机等设备;Intel 等公司掌握着世界上最先进的工艺制程技术;Intel 和高通掌握着最先进的中央处理器设计技术等;IBM 等是世界最先进的技术服务提供商。我国虽然在系统整机中占据着主要地位,但是却常常受制于人。例如,PC 的更新换代依赖 Intel 的 CPU 更新,手机的更新换代以高通发布的 SOC 为标杆。美国产业界掌握着世界信息经济乃至数字经济巨轮的方向杆和加速器,我国的信息产业高度依赖美国的产业。

近年来,我国在发展数字经济上所做出的努力是引人注目的。在 21 世纪,由于我国大力发展信息产业,诞生了许多大型跨国公司,其产品和服务占据了世界市场的大部分份额。例如,我国的移动设备和相关产业、生活电子电器等,深刻影响着世界市场,但在对待互联网设备产品的态度上,美欧等国政府在对待我国的信息设备时也显得格外谨慎。

2016 年 3 月,美国正式宣布对我国的电信设备制造商中兴通讯实施制裁,该国商务部给出的缘由是中兴通讯计划用一系列幌子公司"向伊朗转售受控制

---

① 尹小平、崔岩:《日美半导体产业竞争中的国家干预——以战略性贸易政策为视角的分析》,《现代日本经济》2010 年第 1 期,第 8—12 页。

② 汪斌、韩箐:《论美国产业结构调整的特点》,《生产力研究》2002 年第 2 期,第 143—144 页。

的集成电路芯片,违反了出口限制法律"。① 中兴公司被制裁后,直接影响了中兴公司的经营额与收益,危害涉及整个产业界,使我国对高技术产业的整体利益形成巨大的冲击,破坏了我国信息产业链。同时,中兴被制裁,直接损失超过十亿美元,② 间接损失无法估量,美国的相关产业同样受到牵连。追寻中兴被制裁背后的原因,不难看出其实主要是政治因素。美国凭借掌握着信息产业的核心技术,去控制世界信息产业链,并从中获得政治收益,这也显示出我国的相关公司处于信息产业链中的弱势地位。设想一下,如果美国产业界受政治因素的影响,对我国实行核心集成电路的禁运,有可能导致信息产业链断裂,信息产业乃至经济的发展受阻。因此,中兴公司被制裁的事件提醒我们,我国应该大力发展自己的集成电路产业,才能确保我国信息经济的健康发展。

华为被限制、中兴被制裁的事实暴露出我国即使掌握了信息设备和系统的技术和大部分市场,在与美国较量时仍然处于弱势,我们必须发展自己的集成电路产业,追求核心集成电路自主和主导集成电路产业的技术发展,才能更有效地维护我国相关的经济利益。

第二节　我国集成电路产业发展的基市思路

在我国集成电路相关产业对外发展的过程中,面临着诸多压力,既有来自政治的压力,也有来自行业竞争的压力。2017 年 1 月 6 日,美国总统科技顾问委员会发布《确保美国在半导体领域的长期领导地位》报告,其中,就相关中国的内容:"在中国政府主导下,中国的集成电路产业的建设已经对美国的相关企业和国家安全造成威胁,建议对中国的集成电路产业进行更加严密的审查。"③ 这份报告可能影响特朗普政府对国防相关行业采取保护性的产业政策。④

美国采取了多种措施阻挠中国集成电路产业的发展,包括:① 采取限制政策,与盟友协作,共同遏制中国。2016 年 10 月,美国总统奥巴马以威胁国家安

---

① 谢丽容:《美国缘何制裁中兴》,《财经》2016 年第 9 期,http://finance. sina. com. cn/roll/2016 - 03 - 30/doc-ifxqtiwa5353759. shtml,最后访问时间:2018 年 3 月 1 日。

② 李增新:"中兴在美认罚 8. 9 亿美元",财新网,2017 年 3 月 8 日,http://international. caixin. com/2017 - 03 - 08/101063431. html,最后访问时间:2018 年 3 月 1 日。

③ 孙武:"美国总统科学技术咨询委员会:《确保美国半导体的领导地位(报告全文)》",2017 年 1 月 17 日,http://www. guancha. cn/meiguo/2017_01_17_389798. shtml,最后访问时间:2018 年 2 月 28 日。

④ 何晓贝、张岸天:《20 世纪 80 年代美日贸易战对当前中美经贸关系的启示》,《新金融评论》2017 年第 1 期,第 39—60 页。

全为由,否决中国并购德国 VD 设备企业爱思强,后德国政府撤回并购许可,导致中国对这家德国企业的并购失败。① 2017 年,中国的无线通信企业海能达并购加拿大企业 Morst,加拿大政府已经批准,但美国以危害国家安全为由,警告加拿大必须重新考虑这项交易,并责成美国外资投资委员会(CFIUS)进行审查,加拿大安全情报局也参与了安全检查,给收购增添了阻力。② ② 加强审查中方投资和并购案,否决与中资有关的收购案;2016 年,我国在半导体领域的对外并购案中,被 CFIUS 否决或终止的有 5 起。2017 年 6 月,美国政府宣布加强 CFIUS 的作用,继续加大中国对美科技投资审查力度,限制我国海外并购。③ 采取制裁措施,调整安全规定回应中国政策。特朗普就任总统后发布减免税收、贸易保护、技术出口限制等政策措施,直接影响集成电路领域的对外输出与合作。④ 采取禁运措施,加强对中国的高技术和设备出口管制。除了美国采取加强技术出口管制政策外,欧洲的英国、法国等技术领先的国家由于政权更替也会导致对外政策发生变化,从而影响对我国的高技术输出与合作。③ 亚洲的日本政府更是担心战略性技术流向中国,阻止中国企业并购东芝半导体。④

上述提到的障碍之外,国际领先龙头企业也正在持续加大先进工艺研发力度,国内技术差距存在被进一步拉大的风险。例如,美国的 Globalfoundries、Intel 等公司在 Si 工艺制程上已向 7 nm、5 nm 迈进,而我国的 SMIC 的 28 nm 制程尚需完善,14 nm 制程尚未实现量产,与世界先进技术代差 3 代以上。

我国面临外部阻力的同时,也必须动用合理的权力,阻挠对我国集成电路产业产生负面影响的恶意并购行为,保护我国集成电路的研发空间和信息产业的健康发展。美国即使作为集成电路产业的先进国家,同样在使用相关的权力,阻挠不利于美国集成电路发展的企业发展。处于不公平竞争地位是我国大陆资本境外并购的最大难关,所以,我国的反垄断调查需要加强,避免产生对我国不利的收购行为。因为外部强强并购,一旦并购或收购产生垄断行为,对我国现阶段的集成电路产业将产生极为不利的影响,限制我国相关产业的发展。例如,我国商务部认为"恩智浦收购飞思卡尔全部股权案"中,由于经营者集中,在射频功率

---

① 虞涵棋:"中资收购德国芯片企业爱思强,为何会惊动美国总统奥巴马?",澎湃新闻,2016 年 11 月 21 日,http://www.thepaper.cn/newsDetail_forward_1565525,最后访问时间:2018 年 3 月 1 日。

② 陶短房:"中企收购加拿大企业,美国会以'危及美国家安全'为由干涉",环球网,2017 年 6 月 14 日,http://world.huanqiu.com/exclusive/2017-06/10835097.html?t=1497428276630,最后访问时间:2018 年 3 月 1 日。

③ 郭锦辉:"集成电路产业下半年呈现三大走势",中国经济新闻网,2017 年 8 月 16 日,http://jjsb.cet.com.cn/show_492479.html,最后访问时间:2018 年 3 月 1 日。

④ 张威威:"日本政府担心技术泄露给中国 组财团收购东芝芯片业务",参考消息,http://www.cankaoxiaoxi.com/finance/20170623/2142116.shtml,最后访问时间:2018 年 3 月 2 日。

晶体管市场可能具有排除、限制竞争的效果,决定附加限制性条件批准,并将经营者集中进行反垄断审查。[①]

　　在面临来自外部的行业竞争压力和政治压力的情况下,我国各级政府和产业机构采取了一系列措施促进集成电路的发展。设立的国家集成电路产业投资基金首期募资达到了 1 387 亿元,预期二期募资约 1 500 亿—2 000 亿元。[②] 据《上海证券报》报道:国家集成电路产业投资基金带动了其他十余支国家级投资基金,它们首期募资总体规模过万亿元,预期远期规模达 2 万亿元。[③] 笔者统计了部分地方政府的基金投资规模,如表 15 - 2 所示。

表 15 - 2　我国地方政府的集成电路基金规模

地方政府	北京	上海	深圳	南京	湖北	无锡
基金规模(亿元)	300	500	200	600	300	200

　　在各方努力下,特别是在国家和各级地方政府的相关政策大力推动下,到 2017 年集成电路设计行业得到了飞速发展,全行业销售预计为 1 945.98 亿元,较 2016 年的 1 518.52 亿元增长了 28.15%,集成电路设计企业超过 1 380 家(见表 15 - 3)。[④] 前十大设计公司共实现销售额 893.15 亿元。2017 年,国内前十大设计企业进入门槛提高至 23 亿元,年收入超过 1 亿元的设计企业增长至 160 家。华为海思和紫光展锐(展讯与锐迪科合并而成)进入全球前十大集成电路设计企业行列,其中,华为海思预期销售额超过 380 亿元。[⑤]

表 15 - 3　我国集成电路设计企业数量

年　度	2014	2015	2016	2017
集成电路设计企业	531	736	1 362	1 380

　　2017 上半年,中国集成电路产业依然保持两位数的增长速度。相关报告的数据显示:2017 年 1—5 月,我国生产集成电路 599.1 亿块,同比增长 25.4%。

---

　　① 中华人民共和国商务部:《商务部公告 2015 年第 64 号 关于附加限制性条件批准恩智浦收购飞思卡尔全部股权案经营者集中反垄断审查决定的公告》,2015 年第 64 号。
　　② 马巾坷:"'国字头'集成电路产业投资基金传再募二期 拟 1 500—2 000 亿元规模 2018 年完成 首期投资已过半",投中网,2018 年 3 月 1 日,https://www.chinaventure.com.cn/cmsmodel/news/detail/323539.shtml,最后访问时间:2018 年 3 月 2 日。
　　③ 邵好、李兴彩:《"PE 国家队"万亿投资账本盘点:瞄准产业龙头做文章》,《上海证券报》2018 年 1 月 23 日,http://finance.sina.com.cn/roll/2018 - 01 - 23/doc-ifyqtycx2221257.shtml,最后访问时间:2018 年 3 月 2 日。
　　④ 魏少军:《砥砺前行的中国集成电路设计业》,《中国集成电路》2017 年第 12 期,第 41 页。
　　⑤ 魏少军:《砥砺前行的中国集成电路设计业》,《中国集成电路》2017 年第 12 期,第 12—18 页。

据中国半导体行业协会统计：2017 年 1—3 月份销售额为 954.3 亿元,同比增长 19.5%。其中,制造业增速最快,达到 25.5%,销售额为 266.2 亿元;设计业同比增长 23.8%,销售额为 351.6 亿元;封装测试业销售 336.5 亿元,同比增长 11.2%。2017 年 1—5 月,我国集成电路进出口金额达到 954.8 亿美元,同比增长 17.9%;出口 256.6 亿美元,同比增长 11.3%。[①]

  总体上看,我国的集成电路产业取得了较好的成果,但离建设目标还有比较大的距离,需要各界的持续努力。集成电路在国防应用中占据非常重要的地位,决定着国防建设水平和战争的能力。基于独立自主的集成电路的信息设备可以有效确保一个国家的信息和经济安全,因此,发展集成电路产业是我国的国家战略。对于我国来说,集成电路的产业发展甚至关涉我国的领土和主权,因此,其在我国安全战略的地位非常重要。

[①] 郭锦辉:"集成电路产业下半年呈现三大走势",中国经济新闻网,2017 年 8 月 16 日,http://jjsb. cet. com. cn/show_492479. html, 最后访问时间：2018 年 3 月 1 日。

第十六章　我国海关对跨国公司转移定价行为的治理研究

在经济全球化背景下,跨国公司为最大限度地谋取利润,不断通过设置关联公司和内部贸易寻求避税,引起了跨国税收竞争,这已成为世界各国十分关注的问题。跨国公司集团囊括了进出口贸易的买方和卖方,通过转移定价来确定内部交易价格,为了实现税负最小化、规避风险和总体利润最大化,采取"高价进口低价出口""低价进口高价出口"的定价方式,从而使东道国子公司的利润能够被调整或转移到其他国家或地区,尤其是国际避税地,最终实现跨国公司集团全球布局和战略规划。随着我国利用外资战略的推进,使得"引进来,走出去"的跨国公司数量和规模增势强劲且关联交易日趋复杂,而每年税收流失严重影响了我国经济的正常有序发展,使我国国际反避税面临着新的机遇和挑战。2015 年,全国税务部门开展专项反避税调查立案 265 件,结案 188 件,对税收增收贡献580 亿。[①] 2016 年,全国海关对 1 073 宗特许权使用费审价补税 26.56 亿元,补税宗数和补税金额分别增长 32.8% 和 28.98%,2016 年,全国海关对 2 840 宗特殊关系影响成交价格审价补税 23.17 亿元。[②] 跨国税源监控行政主体包括税务和海关,而且两者的监管方式又有所不同。而大量的研究集中于税务对转移定价的反避税研究,缺乏对海关反避税进行研究。因此,本章拟从博弈论和内部化理论角度研究跨国公司转移定价行为和海关对跨国公司转移定价的反避税监管制度。

---

① 国家税务总局:"2015 年反避税对税收增收贡献 580 亿",http://t. qq. com/p/t/453297121389339#,最后访问时间:2017 年 8 月 31 日。

② 海关总署广州商品价格信息办公室:《2016 年全国海关审价补税情况分析》,《海关审价》2017 年第 3 期,第 7 页。

第一节　跨国公司转移定价研究

跨国公司(Multinational Companies)指跨越国界以投资经营为手段获取最大化收益的经济组织的联合体,它的具体组织形式包括子公司、分公司或其他经济组织,而联合体的组织形式可以是传统意义上的公司法人或具有某种关联关系的经济体结成的半结合体。[①] 关联企业是指与其他企业之间存在直接或间接控制关系或重大影响关系的企业。[②] 关联企业在法律上可由控制公司和从属公司构成。跨国公司转移定价或转让定价(Transfer Pricing)是指跨国公司集团内部机构之间或关联企业之间相互提供产品、财产或劳务而进行的内部交易定价;通过转移定价所确定的价格称为转移价格(Transfer Price)。[③] 滥用转移定价(Transfer Pricing Abuse)是指跨国公司集团人为操纵转移定价,使内部交易的转移价格高于或低于市场竞争价格,以达到跨国公司集团内部转移利润的目的。[④]

一、跨国公司转移定价

(一)转移定价的动机

相关研究学者都认为跨国公司转移定价是出于税务动机和非税务动机。在税务动机方面,祝树勋认为转移定价的税务动机是为了规避所得税和关税。[⑤]李辉的研究综合考虑了在关税和所得税前提下实现整体利润最大化的定价方式,若母国所得税税率低于东道国,则无论如何定价,所得税动机和关税动机之间都会存在不可调和的矛盾;反之,跨国公司可以制定较低的转移价格来减轻所得税和关税之间的矛盾,追求利润的最大化。[⑥]

在非税务动机方面,赵秀芝、田刚和王胜超、徐喆认为跨国公司转移定价的非税务动机包括粉饰业绩、规避风险、优化资源配置、转移资金、提高市场竞争优势、调节利润。[⑦] 康斯坦丁·V. 维特索斯(Constantine V. Vaitsos)指出跨国公

---

① 苏建:《跨国公司转让定价反避税研究》,中国经济出版社 2013 年版,第 17 页。
② 范信葵:《国际税收》,清华大学出版社 2014 年版,第 84 页。
③ 中国国际税收研究会:《跨国税源监控研究》,中国税务出版社 2010 年版,第 81 页。
④ 朱青:《国际税收》,中国人民大学出版社 2014 年版,第 113 页。
⑤ 祝树勋:"双重标准视角下跨国企业转移定价研究",上海海关学院硕士论文,2015,第 9 页。
⑥ 李辉:"在华跨国公司转移定价机制与应对",上海外国语大学硕士论文,2009,第 48 页。
⑦ 赵秀芝:《关联企业转移定价的方式及完善策略》,《财经界》(学术版)2016 年第 14 期,第 75 页;田刚、王胜超:《国际经贸合作中的税务筹划》,《中国商论》2016 年第 28 期,第 119—120 页;徐喆:"跨国公司转移定价研究",天津财经大学硕士论文,2015,第 9—10 页。

司转移定价行为可能是出于获得市场机会和享受发展中国家的优惠政策。[①]

（二）转移定价的方法

最早用经济学方法研究转移定价是美国经济学家杰克·赫舒拉发(Jack Hirshleifer)，他认为在完全信息和不考虑关税的前提下，如果期望利润最大化的目标得以实现，则跨国公司应该按照边际成本定价法来决定价格。[②]

哥比松(Copithorne)指出客观存在的国家之间不同税率差会被跨国公司利用来通过制定关联企业之间交易价格，使利润得以被转移到低税率国。[③]伯恩斯(Burns)通过对美国62家跨国公司财务管理人员进行问卷调查，发现"存在14个影响因素对转移定价产生影响，分别为东道国市场状况、东道国的竞争状况、国外子公司的合理利润、美国联邦所得税、东道国的经济状况、进口限制、关税、价格管制、东道国税制、外汇管制、美国的出口鼓励政策、汇率的波动、现金流动的管理要求、其他美国联邦税"。[④]唐芳认为当跨国公司制定转移定价策略时，需要考虑多方面因素，包括转移定价成本与收益、税务机关的反避税管制与监控及行政处罚。[⑤]曹琴妹将实物期权理论和前景理论结合，认为跨国企业在制定转移价格时，管理层需要考虑与时间有关的众多不确定性因素以及其对待风险的态度，应该以期权的眼光来看待未来的收益或者损失。[⑥]隋双侠认为在变动费用与固定费用两者共同构成技术转移价格和关税从价计征的情况下，跨国公司上下游子公司技术转移定价与转出转入国税率相关。[⑦]毛韵诗、王如燕等专家组成的"跨国公司在华策略与中国企业的应对措施"课题组对跨国公司内部贸易价格决策权进行研究，认为在价格决策方面母公司起主导作用，在华子公司仅充当一个"成本责任中心"的角色，且外商投资企业进口商品平均价格远大于内资企业的进口商品平均价格，50％的在华跨国公司运用成本加利润法作为

① Constantine V. Vaitsos,"Intercountry Income Distribution and Transnational Enterprises,"*The Canadian Journal of Economics*, Vol. 9, No. 1, February 1976, pp. 187-190.

② Jack Hirshleifer,"On The Economics of Transfer Pricing,"*The Journal of Business*, Vol. 29, No. 3, July 1956, pp. 172-184.

③ L. W. Copithorne, "International Corporate Transfer Prices and Government Policy," *The Canadian Journal of Economics*, Vol. 4, No. 3, August 1971, pp. 324-341.

④ Jane O. Burns, "Transfer-Pricing Decision in U.S. Multinational corporations,"*Journal of International Business Studies*, Vol. 11, No. 2, Fall 1980, pp. 23-39.

⑤ 唐芳："对跨国公司在我国实施转让定价行为的研究"，复旦大学硕士论文,2009,第49页。

⑥ 曹琴妹："我国跨国企业转移定价的应用研究"，南京大学硕士论文,2013,第44页。

⑦ 隋双侠："基于税率因素的跨国公司中间产品转移定价方法研究"，电子科技大学硕士论文,2010,第33页。

定价模式。① 柳雯婷认为跨国公司制定转移定价策略时,主要考虑转移定价的目标、全球战略及转移定价体系整体规划、最佳的转移定价方法、转移定价效果检验、相关法律法规以及国际准则。② 田刚和王胜超认为在制定转移定价策略时,要注意跨国贸易过程中的政治风险和治安风险,及时做好应对预案与资源调整。③

(三)转移定价对东道国的影响

徐振宇、扈启曙和李向群认为转移定价将降低东道国税收收入、损害东道国相关产业发展、破坏市场环境的公平性,使东道国经济发展产生不稳定性。④ 柳波、尤雪英认为转移定价会影响税基在不同税收管辖权国家的分配,影响主权国家的税收利益,剥夺东道国政府在公平的跨境交易本应享有的税收份额,⑤但同时柳波还认为转移定价会造成跨国公司关联企业与东道国国内企业之间税收负担不公平、妨碍国际投资正常进行和国际资本的不正常运动的问题。⑥ 王志强、李骏通过实证研究认为,独资企业通过降低进口申报价格逃避海关税收的可能性最大;跨国公司倾向于针对加工程度高、知识和技术密集型的产品以及进口关税税率高的商品降低进口申报价格来逃避我国的海关税收。⑦ 陈仪认为转移定价不仅会恶化东道国国际收支,而且还会扰乱海关监管秩序,刺激价格欺瞒行为的出现,导致海关税收流失,引发税收征收风险。⑧

二、海关对转移定价治理的研究

(一)转移定价在海关监管中的表现形式

卢佑铭、王静认为转移定价在海关监管环节表现形式为操纵一般贸易进口

---

① 王如燕:《跨国公司转让定价税收规制比较、借鉴与我国税制改革研究》,格致出版社 2015 年版,第 53 页。

② 柳雯婷:"跨国企业转移定价策略研究——以宝洁集团及其中国子公司为例",云南大学硕士论文,2016,第 28—29 页。

③ 田刚、王胜超:《国际经贸合作中的税务筹划》,《中国商论》2016 年第 28 期,第 119—120 页。

④ 徐振宇:《跨国公司转移定价中的避税与反避税分析》,《北方经贸》2016 年第 3 期,第 9—10 页;扈启曙、李向群:《控制跨国公司转移定价的原则与策略研究》,《天津财经学院学报》2001 年第 6 期,第 3—5 页。

⑤ 尤雪英:《海关与税务部门对跨国公司转让定价调整中的差异与协调——基于公允价值的视角》,《上海海关学院学报》2013 年第 5 期,第 102—108 页;柳波:《国际贸易中特殊关系企业"转移定价"的利弊分析与海关应对措施》,《上海海关高等专科学校学报》2002 年第 4 期,第 26—28 页。

⑥ 柳波:《国际贸易中特殊关系企业"转移定价"的利弊分析与海关应对措施》,《上海海关高等专科学校学报》2002 年第 4 期,第 26—28 页。

⑦ 王志强、李骏:《跨国公司转让定价逃避海关税收的实证研究》,《税务研究》2007 年第 10 期,第 82—85 页。

⑧ 陈仪:《避税与估价:国际转移定价对海关税收的挑战》,《上海海关学院学报》2008 年第 2 期,第 55—59 页。

货物价格、人为调整减免税设备采购价格、操纵加工贸易进口货物价格、向关联企业支付特许权使用费、分摊关联企业相关费用。① 刘达芳认为利用海关估价规则进行转移定价方法包括：通过剥离成交价格以外因素、通过对成交价格调整项目进行设计重构及其他特殊情况下降低完税价格的方法。②

（二）海关监管存在的不足

徐喆从海关监管实际出发，认为海关对转移定价监管存在的问题主要有：海关估价法规存在缺陷、定价方法缺乏统一标准、税收利益与公司利益存在冲突、信息高度不对称和海关与企业磋商失控。③ 陈仪认为海关对转移定价是否对成交价格造成实质性影响的认定过程繁复而艰难，价格磋商只存在磋商不估价或强制磋商的情况。④ 唐加强认为我国海关税收法律法规不够完善、估价和执法依据不够充分、信息和资源支撑不到位、部门配合以及管理效能跟不上。⑤ 安永会计师事务所海关及国际贸易事务部中国大陆负责人罗伯特·史密斯认为转移定价文档应用到海关估价中存在的困难包括两方面：一是，推断一个公司全部业务的合理利润率有难度；二是，把合理利润率或相互不同的利润率应用到具体产品上存在困难。⑥ 许洁认为海关估价方法缺乏可比性研究，且估价程序性成本过于庞大导致了估价方法存在局限性。⑦

（三）国际经验借鉴方面

巴伦西亚大学法学院名誉教授 Santiago Ibáñez Marsilla 指出："进口商向美国国内收入署申报存货成本和扣除项目必须小于等于进口货物的完税价格；进口商签订的预约定价协议必须向美国海关公开，但协议中的价格经美国海关审核无误后才被美国海关接受"。⑧ 徐珊珊分析了美国海关反避税措施。李元俊

① 卢佑铭、王静：《跨国公司对华转让定价模式与海关稽查研究》，《上海海关学院学报》2011年第1期，第55—61页。
② 刘达芳：《利用海关估价规则转让定价问题初探》，《上海海关学院学报》2009年第4期，第67—70页。
③ 徐喆："跨国公司转移定价研究"，天津财经大学硕士论文，2015，第17—20页。
④ 陈仪：《避税与估价：国际转移定价对海关税收的挑战》，《上海海关学院学报》2008年第2期，第55—59页。
⑤ 唐加强："海关对跨国公司转移定价的研究"，吉林大学硕士论文，2012，第8页。
⑥ 罗伯特·史密斯：《解析转移定价和海关估价》，《中国经贸》2006年第8期，第64—65页。
⑦ 许洁："进口转让定价的特别纳税调整和海关估价的差异与协调"，上海海关学院硕士论文，2015，第19—20页。
⑧ Santiago Ibáñez Marsilla, "Customs Valuation and Transfer Pricing," *ERA-Forum*, Vol. 9, No. 3, May 2008, pp. 399–412.

在徐珊珊的研究成果之上将美国海关、加拿大海关和韩国海关关于转移定价税务调查的结果在海关估价中的证明效力方面进行对比分析。[①] 李骏认为海关应借鉴《OECD 转移定价指南》的可比性分析以及相关转移定价方法,从跨国公司供应链角度对相关企业所承担的功能和所使用的资源进行分析审查。[②]

三、转移定价税收博弈分析研究

金伯利·沙夫(Kimberley Scharf)等人指出资本流动性减少了国家的资本税收收入,导致在税率方面"力争下游"的竞争,而在这论点背后隐含的是国家之间对其税率的选择存在非合作行为。他认为国家可以通过选择推定的转移定价规则来直接影响他们征税的税基,这些转移定价监管规则可以有效地阻止"力争下游"的竞争,产生"力争上游"的竞争。[③] 姚林香、车文军对转移定价的税务规制进行博弈分析,认为提高税务机关稽查概率和加大处罚是规制跨国公司转移定价的有效办法。[④] 韩云龙通过博弈分析预约定价机制的作用,认为跨国公司采用预约定价后仍使用转移定价策略概率的下降。[⑤] 闵树琴通过博弈分析认为在严厉的税收政策下,如果跨国公司避税被发现后不仅要补税,还要面临巨额加罚,则跨国公司的选择是撤资。[⑥] 黄敏认为跨国公司在与税务局的避税与反避税博弈中总是占据优势的原因在于转移定价价格信息处于商业保密状态、我国的税收优惠政策提供广泛的税务筹划空间以及地方政府受招商引资的压力而难以进行税收稽核。[⑦] 苏建在《跨国公司转让定价反避税研究》一书中构建了引入概率因素、反避税检查正确率、成本因素、税款时间价值的税务部门和企业博弈模型,认为最优的反避税概率必须满足税收流失与反避税成本之和期望值最小的条件。[⑧]

---

① 李元俊:"海关估价中的转让定价调整法律问题研究",复旦大学硕士论文,2012,第 61 页;徐珊珊:"多边贸易体制下的海关确定成交价格的法律问题",复旦大学博士论文,2007,第 133—140 页。

② 李骏:《论海关估价"销售环境测试法"对 OECD 转让定价规则的借鉴》,《海关与经贸研究》2016 年第 3 期,第 81—87 页。

③ Kimberley Scharf & Pascalis Raimondos-Møller, "Transfer Pricing Rules and Competing Governments,"*Oxford Economic Papers*, Vol. 54, No. 2, April 2002, pp. 230 - 246.

④ 姚林香、车文军:《转移定价税务规制的博弈分析》,《江西财经大学学报》2004 年第 4 期,第 52—54 页。

⑤ 韩云龙:《浅析预约定价制度对转移定价行为博弈的作用》,《重庆科技学院学报》2005 年第 2 期,第 46—49 页。

⑥ 闵树琴:《制约跨国公司转移定价政策效应的博弈分析》,《安徽科技学院学报》2007 年第 4 期,第 47—49 页。

⑦ 黄敏:《跨国公司避税与我国税务机关反避税——转移定价策略性博弈分析》,《时代金融》2013 年第 14 期,第 71—72 页。

⑧ 苏建:《跨国公司转让定价反避税研究》,中国经济出版社 2013 年版,第 3 页。

纵观已有文献,国外的学者研究比较早且比较成熟,国内的学者研究起步较晚,是随着外国直接投资大规模进入中国后才兴起。目前,国内学者的研究视角主要集中于从跨国公司角度出发研究转移定价机制和从税务部门角度出发研究中外规制转移定价避税的税制差异,进而提出对转移定价避税行为的治理对策与建议。相对而言,从海关角度进行探讨对跨国公司转移定价避税行为的治理相对较少。在海关对跨国公司转移定价避税行为治理的文献中,主要集中于转移定价在海关监管中的表现以及现有海关监管制度存在的不足,然后,针对这些问题提出对策建议,较少有学者研究海关采取措施的有效性。

第二节　内部化理论下跨国公司内部贸易分析

内部化是指企业内部建立市场的过程,企业为了解决市场的不完整而导致的不能保证工序交换正常进行的问题,采取内部市场代替外部市场的行为。[①]它主要回答了为何以及在何种情况下,对外直接投资比产品出口销售和转让许可证对企业经营更有利可图。该理论是由英国学者巴克利(Peter. J. Buckley)、卡森(Mark Casson)和加拿大学者拉格曼(Allan M. Rugman1)共同提出的。巴克利和卡森在 1976 年合著的《跨国公司的未来》(The Future of the Multinational Enterprise) 以及 1985 年合著的《跨国企业经济理论》(The Economic Theory of the Multinational Enterprise)中对跨国公司内部化形成的过程的基本条件、成本与收益等问题作了明确的阐述。1981 年,拉格曼在《跨国公司:内部市场经济学》(Inside the Multinationals:The Economics of Internal Markets)一书中对内部化理论作了更为深入地探讨,他认为世界上人多数公司主要是区域性的,而非全球性的。内部化理论建立在四个假设的前提基础上:一是,企业经营的目的是追求利润最大化;二是,不完全竞争市场;三是,生产要素市场不完全性,尤其是当中间产品市场不完全时,企业就有可能以内部交易代替外部市场;四是,内部化超越国界的时候就产生了跨国公司。[②]

一、内部化理论

该理论的出发点在于市场自身的不完全性,表现为某些市场失效、某些产品

---

① 卢进勇、刘恩专:《跨国公司理论与实务》,首都经济贸易大学出版社 2008 年版,第 41 页。
② 刘宏:《国际投资视角跨国公司经营与管理》,东北财经大学出版社 2014 年版,第 30 页。

的特殊性质或垄断势力的存在。由于企业经营的目的是获取最大利润,所以,当市场内部化的净收益高于外部市场的净收益时,企业就会以直接投资来消除交易障碍。通过将上下游市场的内部化,使市场不完全性导致的风险和损失得以补偿。该理论认为市场的内部化过程取决于四个因素,而其中产业特定因素最为关键(见表 16-1)。

表 16-1　跨国公司内部化过程影响因素

产业特定因素	指与产品性质、外部市场结构和规模经济等有关的因素
区位特定因素	指由于区位地理上的距离、文化差异和社会特点等引起交易成本的变动
国家特定因素	指东道国的政治、法律和财经制度对跨国公司业务的影响
公司特定因素	指不同企业组织内部市场的管理能力

　　内部化的贡献在于从内部市场形成的角度阐释对外直接投资理论,不仅对跨国公司内在形成机理有比较普遍的解释力,而且该理论强调了知识产品内部一体化市场的形成,更加符合国际生产的现实状况。其不足之处在于忽略了影响企业运作的外部因素分析、不能很好地解释为什么交易的内部化在特定情况下表现为跨国经营,同时,公司的横向一体化发展和投资多元化拓展也不能被很好地解释。

二、跨国公司内部贸易

(一)内部贸易的动因

　　跨国公司开展内部贸易的动因主要包括:

　　(1)消除外部市场的不确定性。国际市场的不完全导致外部市场失灵,例如,某些特定的中间产品有着杰出的性能和较高的质量需求,如果完全通过外部市场进行采购,那么,可能存在无法满足品质和性能要求的情况抑或出现无法达到充足的供应量或者采购价格过高难以承受的情况,因此,跨国公司对外直接投资,将买卖双方整合在一个行政组织里,通过内部贸易来降低交易成本和风险。

　　(2)获得市场垄断地位。由于跨国公司关联企业都在同一所有权支配下,所以,通过内部统一调配资源以实现增强某个公司的竞争优势,例如,为了达到低价倾销来垄断东道国当地市场的目标则需要使东道国子公司的成本被严格控制,在这种情况下,可以考虑通过关联公司之间免费或低价交易原材料及机器设备、中间投入品或最终销售品。

　　(3)保持技术垄断优势。技术不同于一般产品,存在易扩散性和使用上的非排他性的特点。知识产权在外部市场转移中不能被有效地保护,导致先进的技术容易被复制或抄袭,甚至在此基础上被进一步创新而导致原有技术被超越,企业丧失了技术优势。此外,先进的技术与雄厚的资本和科学的管理方法相结合,其创造的市场价值远远超过技术被分割而独立销售的价值,所以,跨国公司为了保持技术领先地位、发挥雄厚的资本优势和高效的管理效能来创造更多市场价值,更愿意通过内部市场进行技术的流转。

(4) 提高成本控制管理效能。跨国公司集团通过科学的管理来组织公司间架构和统筹关联企业之间的交易,可以使外部市场贸易中涉及信息搜索、交易谈判、监督实施的成本被统一的、可控的、可信赖的内部贸易优势所替代。同时,内部贸易避免了所有权交换引起的贸易摩擦、消除了信息传递过程的不确定性、减少因市场交易波动或中断造成的损失和减少了买方的不确定性。

(5) 获得融资优势。跨国公司国外分支机构外部融资的方式主要有银行借款和发行债券,资金来源地依次为东道国金融市场、投资国金融市场和国际金融市场。如果东道国子公司在当地金融市场筹集资金存在困难,那么,母公司可凭借自身较强的资信优势向银行贷款和发行债券,然后,直接贷款给子公司,或者通过跨国公司集团分布在全球的子公司利用各国银行的利率差别、各国外汇管制政策的差别和自身成本费用控制能力差异为东道国子公司进行国际融资。

(二) 内部贸易的特征

跨国公司内部贸易的特征包括三个方面:

一是,不转移所有权或不完全转移所有权。跨国公司母公司与子公司通过股权建立经济联系,因此,各子公司都隶属于跨国母公司,故内部贸易的货物、技术与服务知识属于同一所有权主体的内部交易。

二是,采取转移定价的策略。跨国公司利用转移定价可以达到特定目的,例如,降低税收负担、规避管制、控制风险、征服市场等。

三是,接受全球战略的统筹规划。跨国公司通过全球的布局和统一的分工,制定内部贸易计划和方案,执行集团中长期全球战略规划,而在这其中,利润分配与调节、成本控制与分摊、生产组织和运营管理、财务管理与风险控制、存货管理和销售管理等决定了内部贸易的规模大小、商品结构及地理流向。

学者卢进勇、郜志雄、刘恩专对内部贸易的形式进行总结后认为:从价值链的角度看,内部贸易可以分为五种类型:简单型、纵向型、横向型、混合型和战略联盟型(见表 16-2)。[①]

---

① 卢进勇、郜志雄、刘恩专:《跨国公司经营与管理》,机械工业出版社 2017 年版,第 108 页。

表 16-2　跨国公司内部贸易形式

类型	简单型	纵向型	横向型	混合型	战略联盟型
贸易双方	母公司与子公司之间	跨国集团关联公司之间			
贸易产品	原材料或生产投入品	中间产品	同行业差异化产品	原材料或生产投入品、中间产品、同行业差异化产品及其他产品	
表现	母公司向子公司出口开展生产所需要的投入品(技术、设备等)	母公司以产业价值链的各个环节为基础设立海外分支机构,各子公司从事的业务范围在价值链上环环相扣,产出与投入依次相互转化	跨国公司实施跨行业的生产和经营,各个海外分支机构生产不同的产品,各子公司进行产品的相互交易和交叉销售	当跨国公司发展到一定的规模和水平,前三种类型将同时存在	一体化经营的新阶段,进入了公司间一体化进程,采取不同程度的联盟方式,合作开发高新技术,共担成本与风险,实现共同的战略目标
	子公司向母公司出口原材料(如原油、矿产品、农产品等)				
贸易流向	单向流动	产业上游向下游流动	跨行业流动	多维度流动	

资料来源:根据卢进勇、郜志雄、刘恩专:《跨国公司经营与管理》,机械工业出版社 2017 年版,第 5 页整理。

　　从 20 世纪 80 年代以来,由于科技进步和生产国际化程度提高,发达国家跨国公司通过逐渐发展外部网络来实现优势互补、减少风险、共同分担研发费用、扩大业务活动,形成各自相对独立但又相互合作的战略性组织。一般以发达国家大型的跨国公司为"中心企业"采用公司间松散的联合组织形式,来适应动态化的国际经营环境,并且联盟的目标越来越多地指向高技术领域。目前,大约有 60% 的跨国公司已经建立了战略联盟,在战略联盟中,研究与开发型占了 80%。①

(三)内部贸易与转移定价关系

　　传统国际贸易中的商品定价原则常常是以商品的生产成本为基础,并参照该种商品在国际市场上形成的价格水平以及结合市场实际需求作出定价。而转

---

① 卢进勇、郜志雄、刘恩专:《跨国公司经营与管理》,机械工业出版社 2017 年版,第 5 页。

移定价是为了执行战略目标,规划跨国公司关联企业之间进出口贸易的交易价格,且该价格不受市场供求影响,保持着集团内部交易价格管理的独立性,与国际市场价格相比存在较大的差异,表现为有些情况它可以远低于或高于生产成本,有些情况它与生产成本甚至没有直接联系。跨国公司通过转移定价来实现集团内部交易价格控制,进行资源有效配置,协调各子公司之间的利益冲突、子公司与跨国集团之间的利益冲突,并保持集团内部业务分工的统一性与灵活性,最终实现全球长期战略目标与规划。据有关资料显示:95.8%的跨国公司采用了转移定价。[①]

跨国公司内部贸易表现出利弊结合的两面性:有利的一面是它促进了国际贸易发展、扩展了国际分工和促进国际技术贸易;有害的一面是它导致国际市场价格机制在一定程度上被扭曲,致使国际贸易政策失去应有的效力,使东道国的合法、合理的利益被潜在地侵蚀和损害。

三、跨国公司转移定价行为分析

跨国公司转移定价的动因可以从税负管理、利润管理、资源配置、风险管理、盈余管理等方面进行解释。

(一)税负管理

由于现代交通与通信的发达,已经打破了地区限制,产业的国际转移已成为一种普遍现象,企业家的理性都是选择成本低、盈利高的地区,税负的高低就成为跨国公司对外直接投资重要的参考因素。跨国公司税收管理目标和转移定价手段如表16-3所示,跨国公司可以为了实现特定的税收管理目标,采取特定的转移定价手段。由于各税种之间税目、税率及计税公式的差异,跨国公司在综合考量后采取综合税收最小化的转移定价手段。

表16-3　跨国公司税收管理目标和转移定价手段

税收管理目标	转移定价手段
减少关税和进口环节代征的增值税和消费税	降低东道国子公司进口货物的价格,降低其应纳关税和进口环节代征税
减少所得税	一是调整内部贸易商品的价格;二是通过资本弱化来增加债券性融资而减少权益性融资比例

[①]　黄庆波、李焱:《跨国公司经营与管理》,对外经济贸易大学出版社2016年版,第60页。

续　表

税收管理目标	转移定价手段
减少预提税	东道国子公司以低价提供产品代替利息、租金、股息和特许权使用费的支付或调整子公司分摊的总管理成本费用
增加税收补贴或出口退税额	提高出口到国外关联公司产品的价格

（二）利润管理与资源配置

从跨国公司在各国的关联企业的利益来看，分别遵循边际收益等于边际成本的原则，追求各自利益的最大化，但从跨国公司集团整体利益来看，实现全球利润最大化是跨国公司集团的最终目标。跨国集团整体目标与关联企业的单体目标存在必然的冲突。但考虑到母公司对子公司存在控制或重大影响，因此，母公司可以通过调整商品、劳务、无形资产、资本等价格，来对整体的利益作出控制和协调，通过转移定价减少跨国公司集团缴纳的总税额，最终实现整体利润最大化的目标。

优化资源配置所要解决的是中间产品资源最优分配的组合问题，而调节资源分配的最直接的信号就是价格。跨国公司利用转移定价在全球范围内进行中间产品资源的最优化配置，保证有限的资源得以有效地使用，以期达到总体效益的优化。此外，在资金融通方面，通过转移定价从不同国家之间调度资金，使公司资金配置达到最优化。例如，当东道国子公司生产经营利润水平不高且又缺乏发展潜力时，可以通过向子公司提供资金而收取高额利息的方式在短期内将资本调回本国或转移到其他更有利可图的国家或地区的子公司。

（三）盈余管理

盈余管理是指企业管理当局在遵循会计准则的基础上，通过对企业对外报告的会计收益信息进行控制或调整，以达到主体自身利益最大化的行为。跨国公司通过转移定价来支持子公司某些特殊需求。例如，通过转移定价来使利润保持在一定范围内，尽量保持利润平稳，使公司财务报表反映出持续稳定的盈利趋势，满足上市公司的监管条款或满足贷款银行债务契约中对收入、利润及财务比率的要求，提高资信水平，推高股票价格，来实现在当地发行股票、债券或获取信贷的目的。

（四）风险管理

跨国公司对外直接投资时不仅面临东道国的管制，还面临政治风险和金融风险，例如，政权更迭、货币管制、国有化、汇率浮动及通胀风险，等等。转移定价可用来绕开管制、减低风险、增加竞争优势、合法转移资金而维持在高风险国家或地区分公司运行所必需的最低成本(见表 16-4)。

表 16-4　跨国公司风险管理目标和转移定价手段

风　险		风险的表现	转移定价手段
管制风险	价格管制 反倾销	主要针对一国(地区)的生产商或出口商以低于其国内市场价格或低于成本价格将其商品抛售到另一国(地区)市场的行为征收反倾销税	降低关联企业向东道国子公司出口产品价格或提供低价或免费的劳务,降低子公司账面的生产成本,使其产品、服务的价格成为当地市场合理的正常交易的价格
	价格管制 限制商品最高定价	抑制某些产品的价格上涨以保持市场物价的基本稳定;限制某些行业价格,特别是一些垄断性很强的公用事业的价格	提高关联企业向东道国子公司出口产品价格或收取较高的劳务费用,增加子公司的账面成本和减少利润,增加其高价出售商品合理性,迫使东道国政府做出一定程度的让步
	进口配额	一国政府在一定时间内,对于某些商品一定时期内的进口数量或金额,事先加以规定的限额,超过限额禁止进口	针对进口金额的限制,通过降低转移价格,来增加进口商品的数量
	货币管制	为了防止外汇大量流失,东道国对跨国公司向境外汇回利润及股利存在限制或禁止	提高关联企业向东道国子公司出口产品价格或收取较高的劳务费用,合法地向境外转移利润
政治风险	国有化	将私人企业的生产资料收归国家所有的过程	为东道国子公司制定较高的商品进口价格和较低的商品出口价格使资金和存货尽可能地转移到更为安全可靠的国家和地区,而不致遭到征用、没收和剥夺
	政权更迭	可能造成政局不稳定和政策法规发生变化,增加了企业经营经济损失的可能性	
金融风险	汇率浮动	国际金融市场的汇率和利率变化,对公司以外币计量的资产和负债带来损失的可能性	提高关联企业向东道国子公司出口产品价格或收取较高的劳务费用,使资金从软货币或通胀较高的国家或地区转移到硬货币和通胀较低的国家或地区,从而减少货币贬值的损失
	通胀风险	国际收支不平衡的国家可以通过本国通货贬值,以提高本国产品竞争力,增加外汇收入,通货膨胀使跨国公司所持有的货币性资产的购买力下降	

四、跨国公司转移定价的方式与方法

在跨国公司内部贸易的转移定价中,货物价格的使用占了很大比重且最为常见。劳务费用可以通过支付咨询、管理、采购、研发等相关费用及支付外籍职工工资等方式进行成本的分摊与分配。特许权使用费是跨国公司常用的转移定价方式之一,由于专利和专有知识的价格难以准确地比较,所以,跨国公司拥有很大的主动权。公司内部贷款是跨国公司利用各个子公司东道国外汇管制和税收政策的差异,通过相互提供资金实现内部转移的一种方式,贷款的手段包括跨国公司集团内部直接贷款、平行贷款、背对背贷款等,贷款的利率实际上就是资金内部转移价格。通过租赁融资可以绕过相关国家关于跨国贷款和贷款利率的限制,有效地利用相关国家税法和折旧制度,以实物融资的方式降低东道国子公司的融资成本。

转移定价的对象主要包括货物价格、劳务费用、特许权使用费、贷款和租赁(见图 16 - 1)。

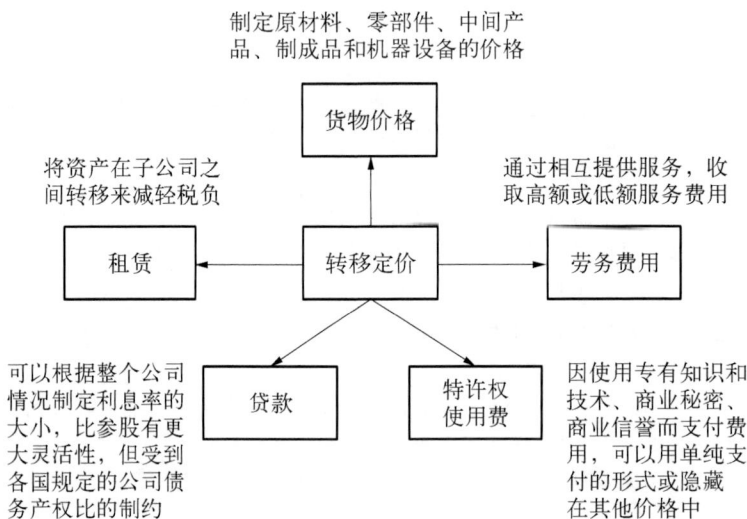

图 16 - 1 转移定价对象说明

转移定价的制定一般不决定于市场供求,而只服从于公司整体利润的要求。避税是转移定价的主要目的之一。跨国公司利用各国税收制度和税法规定进行避税,主要考虑的因素包括不同国家和地区的所得税税率差异、国家之间是否签订税收优惠协定、不同国家和地区的课税程度和方式、免除国际双重征税方法和反避税措施,等等。跨国公司转移定价策略主要包括:低价销售、高价购买和高价销售、低价购买。根据所得税税率差异,在东道国常常表现为"高进低出"或"低进高出"的形式(见图 16 - 2、图 16 - 3)。"低进高出"是指东道国子公司从境外关联企业低价购入成品,再高价向境外关联企业销售原材料、零部件、设备等,从而增加收入和降低成本,将利润留在东道国;反之,则为"高进低出",将利润从东道国转移出去。无论是"高进低出"还是"低进高出",主要基于东道国国内与其他国家所得税税率的差异与其他因素的综合考虑。

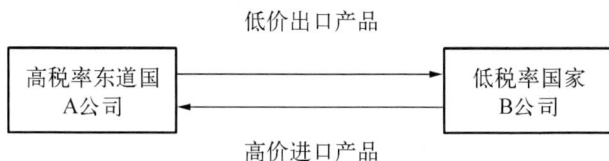

低价出口产品

| 高税率东道国
A公司 | ← → | 低税率国家
B公司 |

高价进口产品

图 16 - 2　"高进低出"转移定价策略

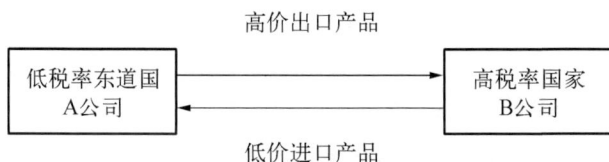

高价出口产品

| 低税率东道国
A公司 | → ← | 高税率国家
B公司 |

低价进口产品

图 16 - 3　"低进高出"转移定价策略

通常情况下,企业都会将收入和利润转移到低税国或国际避税地。国际避税地具有无税或相对低税率、交通和通信便利、银行保密制度严格、有稳定的货币和灵活的兑换管制等优势。

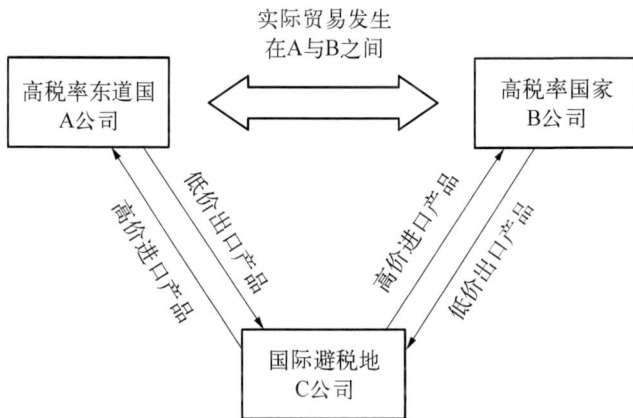

实际贸易发生
在A与B之间

| 高税率东道国
A公司 | ⬄ | 高税率国家
B公司 |

高价进口产品　　低价出口产品
高价进口产品　　低价出口产品

国际避税地
C公司

图 16 - 4　国际避税地的转移定价策略

如图 16 - 4 所示,假设母公司 B 所在的居民国所得税税率为 40%,B 在我国香港地区投资建立子公司 C,C 又在内地投资建立子公司 A。我国香港地区和内地的所得税法定税率分别为 16% 和 25%。最初应该是 B 直接销售材料给 A,但为了获得最大的避税效果,B 首先选择将材料低价出售给 C,然后,再由 C 高价卖给 A,这样第一层原材料的采购利润就留在了中国香港地区;等 A 将材料生产加工为成品后先以低价销售给 C,C 再将产品高价转售给 B,这样第二层产品销售利润也留在了中国香港地区。虽然实际业务是发生在 A 与 B 之间,但采用这种经过 C 国际避税地公司避税的方式,跨国公司至少获得三点好处:一是,将大部分所得转移到香港地区,承担最低的税负。高税率的居民国的税收收入会遭到损失,内地虽然提供了招商引资的优惠条件,但也遭到了税收损失,只有香港地区可从中获利。二是,如果高税率居民国是实行"第一销售原则"的国家,这种模式能够降低居民国进口关税。以美国为例,由于第一销售原则规定,在美国进口前已经有过多次进口销售的货物能够以该货物第一次的销售价格为依据计算关税。因此,在这种模式下,只要条件允许,就可根据我国出口时的低价计算货物的关税。三是,将资金放置在香港地区,规避来自内地的管制,能够更加方便和灵活地使用资金。

如果要使跨国公司集团全球长期战略目标得以实现,那么,定价手段应当多样化并具有机动性,随着不同的经营目标和计划因地制宜地灵活调整,但过分地使用转移定价,也有可能招致东道国政府的调查与惩罚,因此,制定合理的转移价格十分重要。崔健波认为跨国公司所使用的转移定价方法包括:以市场为基准、以成本为基准、协商转移定价、最高层直接干预、双重定价。[①]

(1) 市场价格法,即转移价格采用子公司向外部企业销售产品时采用的价格。

(2) 以成本为基准定价法,即转移价格完全按照销售产品的关联企业实际完全成本、标准成本、预算成本、变动成本和边际成本,或以关联企业实际完全成本、标准成本、预算成本和变动成本等为基础加上固定比率的毛利加成来定价。所使用的成本基础不同,会对企业的部门利润和税负以及跨国公司整体利润产生不同影响。

(3) 协商转移定价,即以正常的市场价格为基础,由关联企业之间的经理进行定期协商来确定一个双方都愿意接受的转移价格,作为内部计价和结算的依据。

(4) 最高层直接干预法,针对一些特定交易,由于没有先例或者不同于以往,最高层管理者有时会用行政手段确定转移价格。

(5) 双重定价法,用两种独立不同的定价方法确定关联企业内部交易的价

---

① 崔健波:《转移定价策略研究——基于企业目标优化视角》,立信会计出版社 2016 年版,第 45—52 页。

格。例如,购买产品的企业以成本加成的方式计价,而销售产品的企业以市场价格的方式计价,两者之间的差额计入总部专门集中核算的账户中,在经营单元报表合并时进行抵消。

第三节　跨国公司在华的避税方式及其对中国经济的影响

跨国公司控制着 60%以上的国际贸易和服务贸易、70%以上的国际技术贸易,而且全球贸易的 1/3 为跨国公司的内部贸易。[①] 通过跨国公司在华投资与进出口贸易、外资工业企业亏损情况三个方面对跨国公司转移定价避税行为问题的实证分析,反映出一个悖论:相对于内资企业,为什么具有经营优势和享受政策优惠的跨国公司处于长期的亏损,且这种亏损没有减退其在中国继续投资的热情?

一、跨国公司在华转移定价避税常见表现形式

从在华跨国公司股权比例动态演变角度看,出现了合资企业的独资化倾向。"合资企业的跨国公司经常一方面通过转移定价使得合资企业亏损,另一方面外资方又通过不断增加投资,而中资合资方受资金所限而无法追加资本,因而合资企业中方股权比例不断降低"。[②]

从跨国公司转移定价实践角度看,转移定价的具体做法包括:为了使子公司成本可控,制定半成品或零部件的结算价格和收取特许权使用费和劳务费;为了使子公司的利润得到调节,控制内部借贷利率大小、佣金计征方式和折扣幅度,甚至在财务管理中刻意制造坏账。[③]

一般来说,跨国公司关联企业之间可以通过关联购销业务、关联借贷业务、无形资产许可和使用业务、成本分摊等方式,将收入和所得从高税率所在地子公司转移至低税率所在地子公司(见图 16-5)。

举例而言,假设 X 公司与 Y 公司均为跨国集团在不同国家的关联公司。

假设 X 公司采购 B 产品用于生产 A 产品,B 产品市场公允价格为 35 元/单位,A 产品市场公允价格为 50 元/单位。假设 Y 公司采购 C 产品用于生产 B 产

---

① 卢进勇、刘恩专:《跨国公司理论与实务》,首都经济贸易大学出版社 2008 年版,第 108 页。
② 鄂立彬:《跨国公司转让定价与政府规制研究》,科学出版社 2013 年版,第 21 页。
③ 卢进勇、郜志雄、刘恩专:《跨国公司经营与管理》,机械工业出版社 2017 年版,第 110 页。

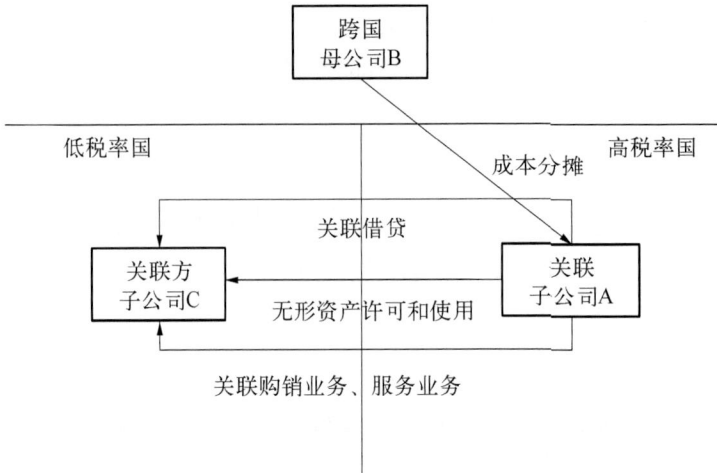

图 16 - 5　转移定价避税业务往来

品,C 产品市场公允价格为 28 元/单位,则转移定价对跨国公司税收影响如表 16 - 5 所示。

表 16 - 5　跨国公司转移定价对税负的影响　　　　　单位:万元

栏　目	转移定价前 X公司	转移定价后 X公司	转移定价前 Y公司	转移定价后 Y公司	注　释
销售收入	500	480	350	870	—
含非关联方销售收入	500	—	350	500	通过关联方销售,并降低销售价格
含关联方销售收入	—	480	—	370	
销售成本	350	370	280	760	—
含非关联方采购成本	350	—	280	280	通过关联方采购,并抬高采购价格
含关联方采购成本	—	370	—	480	
运营费用	100	110	50	40	—
含关联方分摊费用	—	5	—	−5	转移定价后 X公司分摊 Y公司服务费用
含支付特许权使用费	—	5	—	−5	转移定价前 X公司支付 Y公司特许权使用费

栏　目	转移定价前 X公司	转移定价后 X公司	转移定价前 Y公司	转移定价后 Y公司	注　释
所得税税前利润	50	0	20	70	—
所得税税率	25%	25%	5%	5%	—
应纳所得税额	12.5	0	1.0	3.5	—

　　在运用转移定价前,X公司销售 A 产品收入为 500 万元(全部来自非关联方交易),销售成本为 350 万元(不含关联方采购成本),运营费用为 100 万元。根据公式所得税税前利润＝销售收入－销售成本－运营费用,所得税税前利润为 50 万元,应纳所得税额为 12.5 万元。

　　在运用转移定价前,境外关联公司 Y 公司销售 B 产品收入为 350 万元(全部来自非关联方交易),销售成本为 280 万元(不含关联方采购成本),运营费用为 50 万元。所得税税前利润为 20 万元,应纳所得税额为 1 万元。

　　X公司与 Y 公司进行购销业务和支付关联方分摊服务费用和特许权使用费来转移定价。具体而言,一是,将生产的 A 产品全部销售给境外关联公司并调低出口 A 产品的价格,将销售收入从 500 万元降低到 480 万元;二是,全部通过境外关联公司采购原材料 B 产品,并提高进口 B 产品的价格,将销售成本从 350 万元提高到 370 万元;三是,支付关联方分摊服务费用和特许权使用费各 5 万元,将运营费用从 100 万元提高到 110 万元。运用转移定价后,X公司所得税税前利润为 0 元,应纳所得税额为 0 元。

　　运用转移定价后,境外关联公司 Y 公司销售收入为 870 万元(其中,500 万元来自在公开市场上销售 A 产品,370 万元来自向 X 公司销售 B 产品),销售成本为 760 万元(其中,480 万元来自从 X 公司采购 A 产品,280 万元来自在公开市场上采购 C 产品),Y 公司获得 X 公司支付的服务费用和特许权使用费共 10 万元,运营费用为 40 万元。运用转移定价后,境外关联公司 Y 公司所得税税前利润为 70 万元,应纳所得税额为 3.5 万元。

　　X公司通过与关联方交易降低 A 产品销售价格、提高 B 产品采购价格、支付分摊费用和特许权使用费后,X公司税前利润被转移至所得税率较低国家的关联公司 Y 公司。对整个跨国公司集团而言缴纳的所得税从 13.5 万元降低到 3.5 万元,整体税负得以降低。由此可见,跨国公司通过转移定价避税可以给整个集团带来税收收益,可以将节省的税收投入在生产、销售、运营维护、技术研发等方面。

二、跨国公司在华转移定价避税对中国经济的影响

(一)跨国公司在华投资与进出口贸易情况

1. 跨国公司在华投资情况

从跨国公司在华投资总额来看,经计算,近 10 年内我国吸收外商直接投资情况大致呈线性增长的趋势(见表 16-6、图 16-6)。从 2008 年吸引外资923.95 亿美元到 2017 年吸引外资 1 310.4 亿美元,10 年内增长了 41.83%,近10 年年均吸引外商直接投资金额为 1 136.35 亿美元。实际使用外资金额增长率呈剧烈波动态势,于 2010 年达到最大值 17.44%,在 2012 年达到最小值－3.7%。从新设外商投资企业数量上看,近 10 年年均新设 26 767 个外商投资企业,持续吸引外资在华新设企业。

表 16-6 2008—2017 年我国吸收外商直接投资情况

年　份	新设外商投资企业数(个)	实际使用外资金额(亿美元)	实际使用外资金额增长率(%)
2008	27 514	923.95	11.78
2009	23 435	900.33	－2.56
2010	27 406	1 057.35	17.44
2011	27 712	1 160.11	9.72
2012	24 925	1 117.16	－3.70
2013	22 773	1 175.86	5.25
2014	23 778	1 195.60	1.68
2015	26 575	1 262.70	5.61
2016	27 900	1 260.01	－0.21
2017	35 652	1 310.40	4.00

资料来源:商务部外资司:"利用外资快讯",中国投资指南网站,http://www.fdi.gov.cn/sinfo/s_33_0.html? q=field7-%C0%FB%D3%C3%CD%E2%D7%CA%BF%EC%D1%B6&r=&t=&starget=1&style=1800000121-33-10000496,最后访问时间:2018 年 2 月 20 日。

从跨国公司在华投资来源地分布来看,2017 年 1—12 月,前十位国家/地区(以实际投入外资金额计)实际投入外资总额 1 246.1 亿美元,占全国实际使用外资金额的 95.1%,同比增长 5.2%(见表 16-7)。[①]

---

① 商务部外资司:"2017 年 1—12 月全国吸收外商直接投资快讯",中国投资指南网站,2018 年 1 月19 日,http://www.fdi.gov.cn/CorpSvc/Temp/T3/Product.aspx? idInfo = 10000499&idCorp =1800000121&iproject=33&record=10078,最后访问时间:2018 年 2 月 20 日。

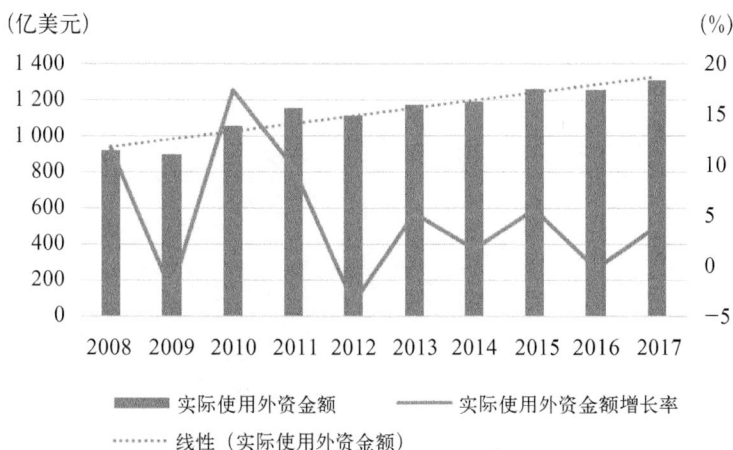

图 16‐6　2008—2017 年对华外商直接投资趋势

表 16‐7　2017 年对华外商直接投资前十位国家/地区投资总额对比

国家/地区	外商直接投资额 （亿美元）	占全国实际使用外资 金额比例（％）
中国香港地区	989.2	75.49
新加坡	48.3	3.69
中国台湾地区	47.3	3.61
韩　国	36.9	2.82
日　本	32.7	2.50
美　国	31.3	2.39
荷　兰	21.7	1.66
德　国	15.4	1.18
英　国	15.0	1.14
丹　麦	8.2	0.63

注：上述国家/地区对华投资数据包括这些国家/地区通过英属维尔京、开曼群岛、萨摩亚、毛里求斯和巴巴多斯等自由港对华投资。

资料来源：商务部外资司："2017 年 1—12 月全国吸收外商直接投资快讯"，http://www.fdi.gov.cn/CorpSvc/Temp/T3/Product.aspx? idInfo＝10000499&idCorp＝1800000121&iproject＝33&record＝10078，最后访问时间：2018 年 2 月 20 日。

从表 16‐7 和图 16‐7 中可知，对内地投资前十位国家/地区中，被列入"避税地"的国家或地区占有绝对比重。其中，中国香港地区占 79.39％、新加坡占 3.88％、荷兰占 1.74％。根据发展援助组织乐施会（Oxfam）发表的一份以"税

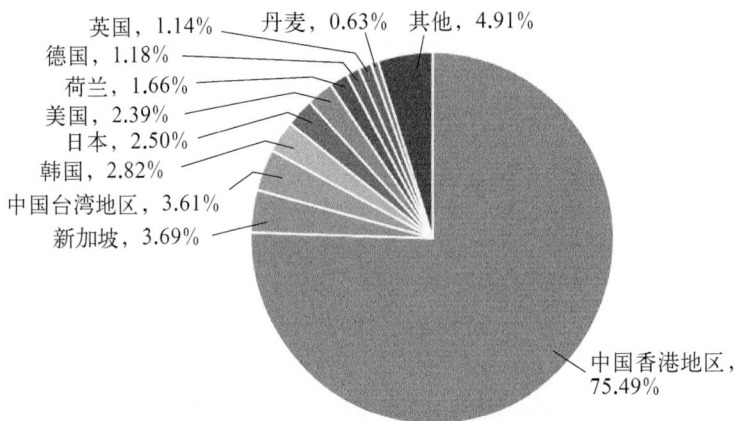

**图 16‐7 2017 年对华外商直接投资总额前十位国家/
地区投资占全国实际使用外资比例**

收斗争"为题的报道中,荷兰在"避税天堂"排行榜中名列第三,新加坡排名第五,中国香港地区排名第九。①

中国香港地区课征所得税仅实行地域管辖权只对香港境内所得或财产征税,且企业所得税只有 16.5%。新加坡企业实行区域征税制度(海外收益不征税),且所得税只有 17%,是企业所得税税率最低的发达国家之一。荷兰具有广泛的税收协议网络,税收优惠包括实行参股免税制度(符合条件的股息和财产收益在荷兰免征所得税),荷兰国内法规定不对利息、特许权使用费征收预提税,②所以,此三者的税收制度与政策使跨国公司不承担或少承担所得税及预提税,使跨国公司通过转移定价方式转移利润存在较高的可能性。

2. 跨国公司进出口贸易情况

经计算,2008—2017 年外商投资企业进出口贸易量如表 16‐8 所示,外商投资企业进、出口总值占全国进、出口总值的比重趋势如图 16‐8 所示。其中,进口总值占全国进口总值的比重=外商投资企业进口总值/全国进口总值。出口总值占全国进口总值的比重=外商投资企业出口总值/全国出口总值。

从表 16‐8 和图 16‐8 可知,在进出口总量方面,受 2008 年金融危机的影响,2009 年,外商投资企业进出口总值大幅下降,从 2009 年起经济开始逐渐复苏,外商投资企业进出口总值以 2014 年为界限呈先上升(2009—2014 年)后下

---

① "想不到这些欧盟国家竟成避税新天堂",观察者网站,2016 年 12 月 18 日,http://www.guancha.cn/economy/2016_12_18_384884.shtml,最后访问时间:2018 年 2 月 20 日。

② "《2013 年 5 月刊——荷兰和中国签署新税务协议》",玛泽会计师事务所网站,http://chi.mazars.cn/node_324/node_342/node_30160/node_420809/node_45687/node_532794,最后访问时间:2018 年 2 月 20 日。

表 16‑8 2008—2017 年外商投资企业进出口总值
及其占全国进出口总值的比重

年份	外商投资企业进口总值（亿美元）	进口总值占全国比重（%）	外商投资企业出口总值（亿美元）	出口总值占全国比重（%）	外商投资企业进出口总值（亿美元）	进出口总值占全国比重（%）
2008	6 199.56	54.71	7 906.20	55.34	14 105.76	55.07
2009	5 452.07	54.22	6 722.30	55.94	12 174.37	55.16
2010	7 380.01	52.91	8 623.06	54.65	16 003.07	53.83
2011	8 648.26	49.60	9 953.30	52.42	18 601.56	51.07
2012	8 712.49	47.93	10 227.48	49.92	18 939.97	48.98
2013	8 748.20	44.86	10 442.73	47.25	19 190.93	46.13
2014	9 093.00	46.39	10 747.00	45.87	19 840.00	46.11
2015	8 299.00	49.34	10 047.00	44.13	18 346.00	46.34
2016	7 703.00	48.52	9 168.00	43.71	16 871.00	45.78
2017	8 616.00	46.80	9 776.00	43.19	18 392.00	44.81

资料来源：商务部外资司："外商投资进出口统计简表"，中国投资指南网站，http://www.fdi.gov.cn/sinfo/s_33_0.html? q=field7^%CD%E2%C9%CC%CD%B6%D7%CA%BD%F8%B3%F6%BF%DA%CD%B3%BC%C6%BC%F2%B1%ED&r=&t=&starget=1&style=1800000121‑33‑10000496，最后访问时间：2018 年 2 月 20 日。

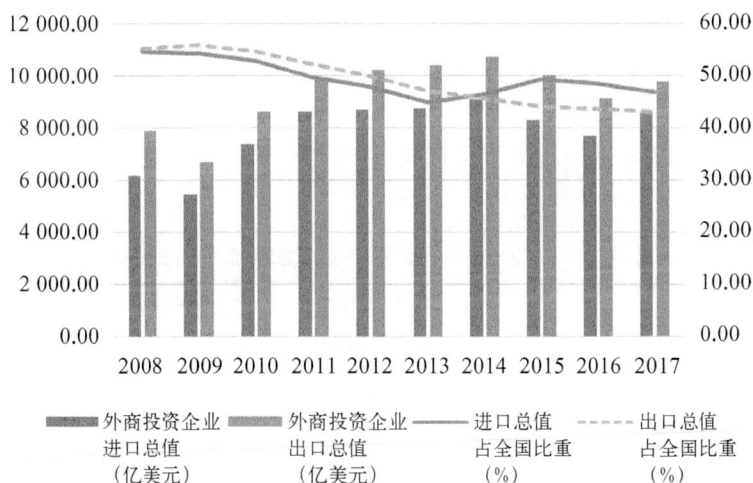

图 16‑8 2008—2017 年外商投资企业进出口总值占
全国进出口总值的比重趋势

降(2014—2016年),再上升(2016—2017年)的趋势。近10年,外商投资企业进出口总值占全国比重大体呈下降的趋势,但比重依旧达到44.81%及以上。在出口方面,近10年,外商投资企业出口总值与外商投资企业进出口总值发展趋势大体相同,出口总值占全国比重呈逐步下降的趋势,但比重依旧达到43.19%及以上。在进口方面,近10年,外商投资企业进口总值与外商投资企业进出口总值发展趋势大体相同,进口总值占全国比重以2013年为分界线呈现先下降(2008—2013年)后上升(2013—2015年),再下降(2015—2017年)的趋势,且于2014年反超出口比重,于2017年达到46.80%。

由此可见,跨国公司进出口贸易在我国经济活动中的地位极为重要,外商投资企业有力地推动我国进口需求,但与我国出口导向的税收优惠政策不相符的是自2014年起外商投资企业出口总值比重与进口总值比重的差距日益增大,于2015年达到差距最大值5.21个百分点。这种差距不仅跟经济形势有关,也与跨国公司内部贸易和转移定价有关。

(二)外资工业企业在华亏损情况

由于跨国公司转移定价手段比较隐蔽,且难以衡量,而转移定价通常最显著的结果表现是制造亏损和转移利润。在通过转移定价转移利润方面,外商独资企业相对于中外合资企业、中外合作企业而言,受限制更少,更具有优势,因此,可以从企业亏损情况角度,将内资工业企业与外商独资工业企业(以下简称外资工业企业)进行对比,更能反映在华跨国公司转移定价的问题。

1. 在企业亏损范围方面的情况

在企业亏损范围方面,通过企业亏损面这个结构性指标对内资工业企业亏损情况和外资工业企业亏损情况进行比较分析。亏损面=亏损企业数量/全部企业数量,反映了企业亏损的广泛程度。经计算,近10年,内外资工业企业亏损广泛度情况如表16-9和图16-9所示。

表 16-9 2007—2016 年内、外资工业企业亏损面对比

年份	企业类型	总户数(个)	亏损企业户数(个)	亏损面(%)	两者差额(百分点)
2007	内资工业企业	269 312	31 125	11.56	12.79
	外资工业企业	18 968	4 618	24.35	
2008	内资工业企业	348 266	44 640	12.82	17.52
	外资工业企业	24 028	7 290	30.34	

续　表

年份	企业类型	总户数（个）	亏损企业户数（个）	亏损面（%）	两者差额（百分点）
2009	内资工业企业	358 988	42 003	11.70	15.48
	外资工业企业	23 552	6 402	27.18	
2010	内资工业企业	378 827	32 167	8.49	12.36
	外资工业企业	23 027	4 801	20.85	
2011	内资工业企业	268 393	20 712	7.72	13.06
	外资工业企业	18 052	3 751	20.78	
2012	内资工业企业	286 861	28 143	9.81	14.12
	外资工业企业	17 986	4 304	23.93	
2013	内资工业企业	312 445	30 238	9.68	13.60
	外资工业企业	18 308	4 262	23.28	
2014	内资工业企业	322 716	32 866	10.18	11.84
	外资工业企业	17 711	3 900	22.02	
2015	内资工业企业	330 390	37 273	11.28	12.53
	外资工业企业	17 024	4 053	23.81	
2016	内资工业企业	329 045	31 959	9.71	10.29
	外资工业企业	15 858	3 172	20.00	

注：上述企业数量仅指规模以上工业企业数量。

资料来源：国家统计局：“国家数据查询”，http://data. stats. gov. cn/，最后访问时间：2018 年 2 月 20 日。

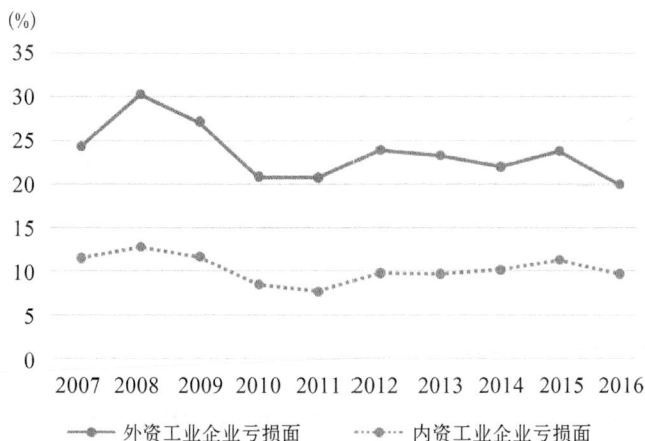

图 16 - 9　2007—2016 年内外资工业企业亏损面大小对比

从表 16 - 9 和图 16 - 9 可知,外资工业企业亏损面大体呈先上升(2008 年达到最大值 30. 34%)而后下降(2010 年达到最小值 20. 85%),再上升(2012— 2015 年大致稳定在 23% 左右),再下降(2016 年下降至 20%)的波动趋势。外资工业企业近十年年均亏损面为 23. 65%。

外资工业企业亏损面显著下降过程体现在 2008—2010 年,下降了 9. 49 个百分点。这与我国 2008—2009 年加强了对跨国公司转移定价避税行为的治理有关。2008 年颁布的《企业所得税法》首次对反资本弱化与一般反避税条款作出了规定。2009 年颁布的国税发〔2009〕2 号文《关于印发特别纳税调整实施办法(试行)的通知》对关联关系认定、调整方法、实施程序、预约定价安排、补征税款、加收滞纳金等条款以及纳税企业所承担的等义务进行了较为详尽明确的规定。外资工业企业亏损面从 2007 年的 24. 35% 发展到 2016 年的 20%,近 10 年下降了 4. 35 个百分点。由此可见,外资工业企业在近 10 年的发展中亏损情况的广泛度得到较大的改善,这与经济发展形势、企业发展状况和我们国家加强对跨国公司转移定价避税行为的治理密切相关。

而内资工业企业亏损面大体呈现出先下降,于 2011 年达到最小值 7. 72%,再上升的趋势,自 2012—2016 年大致稳定在 10% 左右。内资工业企业近十年年均亏损面为 10. 30%。内资工业企业亏损面从 2007 年的 11. 56% 降到 2016 年的 9. 71%,近 10 年下降了 1. 85 个百分点。由此可见,内资工业企业在近 10 年的发展中亏损情况的广泛度得到了一些改善,近十年亏损广泛度分布相对平稳。

从每年内外资工业企业亏损面差额可知:近 10 年,外资工业企业亏损面比内资工业企业平均要高 13. 36 个百分点,最大值出现在 2008 年,达到了 17. 52 个百分点,最小值为 2016 年的 10. 29 个百分点。相比内资工业企业,外资工业企业亏损企业分布比例显著提高。这种现象与近十年内我国吸收外商直接投资情况大致呈线性增长的趋势不相称,跨国公司在中国蓬勃发展且享受国内招商引资的优惠政策,但外资工业企业经营业绩却没有随着发展成正比增加,反而在 10 年内保持一定范围内的亏损,且在这种长期保持一定比例亏损的外资工业企业分布范围中,跨国公司没有大量削减在华投资金额,反而持续增加对华直接投资。在这背后,跨国公司存在严重的转移定价行为可能是答案之一。

2. 在企业经营效益方面的情况

在企业经营效益情况方面,通过成本费用利润率指标对内资工业企业与外资工业企业亏损情况进行比较分析。成本费用利润率指标表明:每付出一元成本费用可获得多少利润,体现了经营耗费所带来的经营成果,该项指标越高,利润就越大,反映企业的经济效益越好。成本费用利润率＝利润总额/成本费用总额×100%。利润总额指企业在一定会计期间的经营成果,是生产经营过程中各种收入扣除各种耗费后的盈余,反映了企业在报告期内实现的盈亏总额。成本费用总额为主营业务成本及附加和三项期间费用(销售费用、管理费用、财务费用)的总和。经计算,近 10 年,内外资工业企业经营效益情况如表 16 - 10 和图 16 - 10 所示。

表 16 - 10　2007—2016 年内外资工业企业成本费用利润率情况对比

年份	企业类型	利润总额（亿元）	成本费用总额(亿元)	成本费用利润率(%)	两者差额（百分点）
2007	内资工业企业	19 627.80	248 907.39	7.89	2.45
	外资工业企业	2 154.40	39 597.15	5.44	
2008	内资工业企业	22 319.74	324 755.79	6.87	1.55
	外资工业企业	2 422.82	45 557.69	5.32	
2009	内资工业企业	24 435.16	360 365.13	6.78	0.92
	外资工业企业	2 662.29	45 411.94	5.86	
2010	内资工业企业	38 030.12	464 772.23	8.18	1.05
	外资工业企业	4 021.10	56 403.65	7.13	
2011	内资工业企业	45 902.11	569 193.65	8.06	2.02
	外资工业企业	3 893.64	64 415.58	6.04	
2012	内资工业企业	47 944.12	647 278.40	7.41	1.96
	外资工业企业	3 600.30	66 080.21	5.45	
2013	内资工业企业	52 576.32	731 655.76	7.19	1.44
	外资工业企业	4 068.41	70 704.46	5.75	
2014	内资工业企业	51 577.58	790 918.19	6.52	0.52
	外资工业企业	4 264.72	71 069.12	6.00	
2015	内资工业企业	50 281.30	802 108.86	6.27	0.37
	外资工业企业	3 995.91	67 750.04	5.90	
2016	内资企业	54 323.96	842 271.92	6.45	−0.34
	外资企业	4 619.42	68 007.04	6.79	

注:上述企业成本费用利润率仅指规模以上工业企业的成本费用利润率。

资料来源:国家统计局:"国家数据查询",http://data.stats.gov.cn/,最后访问时间:2018 年 2 月 20 日。

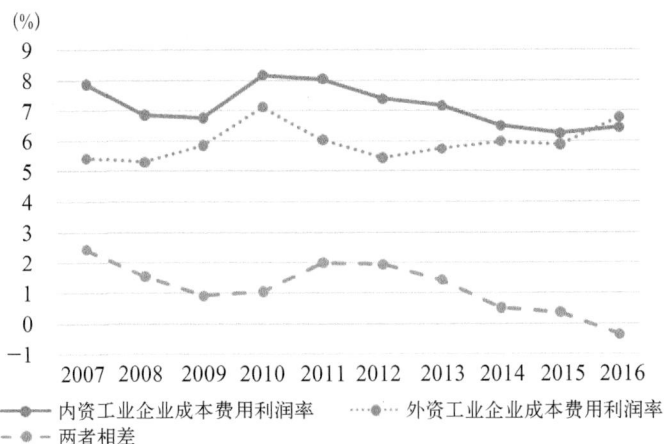

图 16‑10　2007—2016 年内外资工业企业成本费用利润率大小对比

由表 16‑10 和图 16‑10 所示,近 10 年,外资工业企业成本费用利润率大体呈先上升(2007—2010 年)后下降(2010—2012 年),再上升(2012—2016 年)的波动趋势,于 2010 年达到最大值 7.13%,而后下降到 2012 年的 5.45%,然后,又上升到 2016 年的 6.79%。外资工业企业成本费用利润率从 2007 年的 5.44% 上升到 2016 年的 6.79%,10 年内上升了 1.35 个百分点,经营效益得到改善。

内资工业企业成本费用利润率大体呈先下降(2007—2009 年)后上升(2009—2010 年),再下降(2010—2016 年)的趋势,于 2010 年达到最大值 8.18%,而后一直下降到 2015 年的 6.27%,2016 年比 2015 年略有提高,为 6.45%。内资工业企业成本费用利润率从 2007 年的 7.89% 下降到 2016 年的 6.45%,10 年内下降了 1.44 个百分点,经营效益下降相对较快。

从每年内外资工业企业成本费用利润率差额来看,近 10 年内资工业企业成本费用利润率比外资工业企业平均要高 1.19 个百分点。两者在成本费用利润率的差距,大体呈现出先下降(2007—2009 年)后上升(2009—2011 年),再下降(2011—2016 年)的波动趋势,最大值为 2007 年的 2.45 个百分点,2011—2016 年,两者成本费用利润率的差距不断缩小,2016 年达到最小值−0.34 个百分点。虽然内外资工业企业成本费用利润率在 2011—2016 年逐渐缩小差距,但是,就 2007—2016 年的整体状况而言,两者差距依旧很大,尤其是 2007—2015 年的 9 年时间里,每年内资工业企业成本费用利润率始终高于外资工业企业。

这现象与内外资企业经营优势差距、政策优惠差异和近 10 年内我国吸收外商直接投资情况大致呈线性增长的趋势相悖。具有经营优势和享受政策优惠的跨国公司不断增加在华直接投资,但其经济效益却没有随着投资成正比增加,反而长期一直与内资工业企业保持着一定差距。这种矛盾的背后反映了跨国公司通过转移定价来转移利润的问题。

三、在华跨国公司转移定价避税问题的成因分析

跨国公司受利益驱动而采取转移定价行为避税,且会根据跨国公司集团的整体目标采取灵活的转移定价的手段和方式。但跨国公司转移定价避税问题如此严重,其背后值得重视的原因之一是我国政府对转移定价避税行为的治理还不够完善。就海关对跨国公司转移定价避税行为的治理而言,海关对转移定价反避税制度存在的问题可以从法制建设、信息流通、价格预先审核制度和行政处罚制度方面进行分析。

(一)海关的反避税立法缺乏系统性

海关转移定价反避税税制还不够完善,在法律法规层面上的规定比较少且政策文件也不够明确,完善转移定价反避税立法是当务之急。

一是,开展价格核查规范不够明确。根据《审价办法》第四十三条的规定,海关为审查申报价格的真实性、准确性,可以行使职权进行价格核查,但对于开展价格核查的主体、形式、程序等未进一步作出明确规定。在现场执法过程中,部分海关会以审价程序代替价格核查程序。

二是,针对转移定价监管的规范文件立法层次较低。海关总署2008年制定的《海关对跨国公司转移定价估价指导意见》与2013年制定的《特许权使用费审核指引》,以及请价格外脑机构草拟的《转移定价审核指引》都是内部文件。但是,有关企业承担的法律责任与义务,例如,信息披露和举证责任等都需要以法律法规的形式予以明确,以提升海关价格核查的合法性与公正性。相关文件的立法层次较低不仅影响了法律法规的严肃性、权威性和稳定性,同时在操作层面上带来实施困难,例如,特许权使用费如何分摊的问题,转移定价方法如何进行合理性审核的问题,等等。而美国、加拿大等英美法系国家,他们在估价实践中多依赖于典型的判例,提供了大量有针对性的细节加以参考,可以对实际问题给予明确的指导。

三是,对关联方特殊关系申报义务及后续管理尚不明确。根据新《中华人民共和国海关进出口货物报关单填制规范》规定,纳税义务人在进口货物时,应当对买卖双方是否存在特殊关系、特殊关系是否影响价格、是否支付与货物有关的特许权使用费的情况进行确认与申报。但目前相关法律法规与部门规章和一般

性文件对纳税义务人应该如何进行正确申报缺乏指导与规定,对纳税人未正确申报应当承受什么法律责任以及海关后续如何监管均未予以明确。以特许权使用费为例,很多商品的特许权使用费是用于支付分销权、销售权或者其他类似权利,支付货物有关的特许权使用费行为是货物在国内市场销售后发生的,而在货物进口时销售前还未支付与货物有关的特许权使用费,那么,企业在进口申报时在"是否支付与货物有关的特许权使用费"一栏中是否应当填报?如果申报错误会产生什么法律后果?是否会影响后续海关对该货物的监管?这些问题都尚未清晰地明确,不仅影响了纳税人主动真实申报的积极性,而且对海关后续应如何监管也造成了困惑。此外,因非纳税人违反规定造成的税款少征或漏征,海关受补征税款、缴纳税款或者货物放行 1 年期限的限制,导致有时虽然海关开始价格核查是在补税期限内,但进口货物完税价格最终确定时已经超过进口货物放行后的 1 年,价格认定已经失去法律效力,无法进行补税处理。例如,经不完全统计,一个特许权案例从案件查发到最后结案,查处周期一般都在 3~6 个月,其中大部分时间均花费在认定程序上。①

(二)海关反避税监管中存在信息不对称性

一是,海关与企业之间存在信息不对称。一般而言,企业往往比海关掌握更多的信息价格,而海关审价人员获取价格信息的渠道比较有限,掌握的价格信息资料在时效性和全面性都比不上企业。尤其是跨国公司转移定价手段更具有隐蔽性和专业性,其销售的产品具有差别化特性和品牌独占性,而海关在域外取证和获得证据比企业财务获得资料更加困难,故无法准确把握独立交易价格。《WTO 估价协定》赋予海关对成交价格合理性的质疑权和举证义务,所以,价格信息支持不足在很大程度上影响了海关审价的质量,很多时候由于价格信息资料不足导致审价工作无法有效开展。而海关在与企业进行价格磋商中开展价格交换时,对转移定价需要企业提供的价格资料尚未以法规进行规范,在一定程度上影响了海关获取价格资料的有效性和时效性。

二是,海关与税务部门存在信息不对称。税务部门与海关在管理对象和范围上存在交集,税务部门对转移定价审查涉及的贸易范围较海关更为广泛。虽然两者均将非关联方之间的交易定价作为参考来消除关联企业特殊关系对交易价格造成的影响,但由于关税和进口环节代征消费税能作为所得税税前扣除,所以,两个部门在税款征收上会产生冲突。税务部门为了多征所得税而希望调低

---

① 徐喆:"跨国公司转移定价研究",天津财经大学硕士论文,2015,第 20 页。

转移价格,而海关为了多征关税和进口环节代征税而希望调高转移价格。这种冲突不仅增加了企业被两个部门同时征税的风险,而且制约了税务和海关之间的合作与发展。海关与税务部门之间缺乏有效的信息共享与合作交流的机制。例如,两个部门都会向关联企业要求提供转移定价价格资料信息,但需提交的信息资料清单不统一、资料的要求不一致以及一方所需的价格信息资料效力未得到另一方认可,导致企业既需要针对两个管理部门准备两套资料,分别进行价格的合理性说明,增加了企业的行政成本和经济负担;同时,也反映了两个部门对跨国公司转移定价的避税行为的治理尚处于"孤军奋战"的阶段,未形成监管合力,不利于形成统一、有效的反避税治理格局。

三是,海关系统内部存在信息不对称。在全国通关一体化的通关模式下,税管中心与现场海关分离,一般在现场海关设立验估岗位,由税管中心下达涉及货物价格的验估指令,但现场海关往往很难掌握税管中心拥有的价格信息资料,两个部门之间缺乏有效的价格信息共享机制与交流平台,导致现场海关在与企业进行价格磋商中无法获得有效的、可靠的信息支持而影响价格磋商的效率。此外,尚无系统可以查询外关区的估价报关单,对海关内部可能出现的海关估价幅度不统一现象未能进行规范。

(三)海关价格预先评估和审核制度不完善

目前海关价格预先评估和审核制度包括进口货物价格预审核制度、价格备案制度、价格行政预裁定制度。

进口货物价格预审核(简称"预审价")是指海关在货物实际申报进口前对企业申报的完税价格进行审核,货物实际申报进口时,海关按照价格预审核确定的完税价格计征税款,以实现快速通关的一种措施。一般而言,进口货物价格预审核适合于高级认证企业。但由于上位法依据不足,海关总署除了《进口货物价格预审核管理暂行规定》(署税发〔2011〕419号)之外,没有再公布有关价格预审核的行政规章或一般性文件,因此,价格预审核模式的具体对外文件由各直属海关自行公布,各直属海关在具体条文规定上有所不同,对价格预审核法律效力的认识也不统一。同时,价格预审核通常只针对单项交易,而不是批量处理整个企业所有进口产品所使用的估价方法,因此,应用范围十分有限,不像企业与税务部门之间的预约定价安排机制可以全面地覆盖企业所有关联交易。在具体实践上,也只是在部分海关进行实施,前来办理的企业不多。以上海海关为例,将申请人的资格限制为高级认证企业,且对适用商品范围采用《适用商品税号清单》管理。适用价格预审核进口货物须同时符合五个条件:进口货物为一般贸易应税商品;进口货物为非公式定价商品;进口货物成交价格已确定并已装运;能提供证明其成交价格真实性与完整性的相关贸易单证;进口货物单票合同金额超过 100 万美元。《预审价决定书》仅在出具决定书的关区内有效,并非全境内有效。

价格备案制度是各直属海关根据自身执法实践所实施的价格制度,即允许企业在货物进口前向海关登记备案其价格,但在海关总署层面也未出台文件规定。

2017 年 12 月 26 日,海关总署公布了海关总署第 236 号令——《中华人民共和国海关预裁定管理暂行办法》,推行海关预裁定制度。在货物实际进出口前,申请人可以就进口货物完税价格相关要素、估价方法的海关事务申请预裁定,其中,"完税价格相关要素"包括特许权使用费、佣金、运保费、特殊关系,以及其他与审定完税价格有关的要素。申请人应当在货物拟进出口 3 个月之前向其注册地直属海关提出预裁定申请。特殊情况下,申请人确有正当理由的,可以在货物拟进出口前 3 个月内提出预裁定申请。预裁定对申请人资格未做过多限制,只要是与实际进出口活动有关,并且在海关注册登记的对外贸易经营者即可。预裁定决定有效期为 3 年且全境内海关均有效,但与进口货物价格预审核制度不同,价格预裁定并不是对进口货物的完税价格具体数值大小的确定,而是对进口货物完税价格相关要素、估价方法的确定。

因此,目前我国海关尚未形成类似税务部门预约定价安排那样完善的预先对价格进行评估与确认的价格监管制度。

(四)跨国公司转移定价避税违法成本太低

海关对跨国公司转移定价避税行为,只进行价格调整与补税,没有征收滞纳金与缓税利息,也没有对企业信用等级进行调整。而且逃避税款大小与法律责任后果无关,因此,较低的违法成本造成企业宁愿避税,大不了补税的侥幸心理,刺激价格欺瞒现象的出现,不利于形成良好的价格合规申报秩序。

第四节　我国海关对转移定价避税行为的治理

伴随着跨国公司来华投资规模的扩大和经营方式的转变,转移定价手段更趋向多样性和隐蔽性,海关目前的治理制度难以满足可操作性的要求,不断完善对跨国公司转移定价避税行为的治理制度是加强跨国税源监控的必然要求。

一、我国海关转移定价反避税税制的发展历程

如表 16‑11 所示,自 2001 年加入 WTO,我国便将《WTO 估价协定》的规定转化为 2001 年新的《海关法》和 2004 年《进出口关税条例》,实行以成交价格为基础的估价原则,解决了国内立法与国际公约衔接的问题。2006 年,海关总署出台了《审定进出口货物完税价格办法》对审核价格的具体程序和方法予以明确。2008 年,海关总署发布了《海关对跨国公司转移定价估价指导意见》(税管函〔2008〕335 号),首次对转移定价审查评估程序的规范予以明确。2013 年,海关总署发布了《特许权使用费审核指引》,且请有关价格外脑机构草拟了《转移定价审核指南》。2013 年,我国在《审价办法》中引入了《WTO 估价协定》第 1 条第2 款(a)中"销售环境测试法",新增了"海关经对与货物销售有关的情况进行审查,认为符合一般商业惯例的,可以确定特殊关系未对进口货物的成交价格产生影响"。① 2016 年,海关总署修改了《中华人民共和国海关进出口货物报关单填制规范》要求纳税义务人在进口货物时应当对买卖双方是否存在特殊关系、特殊关系是否影响价格、是否支付与货物有关的特许权使用费的情况进行确认与申报。同年,海关总署修改了《中华人民共和国海关稽查条例》明确海关信息收集的范围和内容,增加了企业主动披露和引入社会专业机构协助稽查等内容,优化了监管和服务。此外,在国际合作方面,我国海关积极参与 WTO 转移定价研讨专题会议,与最新发展保持与时俱进。例如,2016 年 9 月,我国海关受 WCO 委托,参加新加坡举办的 2016 年转移定价商界研讨会(TP MINDS ASIA 2016)并做了"海关估价与转移定价——WCO 的视角"的演讲。

表 16‑11　海关的转移定价反避税税制发展历程

年份	法律法规及部门规章	主 要 内 容
2000 年	第一次修订《中华人民共和国海关法》	首次明确"以成交价格为基础审查确定进口货物完税价格",在商品归类、海关估价、原产地规则、知识产权海关保护方面遵循国际规则,新建海关事务担保、行政裁定制度和加工贸易制度
2002 年	《中华人民共和国海关审定进出口货物完税价格办法》	规范一般贸易进出口货物和加工贸易进出口货物审价规定

① 海关总署:《〈中华人民共和国海关审定进出口货物完税价格办法〉》,海关总署网站,2013 年 12 月 31 日,http://www.customs.gov.cn/publish/portal0/tab49564/info688746.htm,最后访问时间: 2018 年 2 月 20 日。

续　表

年份	法律法规及部门规章	主　要　内　容
2003 年	《中华人民共和国海关关于进口货物特许权使用费完税价格办法》《关于对软件数据处理设备完税价格估价的公告》《关于对完税价格利息费用估价的公告》	针对特许权使用费、软件数据处理设备完税价格及完税价格利息费用的估价的要求作出规范
2004 年	《中华人民共和国进出口关税条例》	明确关税税率设置和适用、审核进出口货物完税价格的方法、税款征收的规范,对特殊关系影响成交价格作出规范
2006 年	《中华人民共和国审定进出口货物完税价格办法》	明确海关审核进出口货物价格的具体程序和方法
2008 年	《海关对跨国公司转移定价估价指导意见》	指导转移定价审查评估的要点
2013 年	第二次修订《中华人民共和国海关法》	增加海关在特殊情况下对进出口货物予以免验制度
2013 年	修订《中华人民共和国海关审定进出口货物完税价格办法》	新增销售环境测试法,将审定内销保税货物完税价格相关内容从原《审价办法》中分离形成专门办法
2016 年	修订《中华人民共和国海关进出口货物报关单填制规范》	明确纳税人在进口货物时应当对买卖双方是否存在特殊关系、特殊关系是否影响价格、是否支付与货物有关的特许权使用费的情况进行确认与申报
2016 年	《国务院关于修改〈中华人民共和国海关稽查条例〉的决定》	明确了信息收集的范围和内容,扩大海关收集信息的渠道,增加保障被稽查人合法权利的条款

资料来源：根据海关法律法规整理编制。

　　虽然自 2000 年来海关对跨国转移定价反避税监管体系有了较大的发展,但反避税税制体系相对不完善,尚未出台一部关于跨国公司转移定价监管的专门条例或管理办法,也未在法律法规上对企业须提供的价格资料清单进行明确地规范。再加上,跨国公司转移定价手段丰富,方式多样化,不易被觉察和发现,导致我国海关法律法规在反避税调查、价格举证、结果认定和价格调整等具体实践中缺乏可操作性。

二、我国海关对跨国公司转移定价避税行为的监管措施

（一）审查内容

中国是 WTO 成员国,所以,我国海关一以贯之地贯彻《WTO 估价协定》的

估价原则与精神、方法与程序。我国海关在跨国公司转移定价避税行为治理方面的执法依据是《海关法》《进出口关税条例》《审定进出口货物完税价格办法》（以下简称《审价办法》）。我国海关对转移定价的审核主要是从关联企业特殊关系是否影响进口货物成交价格以及是否存在应税特许权使用费两个方面进行审核。

1. 关联企业特殊关系是否影响进口货物成交价格的判断

海关对关联企业是否存在特殊关系主要依据《审价办法》第十六条所列情形："买卖双方为同一家族成员的；买卖双方互为商业上的高级职员或者董事的；一方直接或者间接地受另一方控制的；买卖双方都直接或者间接地受第三方控制的；买卖双方共同直接或者间接地控制第三方的；一方直接或者间接地拥有、控制或者持有对方5%以上（含5%）公开发行的有表决权的股票或者股份的；一方是另一方的雇员、高级职员或者董事的；买卖双方是同一合伙的成员。买卖双方在经营上相互有联系，一方是另一方的独家代理、独家经销或者独家受让人，如果符合前款的规定，也应当视为存在特殊关系"。[1]

在对特殊关系进行判断时，一个最核心的判断依据在于进口商与出口商之间是否存在经济上的"控制"关系，具体而言，如果出口商或进口商拥有决定对方财务管理和经营决策的权利，并且能够凭借该权利在对方经营活动中获得经济利益，那么，可以认为在经济上一方被另一方所"控制"。[2]

但是，关联企业存在特殊关系，未必肯定存在转移定价逃避税款的可能性。只有在进口货物成交价格受到关联企业之间特殊关系影响时，才可认为跨国公司存在转移定价避税的嫌疑。而在判断关联企业之间内部贸易价格是否受到特殊关系影响，主要有两种途径：价格测试和销售环境审查。

价格测试是将价格举证的责任赋予在华跨国公司，他们须证明内部贸易的发票价格或合同价格与海关已接受的向境内无特殊关系的卖方出售的相同或类似货物的成交价格或海关已接受的按照倒扣价格估价方法和计算价格估价方法确定的价格相差非常小。[3] 不同的商业水平和不同规模的进口数量以及跨国公司的关联关系可能造成的费用差异应当在价格比较中被予以考虑。不过，申报价格与测试价格是否"相近"不存在唯一固定的标准，也不存在可公示化的模型，而是针对不同货物的品质与特性、不同行业的定价模式与特点及季节气候因素

① 海关总署："《中华人民共和国海关审定进出口货物完税价格办法》"，海关总署网站，2013年12月31日，http://www.customs.gov.cn/publish/portal0/tab49564/info688746.htm，最后访问时间：2018年2月20日。

② 海关总署关税征管司：《审价办法及释义》，中国海关出版社2006年版，第105页。

③ 海关总署关税征管司：《审价办法及释义》，中国海关出版社2006年版，第110页。

对货物可能造成的影响等方面进行综合考量,因此,是结合每一类商品的具体情况作出的个案判断。就价格比较本身而言,其只用于说明进口货物的价格是否能被接受;如果进口货物的价格不能被接受,测试价格也不能作为进口货物的完税价格。[①]

销售环境审查是通过对进口货物的销售环境审查来判断是否符合一般商业惯例,"如果符合一般商业惯例,则进口货物的成交价格可被视为没有受到特殊关系影响"。[②] 如果相关证据与资料显示关联企业之间的销售环境与行业普遍做法有一定的差距,抑或其定价模式与公平交易原则不一致,则可以认为进口货物的交易价格被跨国公司关联企业之间的特殊关系所影响。关于审核货物销售有关的情况,核心内容是对进口货物销售的外部环境进行审核,主要包括以下几个方面:

(1) 进口商与出口商之间的商业关系是如何被构造的;

(2) 内部贸易的结算价格是如何被确定的,跨国公司的定价模式与相关行业定价惯例是否一致;

(3) 针对进口货物,跨国公司内部贸易的定价模式与跨国公司外部贸易的定价模式是否相同。如果不同,那么,这种不一致对成交价格产生什么影响;

(4) 进口货物的利润水平是否符合同类货物的利润水平;

(5) 进口货物的成本、费用和利润是否已经充分体现在成交价格中,等等。

如果特殊关系对成交价格产生影响,但其影响程度可以根据客观证据进行量化处理,则海关可将成交价格恢复到没有特殊关系影响的状态,并以此为基础确定完税价格,而无须另行使用其他方法估定完税价格。[③] 否则,跨国公司所申报的进口货物价格将被海关拒绝,并且将会被以非成交价格法进行估价并补税。

2. 是否存在应税特许权使用费项目的审核

特许权使用费,是指进口货物的买方为取得知识产权权利人及权利人有效授权人关于专利权、商标权、专有技术、著作权、分销权或者销售权的许可或者转让而支付的费用。[④]《审价办法》第十一条第三款以排除条款的方式列明了特许权使用不需要计入完税价格的两个前提条件,包括"特许权使用费与该货物无关;特许权使用费的支付不构成该货物向中华人民共和国境内销售的条件"。[⑤]不满足这两个条件,无论特许权使用费是直接支付还是间接支付,无论是支付给

① 林弘:《海关估价》,中国海关出版社 2010 年版,第 175 页。
②④⑤ 海关总署:"《中华人民共和国海关审定进出口货物完税价格办法》",海关总署网站,2013 年 12 月 31 日,http://www.customs.gov.cn/publish/portal0/tab49564/info688746.htm,最后访问时间:2018 年 2 月 20 日。
③ 海关总署关税征管司:《审价办法及释义》,中国海关出版社 2006 年版,第 70 页。

出口商还是支付给其他有关企业,都需要计入成交价格。

特许权使用费的支付构成该货物向境内销售的条件的判断依据,《审价办法》第十四条指出了两个方面,分别为:"买方不支付特许权使用费则不能购得进口货物,或者买方不支付特许权使用费,则该货物不能以合同议定的条件成交"。[1]

特许权使用费与进口货物有关的判断方法如表 16－12 所示,《审价办法》第十三条列举了专利和专有技术、商标、著作权、分销权四种情况,但没有穷尽特许权使用费与进口货物有关的所有情况,所以,针对其他类型或其他交易情形的特许权需要根据个案判断。[2]

表 16－12　特许权使用费是否与进口货物有关情况

类　　别	进口货物属于下列情形则认为与进口货物有关
特许权使用费是用于支付专利权或专有技术	1. 含有专利或者专有技术
	2. 用专利方法或者专有技术生产
	3. 为实施专利或者专有技术而专门设计或者制造
特许权使用费是用于支付商标权	1. 附有商标
	2. 进口后附上商标直接可以销售
	3. 进口时已含有商标权,经过轻度加工后附上商标即可以销售
特许权使用费是用于支付著作权	1. 含有软件、文字、乐曲、图片、图像或者其他类似内容的进口货物,包括磁带、磁盘、光盘或者其他类似载体的形式
	2. 含有其他享有著作权内容的进口货物
特许权使用费是用于支付分销权、销售权或者其他类似权利	1. 进口后可以直接销售
	2. 经过轻度加工即可以销售
其他类型或其他交易情形的特许权使用费	根据个案情况另行作出判断

注: 根据《审价办法》,轻度加工是指稀释、混合、分类、简单装配、再包装或者其他类似加工。

资料来源: 根据海关总署关税征管司:《审价办法及释义》,中国海关出版社 2006 年版,第 90—95 页整理。

---

① 海关总署:"《中华人民共和国海关审定进出口货物完税价格办法》",海关总署网站,2013 年 12 月 31 日,http://www.customs.gov.cn/publish/portal0/tab49564/info688746.htm,最后访问时间: 2018 年 2 月 20 日。

② 海关总署关税征管司:《审价办法及释义》,中国海关出版社 2006 年版,第 91 页。

（二）估价方法与价格审查程序

1. 海关估价方法

我国海关的估价方法受《WTO估价协定》规范与约束,与之保持一致性,分别为成交价格法、相同或类似货物成交价格法、倒扣价格法、计算价格法和合理方法(见表16-13)。估价方法的适用顺序为按照表格左侧所示从上到下依次使用,不过,货物的收发货人可以凭有关资料,向海关申请先适用计算价格估价方法,再适用倒扣价格估价方法。

表16-13　《WTO估价协定》规定的转移定价调整方法

类　别	含　义
成交价格估价法	进口货物的完税价格应为成交价值,即该货物出口销售至进口国时按《WTO估价协定》第8条规定进行调整后的实付或应付的价格
相同或类似货物成交价格估价方法	与被估货物同时或大约同时出口至同一进口国的相同或类似货物的成交价值作为该货物的完税价格
倒扣价格估价方法	如果进口货物或者相同或类似进口货物进口后在进口国按进口时的原样出售,进口货物的完税价格应以同时或大约同时向与无关方出售最大销量的进口货物或相同或类似进口货物的单价为依据,扣除扣减境内发生的税、费及利润后的价格
计算价格估价方法	生产国生产该进口货物的生产成本、通常的利润和一般费用、运输及其相关费用、保险费用总和作为该进口货物的完税价格
合理方法	完税价格应使用与《WTO估价协定》和1994年GATT第7条的原则和一般规定相一致的合理途径并根据进口国的现有资料加以确定

资料来源:根据《WTO估价协定》第一部分海关估价规则第1—7条规定编制。

第一类方法是成交价格法,是《WTO估价协定》中最重要、最基本的估价方法,在估价实践中应尽可能根据成交价格法进行估价,对价格的调整应限制在最小范围内。根据《WTO估价协定》规定:"适用成交价格必须满足四个条件:买方对进口货物的处置和使用不受限制;货物的出口销售价格不应受到某些条件或因素的影响;卖方从买方获得的因转售进口货物而产生的收益能被合理确定;买卖双方之间的特殊关系不影响价格"。[①] 不符合这四个条件,应依次采取其他估价方法来确定完税价格。第二类方法是相同或类似货物成交价格法,首先适用相同货物成交价格法,在缺乏相同货物成交价格的前提下,才可使用类似货物成交价格法。《WTO估价协定》对相同货物提出了三个方面的要求,即在各个

---

① 林弘:《海关估价》,中国海关出版社2010年版,第73页。

方面都相同,包括物理特性、质量、信誉等,表面上的微小差异可忽略;同一国家生产;同一生产商生产(允许例外)。《WTO 估价协定》对类似货物提出了三个方面要求,即具有类似特性和类似组成,并能起到相同作用,并且在商业上可互换;同一国家生产;同一生产商生产(允许例外)。第三类方法是倒扣价格法,它的计算方式是货物进口时原状在第一环节转售给境内无特殊关系方的价格扣减佣金或利润及一般费用;进口国内发生的运输、保险及相关成本;进口关税及国内税;选择性扣减费用。若按进口原状转售的情况不存在,应进口商的请求,以向与其无特殊关系的买方销售的进一步加工的最大销售总量进口货物的单价作为计价基础,扣除四项价格扣减项目和加工增值价值。第四类方法是计算价格法,其构成项目包括生产成本或价值;利润及一般费用;运输费用和保险费用。第五类方法是合理方法,《WTO 估价协定》规定合理方法必须满足两个要求:"一是合理方法是在一定的范围内,经过合理调整后的前四种方法之一;二是按照合理方法确定的海关完税价格应是最大限度内按照前面四种估价方法确定的价格,并按照进口国国内获得数据调整后的价格".[1]

但在运用相关估价方法进行价格调整的实际操作和具体应用存在一些困难。由于跨国公司特殊关系对成交价格的影响往往难以客观量化,所以,成交价格法难以适用。而跨国公司之间销售的产品具有差别化特性和品牌独占性,且往往都是内部贸易,导致相同货物、类似货物的进口价格难以寻觅。在一些情况下,在华跨国公司进口货物后往往也只是销售给其境内的关联方,在倒扣价格法下需要根据相同类似货物的境内销售价格来确定完税价格,而相同类似货物的认定又有较高的要求。计算法需要根据境外生产商/制造商的财务数据来确定完税价格,但海关域外取证需征得生产商的同意,并事先通知有关国家或地区政府,导致海关核实生产商/制造商的财务资料准确性存在一定难度。虽然合理方法是在一定的范围内,经过合理调整后的前四种方法之一,但使用合理方法需要基于客观量化的数据。所以,海关需要花费很多的人力成本和时间成本在跨国公司财务数据采集与分析、可比企业财务资料收集与分析等价格取证方面。因此,在实务操作中,海关会借鉴《OECD 转移定价指南》的方法,对转让定价同期资料、审计报告等价格信息进行分析,来判断进口货物的申报价格是否受特殊关系的影响。

2. 海关对转移定价的价格审查程序

海关估价程序主要分为价格质疑和价格磋商。价格质疑是指海关发现价格

① 林弘:《海关估价》,中国海关出版社 2010 年版,第 107 页。

申报中存在异常,为此,要求企业在规定时限内作出解释,企业逾期未作出解释或不能充分证明的,海关可予以另行估价,①所以,纳税义务人或其代理人须在规定期限内提供相关资料或其他证据。海关经审核有关资料和证据后,仍然有理由怀疑申报价格的真实性、准确性的或仍然有理由认为买卖双方之间特殊关系影响成交价格,则海关将不接受进口货物申报价格,并与纳税人开展价格磋商。"价格磋商是指海关在使用非成交价格法估价时,在保守商业秘密的基础上,与纳税义务人交换彼此掌握的用于确定完税价格的数据资料的行为"。② 由于其目的是使海关能够获得估价所适用的价格依据,所以,价格磋商不是海关与纳税义务人对价格"讨价还价"的过程,不意味着海关需要在价格上与进口商通过协商达成一致,而是双方之间充分交换有关货物特征与贸易情况、交易安排与市场行情、相同类似货物的认定等信息与意见的过程。《价格磋商记录表》记录双方在磋商中掌握的价格信息,若海关提供价格信息,但进口商或其代理人未能进一步提供信息,则应根据海关掌握的资料进行确定完税价格。纳税义务人未在规定时间内与海关磋商的,则视为其放弃价格磋商的权利,价格磋商结束后再提供的资料将不被海关接受。

海关对转移定价审查流程如图 16-11 所示。如果海关对进口商和出口商是否存在能够影响成交价格的特殊关系产生怀疑,抑或海关对申报价格的真实性和准确性有疑问,则需开展价格质疑程序。如果价格资料能在期限内被提供,则海关将进行价格测试和销售环境审核。如果海关认为成交价格没有被特殊关系影响,则进一步判断成交价格能否满足《审价办法》第八条的条件和进行价格调整项目的审核。如果能满足条件,且无相关应税费用则接受进口商申报价格,否则,将进一步开展估价。如果海关认为成交价格受到特殊关系影响且影响程度无法客观量化,抑或进口商或其代理人未能在期限内提供价格资料,则开展价格磋商程序并进行估价。如果纳税义务人放弃价格磋商,则海关直接以非成交价格法估价。法律保障了纳税人对海关估价的知情权,纳税人可以申请知晓海关是如何确定完税价格。

(三) 行政处罚

《海关行政处罚实施条例》第 15 条规定:"进出口货物的品名、税则号列、数量、规格、价格、贸易方式、原产地、启运地、运抵地、最终目的地或者其他应当申报的项目未申报或者申报不实的,分别依照下列规定予以处罚,有违法所得的,

---

① 林弘:《海关估价》,中国海关出版社 2010 年版,第 147 页。
② 海关总署关税征管司:《审价办法及释义》,中国海关出版社 2006 年版,第 222 页。

海关审核价格

是否认为买卖双方的特殊关系影响成交价格或怀疑申报价格真实与准确

使用成交价格法以外的方法估价

否

否

成交价格是否成立

存在应税费用

是

不存在应税费用

能否调整

接受申报价格

否

是

以成交价格法估价

是

制发《中华人民共和国海关价格质疑通知书》

应当自收到《价格质疑通知书》之日起5个工作日内

纳税义务人或者其代理人以书面形式提供相关资料或者其他证据

纳税义务人或者其代理人在规定期限内,未能提供进一步说明

确有正当理由无法在规定时间内提供资料的,可在期限届满前以书面形式向海关申请延期。除特殊情况外,延期不得超过10个工作日

进行价格测试和销售环境审核,是否认为特殊关系影响成交价格

是

特殊关系对于成交价格的影响是否客观、可量化

否

否

以成交价格法估价

是

制发《中华人民共和国海关价格磋商通知书》

海关应当制作《中华人民共和国海关价格磋商记录表》

纳税义务人未能在规定时限内与海关进行价格磋商

应当自收到《价格磋商通知书》之日起5个工作日内

纳税义务人与海关进行价格磋商

视为纳税义务人放弃价格磋商的权利,海关直接使用除成交价格法以外的其他估价方法估价

应纳税义务人书面申请,海关应当出具《中华人民共和国海关估价告知书》

采用除成交价格法以外的方法确定进口货物的完税价格

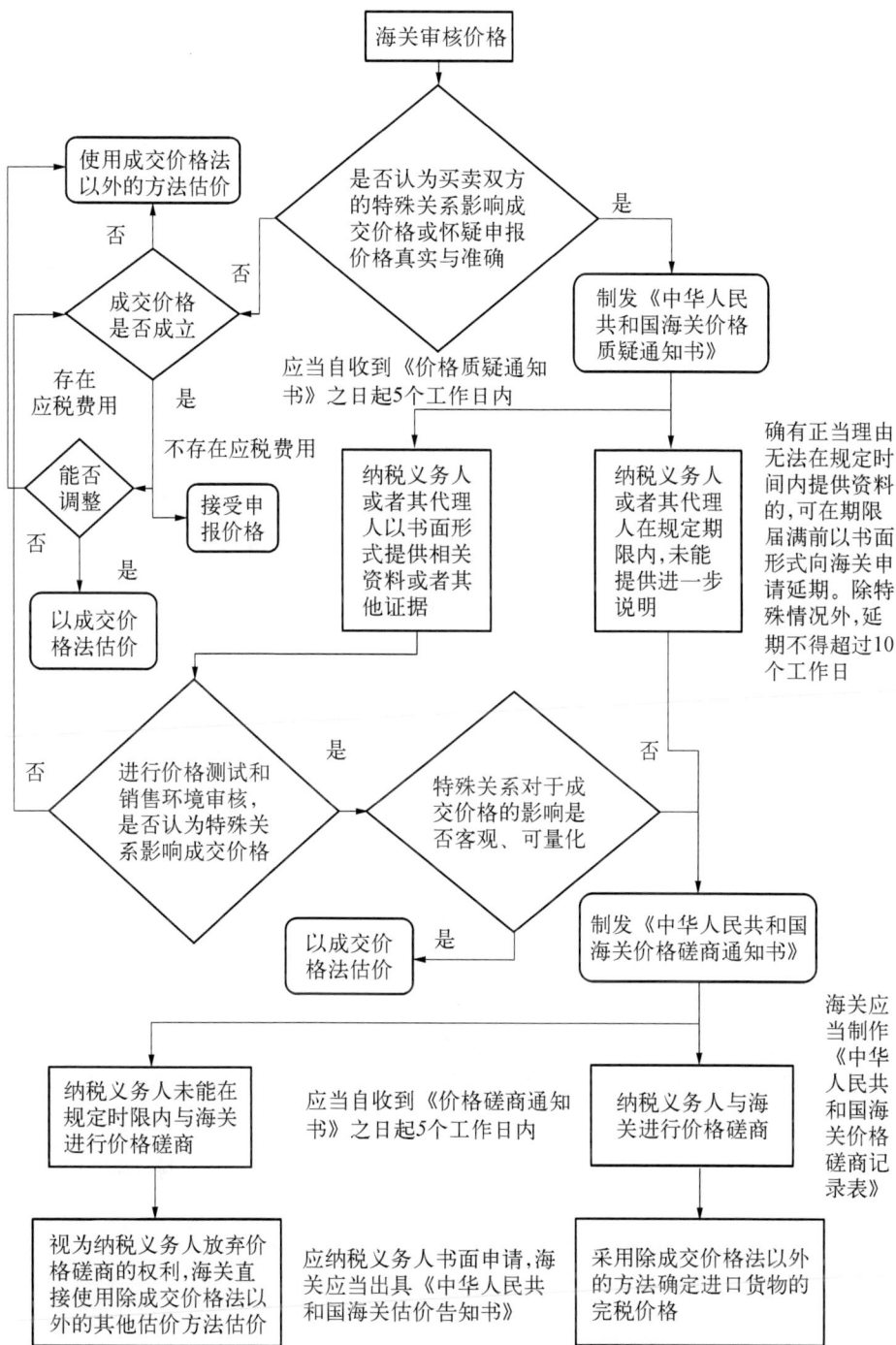

图 16 - 11　海关对转移定价审查流程

没收违法所得：（一）影响海关统计准确性的，予以警告或者处 1 000 元以上 1 万元以下罚款；（二）影响海关监管秩序的，予以警告或者处 1 000 元以上 3 万元以下罚款；（三）影响国家许可证件管理的，处货物价值 5％以上 30％以下罚款；（四）影响国家税款征收的，处漏缴税款 30％以上 2 倍以下罚款；（五）影响国家外汇、出口退税管理的，处申报价格 10％以上 50％以下罚款。"[①]

目前，海关监管工作中均未使用上述处罚措施。因为跨国公司的申报价格与内部贸易发票合同价格、付汇凭证或信用证等资料上记录的价格都是一致的，而掌握跨国公司内部贸易中间产品的真实成本和价格对海关而言十分困难，所以，很难认定其存在伪报、瞒报价格行为。[②] 针对跨国公司转移定价避税的行为，目前，海关只进行补税处理。但海关补征税款有时间期限要求，根据《海关法》第六十二条的规定："进出口货物、进出境物品放行后，海关发现少征或者漏征税款，应当自缴纳税款或者货物、物品放行之日起一年内，向纳税义务人补征"。[③]

三、韩、美海关对转移定价避税行为的治理经验借鉴

（一）韩国海关与跨国公司建立预约估价安排机制（AVCA）

在税务部门转移定价和海关估价之间增加的摩擦，创造了协调税务部门转移定价和海关估价的需要。因此，韩国海关于 2007 年 12 月引入海关预约估价安排（Advance Customs Valuation Arrangement，ACVA），通过与纳税人签订共同协议，并在一定时期内免除其进口后的海关稽查。

在 ACVA 项目中，海关和纳税人预先就确定跨国公司关联企业之间进口货物完税价格的方法达成一致。企业申请 ACVA 项目后，韩国海关必须在一年内告知纳税人海关关于其特殊关系是否影响价格、确定完税价格的方法等其他事项的调查结果。随后，申请人以书面形式回应其是否同意韩国海关的决定。[④] 经纳税人同意，海关可以邀请独立的专业人士确认重要事实或审核年度报告，但纳税人需要承担全部或部分费用。如果 ACVA 生效且纳税人申报的价格与 ACVA 中规定的方法一致，那么，韩国海关会接受该价格，且在 ACVA 生效时

---

① 国务院："《中华人民共和国海关行政处罚实施条例》（国务院令第 420 号）"，海关总署网站，2005 年 8 月 26 日，http://www. customs. gov. cn/publish/portal0/tab2748/info3485. htm，最后访问时间：2018 年 2 月 20 日。

② 徐喆："跨国公司转移定价研究"，天津财经大学硕士论文，2015，第 16 页。

③ 全国人民代表大会常务委员会："《中华人民共和国海关法》"，海关总署网站，2005 年 8 月 26 日，http://www. customs. gov. cn/publish/portal0/tab2747/info3420. htm，最后访问时间：2018 年 2 月 20 日。

④ Kim, Dong Soo, Suh, Duk Won and Hong, Joseph, "Transfer Pricing and Customs Should Come Together," *International Tax Review*, Issue 51, October 2009, pp. 40 - 43.

及其后三年内免于海关稽查,在 ACVA 结束后存在续签 ACVA 的可能性。[①] 获得海关预约估价安排的纳税人有义务提交年度报告来证明其转移定价符合 ACVA 条款和条件。韩国海关预约估价安排申请程序如图 16 - 12 所示。

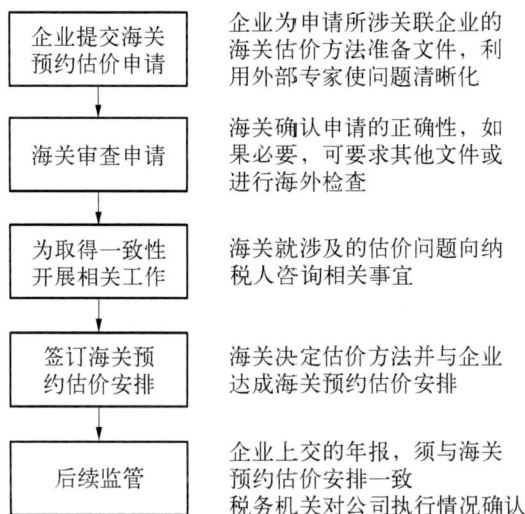

企业提交海关 预约估价申请	企业为申请所涉关联企业的 海关估价方法准备文件,利 用外部专家使问题清晰化
海关审查申请	海关确认申请的正确性,如 果必要,可要求其他文件或 进行海外检查
为取得一致性 开展相关工作	海关就涉及的估价问题向纳 税人咨询相关事宜
签订海关预 约估价安排	海关决定估价方法并与企业 达成海关预约估价安排
后续监管	企业上交的年报,须与海关 预约估价安排一致 税务机关对公司执行情况确认

图 16 - 12　韩国海关预约估价安排申请程序

在韩国海关引入 ACVA 体系之前,跨国公司在韩的子公司从关联公司进口货物,其申报价格通常会因进口价格受特殊关系影响被韩国海关拒绝。在韩国海关稽查中,企业需要将转移价格与基于标准利润和费用比率的价格(由韩国海关每年发布)或基于海关认可的可比公司利润和费用比率的价格做比较,然后在随后的年份里调整转移价格使之靠近可比价格,但此类型的价格自我审核给公司增加了大量的行政负担。此外,韩国海关每年公布的标准利润和成本比率是根据前一年的数字计算,并且适用于前一年的情况。这意味着在进口时可比价格不能根据韩国海关年度公布的利润和费用比率而准确地确定。

引入了 ACVA 制度之后,纳税人现在可以在商业经营中享受一些稳定性并且能准确估算最终海关税收义务,而且海关可以保障一个稳定的税收收入且避免了与纳税人的税收争议,是一种双赢的选择。

(二)美国海关与税务部门建立信息共享机制

美国国内收入署(IRS)与美国海关(CBP)执行对跨国公司转移定价避税都

---

① An, Henry and Chun, James Jung-Hwon, "Korea Aims for Transfer Pricing and Customs Nirvana," *International Tax Review*, Issue 42, September 2008, pp. 19 - 23.

十分关注,但由于价格调整方向相反,跨国公司很难就两个部门的要求确定一个能让三方都满意的统一价格。但反过来说,跨国公司可能针对两个部门提供不同的价格资料,而两个部门之间由于信息不对称,无法对跨国公司提供的价格资料的真实性和准确性进行确认。

为了避免跨国公司使用转移定价对所得税和关税造成双重损害,美国于1986年通过了《税收改革法》,在《国内收入法》(Internal Revenue Code)中增设了1059A节。要求纳税义务人向美国国内收入署申报所得税时申报的存货成本和扣除项目不得高于向海关申报的进口货物完税价格。[①] 这是首次以法律的形式明确税务部门转移定价调整与海关估价之间的数量关系。

美国海关与美国国内收入署之间的信息共享机制建设大致经过了四个阶段。第一个阶段是法律上赋予海关向国内收入署请求跨国公司关联企业报税信息的权利,《国内收入法》第6103节第1款第14项规定:根据美国海关关长书面请求,可以披露这些信息,仅出于确定审计进口申报项目的正确性或采取其他恢复税收损失的措施或征收经审计确定的关税及其他税费的目的。[②] 第二阶段是1992年美国海关与国内收入署达成互助合作框架协议。该协议规定:"两个机构将彼此提供在收集与交换信息等方面寻求帮助的机会,以及在共同具有利益的领域分享知识、经验、技术的权利,强调双方将在四个方面加强合作,包括确定交易的数量与金额、确定进口类似货物的企业、确定特定期间的进口货物价格数据和确定转移定价与海关估价,尤其是关于使用公平交易标准相关的海关估价"。[③] 第三阶段是1993年美国财政部在《美国联邦法规汇编》(Code of Federal Regulations 简称 C. F. R.)发布的海关可以取得进口商报税信息的程序性规定、相关信息要求以及排除条款(见表16-14)。

第四阶段是1998年美国海关应进口企业邀请首次参与双边预约定价安排谈判过程而后作出了同意将该预约定价安排中的转移价格作为海关完税价格的行政裁定。美国海关强调事先介入一项预约价格协议制定的重要性,并且要求协议相关文件都要向海关公开。[④] 但在预约定价安排价格信息或转移定价税务调查结果的证明效力方面,2007年,美国海关以关于确定关联方的交易价格的

---

① Santiago Ibáñez Marsilla, "Customs Valuation and Transfer Pricing," *ERA-Forum*, Vol. 9, No. 3, May 2008, pp. 399-412.

② 26 U. S. Code § 6103 - Confidentiality and disclosure of returns and return information,康奈尔法学院网站,https://www. law. cornell. edu/uscode/text/26/6103,最后访问时间:2018年2月27日。

③ 徐珊珊:"多边贸易体制下的海关确定成交价格的法律问题",复旦大学博士论文,2007,第140页。

④ Santiago Ibáñez Marsilla, "Customs Valuation and Transfer Pricing," *ERA-Forum*, Vol. 9, No. 3, May 2008, pp. 399-412.

表 16‑14　《美国联邦法规汇编》关于海关获取报税信息的要求

程 序 要 求	报税信息要求	排 除 条 款
美国海关署长明确列出下列事项的书面请求： (1) 报税信息的具体商品 (2) 与报税信息有关的具体纳税人 (3) 与报税信息有关的应税期间或日期 (4) 所请求的各项商品报税信息的特定目的,包括解释为什么所请求的信息是达成该目的所必需的信息。此外,请求的标题中须指定有权接受披露信息的海关关员或雇员,并且证明根据《1930 年关税法》第 509 节海关已经对被请求报税信息的纳税人启动或有意启动一项审计或者被请求报税信息的纳税人与该审计对象有交易或有所有权方面的关系	(1) 根据《1930 年关税法》第 50 节所进行的审计中确定进口申报正确性而必需的报税信息 (2) 被请求报税信息的纳税人必须是海关审计或海关准备审计的对象或与海关所审计的对象有交易和所有权方面的关系 (3) 被要求的信息必须有关于申报价格、商品归类或者进口货物所适用的税率 (4) 被请求的信息之中也可以包括国内收入署对该报税信息所进行价格的调整	(1) 向国内收入署提交的预约定价协议的信息或国内收入署制作的作为谈判预约定价协议过程的信息 (2) 如果信息的披露可能与美国作为成员方的某项税收条约或者行政协定不相一致 (3) 损害税收征管：如果国内收入署认为信息的披露会暴露告密者或严重损害任何民事或刑事税务调查或程序

资料来源：根据《美国联邦法规汇编》第 301.6103 节第 1 款第 14 项编制。康奈尔法学院网站,https://www.law.cornell.edu/cfr/text/26/301.6103(l)(14)‑1,最后访问时间：2018 年 2 月 20 日。

可接受性的公告表明预约定价安排或转移定价税务调查结果不足以单独证明成交价格的合理性。[①]

(三) 韩、美海关治理经验对我国海关的启示

韩、美海关都在消除信息不对称方面做出了尝试与努力。韩国海关采取的是与跨国公司建立预约定价安排,而美国海关采取与国内收入署建立信息共享机制。这两个机制共同点包括：一是,在信息交流互换上取得突破,一定程度上为海关估价提供价格信息支持;二是,两国海关依旧保持着判断特殊关系是否影响成交价格的独立性,并不因跨国公司与税务部门签定的预约定价安排而直接认可其申报价格。

韩国所采取的与跨国公司建立预约定价安排,使韩国成为在缩小税务转移定价调整和海关估价之间差距方面的先行者。韩国海关指出开发 ACVA 项目

---

① 李元俊："海关估价中的转让定价调整法律问题研究",复旦大学硕士论文,2012,第 47 页。

的初衷之一是帮助纳税人调和海关的估价要求和税务部门的转移定价要求,尤其针对那些在国家税务局已经获得预约定价安排(APA)的纳税人。① 但 ACVA 可能的缺点在于在 APA 与 ACVA 之间没有直接的连结,无法确保 APA 和 ACVA 的谈判结果能够一致,即无法保证韩国国税局(NTS)和韩国海关(KCS)将对公平交易定价原则的相同措施达成一致。②

美国海关所采取的是与税务部门建立信息共享机制,给予其在估价和稽查时必要的价格信息辅助。美国海关可以从国内收入署获得跨国公司申报所得税的部分相关价格信息,可以了解国内收入署转移定价调查结果和价格调整内容,并结合跨国公司提供的转移定价报告和预约定价安排信息对关联方特殊关系是否影响成交价格进行全面、综合地判断。其不足之处是目前尚无国内收入署向美国海关请求价格信息方面的法律法规,不利于双方信息共享和技术交流。

在行政处罚方面,美国海关与韩国海关都对跨国公司转移定价避税行为进行处罚。韩国海关对其重新估价并征收罚款,甚至处以刑事处罚。③ 美国海关将纳税人未能尽到"合理注意义务"作为判断过失与故意的标准,不以关税收入实际损失为前提。④ 进口商的"合理注意义务"包括提供必要信息使海关能够准确地确定关税、收集准确的统计数据、确定进口商是否有其他的法定义务。⑤

---

①③ Kim, Dong Soo, Suh, Duk Won and Hong, Joseph, "Transfer Pricing and Customs Should Come Together," *International Tax Review*, Issue 51, October 2009, pp. 40 - 43.

② An, Henry and Chun, James Jung-Hwon, "Korea Aims for Transfer Pricing and Customs Nirvana," *International Tax Review*, Issue 42, September 2008, pp. 19 - 23.

④ 李元俊:"海关估价中的转让定价调整法律问题研究",复旦大学硕士论文,2012,第47页。

⑤ 徐珊珊:"多边贸易体制下的海关确定成交价格的法律问题",复旦大学博士论文,2007,第135页。

主要参考文献

一、图书及报告

1. 《毛泽东西藏工作文选》,中央文献出版社、中国藏学出版社 2001 年版。

2. 习近平:《决胜全面建成小康社会　夺取新时代中国特色社会主义伟大胜利》,中国共产党第十九次全国代表大会报告。

3. 联合国贸易和发展组织编:《2017 年世界投资报告》,冼国明、葛顺奇总校译,南开大学出版社 2017 年版。

4. 《大湄公河次区域合作发展报告》(2016 年),社会科学文献出版社 2016 年版。

5. 中华人民共和国国家统计局:《中国统计摘要 2015》,中国统计出版社 2015 年版。

6. 中国信息通信研究院:《G20 国家数字经济发展研究报告》(2017 年)。

7. [美] E. O. 威尔逊:《论人的天性》,林和生等译,贵州人民出版社 1987 年版。

8. [美] 詹姆斯·多尔蒂、小罗伯特·普法尔茨格拉夫:《争论中的国际关系理论》,阎学通、陈寒溪等译,世界知识出版社 2003 年版。

9. [美] 约翰·柯林斯:《大战略》,北京:中国人民解放军军事科学院译,中国人民解放军战士出版社 1978 年版。

10. [美] 威廉·内斯特编:《国际关系:21 世纪的政治与经济》,姚远、汪恒译,北京大学出版社 2005 年版。

11. [美] 约翰·米尔斯海默:《大国政治的悲剧》,王义桅、唐小松译,上海人民出版社 2014 年版。

12. [英] 苏珊·斯特兰奇:《国家与市场》,杨宇光译,上海人民出版社 2006 年版。

13. [美] 路易斯·亨金:《国际法:政治与价值》,张乃根等译,中国政法大学出版社 2005 年版。

14. [美] 约翰·冈茨、杰克·罗切斯特：《数字时代盗版无罪?》，周晓琪译，法律出版社 2008 年版。

15. [美] 曼瑟尔·奥尔森：《集体行动的逻辑》，陈郁、郭宇峰、李崇新译，上海人民出版社 2003 年版。

16. [美] 罗伯特·基欧汉：《霸权之后：世界政治经济中的合作与纷争》，苏长和译，上海人民出版社 2001 年版。

17. [西班牙] 安东尼·埃斯特瓦多道尔、[美] 布莱恩·弗朗兹、谭·罗伯特·阮：《区域公共产品：从理论到实践》，张建新、黄河等译，上海人民出版社 2010 年版。

18. [印] 雷嘉·莫汉：《中印海洋大战略》，朱宪超、张玉梅译，中国民主法制出版社 2014 年版。

19. [日] 富田彻男：《市场竞争中的知识产权》，廖正衡等译，商务印书馆 2000 年版。

20. 许嘉：《美国战略思维研究》，军事科学出版社 2003 年版。

21. 孙向东：《地缘政治学：思想史上的不同视角》，中共中央党校出版社 2004 年版。

22. 张曙光：《美国遏制战略与冷战起源再探》，上海外语教育出版社 2007 年版。

23. 陶文钊：《美国对华政策文件集》(1949—1972)第一卷(上)，世界知识出版社 2003 年版。

24. 汤宗舜：《知识产权的国际保护》，人民法院出版社 1999 年版。

25. 薛虹：《十字路口的国际知识产权法》，法律出版社 2012 年版。

26. 古祖雪：《国际知识产权法》，法律出版社 2002 年版。

27. 军事科学院军事历史部：《海湾战争全史》，中国人民解放军出版社 2000 年版。

28. 苏建：《跨国公司转让定价反避税研究》，中国经济出版社 2013 年版。

29. 范信葵：《国际税收》，清华大学出版社 2014 年版。

30. 中国国际税收研究会：《跨国税源监控研究》，中国税务出版社 2010 年版。

31. 朱青：《国际税收》，中国人民大学出版社 2014 年版。

32. 王如燕：《跨国公司转让定价税收规制比较、借鉴与我国税制改革研究》，格致出版社 2015 年版。

33. 卢进勇、刘恩专：《跨国公司理论与实务》，首都经济贸易大学出版社 2008 年版。

34. 刘宏：《国际投资视角跨国公司经营与管理》，东北财经大学出版社 2014

年版。

35. 卢进勇、郜志雄、刘恩专：《跨国公司经营与管理》，机械工业出版社 2017 年版。

36. 黄庆波、李焱：《跨国公司经营与管理》，对外经济贸易大学出版社 2016 年版。

37. 崔健波：《转移定价策略研究——基于企业目标优化视角》，立信会计出版社 2016 年版。

38. 鄂立彬：《跨国公司转让定价与政府规制研究》，科学出版社 2013 年版。

39. 海关总署关税征管司：《审价办法及释义》，中国海关出版社 2006 年版。

40. 林弘：《海关估价》，中国海关出版社 2010 年版。

二、论文

1. 王玮：《战争冲动：社会约束与武力的使用——美国的经历》，《美国研究》 2014 年第 4 期。

2. 徐本钦：《中缅政治经济关系：战略与经济的层面》，范宏伟译，《南洋问题研究》2005 年第 1 期。

3. 郭寿康：《涉外著作权关系的正常化》，《中国出版》1993 年第 3 期。

4. 刘畅：《特朗普〈国家安全战略报告〉评析》，《和平与发展》2018 年第 1 期。

5. 胡志丁、陆大道：《基于批判地缘政治学视角解读经典地缘政治理论》，《地理学报》2015 年第 6 期。

6. 章毅君：《美国的地缘政治战略及二战后的美土关系》，《历史教学》2003 年第 3 期。

7. 侯典芹：《传统地缘政治学对美国"遏制"战略的影响及其现实意义》，《苏州大学学报》2017 年第 4 期。

8. 姬高升：《美国的地缘战略》，《国际观察》2000 年第 4 期。

9. 韦宗友：《美国在印太地区的战略调整及其地缘战略影响》，《世界经济与政治》2013 年第 10 期。

10. 李敦球：《"新冷战"或已爆发》，《理论与当代》2016 年第 9 期。

11. 梅冠群：《从特朗普亚洲行看中美关系的六个"之争"》，《中国发展观察》2017 年第 22 期。

12. 王晓文：《中印在印度洋上的战略冲突与合作潜质》，《世界经济与政治论坛》2017 年第 1 期。

13. 黄河：《"选择性遏制"与美国"重返亚太"——兼论对中国在亚太地区重要海

外安全利益的影响》,《江南社会学院学报》2015 年第 6 期。

14. 刘阿明:《美国对缅甸政策的调整及其前景》,《现代国际关系》2010 年第 2 期。

15. 李涛:《1988 年以来日缅关系新发展初探》,《南洋问题研究》2011 年第 2 期。

16. 黄永卫:《试论清洁能源技术与知识产权制度演变》,《中国科技成果》2012 年第 12 期。

17. 乔慧娟:《"一带一路"战略实施背景下中国对外承包工程企业海外投资的风险管理》,《对外经贸》2015 年第 8 期。

18. 王永中、王碧珺:《中国海外投资高政治风险的成因与对策》,《全球化》2015 年第 5 期。

19. 黄河:《中国企业跨国经营的政治风险:基于案例与对策的分析》,《国际展望》2014 年第 3 期。

20. 李建民:《"丝绸之路经济带"构想的背景、潜在挑战和未来走势》,《欧亚经济》2014 年第 4 期。

21. 黄河、陈美芳、汪静等:《中国企业在"一带一路"沿线国家投资的政治风险及权益保护》,《复旦国际关系评论》2015 年第 1 期。

22. 魏少军:《砥砺前行的中国集成电路设计业》,《中国集成电路》2017 年第 12 期。

23. 海关总署广州商品价格信息办公室:《2016 年全国海关审价补税情况分析》,《海关审价》2017 年第 3 期。

24. 陈仪:《避税与估价:国际转移定价对海关税收的挑战》,《上海海关学院学报》2008 年第 2 期。

25. 李骏:《论海关估价"销售环境测试法"对 OECD 转让定价规则的借鉴》,《海关与经贸研究》2016 年第 3 期。

三、网络资料

1. National Defense Strategy Commission:《Providing for the Common Defense》, The Assessments and Recommendations of the National Defense Strategy Commission, Tuesday, November 13, 2018. https://www. usip. org/index. php/publications/2018/11/providing-common-defense.

2. "National Security Strategy of the United States of America," December 2017. https://www. whitehouse. gov/wp-content/uploads/2017/12/NSS-

Final – 12 – 18 – 2017 – 0905 – 2. pdf.

3. U. S. Department of Defense：《2018 National Defense Strategy Summary》，Jan. 19，2018. https：//dod. defense. gov/Portals/1/Documents/pubs/2018-National-Defense-Strategy-Summary. pdf.

4. The "New Cold War" Was Never Inevitable，http：//nationalinterest. org/feature/the-new-cold-war-was-never-inevitable – 22023.

5. "中国在缅甸投资仍居首位"，中华人民共和国商务部，2017 年 2 月 13 日，http：//www. mofcom. gov. cn/article/i/jyjl/j/201702/20170202514391. shtml.

6. Sustaining U. S. Global Leadership：Priorities for 21st Century Defense，U. S. Department of Defense website，January 2012，p. 2，http：//www. defense. gov/news/Defense-Strategic-Guidance. pdf.

7. "走进 WIPO"，http：//www. wipo. int/reference/zh/.

8. 《世界知识产权组织公约》(1979 年修订)：序言和第 3 条。http：//www. wipo. int/wipolex/zh/treaties/text. jsp？file_id＝283836.

9. Gupta R R. Compulsory Licensing in TRIPS：Chinese and Indian Comparative Advantage in the Manufacture and Exportation of Green Technologies. Sustainable Development Law & Policy，Vol. 12，No. 3，p. 5.

10. OECD and Eurostat (2005)，Oslo Manual – Guidelines for Collecting and Interpreting Innovation Data，OECD，Paris.

11. Jeff M. Smith, "China and Sri Lanka：Between a Dream and a Nightmare"，The Diplomat，November 18，2016. http：//thediplomat. com/2016/11/china-and-sri-lanka-between-a-dream-and-a-nightmare.

后　记

　　目前,在"一带一路"倡议的合作平台下,越来越多的国家和非国家行为体开始参与具体的项目合作。"一带一路"倡议在实施与探索新的国际发展、治理与安全理念方面,已经取得了重大阶段性成果,开启了中国特色外交新时代,同时也是中国主导发起、积极参与全球治理的有益尝试,也为促进中国商品、资本、产业、技术、人才等国际化发展提供了难得的历史机遇。在这种时代背景下,复旦发展研究院以"治理、发展与安全——新时代背景下中国与全球经济治理"为主题,组织中青年学者围绕"国家环境与安全""全球治理及议题""发展与中国参与""治理路径与新领域"等相关议题对国际社会与我国经济发展中的热点问题展开了深入细致地探讨。

　　全书由黄昊负责策划。黄河主要负责章节的安排、约稿、组织编写并统稿。本书的具体分工如下:

　　张芳撰写第一章"美国全球利益与军事战略"和第二章"美国对华战略及中国的战略选择";

　　黄河撰写第三章"'选择性遏制'与'印太战略'";

　　张雪滢撰写第四章"全球经济治理的议题及对中国的挑战";

　　郝宇彪撰写第五章"特朗普政府美国对外贸易政策:理念、措施及影响";

　　陈腾瀚撰写第六章"特朗普政府'美国优先能源计划'的背景及其对全球能源经济的影响";

　　汪遒撰写第七章"发展与融合:ISNS 机制的脉络与限度——'一带一路'投资争端解决机制探析";

　　彭亚媛撰写第八章"国际知识产权与全球治理";

　　李文悦撰写第九章"美、日、印对中缅发展合作的影响及传导机制";

　　罗圣荣撰写第十章"1988 年以来中日官方对缅甸援助比较与启示";

　　黄河、罗圣荣、杨海燕撰写第十一章"区域性公共产品与澜湄流域的扶贫开发";

黄河、邹为撰写第十二章"中国企业基础设施投资的政治风险及其管控";
文少彪撰写第十三章"新时期中国参与斯里兰卡港口建设探析";
王柯力撰写第十四章"从地缘经济视角看中国与中亚的能源合作";
刘石生撰写第十五章"论集成电路在国家安全战略中的地位和作用";
何碧瑜撰写第十六章"我国海关对跨国公司转移定价行为的治理研究"。
本书的出版获得复旦大学发展研究院的资助,谨此致谢!